# 机械制图精选试题库

王云清　王槐德　葛荣成　主编
强　毅　主审

机械工业出版社

本书共分十部分，即制图的基本规定，几何作图，点、线、面及基本体的投影，轴测图，组合体，图样的基本表示法，图样中的特殊表示法，零件图，装配图和样卷。样卷中的各试题均是从本书的前九个部分中抽取的。相关院校可根据学生的学历层次，按题目的难易程度选题组卷。

本书既可作为学习机械制图课程的习题集或补充练习册，也可作为对口单招学生的考前复习用书，更可作为中等至高等的有关院校机械制图课程统考或期末测验时教师选题组卷、学生复习自测的教辅书，还可作为有关企、事业单位测试新招收人员制图水平时选题组卷之题库。

**图书在版编目(CIP)数据**

机械制图精选试题库/王云清，王槐德，葛荣成主编. —北京：机械工业出版社，2012. 8(2026. 1 重印)
ISBN 978-7-111-39367-2

Ⅰ. ①机… Ⅱ. ①王…②王…③葛… Ⅲ. ①机械制图—习题集 Ⅳ. ①TH126-44

中国版本图书馆 CIP 数据核字(2012)第 182177 号

机械工业出版社(北京市百万庄大街 22 号 邮政编码 100037)
策划编辑：连景岩 责任编辑：连景岩 版式设计：霍永明
责任校对：陈立辉 封面设计：马精明 责任印制：郜 敏
保定市中画美凯印刷有限公司印刷
2026 年 1 月第 1 版 · 第 22 次印刷
370mm×260mm · 16 印张 · 350 千字
标准书号：ISBN 978-7-111-39367-2
定价：45. 00 元

凡购本书，如有缺页、倒页、脱页，由本社发行部调换

| 电话服务 | 网络服务 |
|---|---|
| 社服务中心：(010)88361066 | 教 材 网：http://www.cmpedu.com |
| 销 售 一 部：(010)68326294 | 机工官网：http://www.cmpbook.com |
| 销 售 二 部：(010)88379649 | 机工官博：http://weibo.com/cmp1952 |
| 读者购书热线：(010)88379203 | **封面无防伪标均为盗版** |

# 前　言

《机械制图》国家标准是绘制机械图样和制图教学内容的根本依据。毫无疑问，它也理应是测试制图教学效果的命题依据。

目前，自1985年开始实施的我国第三套《机械制图》国家标准已陆续地被新标准代替。而且，与制图教学密切相关的几何量精度方面的标准（通常称为“公差标准”），从标准体系、数学支撑到标准内容亦已重新整合，有了大幅度的变动。原被称作“公差与配合”的标准改称为“极限与配合”后，现已修订为2009年版本的新标准；原被称作“形状和位置公差”的标准已改称为“几何公差”，也已修订发布了2008年～2010年版本的新标准；表面粗糙度标准修订为2006年～2011年的版本后，均已纳入了“表面结构”的系列标准。这些整合后的几何精度标准已定名为《产品几何技术规范（GPS）》标准。这便意味着，制图教学中涉及的诸多概念及画法、标注方法规定亟待替换和更新。

《机械制图精选试题库》正是在这一时机应运问世的。

本书共分十部分，即制图的基本规定，几何作图，点、线、面及基本体的投影，轴测图，组合体，图样的基本表示法（本部分在教材中通常以“机件的表达方法”为章名），图样中的特殊表示法（本部分在教材中通常以“常用件和标准件”为章名），零件图，装配图和样卷。样卷中的各试题均是从本书的前九个部分中抽取的。有关院校可根据学生的学历层次，按题目的难易程度选题组卷。

本书的特点：

1. 本书全面地贯彻了截至2011年年底之前发布的《技术制图》、《机械制图》及其相关的“螺纹”和《产品几何技术规范（GPS）》等最新国家标准。书中较好地协调处理了新旧标准过渡和技术制图与机械制图并存、兼容的关系，使本书具有鲜明的时效性和先进性。

2. 除画法几何内容外，本书前九部分较好地涵盖了机械制图课程的基本内容。若能恰当地抽取本书各单元的试题进行组卷，将有利于扭转一般机械制图试卷只注重补图、补线，忽视基本概念的偏向。因此，本书具有较好的教学导向性。

3. 本书试题容量大，总量达876题，这就使本书比同类书较多地扩大了选题组卷的空间。

4. 书中试题的难易梯度较大（题号后带*号者为较难题），故本书能适应不同学历层次院校中的机类、近机类、非机类等不同专业使用。

5. 本书较多地编入了技术要求中几何量精度方面的试题，这样能较好地满足将互换性基础内容纳入制图课程的教学需求。

6. 本书在涉及国家标准的规定时，力求表述清楚，概念准确，术语规范。

7. 本书题型活泼，一改单纯的画图题模式。在每一部分，除画图题外，还给出了填空题、选择题和是非题等。

本书既可作为学习机械制图课程的习题集或补充练习册，也可作为对口单招学生的考前复习用书，更可作为中等至高等的有关院校机械制图课程统考和期末测验时教师选题组卷、学生复习自测的教辅书，还可作为有关企、事业单位测试新招收人员制图水平时选题组卷之题库。

参加本书编写的有王云清、王槐德、葛荣成、许春辉、秦晔、狄东涛、朱忠平、蒋翰成、赵一凡、戴志浩。全书由对《机械制图》学科教学有精深研究的王云清老师、《机械制图》国家标准主要起草人王槐德教授和具有丰富教学经验的葛荣成老师任主编。

本书由全国技术产品文件标准化技术委员会主任、全国产品尺寸及几何技术规范标准化技术委员会主任强毅教授任主审。

由于编者水平所限，书中难免会有疏漏和差错，敬请使用本书的教师和广大读者批评指正。

编　者

# 目　　录

# 第一部分　制图的基本规定

## 一、填空题

1. 我国于2008年发布的现行有效的《技术制图 图纸幅面和格式》国家标准中规定，绘制图样时，应优先采用代号为________至________的基本幅面，共________种。最小一号图纸是________。

2. 在图纸上应用________线画出图框，其格式分为____________和___________两种，但同一种产品的图样只能采用一种格式。

3. 国家标准规定，标题栏位置应位于图纸的________，在此情况下，看图的方向与看________的方向一致。为利用预先印制的图纸及便于布置图形，允许将A4图纸的长边水平放置，A3或大于A3的图纸的短边水平放置。此时，应使标题栏位于图纸的________，并应在图纸下边的________符号处画出一个________符号。

4. 为了使图样复制和缩微摄影时定位方便，均应在图纸各边长的中点处分别画出对中符号，对中符号用________线绘制，长度从纸边界开始至伸入图框内约________mm。

5.《技术制图 比例》国家标准中规定，比例是指__________与其________相应要素的_________之比。比例分_______比例、________比例和________比例三种。

6.《技术制图 字体》国家标准中规定，字体高度的公称尺寸系列分为_______种。字体的号数就是指字体的________。

7. 汉字应写成________字，汉字的高度 $h$ 不应小于_____mm，其字宽一般为________。

8. 现行的《机械制图 图样画法 图线》国家标准规定了__________种线型。图线的宽度分为粗细两种，优先采用的粗线宽度最小为________mm。在机械图样中，细线的宽度应为粗线的________。

9. 机件的大小应以图样上所注的___________为依据，与图形的___________及绘图的________无关。这是《机械制图 尺寸注法》的基本规则之一。

10. 标注尺寸时，___________不可被任何图线所通过，否则应将图线断开。

11. 线性尺寸的数字一般应注写在尺寸线的________，也允许注写在尺寸线的________处。

12. 标注尺寸的三要素是________、________和________。其中________表示尺寸的大小，________表示尺寸的方向，而________则表示尺寸的范围。

13. 标注角度时，角度的数字一律写成________方向，一般注写在尺寸线的________处，必要时可注写在尺寸线的________或_________，也可以注写在__________线上。

14. 尺寸线用________线绘制。标注线性尺寸时，尺寸线应与所注的线段________。

15. 当对称机件的图形只画出一半或略大于一半时，尺寸线应略超过____________线或____________线，此时仅在尺寸线的一端画出箭头。

16. 尺寸界线用________线绘制，并应由图形的轮廓线、________线或____________线处引出，也可利用这三种线作尺寸界线。

17. 在光滑过渡处标注尺寸时，应用________线将轮廓线延长，再从它们的________处引出尺寸界线。

18. 标注剖面为正方形结构的尺寸时，可在正方形对边距离的尺寸数字前加注符号“_____”或用“____________”（正方形的对边距离用$B$表示）注出。标注板状零件的厚度时，可在尺寸数字前加注字母“________”。

19. 对不连续的同一表面，可用________线连接后标注________次尺寸。

20. 现行的机械制图用线型中，粗线有三种，它们分别是________线、________线和________线，其余均为细线。

21. 根据标题栏的方位和看图方向的规定，下列十种图幅格式中的四种格式是正确的，它们分别是___________________，其余六种图幅格式都是错误的。

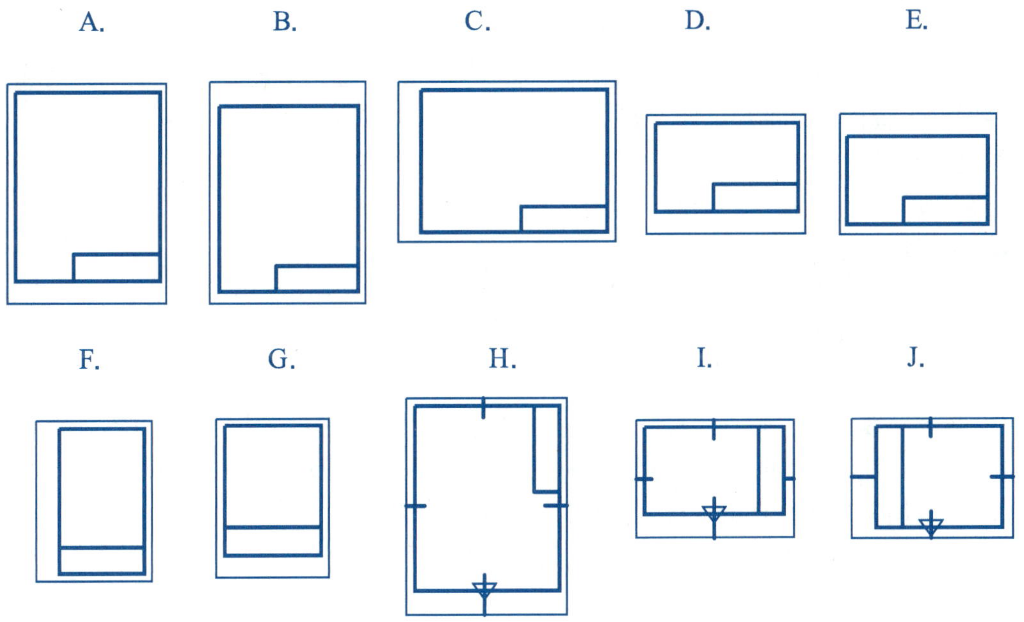

A.　B.　C.　D.　E.

F.　G.　H.　I.　J.

22. 指出右图中相邻辅助零件画法的错误：

A. ________________________________________；

B. ________________________________________；

C. ________________________________________。

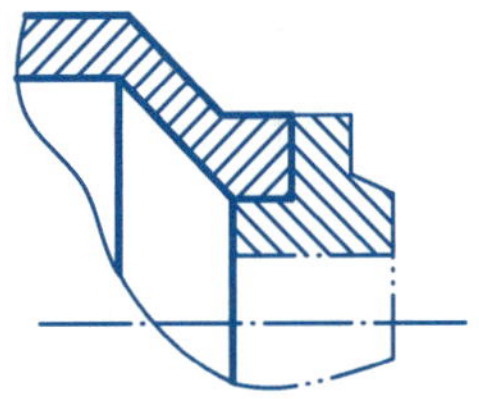

## 二、选择题(每题只选一个答案,将所选答案的编号填入括弧中)

1. 将 A3 幅面的图纸短边置于水平位置所绘的图样，其看图方向为：……………… (　　)
   A. 应与看标题栏的方向一致
   B. 应将方向符号置于图纸下边进行看图
   C. 上述两种看图方向均符合国家标准规定
2. 绘制指示看图方向的方向符号时应采用：…………………………………………… (　　)
   A. 粗实线　B. 细点画线　C. 细实线　D. 细虚线
3. 图样不论放大或缩小绘制，在标注尺寸时，应标注：…………………………… (　　)
   A. 放大或缩小之后的图形尺寸
   B. 机件的实际尺寸
   C. 机件的设计要求尺寸
4. 图样中公称尺寸数字用 3.5 号字时，则注写其极限偏差一般应采用的字号为：… (　　)
   A. 1.8　B. 2.5　C. 3.5　D. 5
5. 断裂画法的中断处边界线的选用：……………………………………………………… (　　)
   A. 只能选波浪线　B. 只能选双折线
   C. 只能选细双点画线　D. 可视需要选 A、B、C 三种线型之一
6. 产品图样中所标注的尺寸，未另加说明时，则指所示机件的：…………………… (　　)
   A. 最后完工尺寸　B. 原坯料尺寸　C. 加工中尺寸　D. 参考尺寸
7. 在图样中标注机件的尺寸时，每一个尺寸：………………………………………… (　　)
   A. 只能标注一次
   B. 一般只标注一次，必要时可重复标注
   C. 无规定
8. 标注尺寸时，尺寸界线与尺寸线之间的关系为：…………………………………… (　　)
   A. 两者只需相接
   B. 两者必须垂直，且尺寸界线略过尺寸线
   C. 两者一般情况下垂直，尺寸界线应略超过尺寸线，特殊情况下也可以不垂直
9. 图样上标注线性尺寸时，尺寸线：……………………………………………………… (　　)
   A. 可以用其他图线代替　B. 不能用其他图线代替
   C. 可与其他图线重合　D. 可画在其他图线的延长线上
10. 标注尺寸时，出现平行并列的尺寸，应使：………………………………………… (　　)
    A. 较小的尺寸靠近视图，较大的尺寸应依次向外分布
    B. 较大的尺寸靠近视图，较小的尺寸应依次向外分布
    C. 为方便标注，较小或较大的尺寸靠近视图都可以
11. 绘制机械图样时，有关图线方面的规定，目前应贯彻的标准是：……………… (　　)
    A. 1998 年发布的《技术制图 图线》和 1984 年发布的《机械制图 图线》
    B. 1998 年发布的《技术制图 图线》
    C. 2002 年发布的《机械制图 图样画法 图线》
    D. 1998 年发布的《技术制图 图线》和 2002 年发布的《机械制图 图样画法 图线》
12. 双折线的几种画法中，哪一种是国际上通用且为我国现行标准所采用的画法：… (　　) 
    A.　B.　C.
13. 下列尺寸 16 的数字哪个标注是错误的？……………………………………………… (　　)
    A.　B.　C.　D.

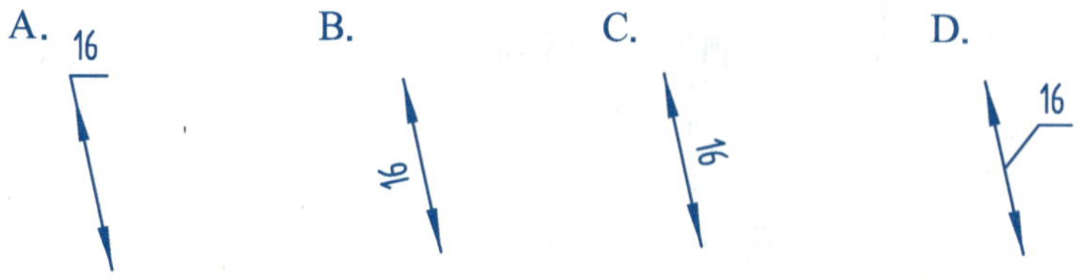

14. 下面哪个图的尺寸标注是符合标准规定的？………………………………………… (　　)
    A.　B.　C.　D.

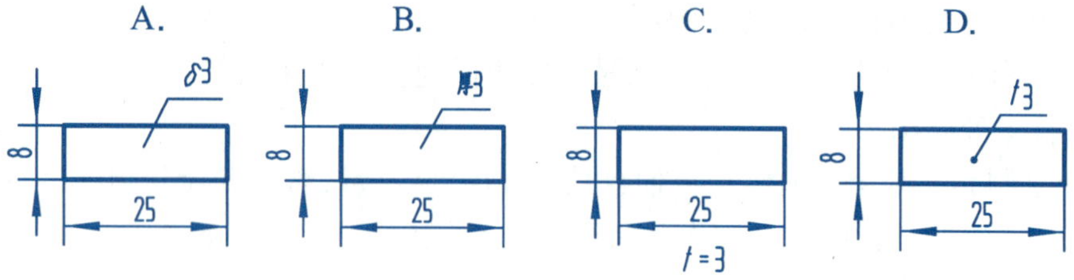

15. 图中哪个直径标注是正确的？…………………………………………………………… (　　)
    A. $\phi$1.6
    B. 6$\phi$
    C. 8
    D. $\phi$10

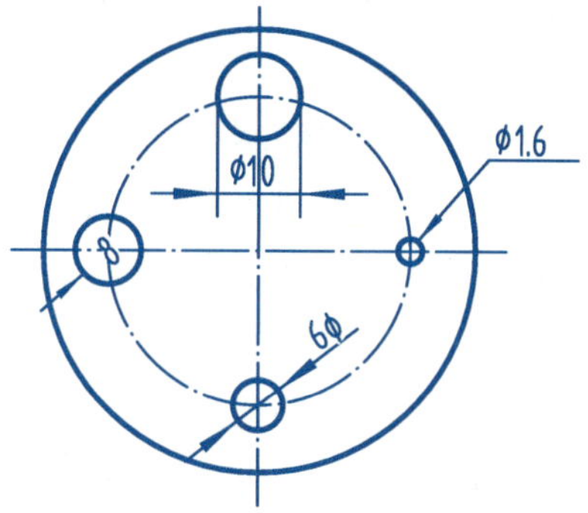

16. 图中的哪个尺寸标注是正确的？……………………………………………………… (　　)
    A.　B.　C.　D.

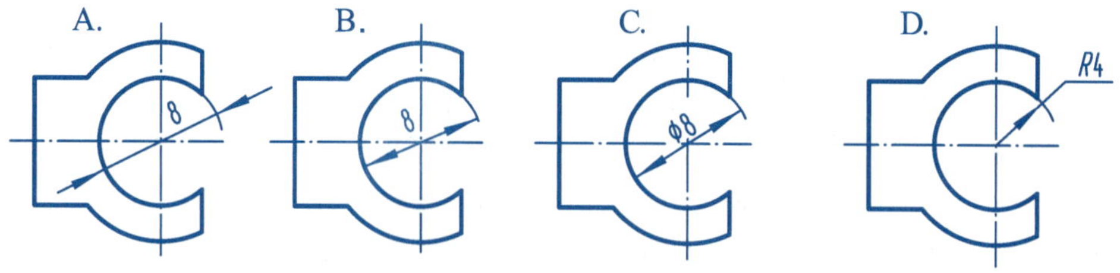

## 三、是非题(正确的画"○",错误的打"×")

1. 图纸的幅面代号、图样代号和图号均为同一概念。……………………………… (　　)
2. 绘制图样时应优先采用五种基本幅面，其中最大一号幅面为 A1。……………… (　　)

3. 同一产品的图样只能采用一种图框格式。……………………………………………… (　　)

4. 为便于布置图形，允许将 A3 幅面图纸的短边水平放置，但应使标题栏位于图纸的左下角。……………………………………………………………………………………… (　　)

5. 为了明确绘图与看图的方向，必须在各种图纸幅面下边的对中符号处画出一个方向符号。……………………………………………………………………………………… (　　)

6. 比例是指实物与其图形相应要素的线性尺寸之比。…………………………………… (　　)

7. 在较小的图形上绘制细点画线有困难时，可用细实线代替。………………………… (　　)

8. 机件的大小要求应以图样上所注的尺寸数值为依据，与图形的大小及绘图的准确度无关。……………………………………………………………………………………… (　　)

9. 尺寸数字与图线相交时，只要能看清数字，图线可通过数字，若尺寸数字看不清楚，应将图线断开。……………………………………………………………………………… (　　)

10. 机件的每一尺寸，只能标注一次，并应标注在反映该结构最清晰的图形上。 … (　　)

11. 标注尺寸的三要素是尺寸数字、尺寸界线和箭头。 ……………………………… (　　)

12. 尺寸线不能用其他图线代替，一般也不得与其他图线重合或画在其延长线上。 … (　　)

13. 标注角度时，尺寸线应画成圆弧，其圆心是该角的顶点。 ……………………… (　　)

14. 标注线性尺寸时，尺寸线一般与所注的线段平行。但为了方便标注，尺寸线亦可与所注的线段不平行。………………………………………………………………………… (　　)

15. 标注参考尺寸时，应在尺寸数字上方注写符号“⌒”。…………………………… (　　)

16. 现行国家标准规定，标注板状零件厚度时，可在尺寸数字的前面加注符号“δ”。……(　　)

17. 标注平行并列的尺寸时，应使较大的尺寸靠近视图，较小的尺寸依次向外分布。…(　　)

18. 细双点画线用作断裂画法时，只能适用于中断处。 ……………………………… (　　)

19. 当按看标题栏的方向看图时，标题栏的长边一律水平放置。 …………………… (　　)

20. 必要时，图纸的标题栏方位，允许如下图配置。 ………………………………… (　　)

21. 各种图样的标题栏中必须给出该图样所采用的比例。 …………………………… (　　)

22. 细双点画线和双折线不能单线使用，只能用于中断处。 ………………………… (　　)

23. 粗点画线和粗虚线的应用场合完全一致。 ………………………………………… (　　)

24. 绘制图样时，可根据实际需要任意确定比例，如选择比例 1∶8.5。 …………… (　　)

25. 汉字应写成长仿宋体字，其高度不应小于 3.5mm。 ……………………………… (　　)

## 四、尺寸注法

1. 检查图中尺寸标注的错误，并用正确的注法标注在右图中。

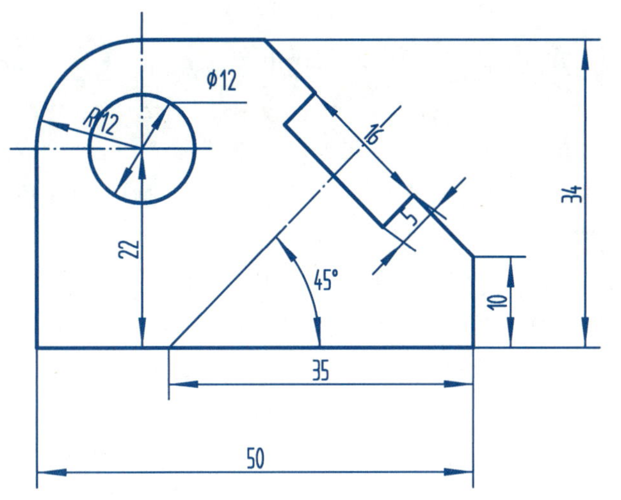


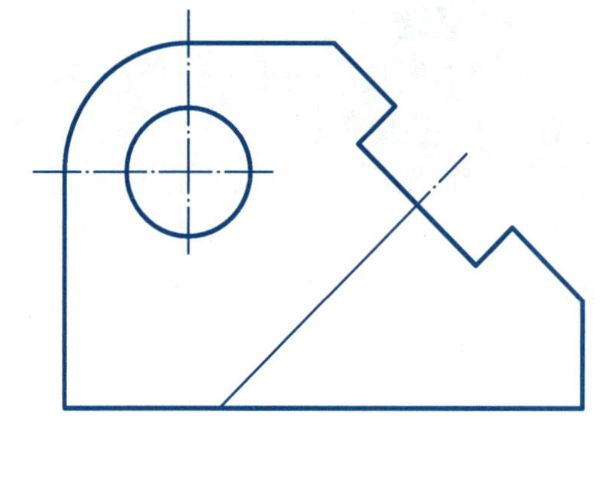

2. 检查图中尺寸标注的错误，并用正确的注法标注在右图中。

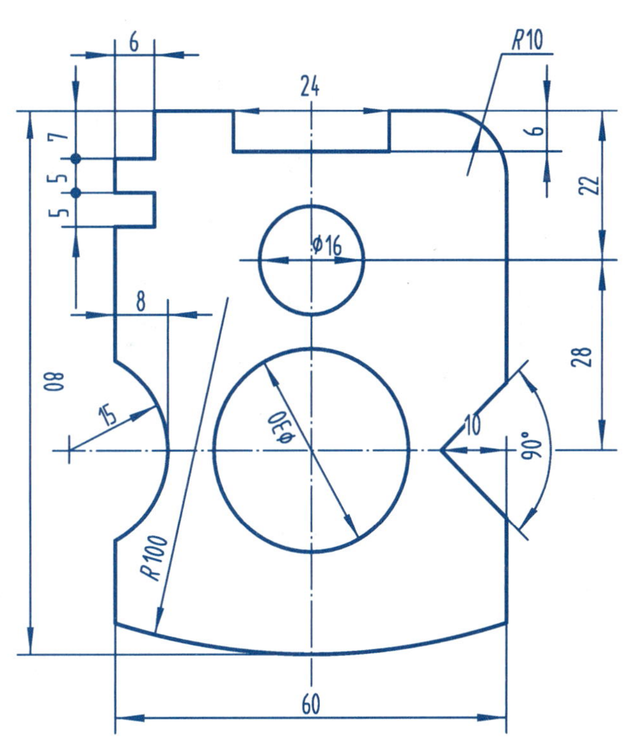


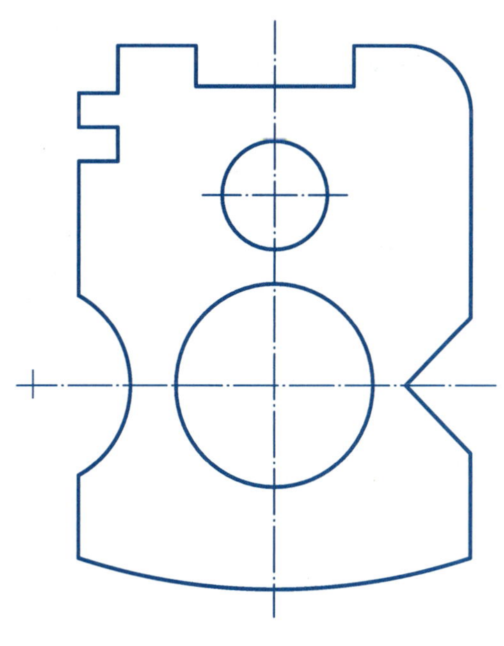

# 第二部分　几 何 作 图

## 一、填空题

1. 圆弧连接的作图步骤归纳如下：先求连接圆弧的________；再找出连接点即________的位置；最后连接而成。

2. 平面图形中的线段(直线或圆弧)按所给定的条件一般分为三类：已知线段、________线段和__________线段。画平面图形时，必须首先进行尺寸分析和线段分析，按先画已知线段，再画____________线段，最后画__________线段的顺序依次进行。

3. 斜度可理解为一直线(或平面)相对于另一直线(或平面)的倾斜程度，其符号是________，该符号的线宽为________($h$ 为图样中字体高度)，符号的两线交成________。高度与图样中______________一致。符号的方向应与________方向一致。

4. 对于圆锥台而言，锥度是指____________________________与______________之比。锥度符号是________，符号的线宽为________($h$ 为图样中字体高度)，符号的方向应与________方向一致。

## 二、选择题(每题只选一个答案,将所选答案的编号填入括弧中)

1. 图样中绘制斜度及锥度符号时，其线宽为：…………………………………………（　　）

   A. $h/14$($h$ 为字体高度)　　　　B. $h/10$

   C. $d/2$($d$ 为粗线宽度)　　　　D. $d/3$

2. 图样中标注锥度时，其锥度符号应配置在：……………………………………（　　）

   A. 基准线上　　B. 指引线上　　C. 轴线上　　D. A、B 均可

3. 斜度的四种标注正确的是：………………………………………………………（　　）

   A.　　B.　　C.　　D.

   1:5　1:5　1:5　1:5

## 三、是非题(正确的画“○”,错误的打“×”)

1. 表示锥度的图形符号和锥度数值应靠近圆锥轮廓标注，基准线应通过指引线与圆锥的轮廓素线相连。基准线应与圆锥的轴线平行，图形符号的方向应与锥度方向一致。………（　　）

2. 每个平面图形中均有三个方向的主要尺寸基准。……………………………………（　　）

3. 确定图形中结构要素位置的尺寸称为定位尺寸。……………………………………（　　）

4. 锥度符号的高度应比图样中字体高度小一号。………………………………………（　　）

## 四、几何作图

1. 按 1:1 完成下面的图形(保留求圆心、切点的作图线)。

2. 按 1:1 完成下面的图形(保留求圆心、切点的作图线)。

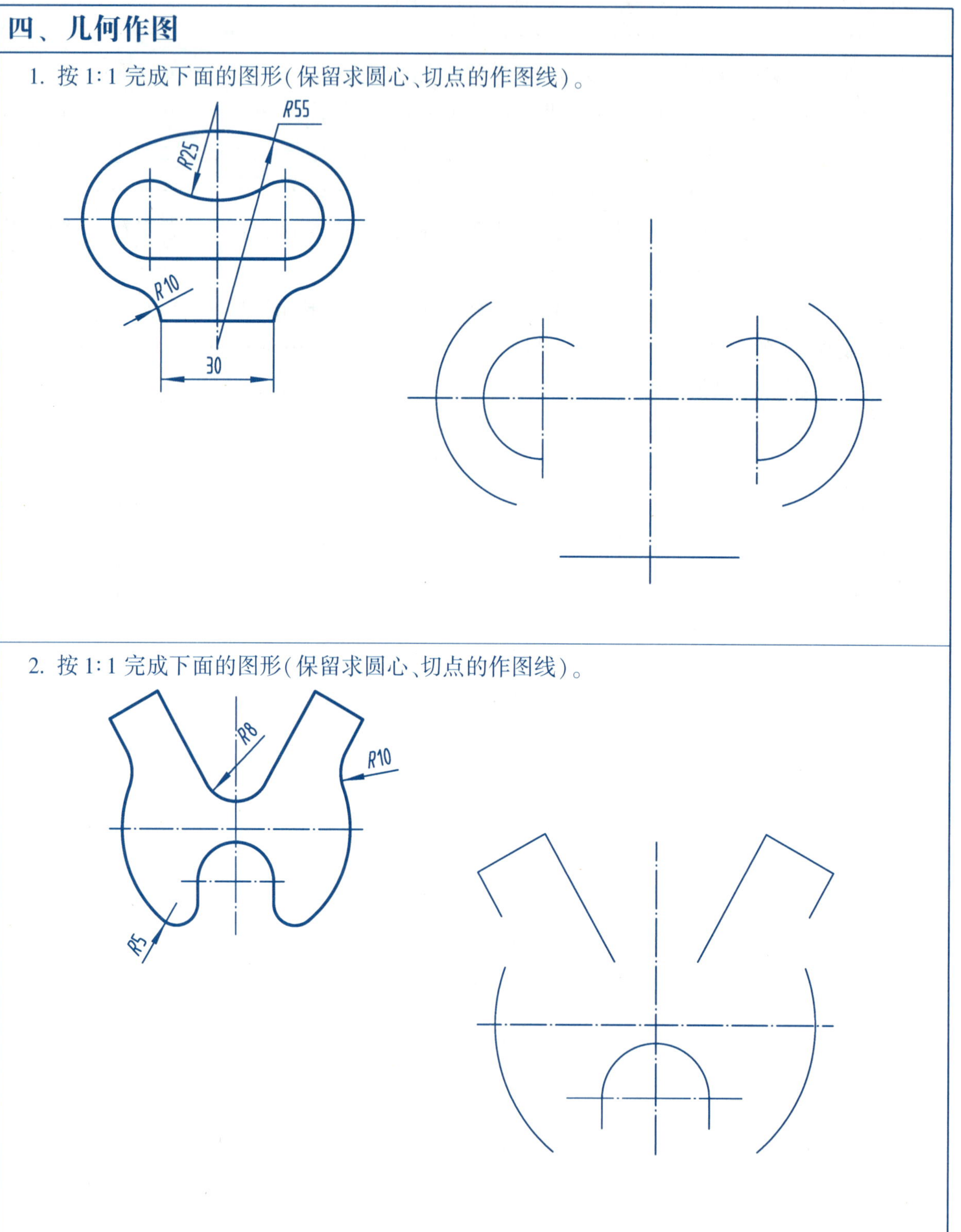

## 四、几何作图

3. 按 1:1 完成下面的图形（保留求圆心、切点的作图线）。

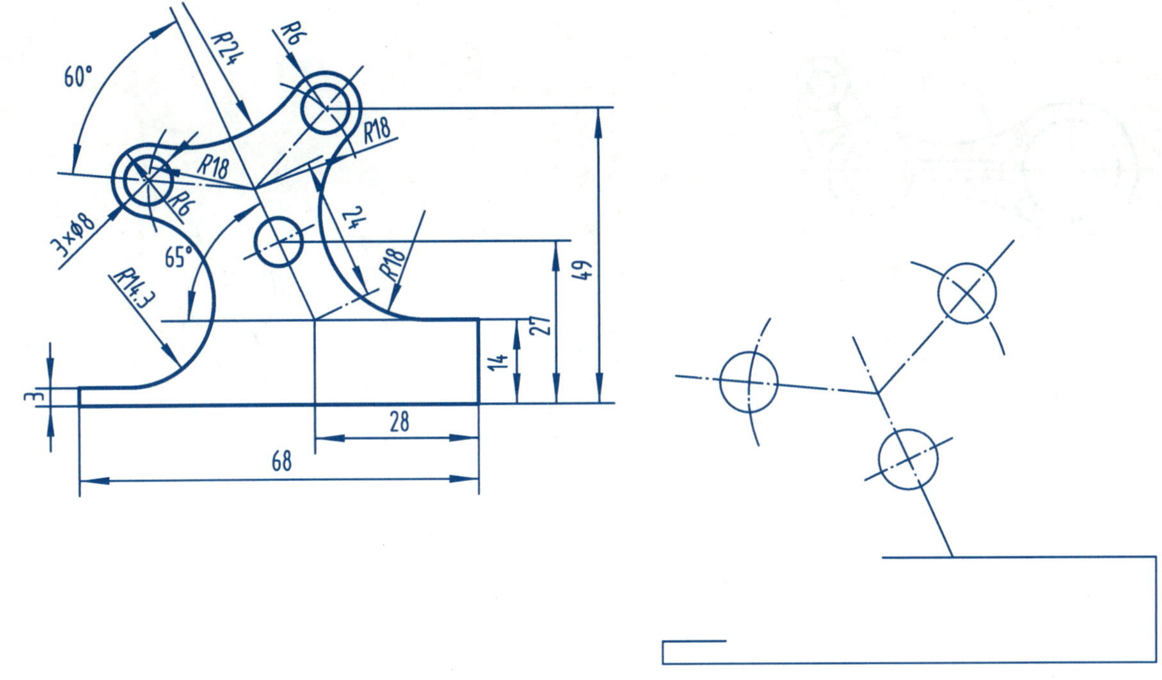


4. 按 1:1 完成下面的图形（保留求圆心、切点的作图线）。

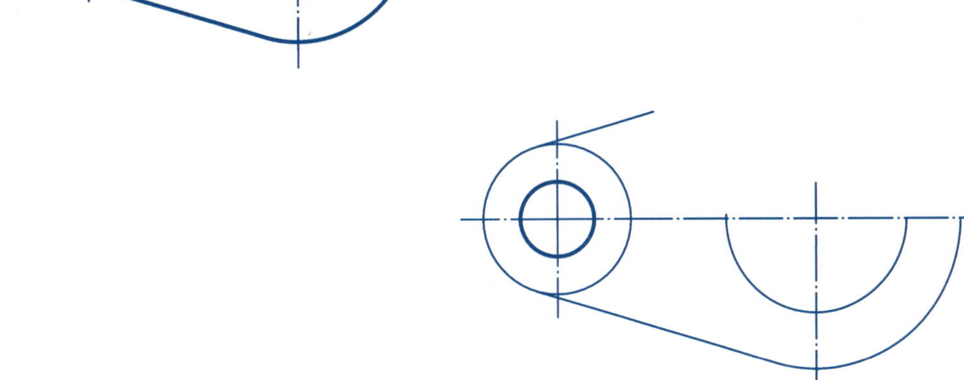


5. 按 1:1 完成下面的图形（保留求圆心、切点的作图线）。

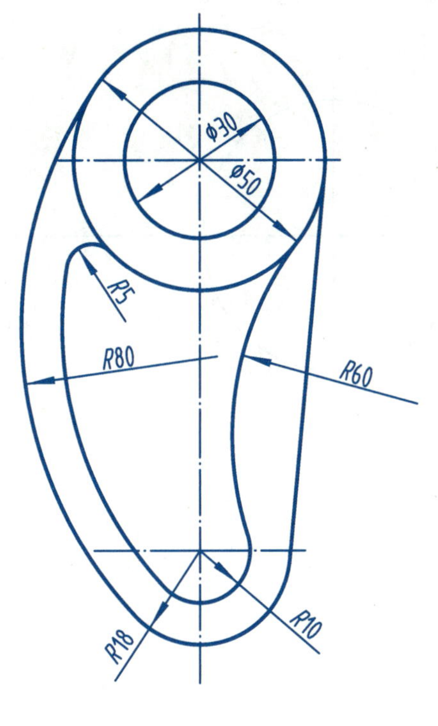


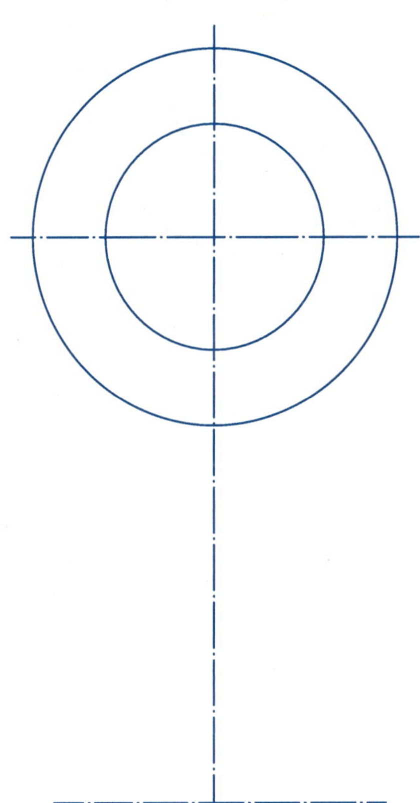

## 四、几何作图

6. ＊按 1∶1 完成下面的图形(保留求圆心、切点的作图线)。

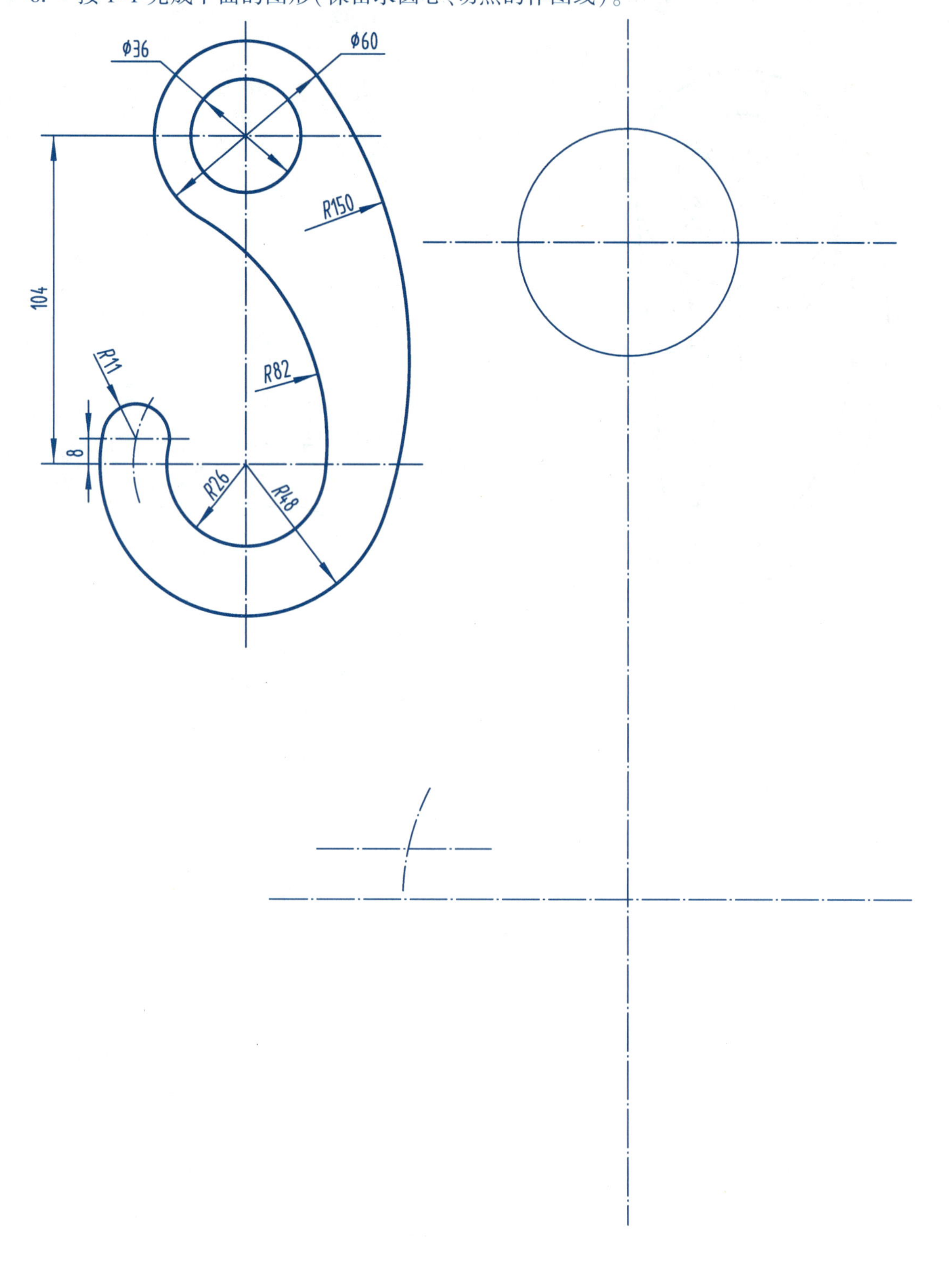


7. 按 1∶1 完成下面的图形(保留求圆心、切点的作图线)。

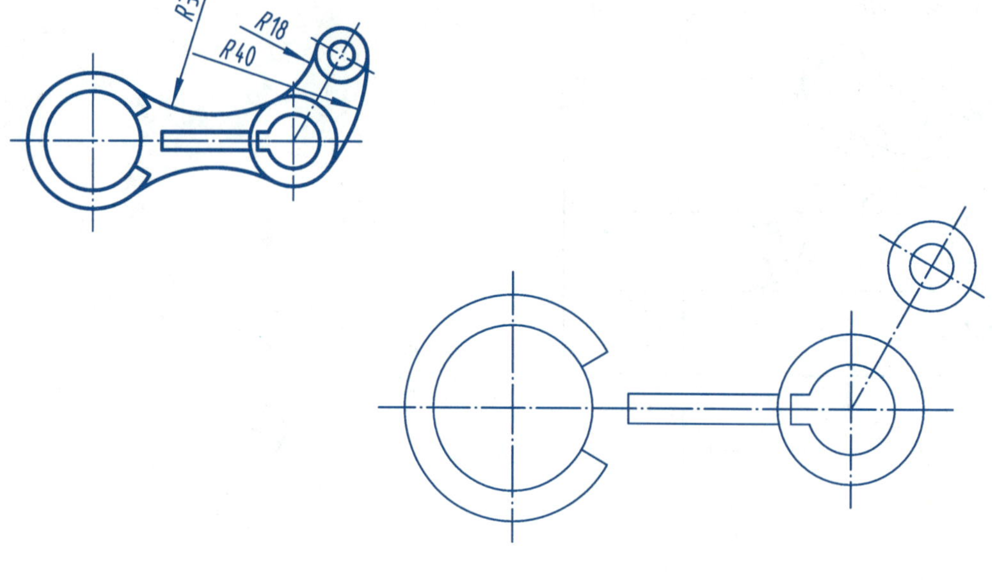


8. 按 1∶1 完成下面的图形(保留求圆心、切点的作图线)。

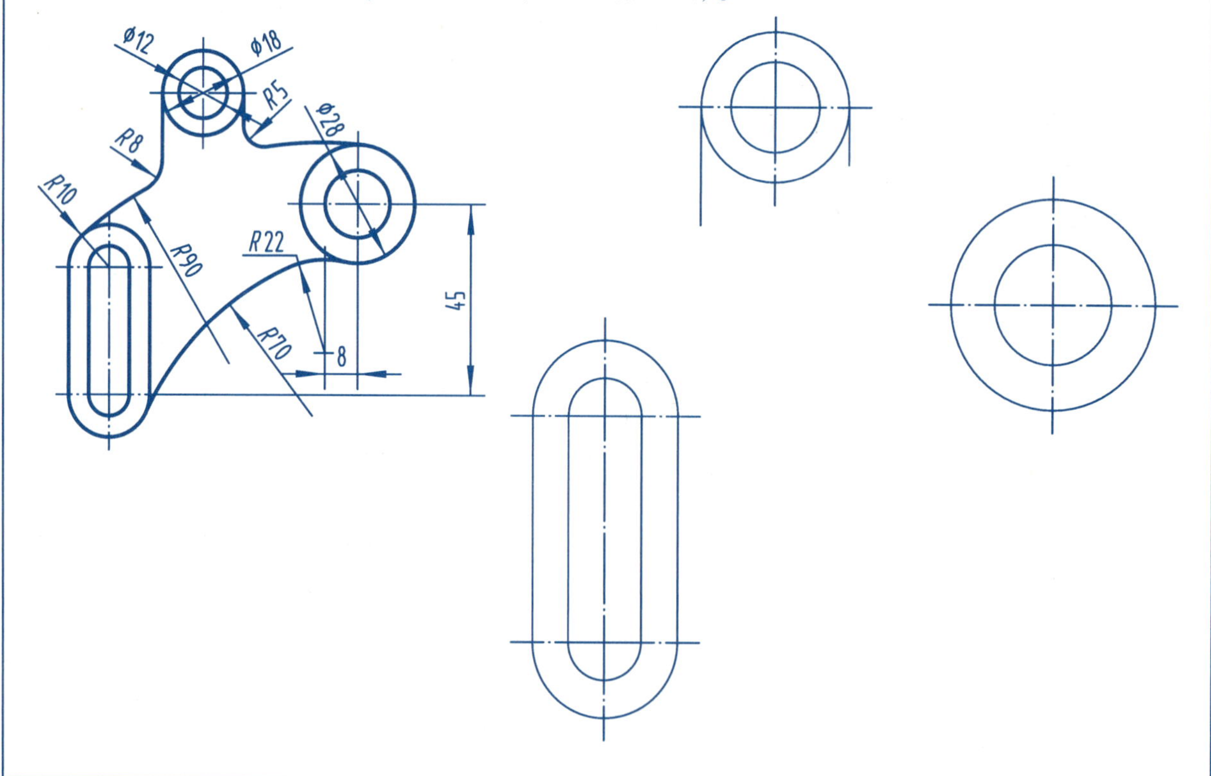

## 四、几何作图

9. 按 1:2 完成下面的图形(保留求圆心、切点的作图线)。

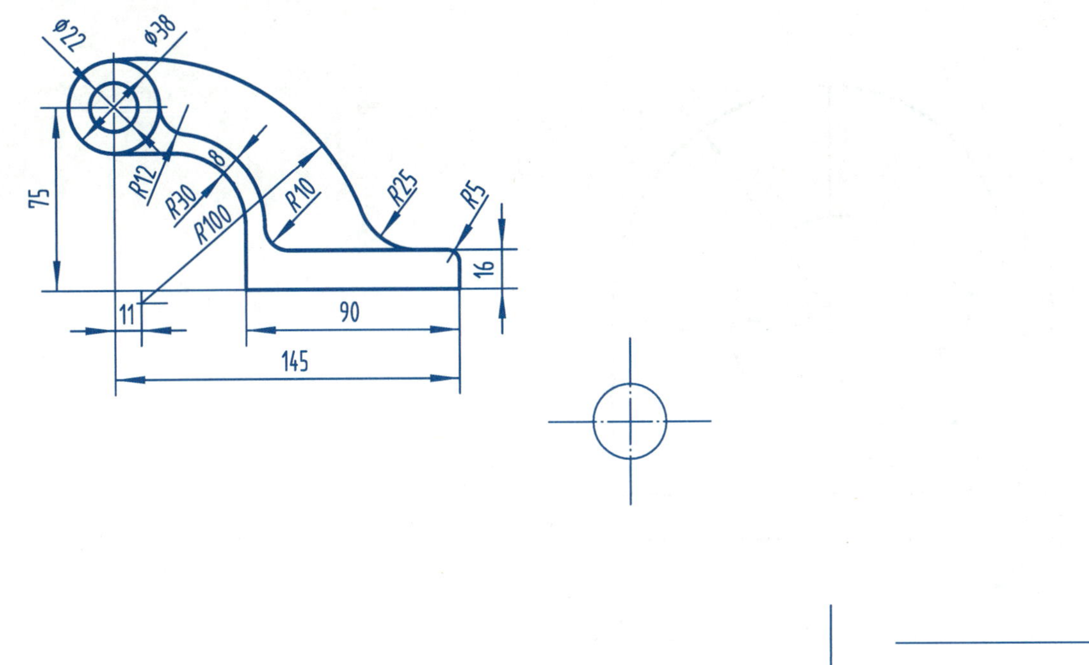


10. 按 1:1 完成下面的图形(保留求圆心、切点的作图线)。

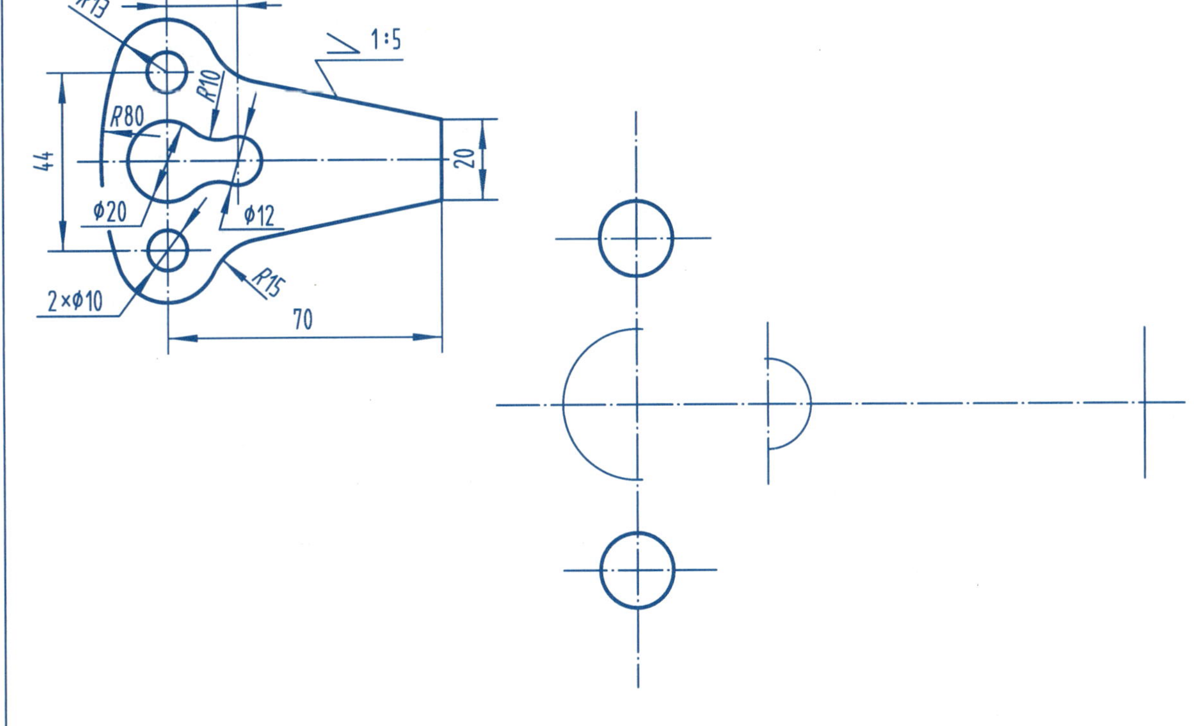


11. ＊按 1:2 完成下面的图形(保留求圆心、切点的作图线)。

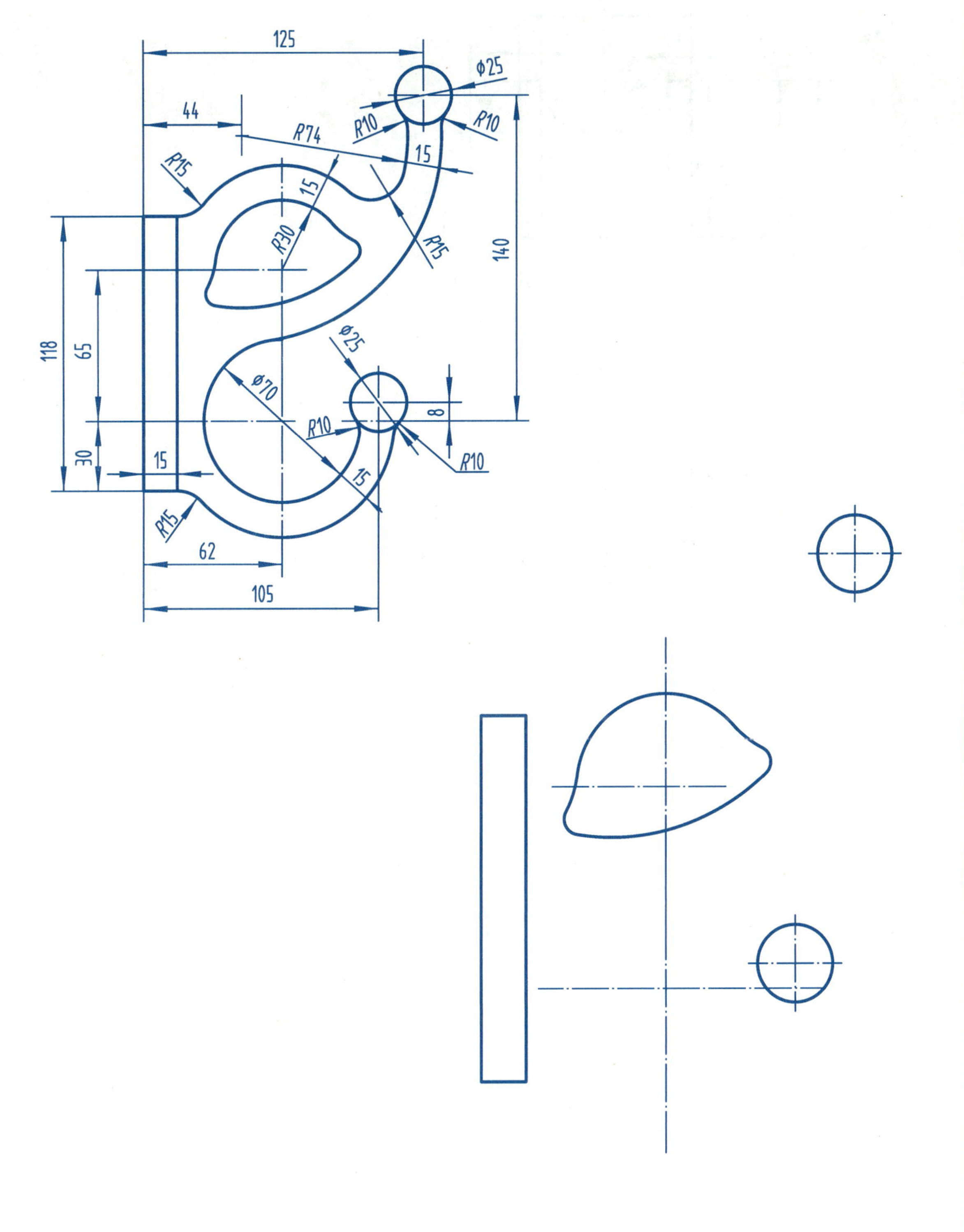

## 四、几何作图

12. 按 1∶2 完成下面的图形(保留求圆心、切点的作图线)。

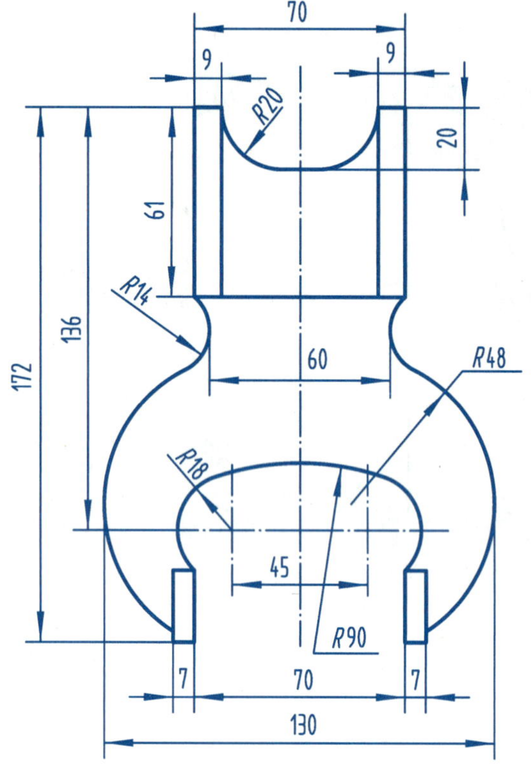


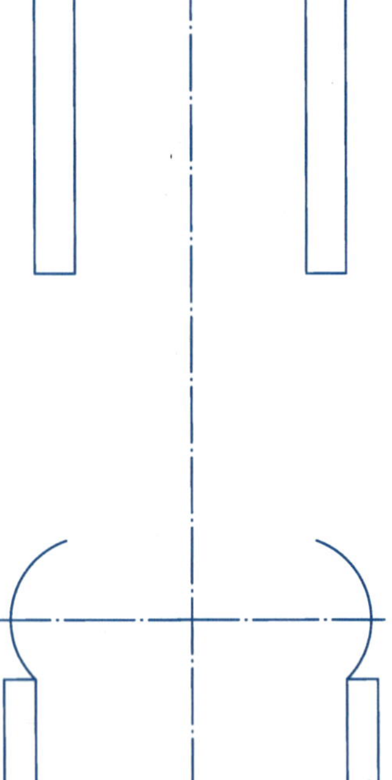

13. ＊按 1∶1 完成下面的图形(保留求圆心、切点的作图线)。

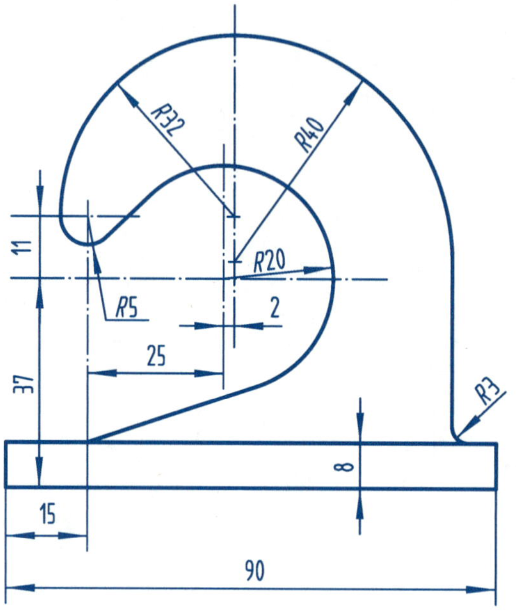

# 四、几何作图

14. 按 1∶2 完成下面的图形(保留求圆心、切点的作图线)。

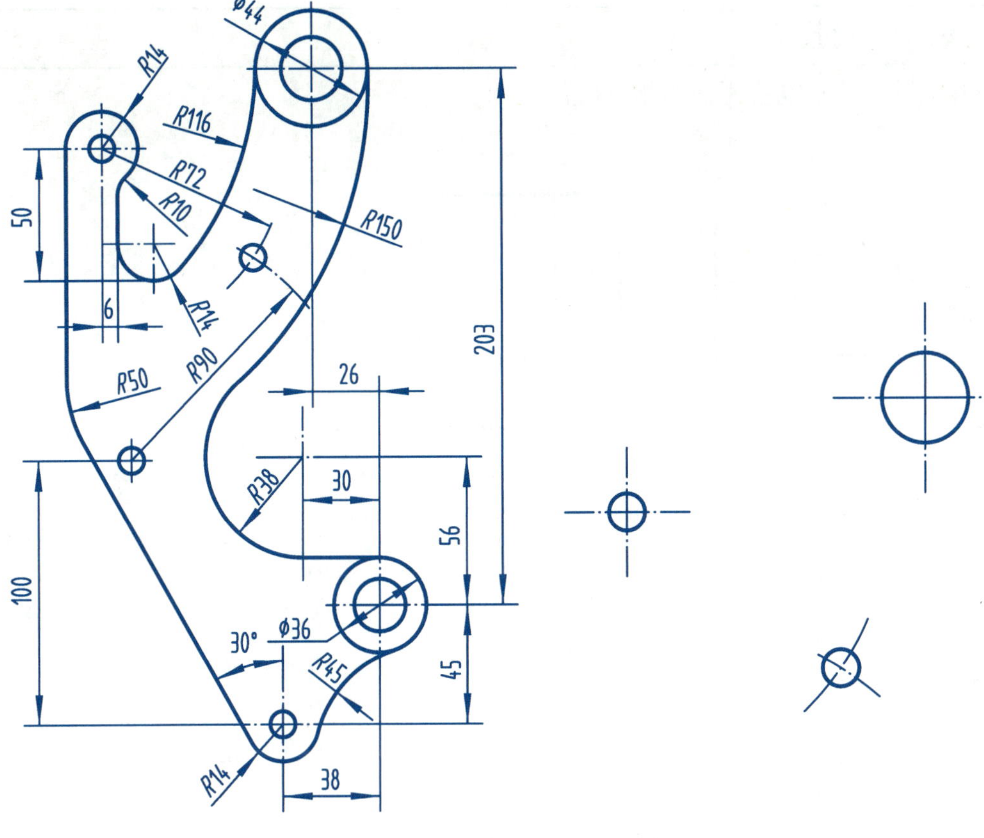


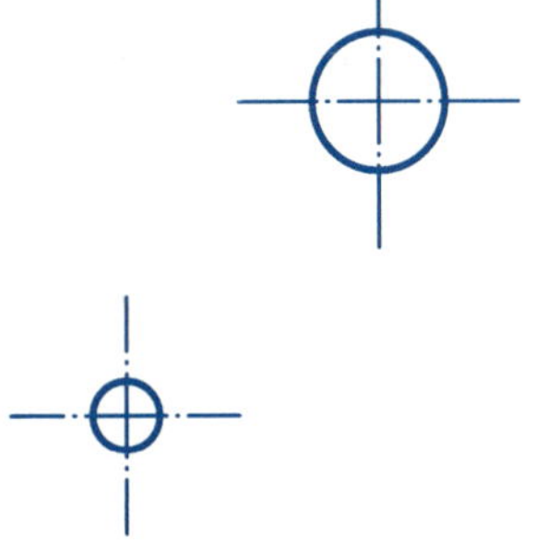

15. ＊按 1∶2 完成下面的图形(保留求圆心、切点的作图线)。

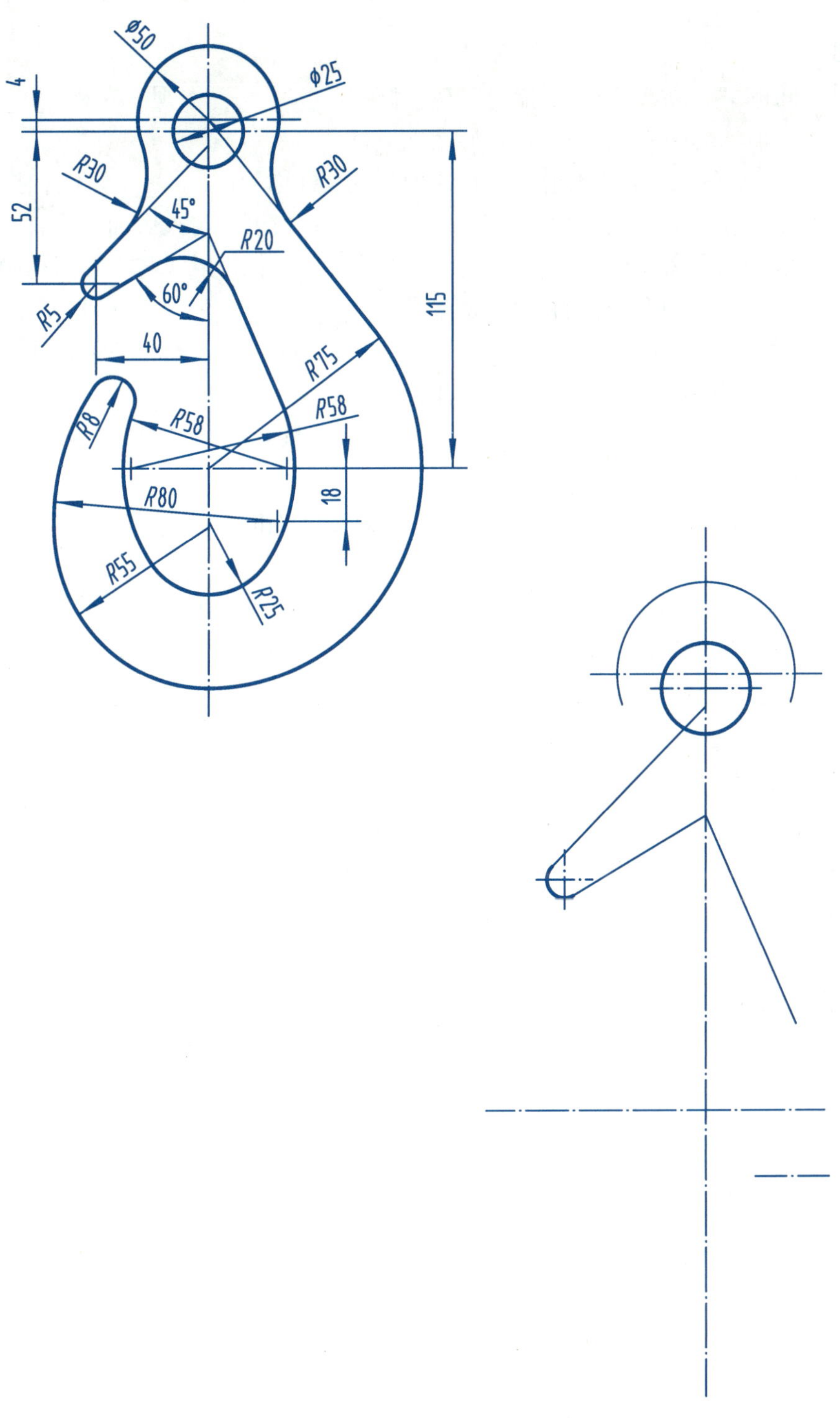

# 第三部分　点、线、面及基本体的投影

## 一、填空题

1. 三视图之间的“三等”关系是指：主视、俯视________；主视、左视________；俯视、左视________。

2. 投射线汇交一点的投影法（投射中心位于有限远处）称为____________法；投射线相互平行的投影法（投射中心位于无限远处）称为____________法；投射线与投影面相垂直的平行投影法称为__________法，根据该法所得到的图形称为____________；投射线与投影面相倾斜的平行投影法称为__________法，根据该法所得到的图形称为____________。

3. 投影面垂直面中，正垂面在__________________面上的投影积聚为一条直线，同时反映该面与________________面和______________面的倾角。

4. 投影面垂直线中，侧垂线在________面上的投影积聚为一点，同时它在________投影面和________投影面上的投影反映实长。

5. 已知两点 $A(20,30,10)$，$B(30,20,15)$，则 $B$ 点在 $A$ 点的________、________、________方。

6. 在点的投影中，点到 $V$ 面的距离等于________坐标，点到 $W$ 面的距离等于________坐标。

7. 第一角画法和第三角画法都是采用_____________法来绘制的，第一角画法中物体处于________与__________之间，第三角画法中投影面处于___________与____________之间。

## 二、选择题（每题只选一个答案，将所选答案的编号填入括弧中）

1. 机械图样所采用的投影法为：…………………………………………………………（　　）

   A. 中心投影法　　B. 斜投影法

   C. 正投影法　　D. B、C 均采用

2. 机械图样中绘制三视图所采用的投影法是：……………………………………………（　　）

   A. 中心投影法　　B. 正投影法　　C. 斜投影法

3. 当某点有一个坐标值为 0 时，则该点一定在：…………………………………………（　　）

   A. 空间　　B. 投影面上

   C. 坐标轴上　　D. 原点

4. 空间互相平行的线段，在同一投影面中的投影（垂直于某投影面的情形除外）：…（　　）

   A. 一定互相平行　　B. 互相不平行

   C. 根据具体情况，有时互相平行，有时不平行

## 三、是非题（正确的画“○”，错误的打“×”）

1. 在零件图中，表达圆柱体时最少需要两个视图。……………………………………（　　）
2. 左视图反映物体从左向右看的形状以及各组成部分的上下、左右位置。…………（　　）
3. 曲面立体是指全部由曲面围成的几何体。……………………………………………（　　）
4. 用第一角、第三角画法画出的技术图样，一般属于多面正投影图。………………（　　）

## 四、点、线、面的投影

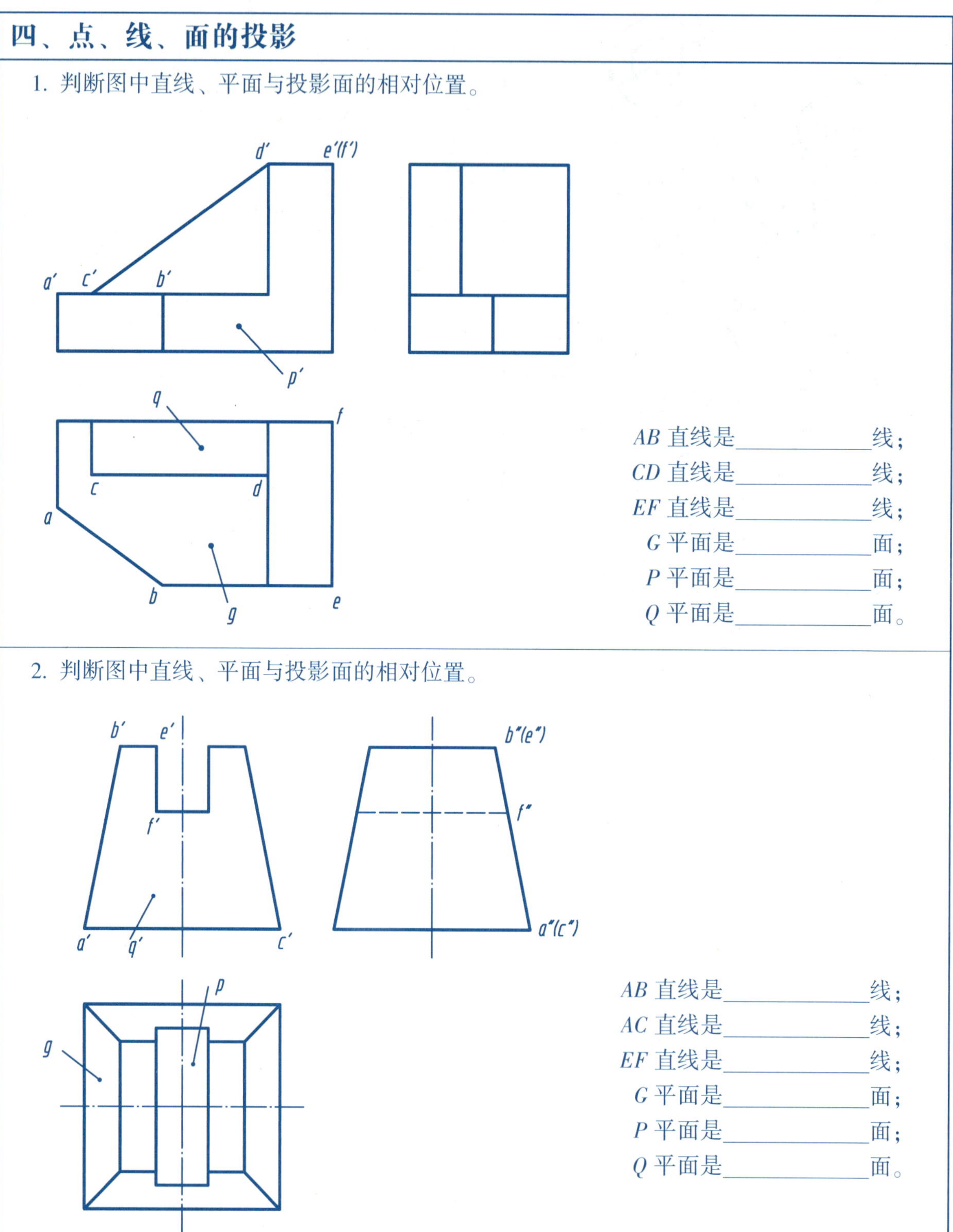

3. 已知点 $A(30,10,20)$、点 $B(20,20,0)$，求作点 $A$、$B$ 的三面投影图。

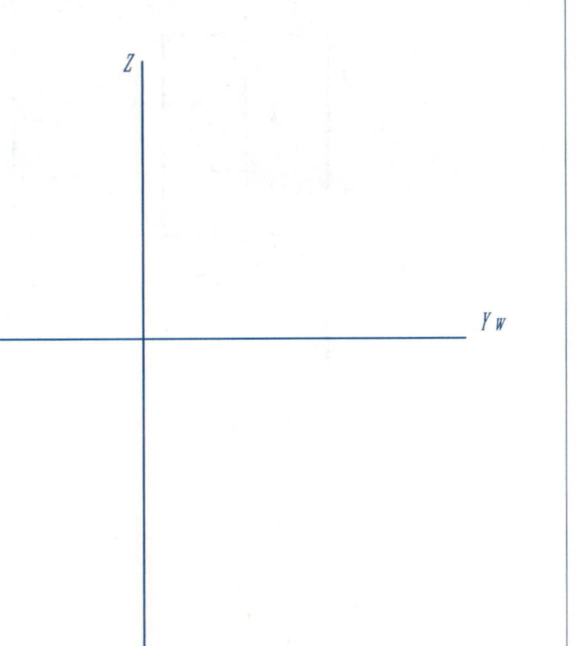


点 $A$ 在点 $B$ 的________、________、________方

4. 已知点 $A$ 的一面投影，又知点 $A$ 距面 20mm，点 $B$ 在点 $A$ 后 10mm、右 15mm、上 5mm，求作点 $A$、$B$ 的三面投影面。

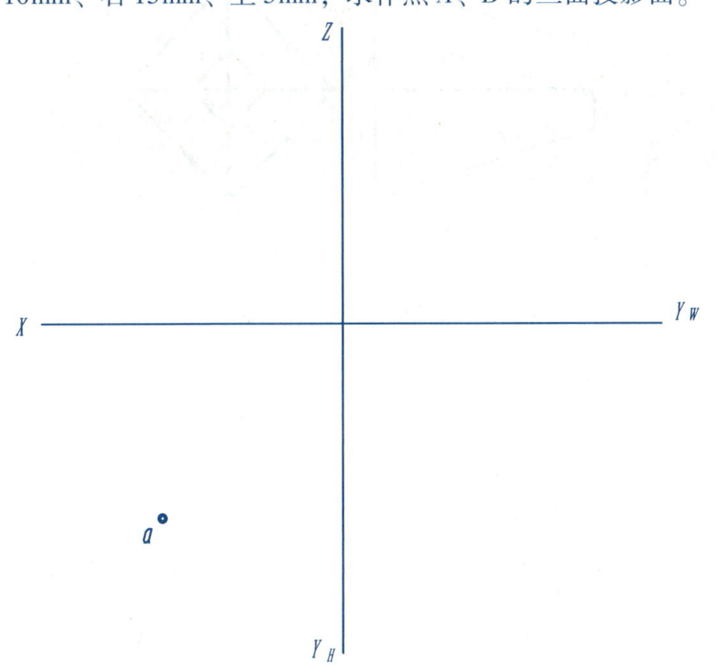


5. 已知线段的两面投影，求其第三面投影。

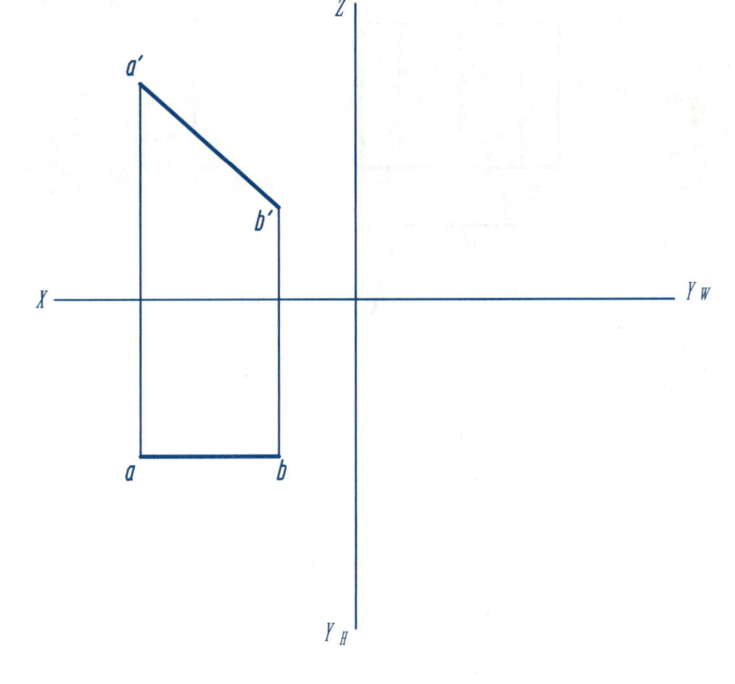


直线 $AB$ 是________线

6. 已知线段的两面投影，求其第三面投影，并求线段上 $C$ 点的投影。

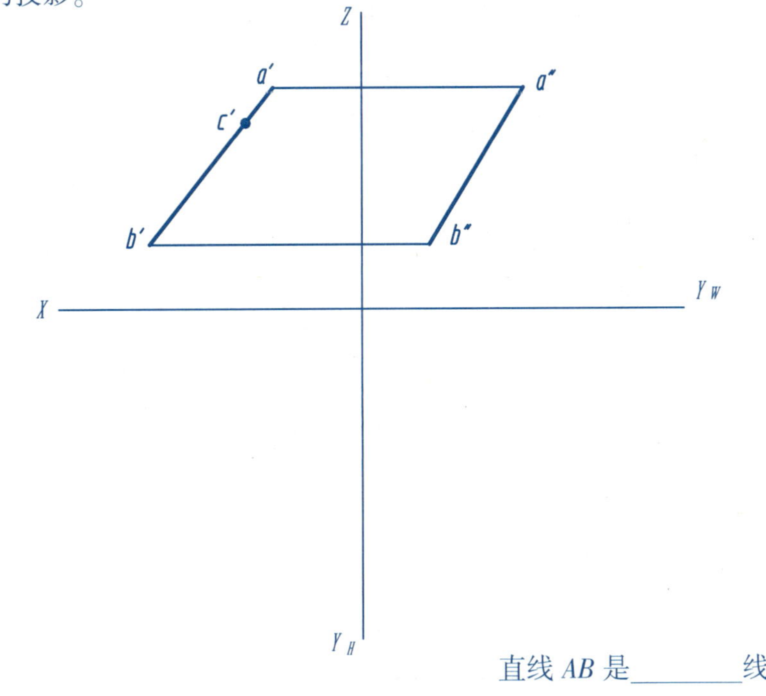


直线 $AB$ 是________线

7. 已知平面的两面投影，求其第三面投影。

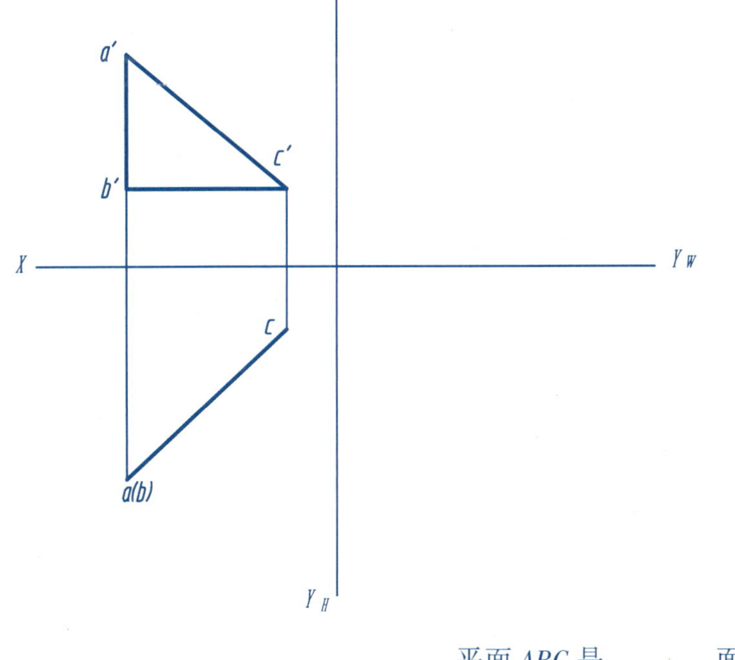


平面 $ABC$ 是________面

8. 已知平面的两面投影，求其第三面投影，并求平面上 $M$ 点的投影。

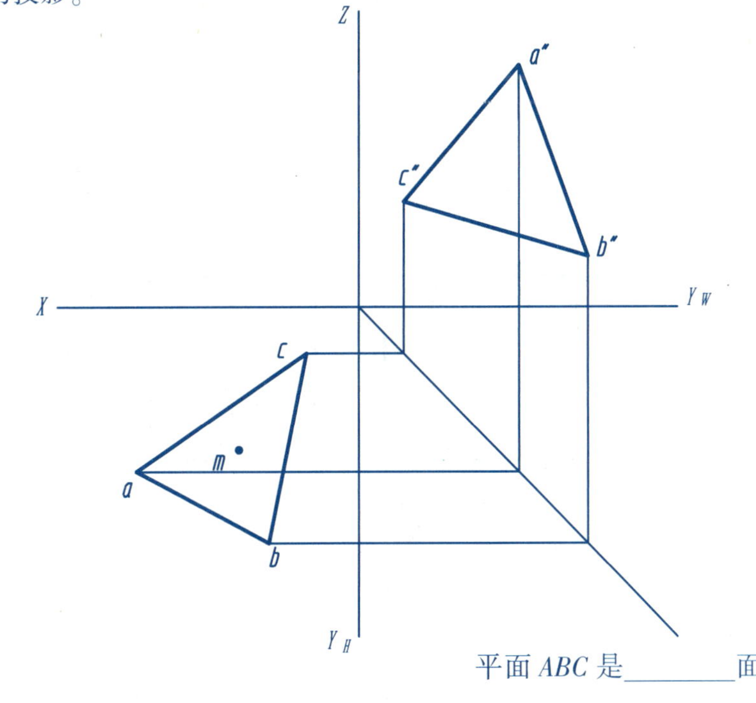


平面 $ABC$ 是________面

## 五、基本体及其表面上点、线的投影

1. 完成几何体的三视图，并求其表面上点的投影。

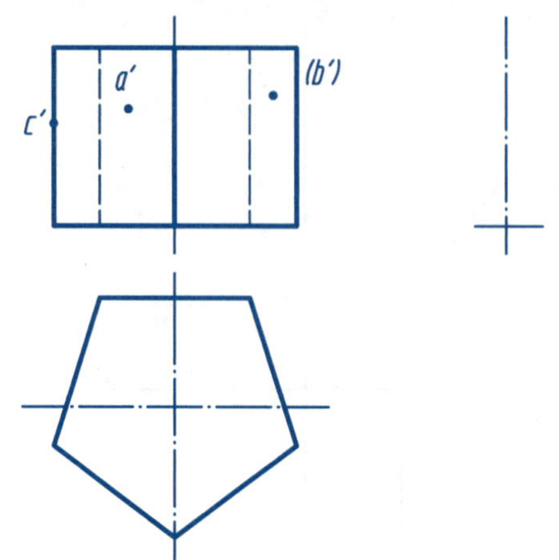


2. 完成几何体的三视图，并求其表面上点的投影。

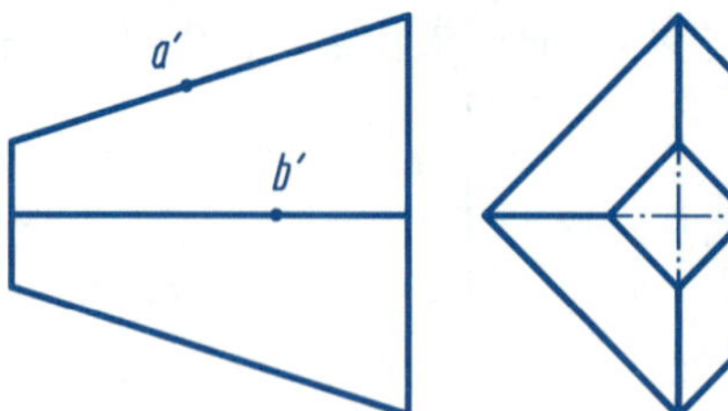


3. 完成几何体的三视图，并求其表面上点的投影。

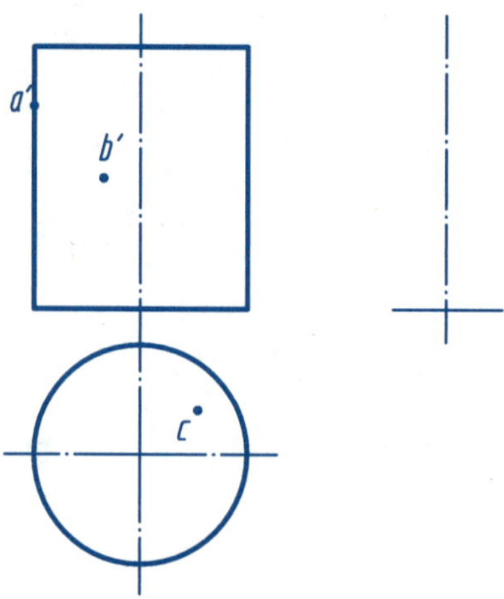


4. 完成几何体的三视图，并求其表面上点的投影。

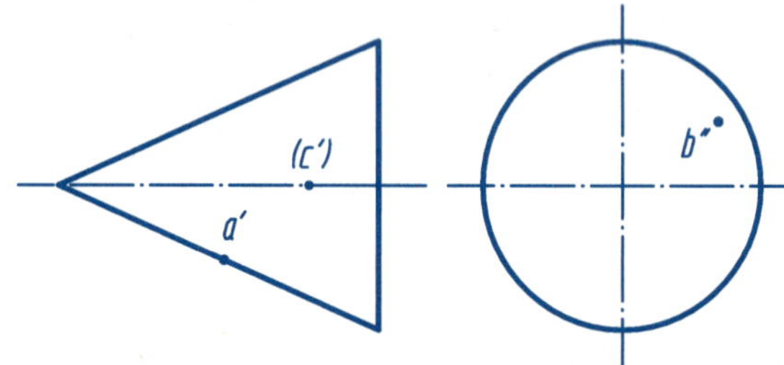


5. 完成几何体的三视图，并求其表面上点的投影。

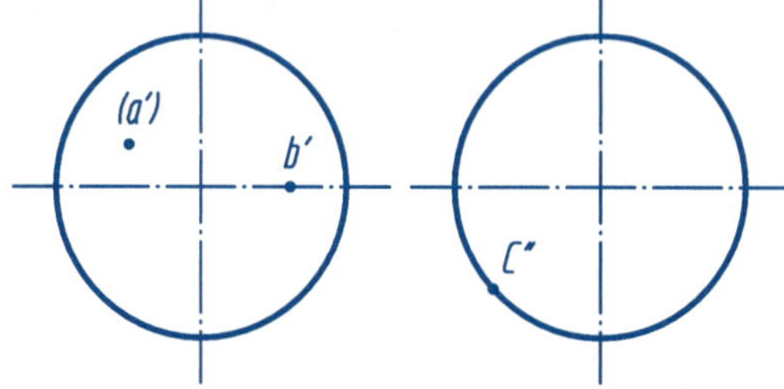


6. 完成几何体的三视图，并求其表面上点的投影。

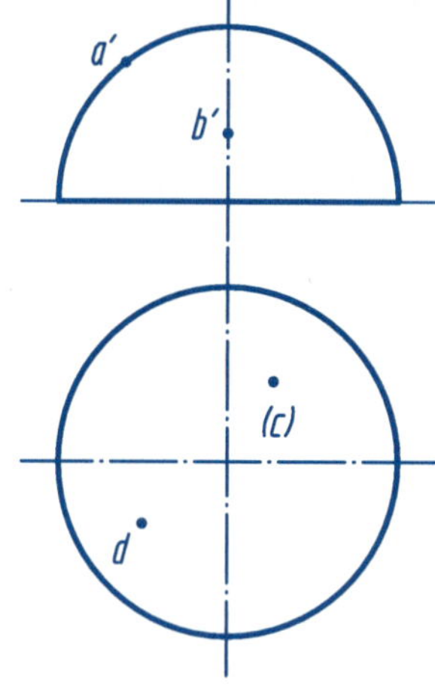


7. 求几何体表面上线的投影。

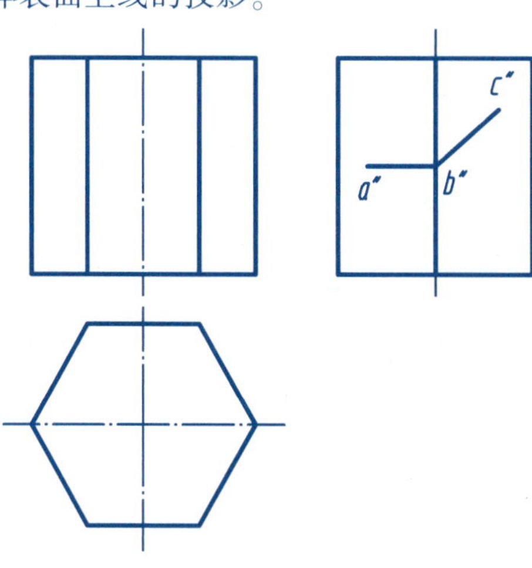


8. 求几何体表面上线的投影。

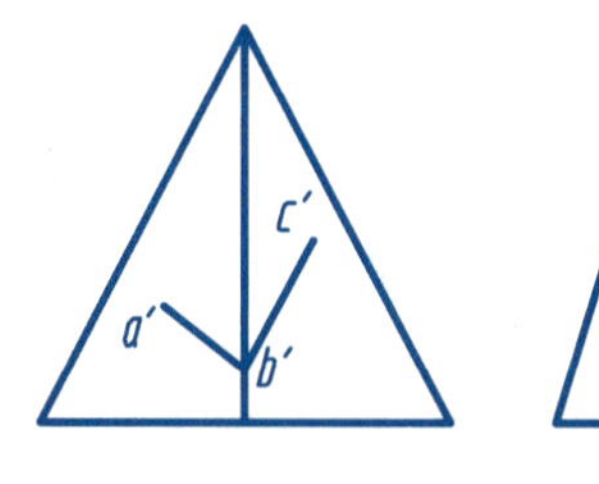


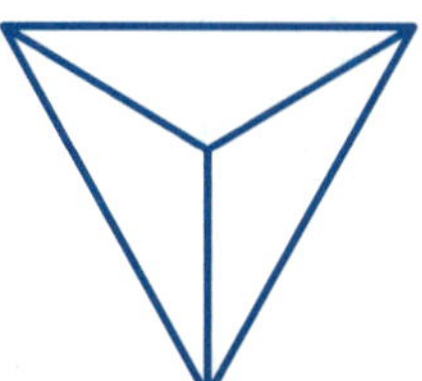

9. 求几何体表面上线的投影。

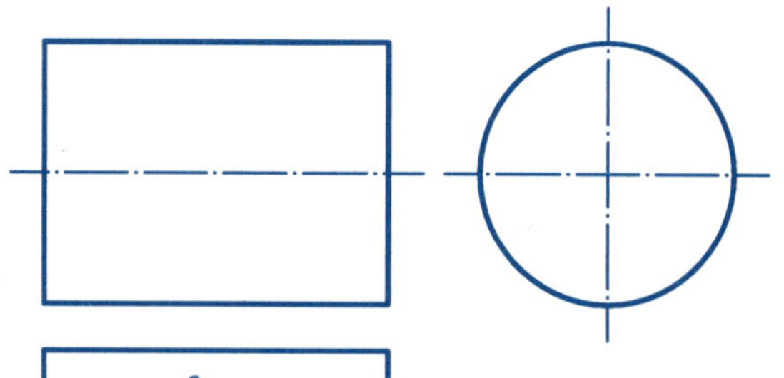

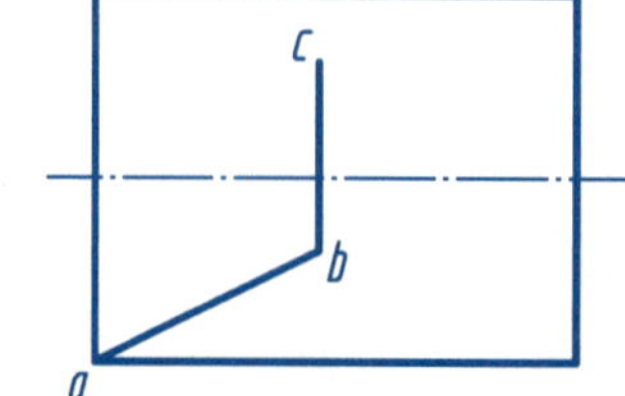

10. 求几何体表面上线的投影。

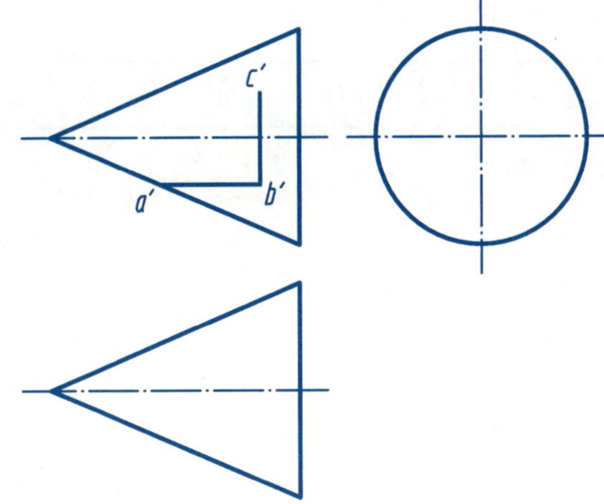


11. 求几何体表面上线的投影。

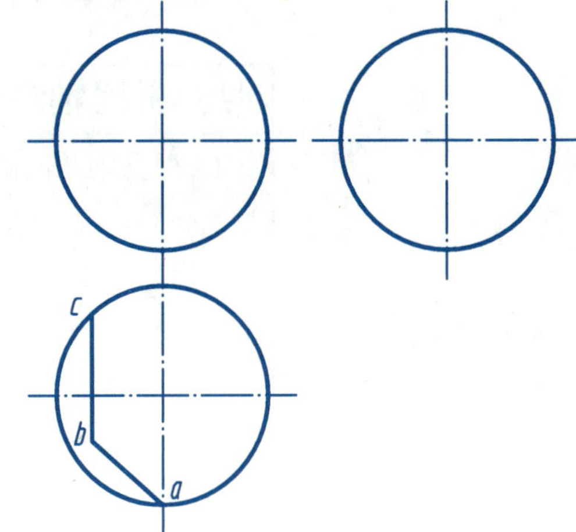


12. 求几何体表面上线的投影。

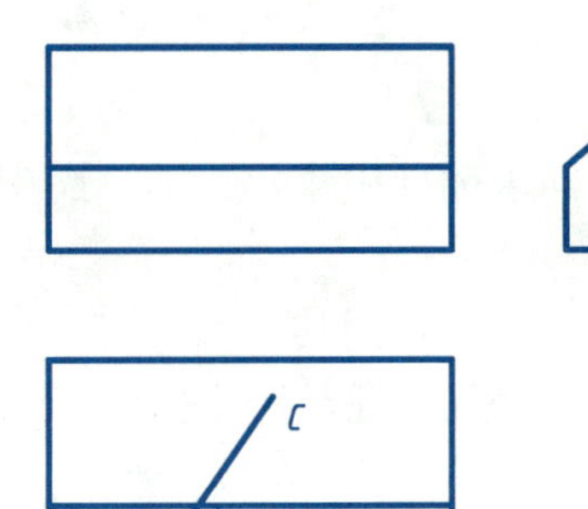


13. 完成几何体的三视图，并求其表面上点、线的投影。

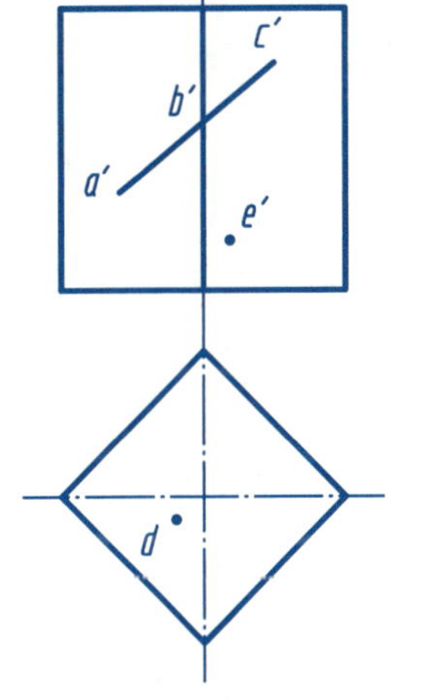


14. 完成几何体的三视图，并求其表面上点、线的投影。

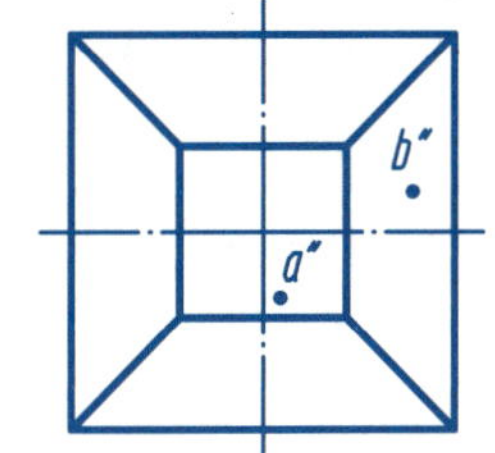


15. 完成几何体的三视图，并求其表面上点、线的投影。

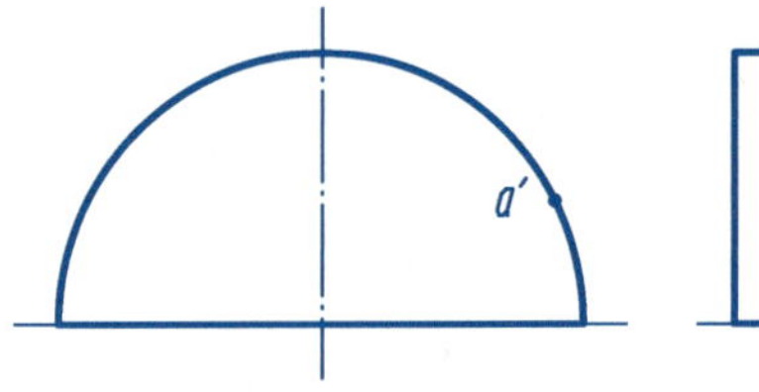


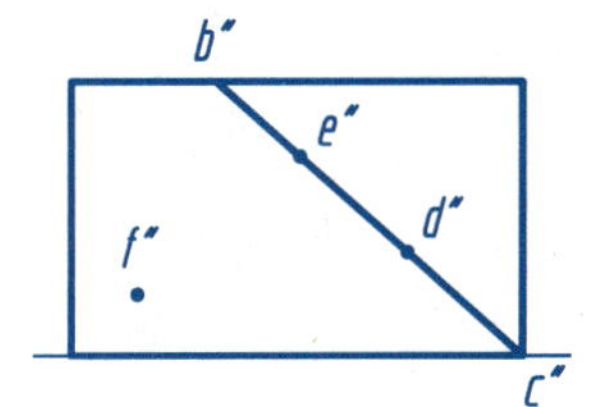


16. 完成几何体的三视图，并求其表面上点、线的投影。

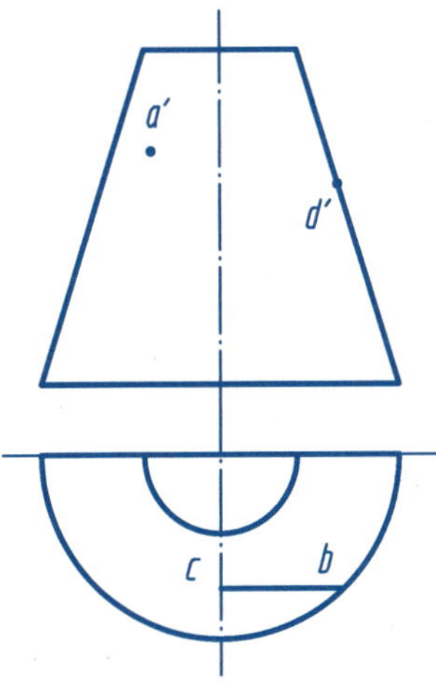


17. 完成几何体的三视图，并求其表面上点、线的投影。

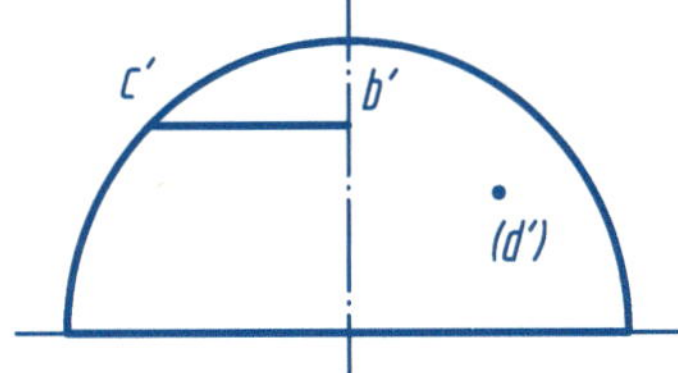


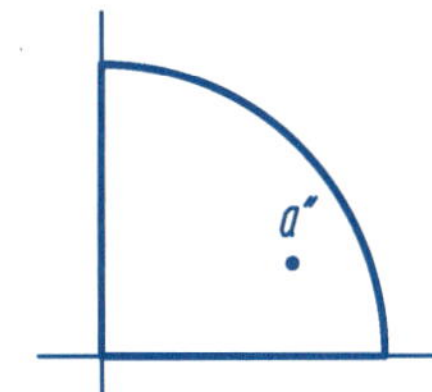


18. 完成几何体的三视图，并求其表面上点、线的投影。

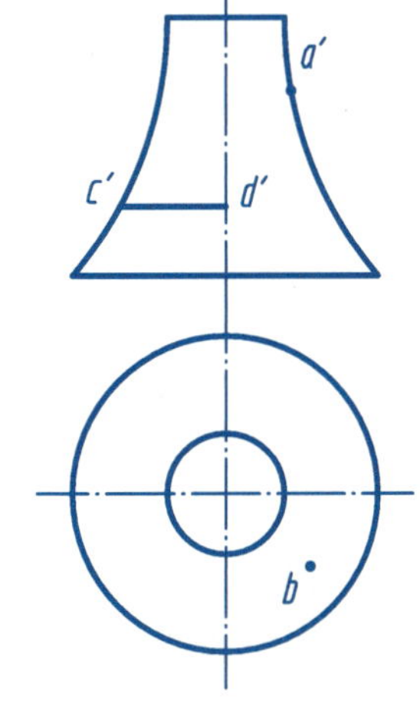

# 第四部分　轴　测　图

## 一、填空题

1.《机械制图 轴测图》国家标准中规定，轴测图中一般只画出＿＿＿＿＿＿部分，必要时才画出其＿＿＿＿＿＿部分。

2. 轴测投影是将＿＿＿＿＿＿连同其＿＿＿＿＿＿＿＿，沿不平行于任一坐标平面的方向，用平行投影法将其投射在单一投影面上所得的图形，简称为＿＿＿＿＿。

3. 正轴测投影一般是将物体＿＿＿＿＿放，然后用＿＿＿＿＿＿＿＿＿法向轴测投影面投射；斜轴测投影一般是将物体＿＿＿＿＿放，然后用＿＿＿＿＿＿＿＿＿法向轴测投影面投射。

4. 正等轴测图中，轴间角为＿＿＿＿＿＿，轴向伸缩系数通常取＿＿＿＿＿＿。斜二轴测图中，轴间角$\angle XOY=$＿＿＿＿＿，$\angle XOZ=$＿＿＿＿＿，$\angle YOZ=$＿＿＿＿＿，轴向伸缩系数$p_1=r_1=1$、$q_1=$＿＿＿＿＿。

## 二、选择题(每题只选一个答案,将所选答案的编号填入括弧中)

1. 轴测图中，可见轮廓线与不可见轮廓线的画法应是：……………………………… (　　)
   A. 可见部分和不可见部分都必须画出
   B. 只画出可见部分
   C. 一般只画出可见部分，必要时才画出不可见部分

2. 绘制轴测图时，量取尺寸的方法是：……………………………………………… (　　)
   A. 每一尺寸均从视图中按比例取定
   B. 必须沿轴测轴方向按比例取定
   C. 一般沿轴测轴方向，必要时可以不沿轴测轴方向量取
   D. 不能沿轴测轴方向量取

3. 空间互相平行的线段，在同一轴测投影中：………………………………………… (　　)
   A. 互相不平行
   B. 根据具体情况，有时互相平行，有时两者不平行
   C. 互相平行(线段垂直于轴测投影面时除外)
   D. 一定互相垂直

4. 绘制轴测图时所采用的投影法是：…………………………………………………… (　　)
   A. 中心投影法　　B. 平行投影法　　C. 只能用正投影法　　D. 只能用斜投影法

## 三、是非题(正确的画"○",错误的打"×")

1. 绘制轴测图时，必须沿轴测轴方向取定尺寸。……………………………………… (　　)
2. 轴测图只能用作辅助性图样，不能作为产品图样。………………………………… (　　)
3. 轴测图均是视图。……………………………………………………………………… (　　)
4. 正等轴测图的轴间角均为120°。 ……………………………………………………… (　　)
5. 用轴测图表示物体时，只能用来表示物体的形状，不可用来表示物体的大小。 … (　　)
6. 为方便作图，绘制正等轴测图时的轴向伸缩系数采用简化伸缩系数。…………… (　　)
7. 与轴测轴平行的线段，必须按该轴的轴向伸缩系数进行度量。…………………… (　　)

## 四、根据轴测图画三视图

1. 根据轴测图画三视图。

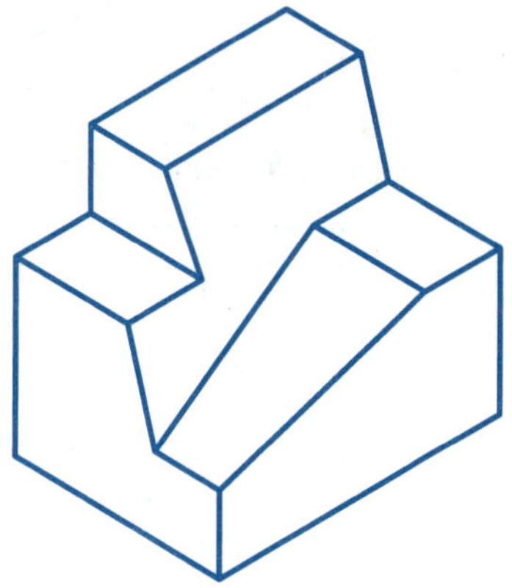

2. 根据轴测图画三视图。

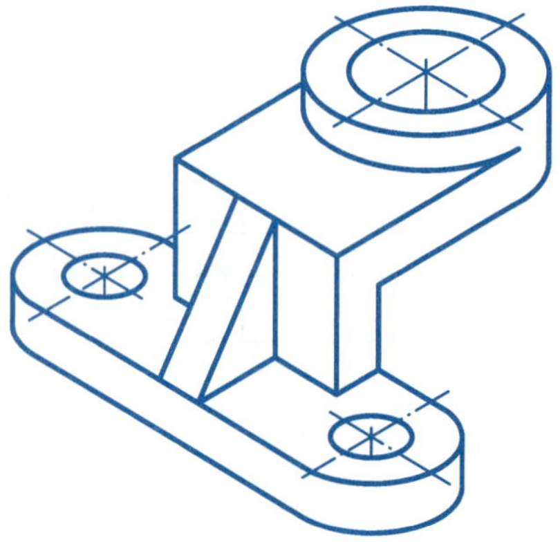

## 五、根据给定的视图画轴测图

1. 根据三视图画正等测图。

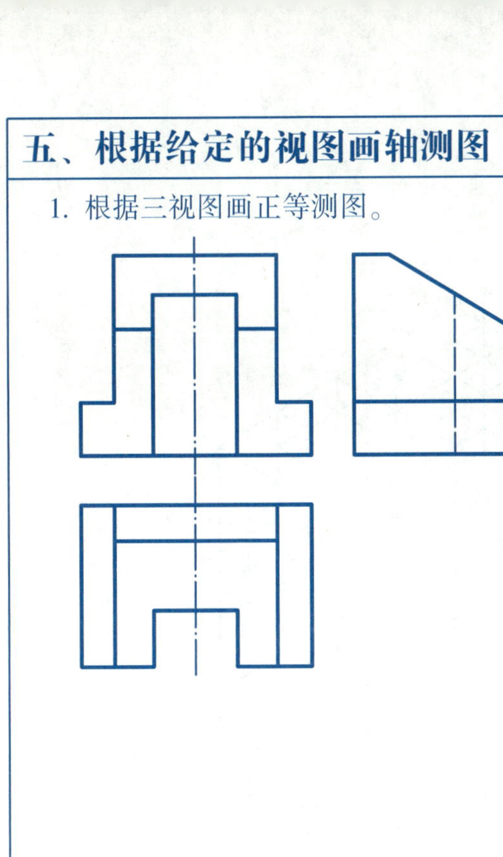

2. 根据三视图画正等测图。

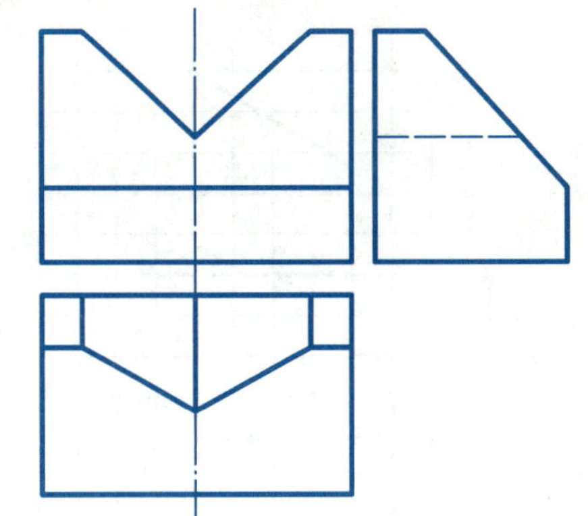

3. ＊补画第三视图，并画正等测图。

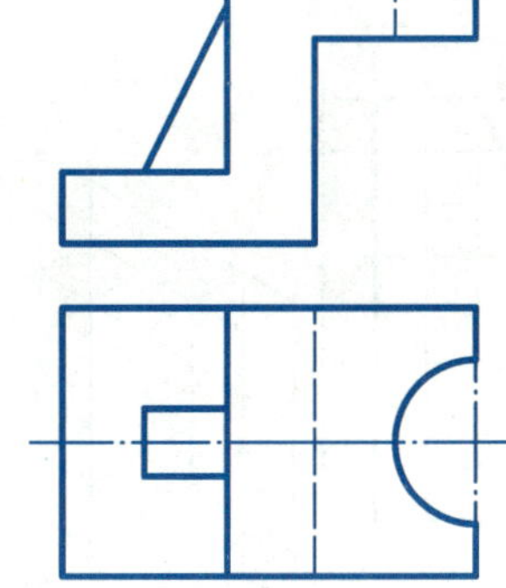

4. ＊根据三视图画正等测图。

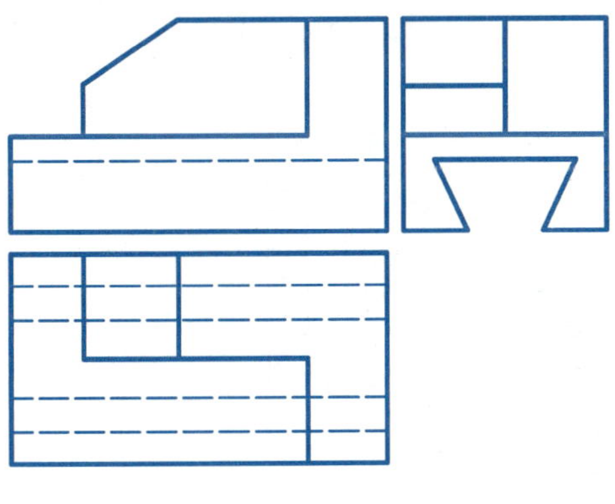

5. ＊根据三视图画正等测图。

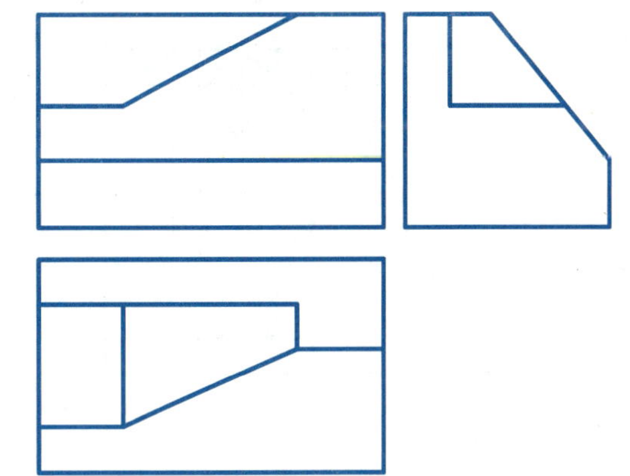

6. 根据三视图画斜二测图。

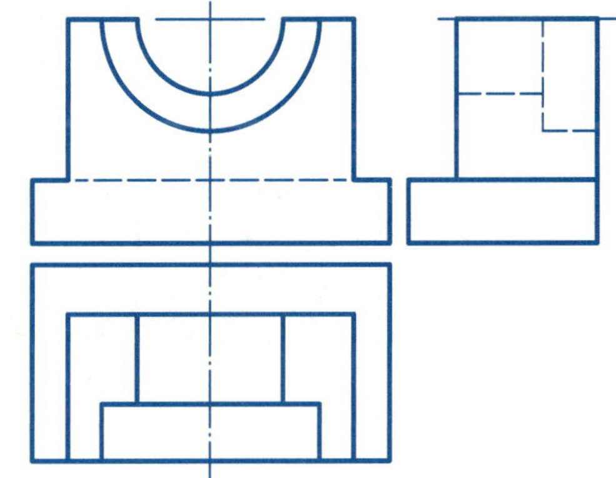

## 五、根据给定的视图画轴测图

7. 根据已知视图，徒手绘制正等测图。

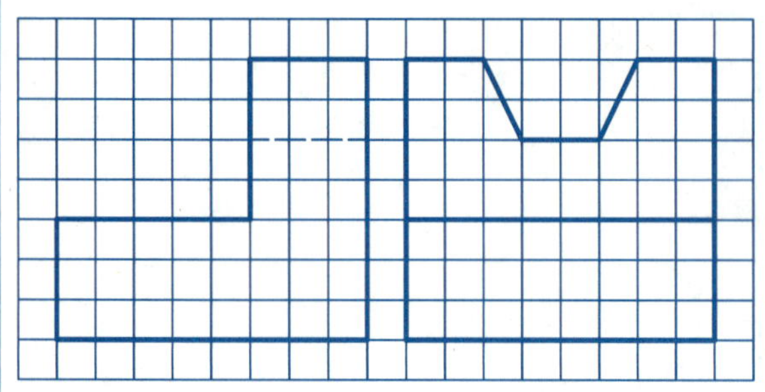

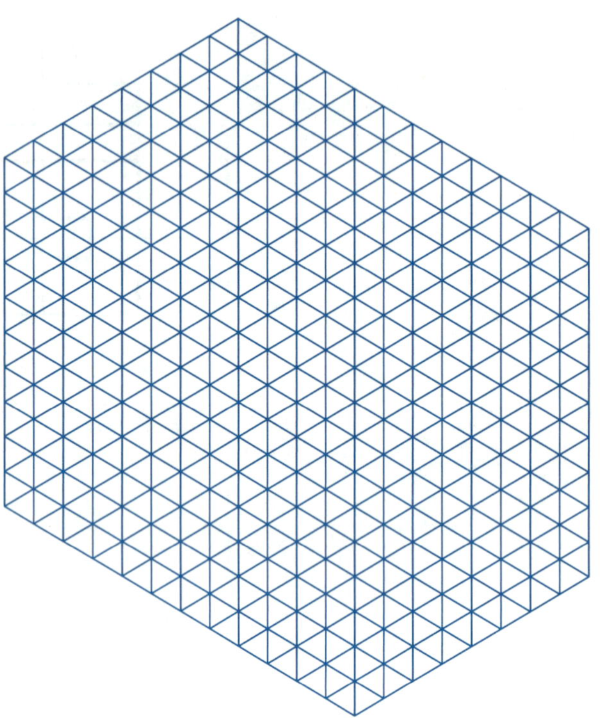

8. 根据已知视图，徒手绘制正等测图。

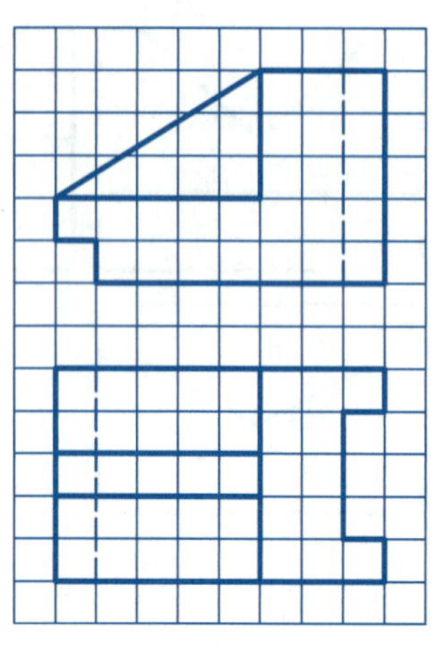

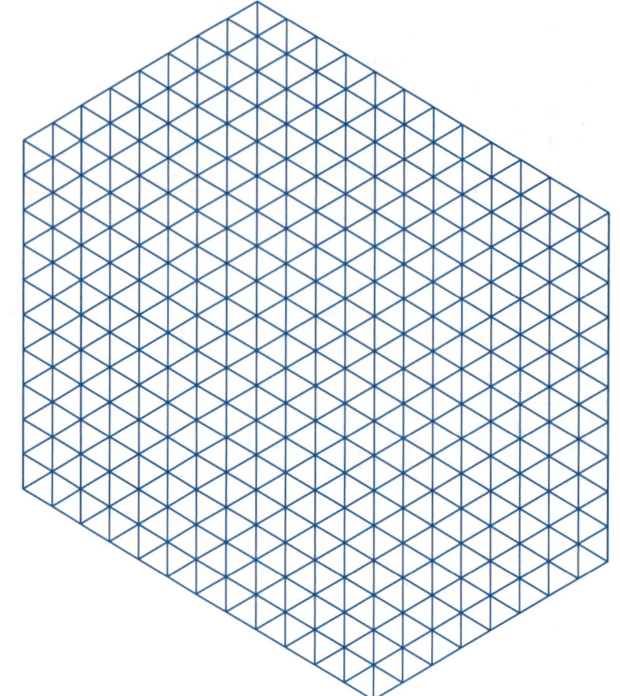

9. ＊根据已知视图，徒手绘制正等测图。

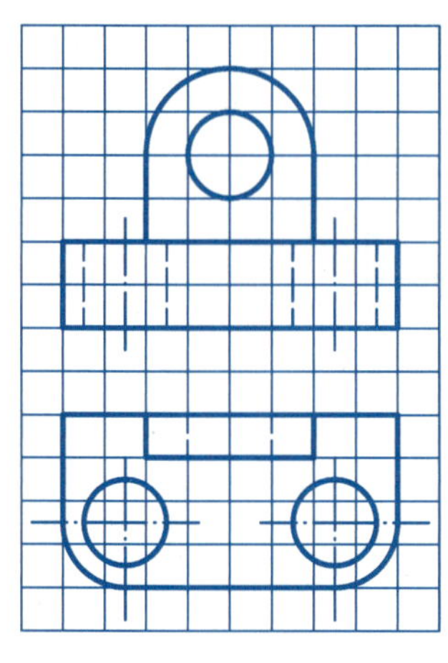

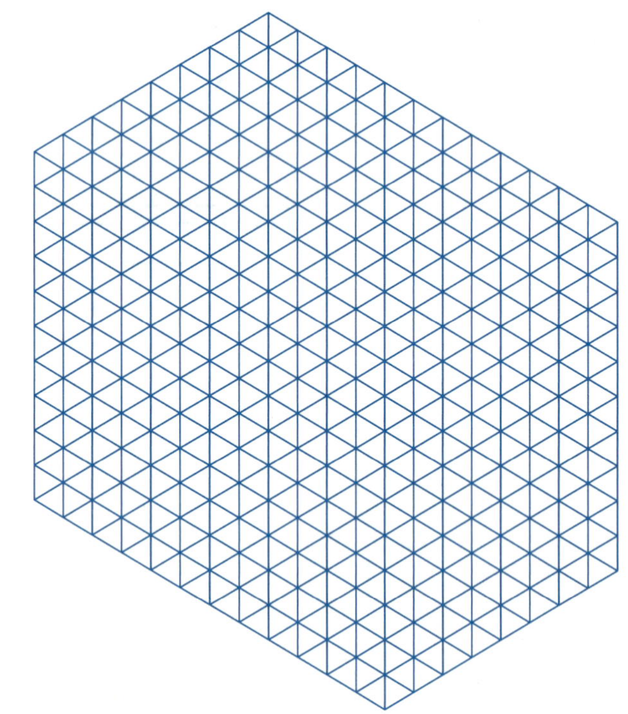

10. 根据已知视图，徒手绘制斜二测图。

# 第五部分　组　合　体

## 一、填空题

1. 由平面截切立体所形成的表面交线叫____________。两立体相互贯穿时的表面交线称为________。
2. 尺寸应标注在反映该结构______________的视图上，并尽量避免注在______________上。
3. 组合体的组合方式为________、________和________三种基本组合方式。
4. 组合体中的各个基本几何体表面之间有________、________和________三种情况。
5. 组合体的分析方法主要有________分析法和________分析法。
6. 圆的直径一般注在投影为________的视图上，圆弧的半径则应注在投影为________的视图上。

## 二、选择题(每题只选一个答案,将所选答案的编号填入括弧中)

1. 按箭头所指的方向看图，右边四个视图哪一个是正确的？……………………………（　　）

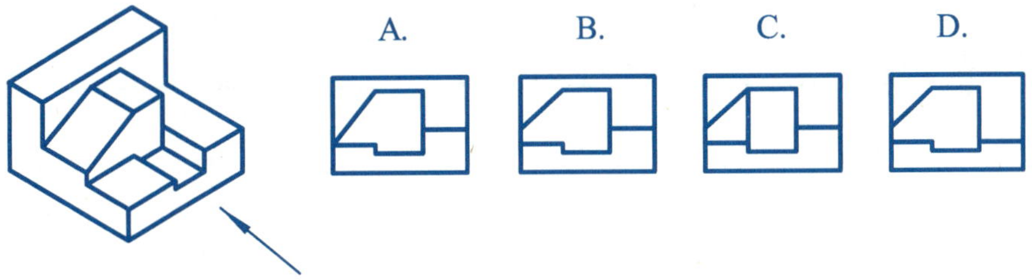

A.　B.　C.　D.

2. 按所给定的主、左视图，找出相对应的俯视图：……………………………………（　　）

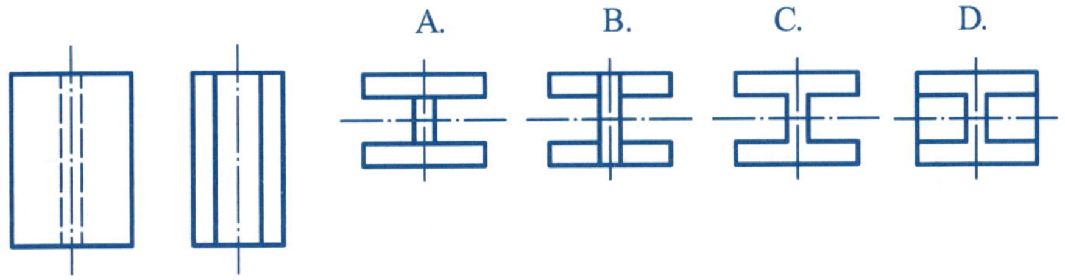

A.　B.　C.　D.

3. 按所给定的主、俯视图，找出相对应的左视图：……………………………………（　　）

A.　B.　C.　D.

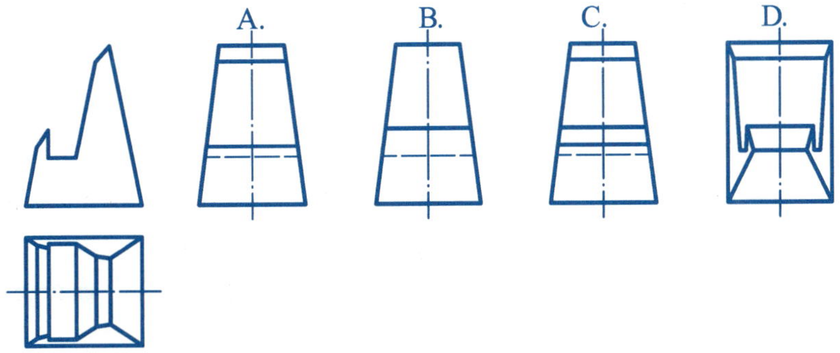

4. 按所给定的主、俯视图，找出相对应的左视图：……………………………………（　　）

A.　B.　C.　D.

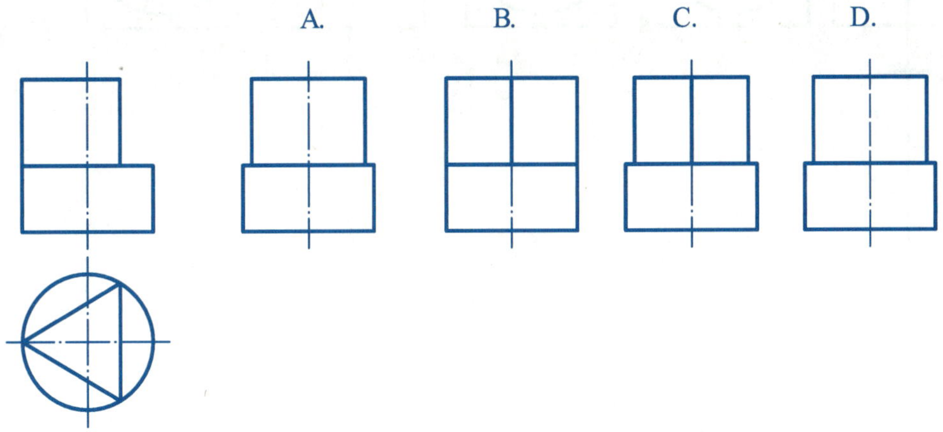

5. 按所给定的主、俯视图，找出相对应的左视图：……………………………………（　　）

A.　B.　C.　D.

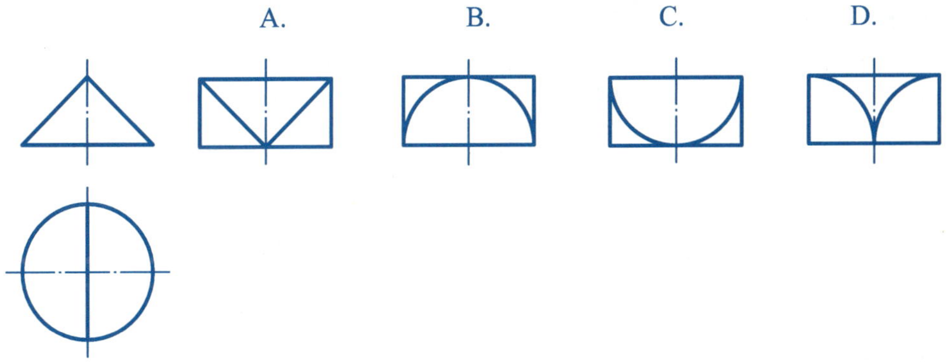

6. 按所给定的主、俯视图，找出相对应的左视图：……………………………………（　　）

A.　B.　C.　D.

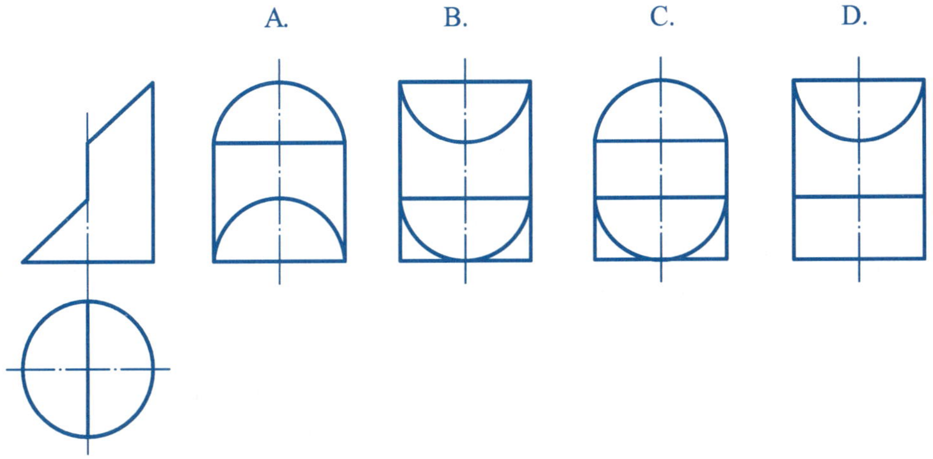

7. 按所给定的主、俯视图，找出相对应的左视图：…………………………………… (　　)

A.　B.　C.　D.

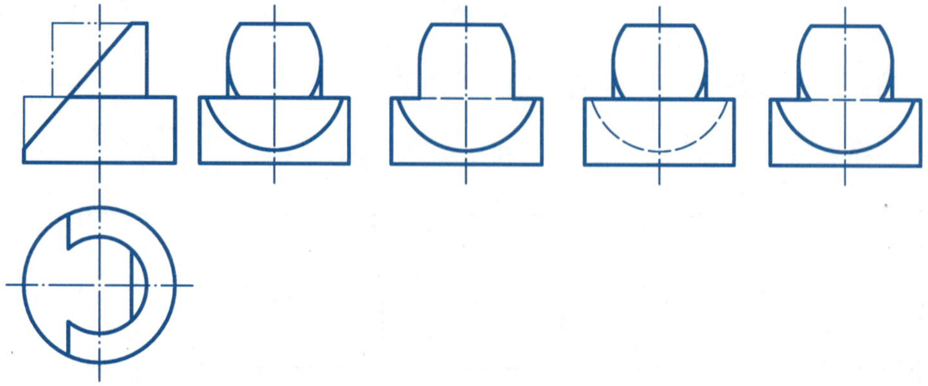

8. 按所给定的主、左视图，找出相对应的俯视图：…………………………………… (　　)

A.　B.　C.　D.

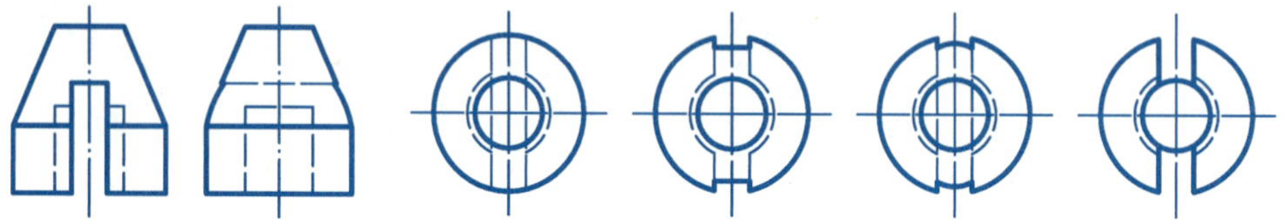

9. 按所给定的主、俯视图，找出相对应的左视图：…………………………………… (　　)

A.　B.　C.　D.

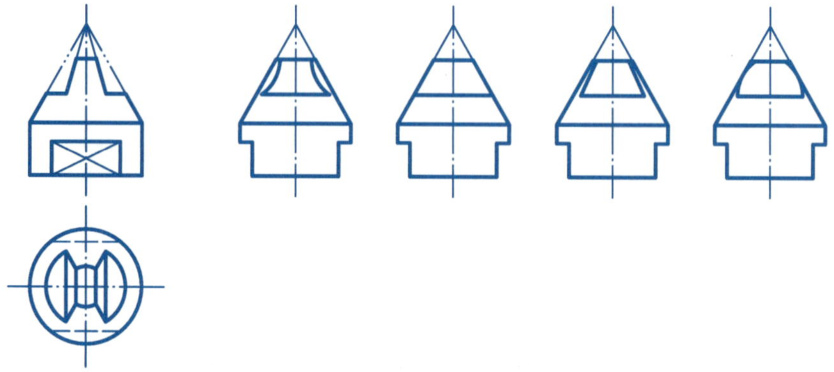

10. 找出图示截割的圆球所相对应的左视图：………………………………………… (　　)

A.　B.　C.　D.

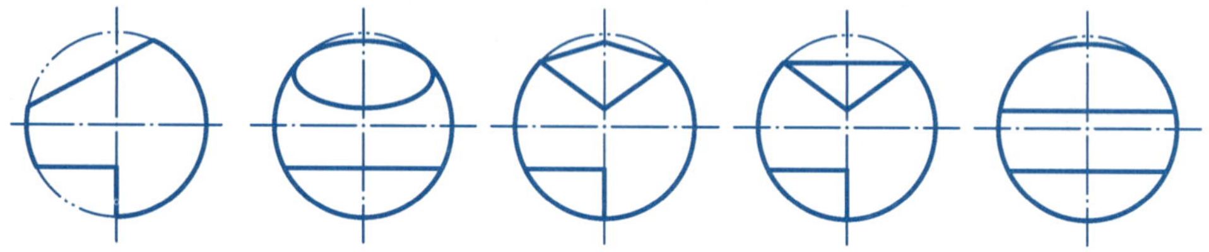

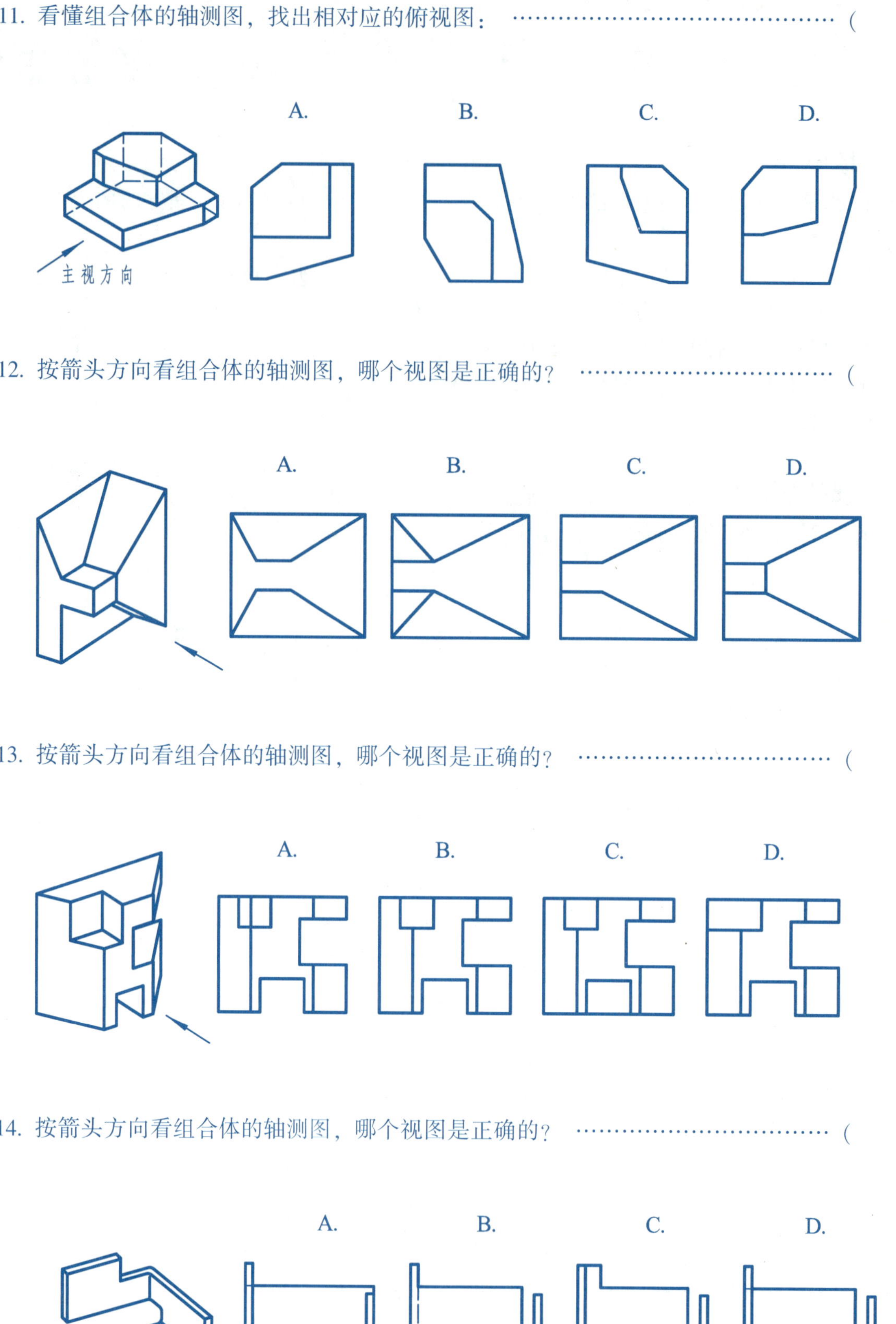

11. 看懂组合体的轴测图，找出相对应的俯视图：………………………………… (　　)

A.　B.　C.　D.

12. 按箭头方向看组合体的轴测图，哪个视图是正确的？……………………………… (　　)

A.　B.　C.　D.

13. 按箭头方向看组合体的轴测图，哪个视图是正确的？……………………………… (　　)

A.　B.　C.　D.

14. 按箭头方向看组合体的轴测图，哪个视图是正确的？……………………………… (　　)

A.　B.　C.　D.

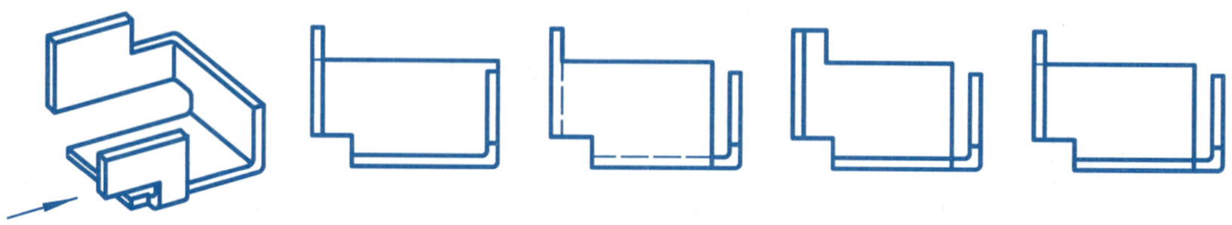

15. 按箭头所示的投射方向，将正确的图号填入各立体图的圆圈内。

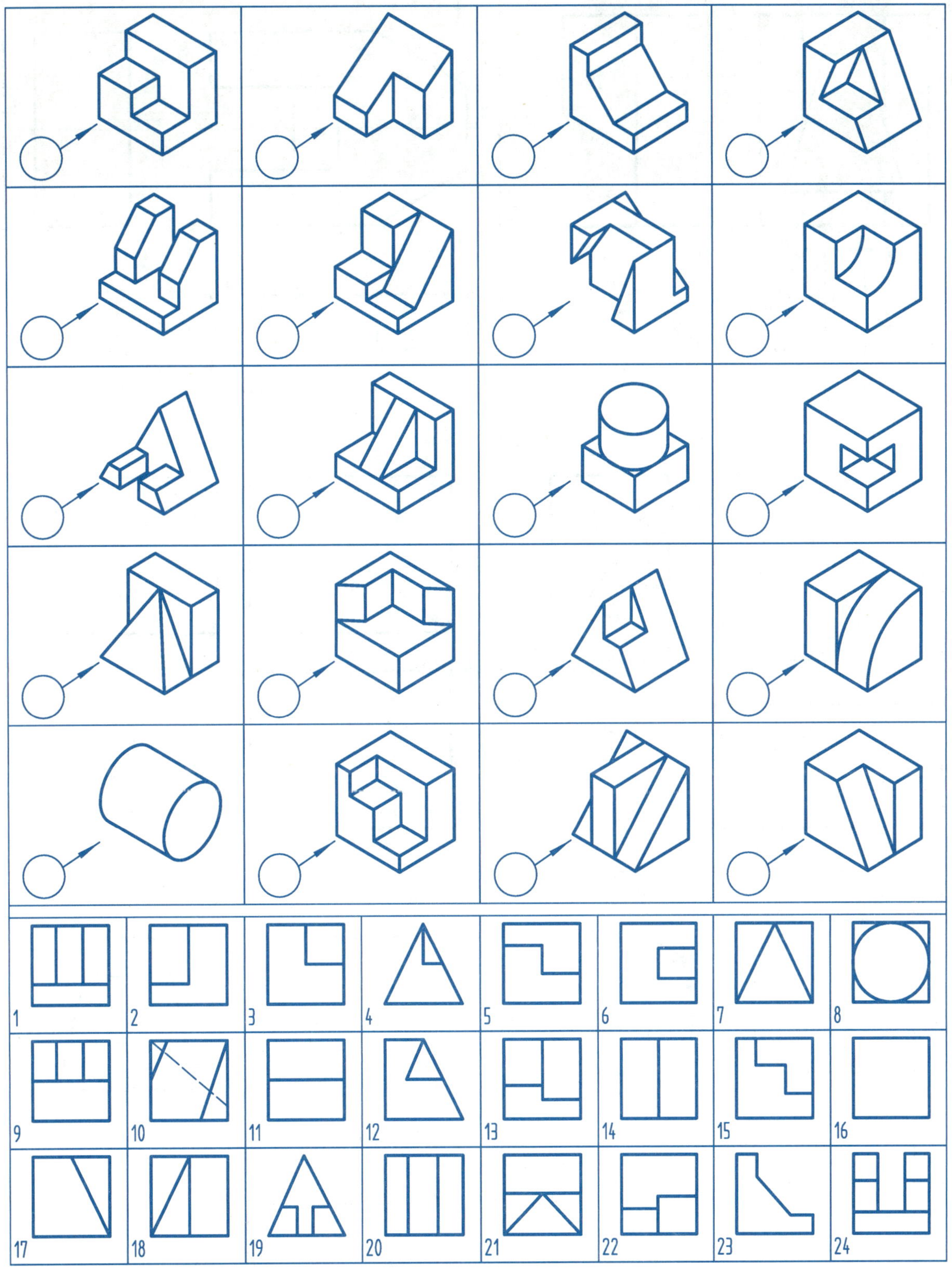

1 2 3 4 5 6 7 8

9 10 11 12 13 14 15 16

17 18 19 20 21 22 23 24

16. 按所给定的主、俯视图，想像形体，找出相应的左视图：……………………（ ）

A. B. C. D.

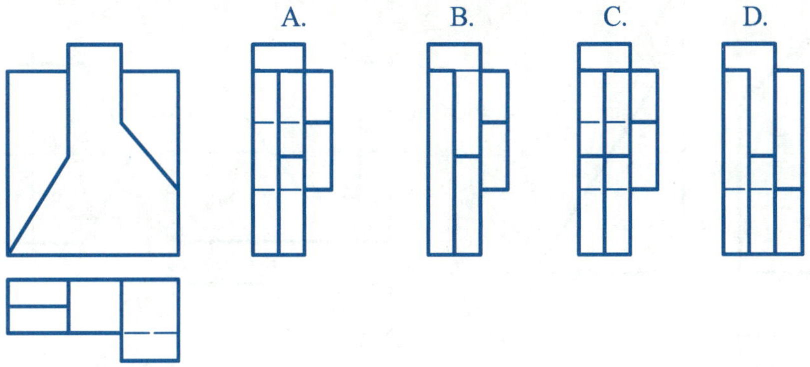

17. 按所给定的主、俯视图，想像形体，找出相应的左视图：……………………（ ）

A. B. C. D.

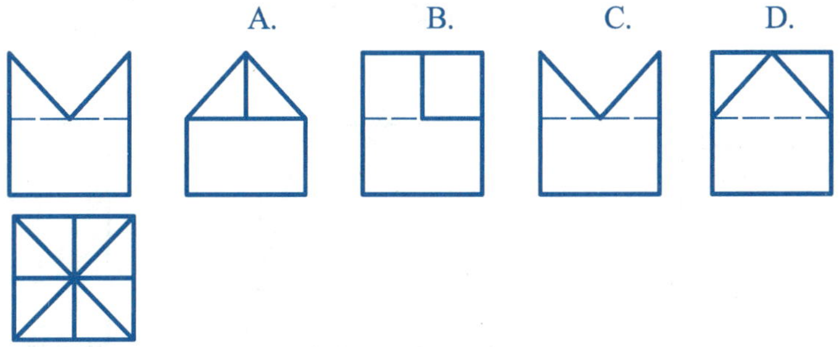

18. 按所给定的主、俯视图，想像形体，找出相应的左视图：……………………（ ）

A. B. C. D.

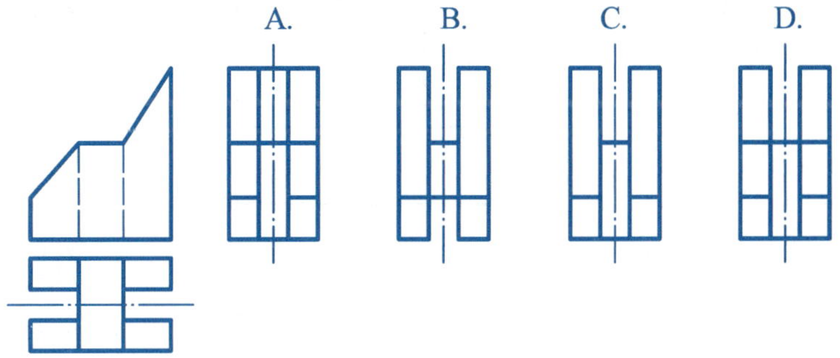

## 三、是非题(正确的画“○”,错误的打“×”)

1. 相贯线是互相贯穿的两个基本体表面的共有线，它一定是封闭的空间曲线。……（ ）
2. 在不致引起误解时，图形中的相贯线可以简化，例如用圆弧或直线来代替非圆曲线，也可以采用模糊画法表示相贯线。……………………………………………………（ ）
3. 组合体上标注的尺寸，一般情况下包括定位尺寸和定形尺寸两种。………………（ ）
4. 形体分析法的要点：(1)分清组合体的基本组成部分，(2)搞清各部分之间的相对位置，(3)辨清相邻两形体的组合形式及表面连接关系。……………………………（ ）
5. 标注平行并列的尺寸时，应使较小的尺寸靠近视图，较大的尺寸依次向外分布。…（ ）
6. 定位尺寸是确定各基本几何体大小的尺寸。……………………………………（ ）

## 四、补画视图中所缺漏的线

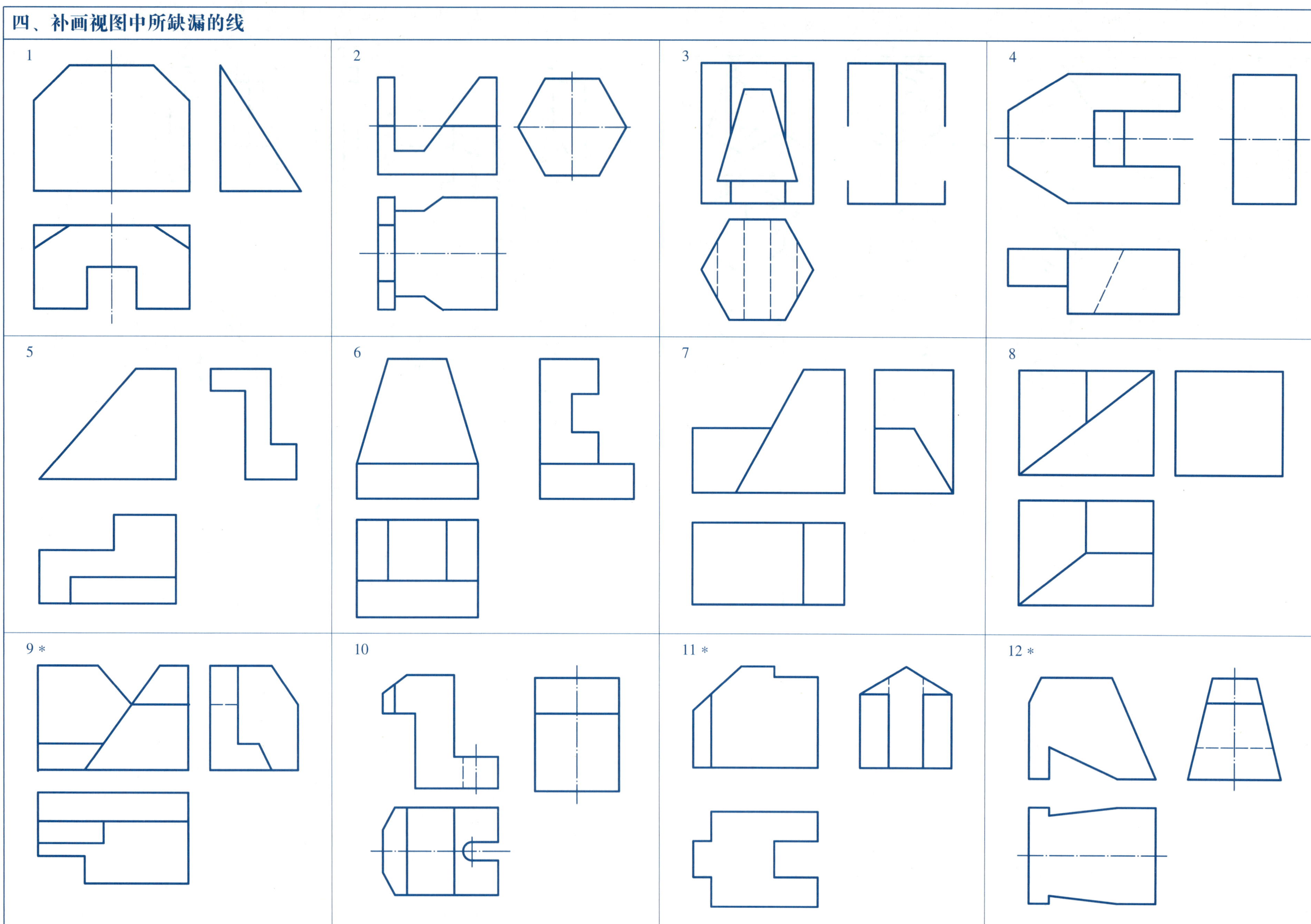

## 四、补画视图中所缺漏的线

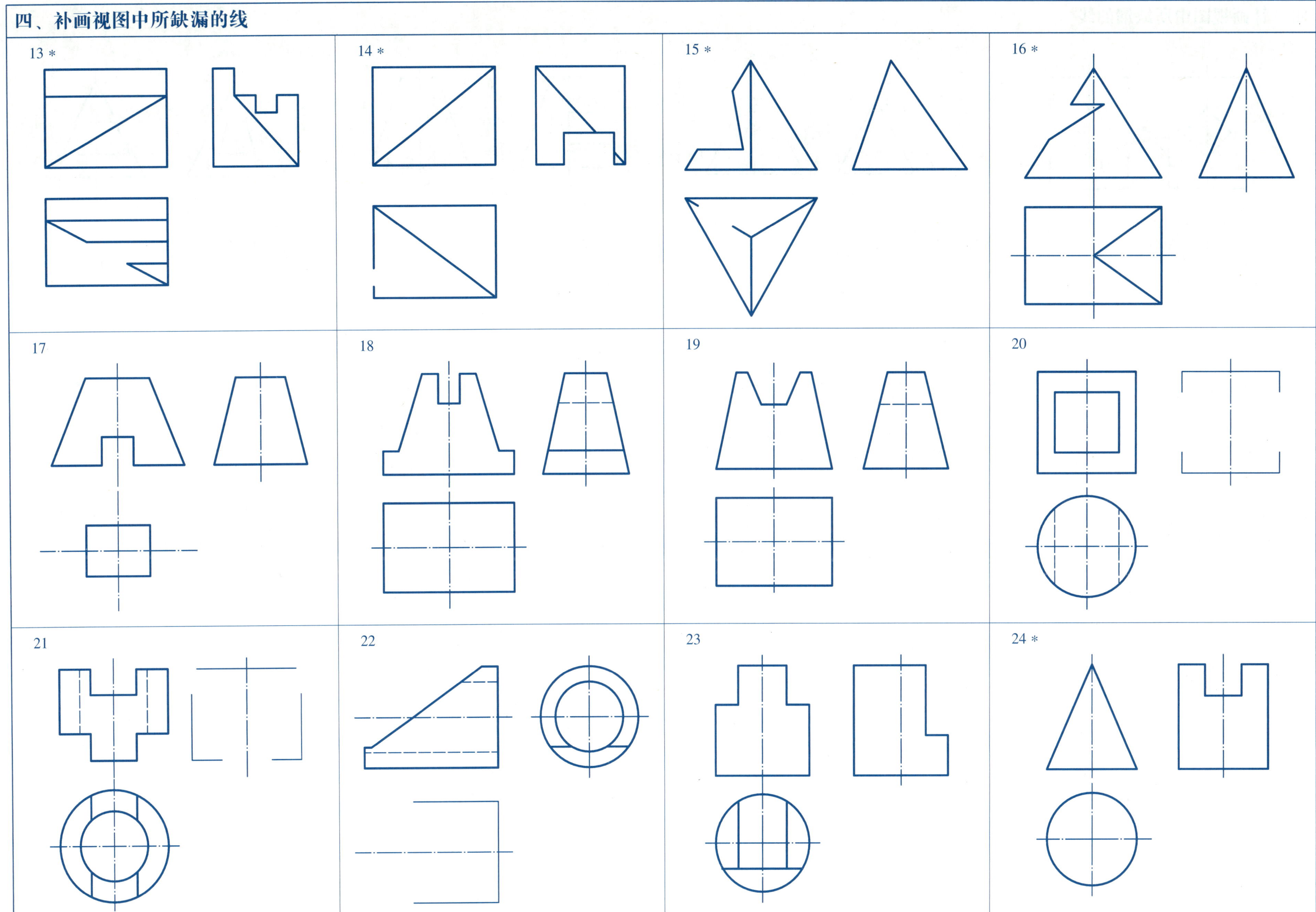

## 四、补画视图中所缺漏的线

25 *

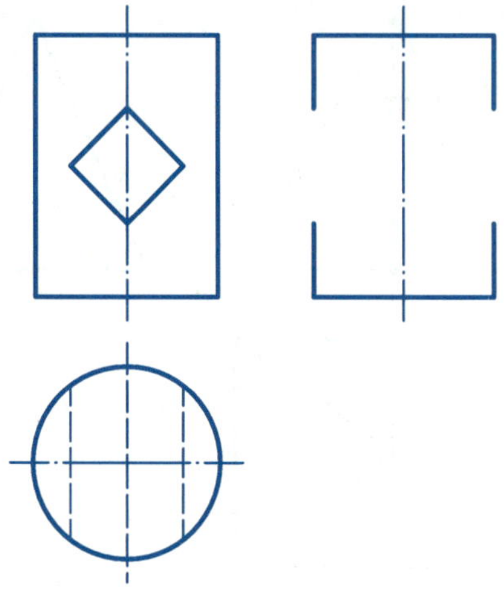

26

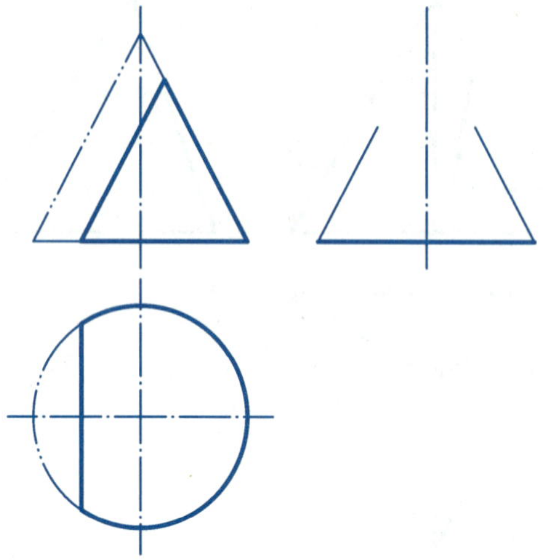

27

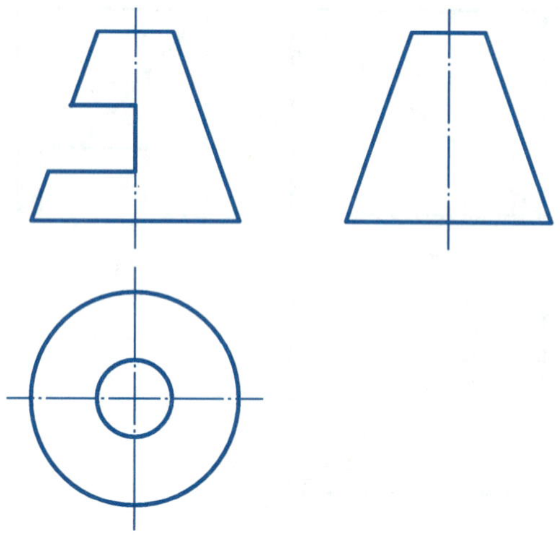

28 *

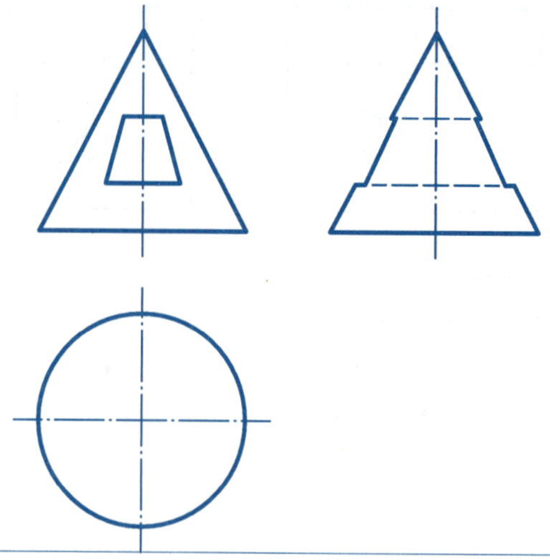

29 *

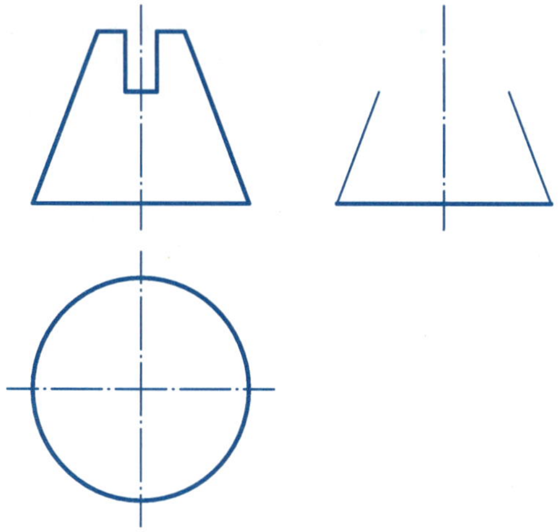

30 *

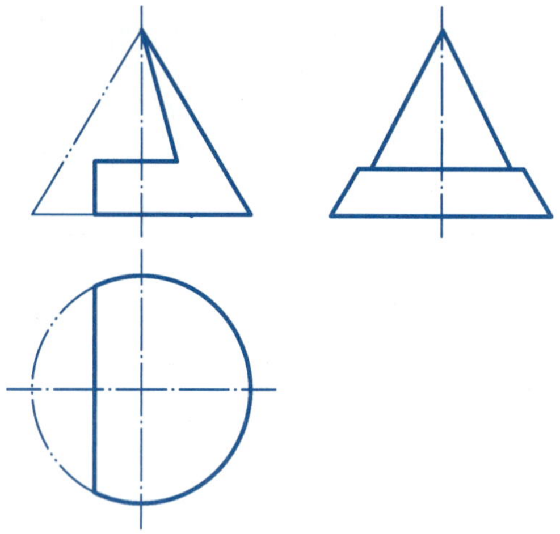

31

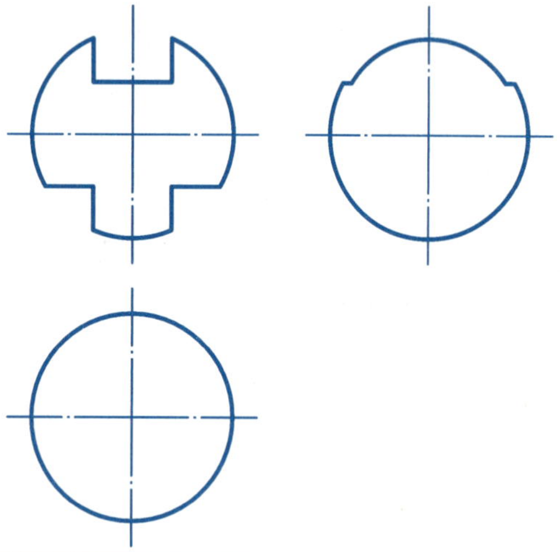

32

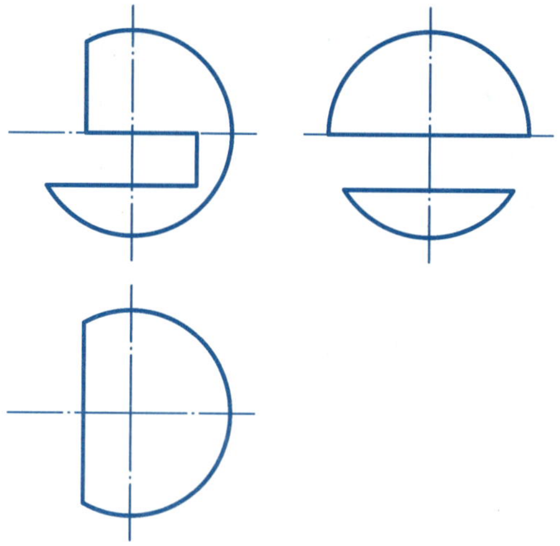

33 *

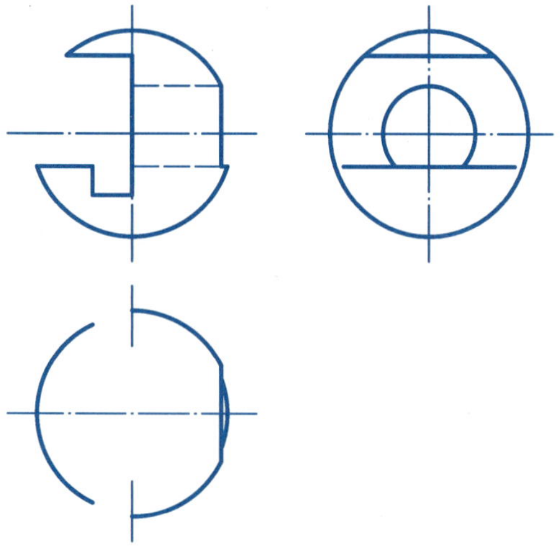

34

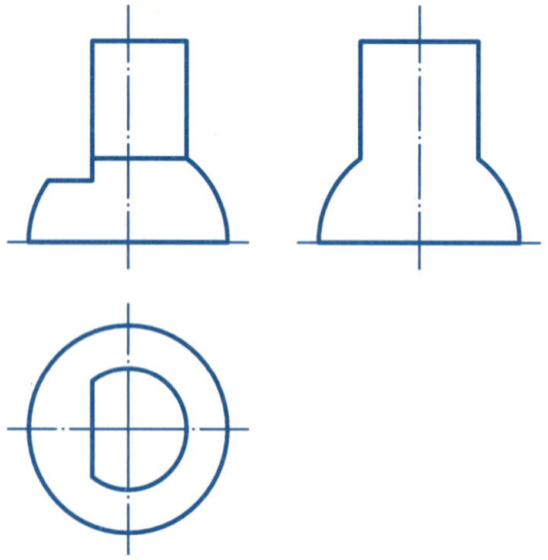

35 *

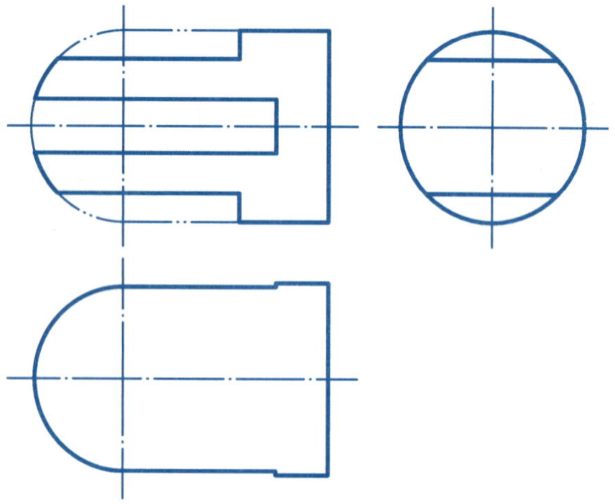

36 *

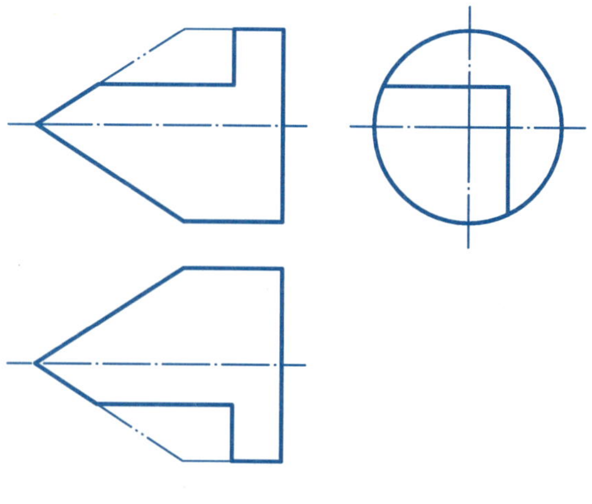

## 四、补画视图中所缺漏的线

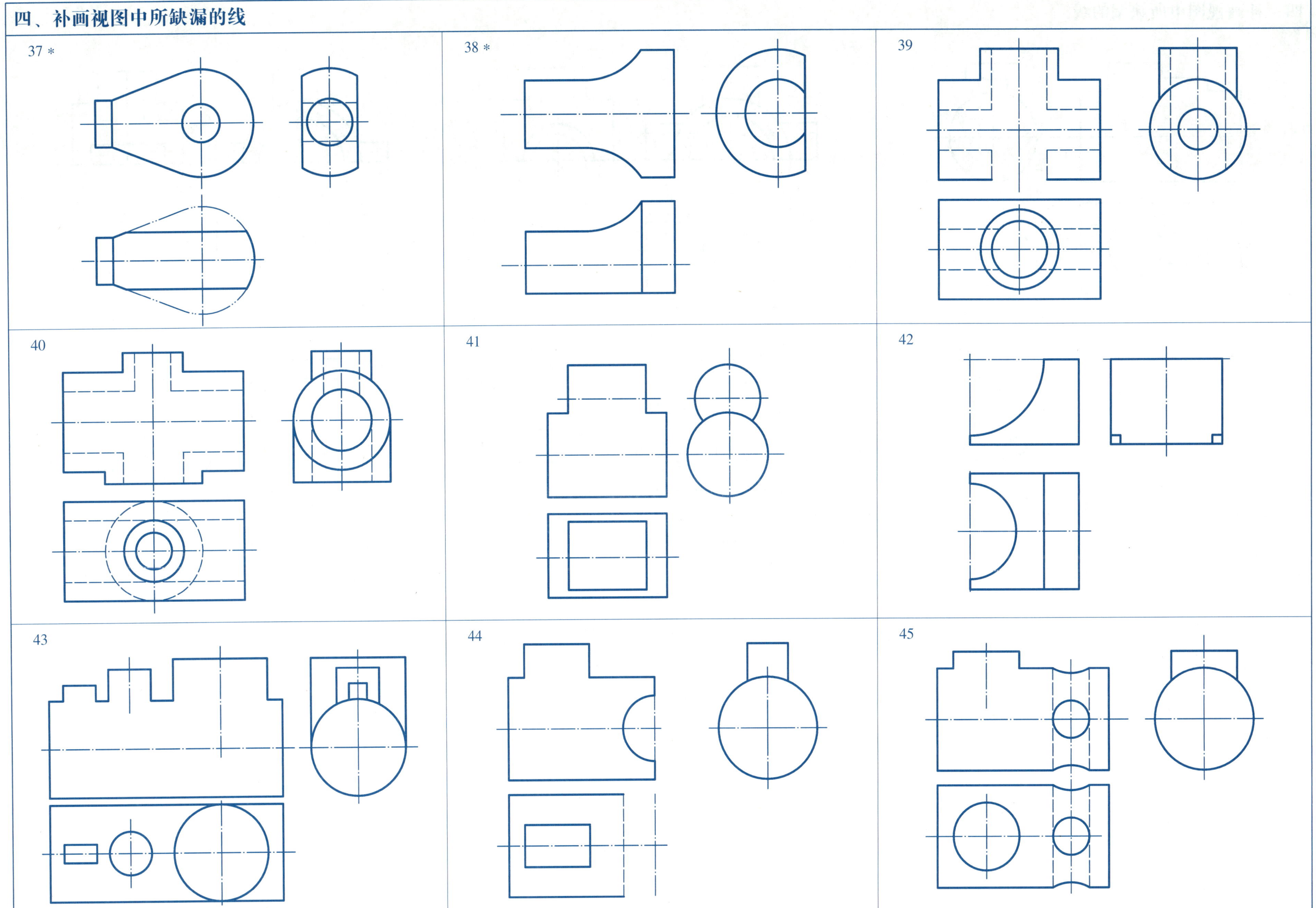

## 四、补画视图中所缺漏的线

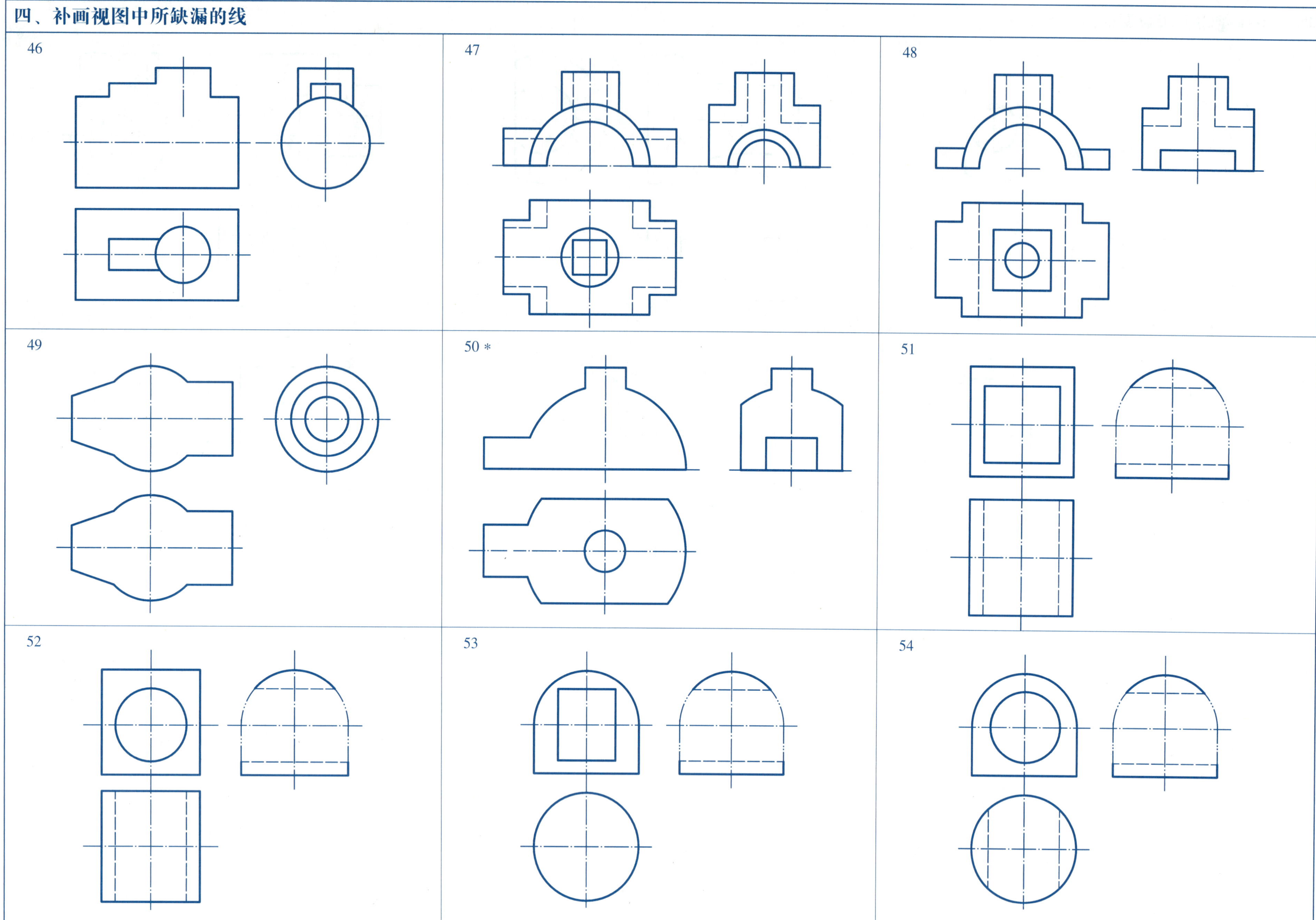

## 四、补画视图中所缺漏的线

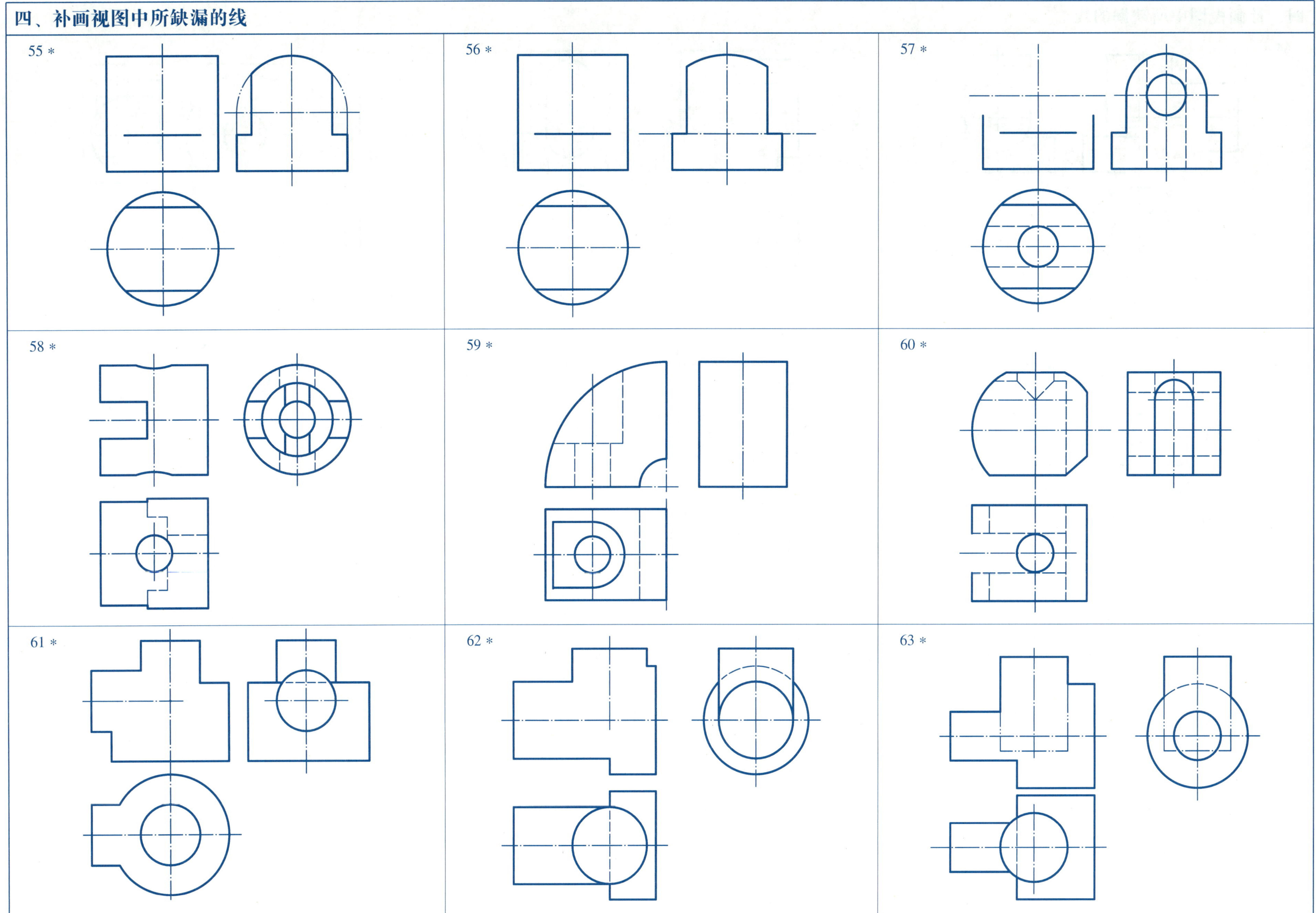

## 四、补画视图中所缺漏的线

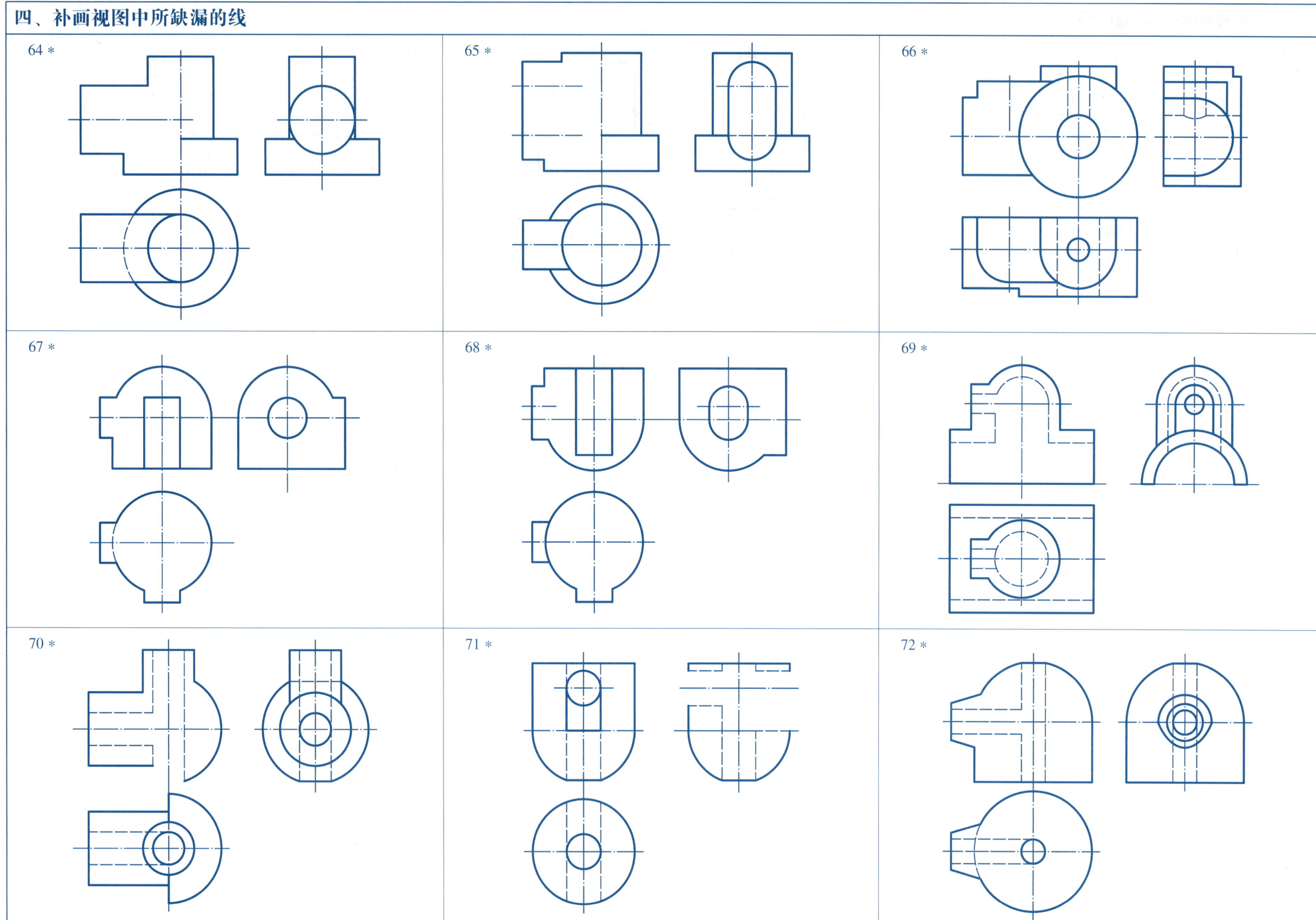

## 四、补画视图中所缺漏的线

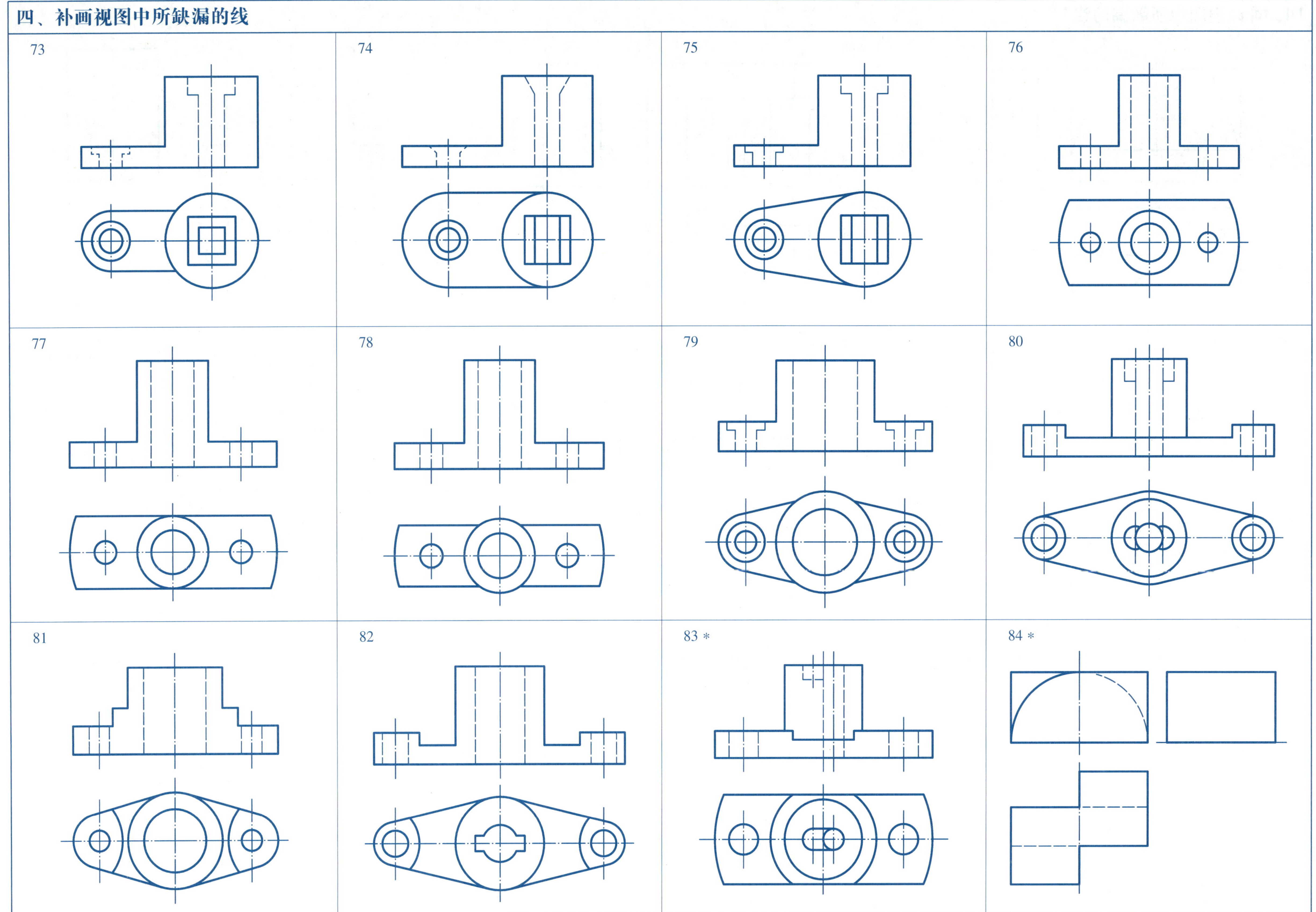

## 四、补画视图中所缺漏的线

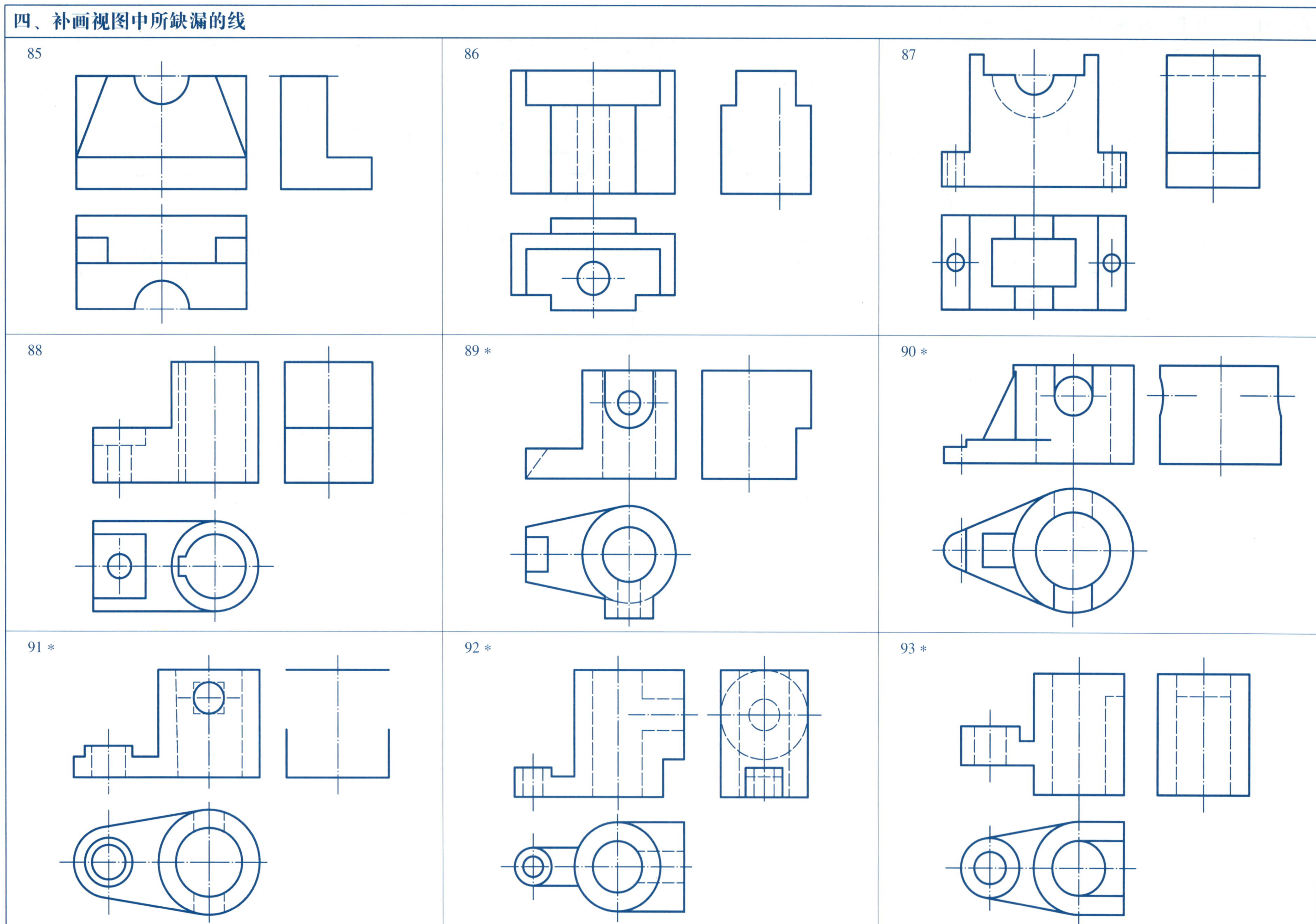

## 四、补画视图中所缺漏的线

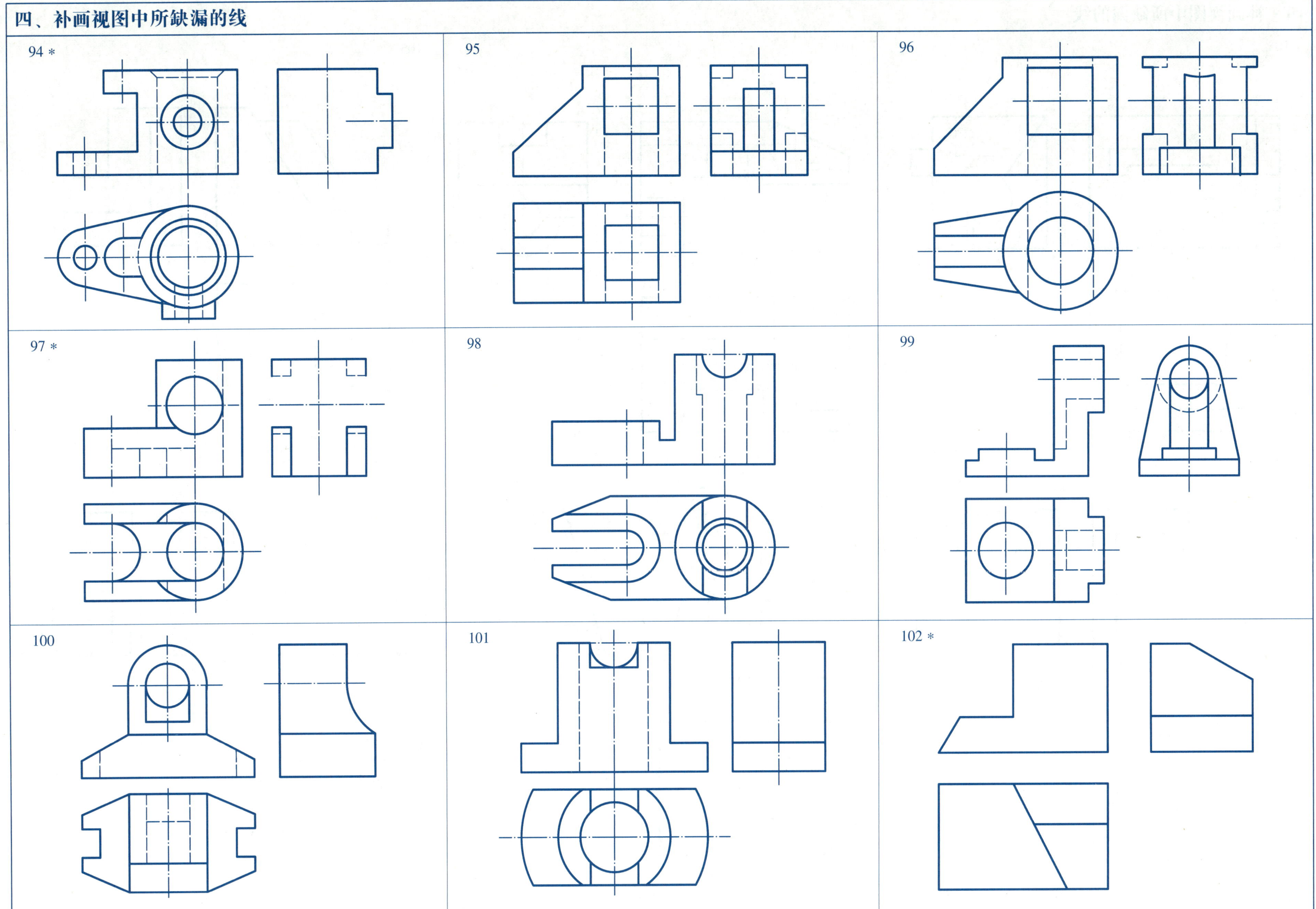

## 四、补画视图中所缺漏的线

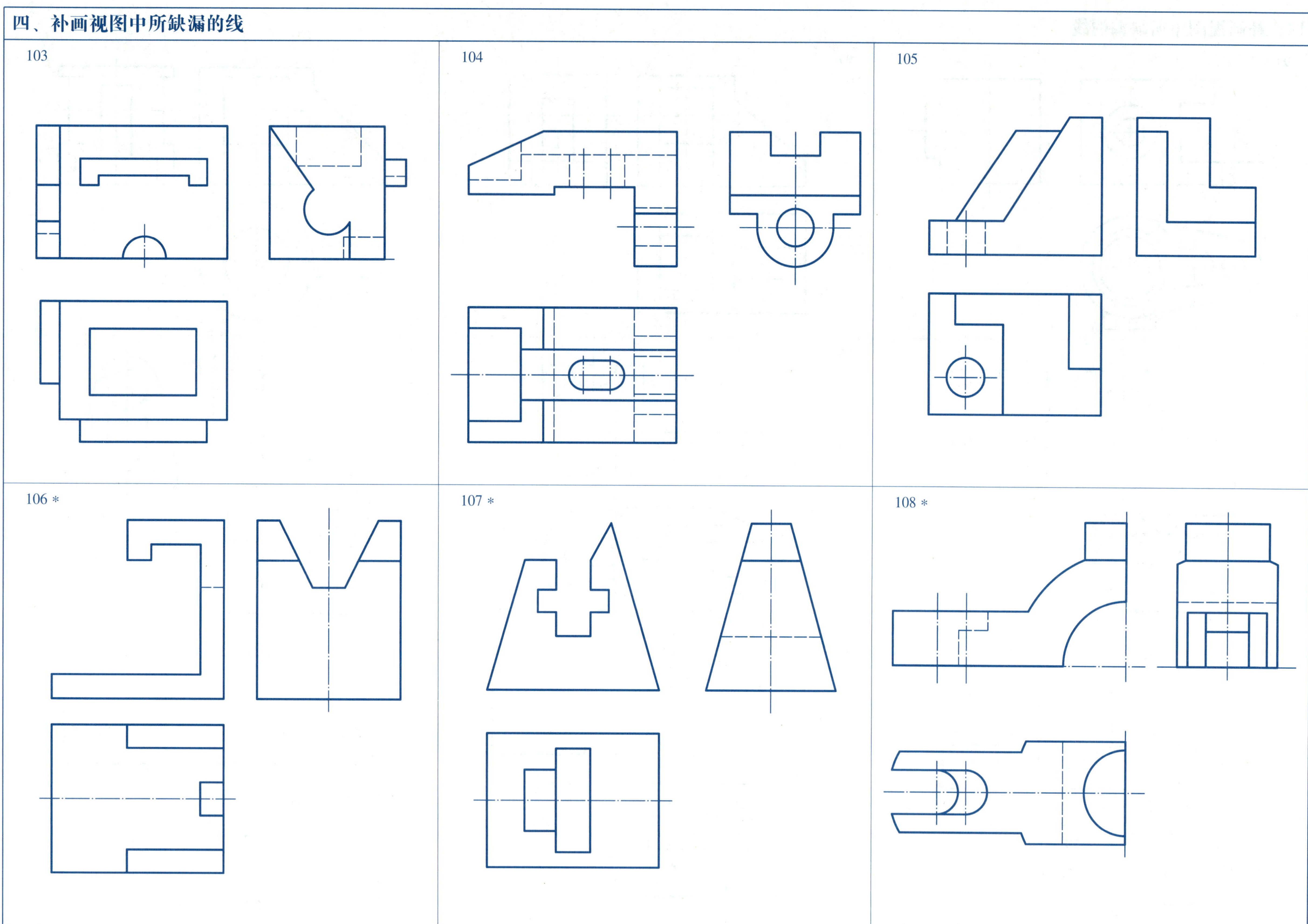

## 四、补画视图中所缺漏的线

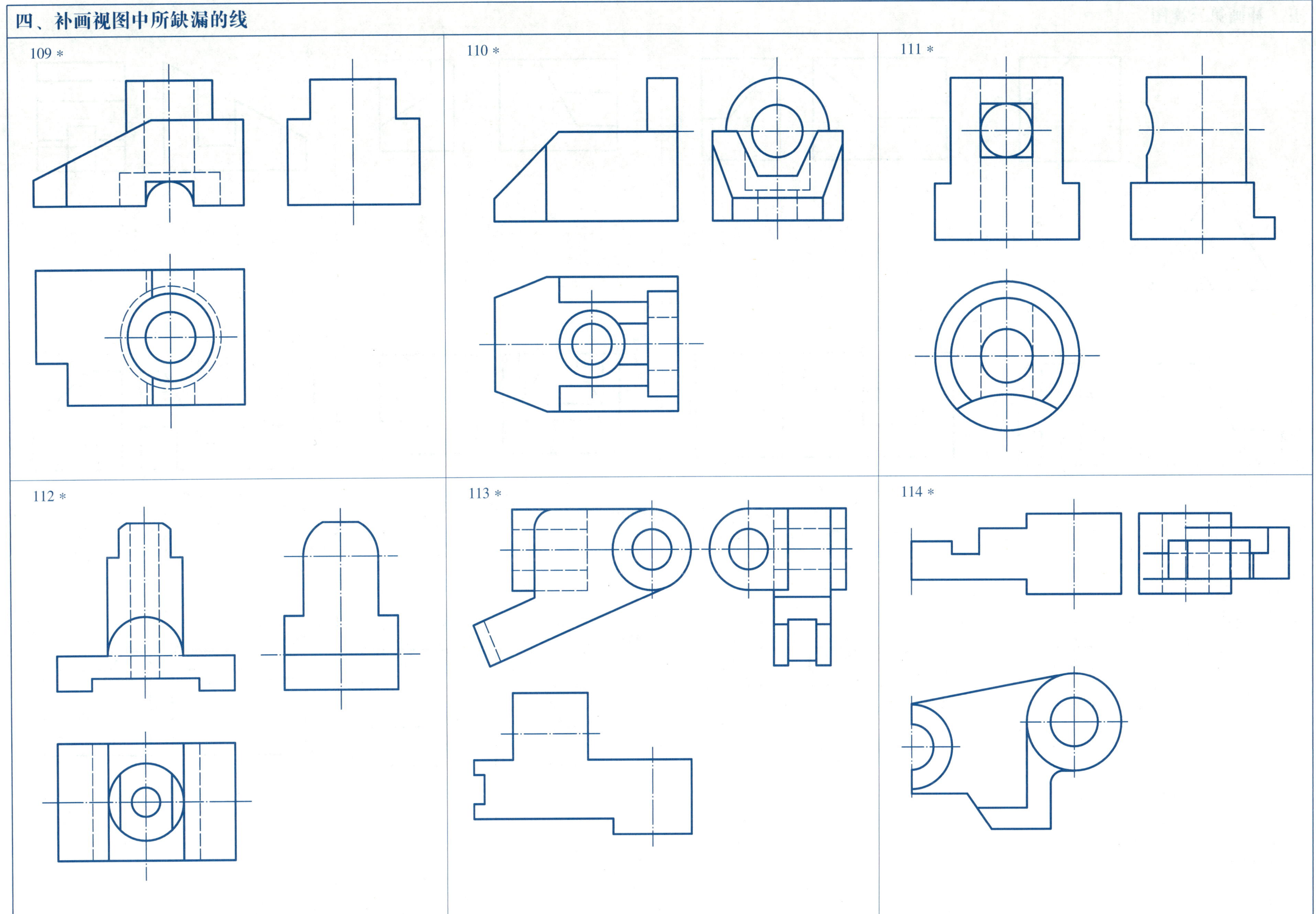

## 五、补画第三视图

1

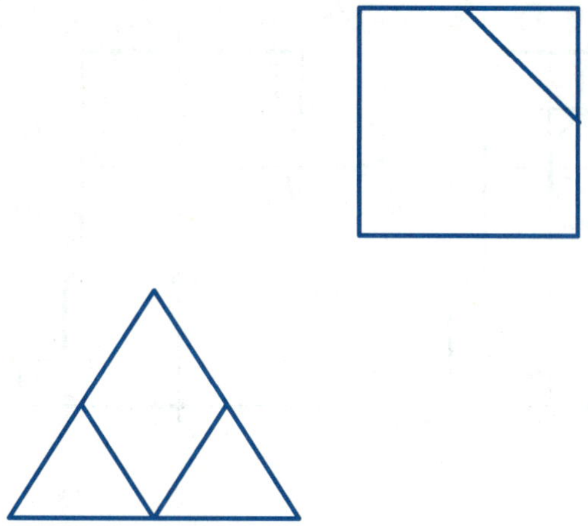

2

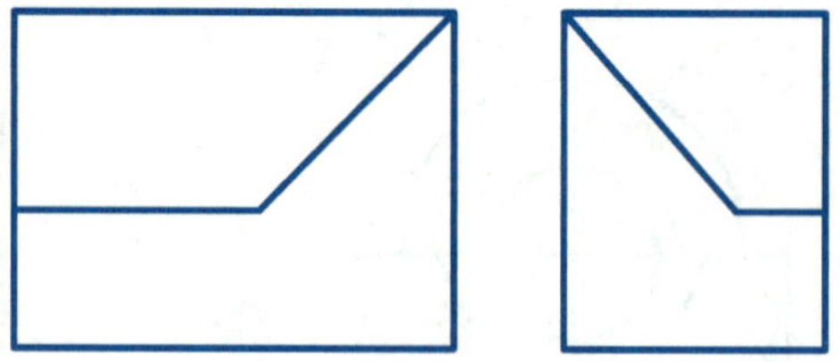

3

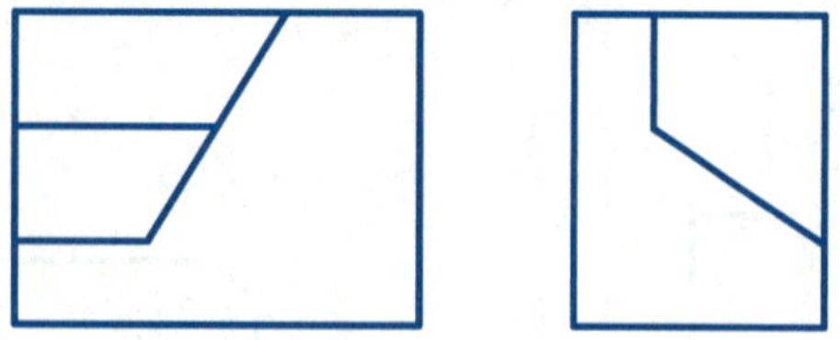

4

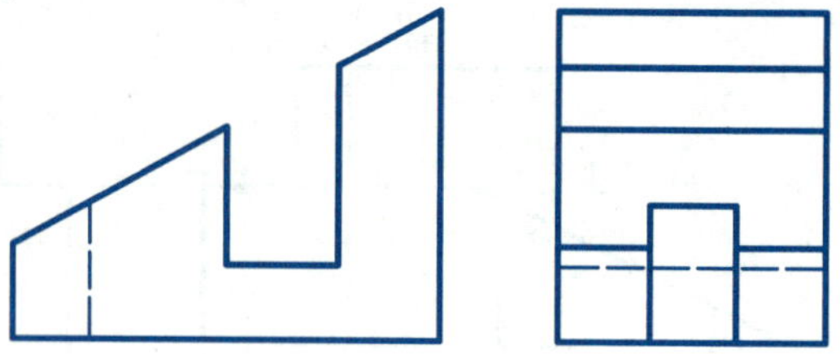

5

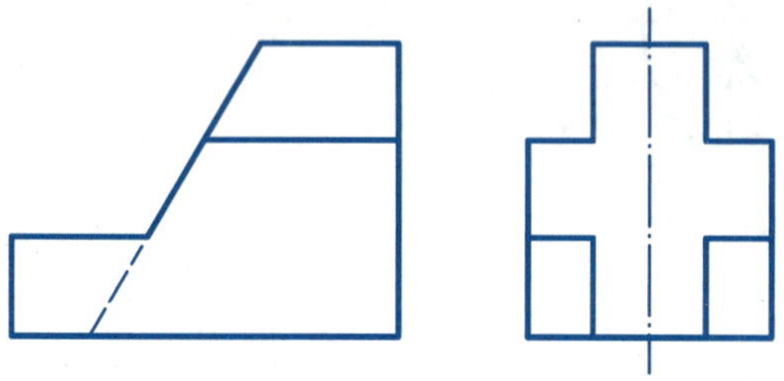

6

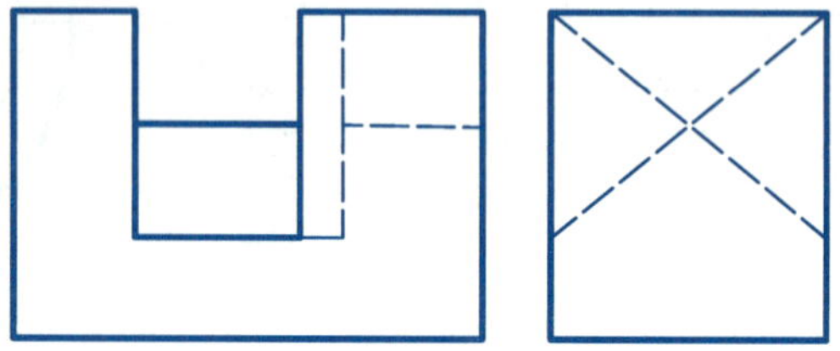

7

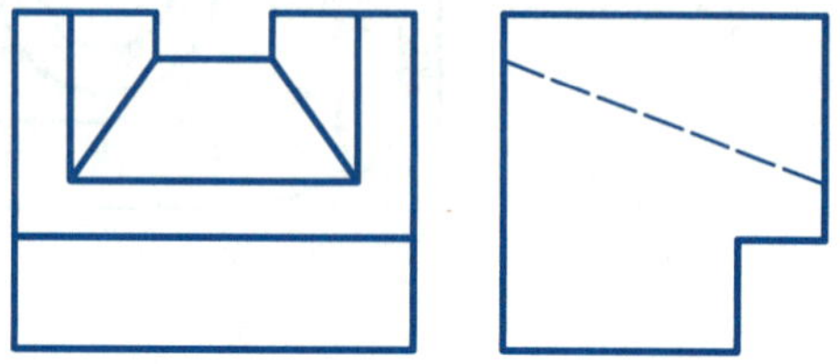

8

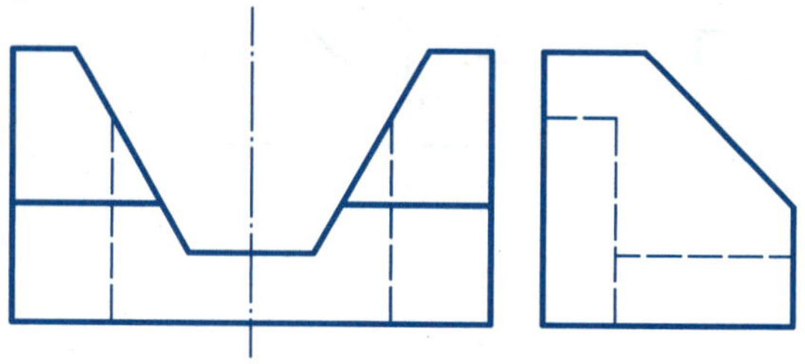

9

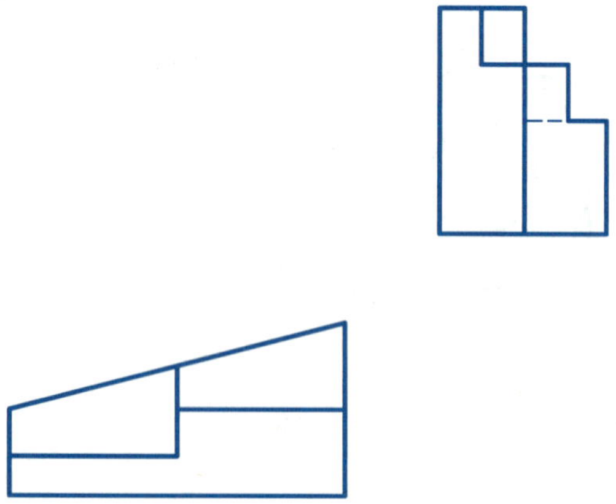

10

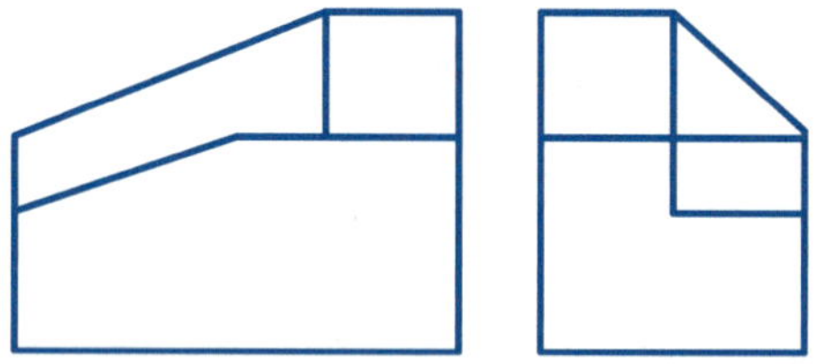

11

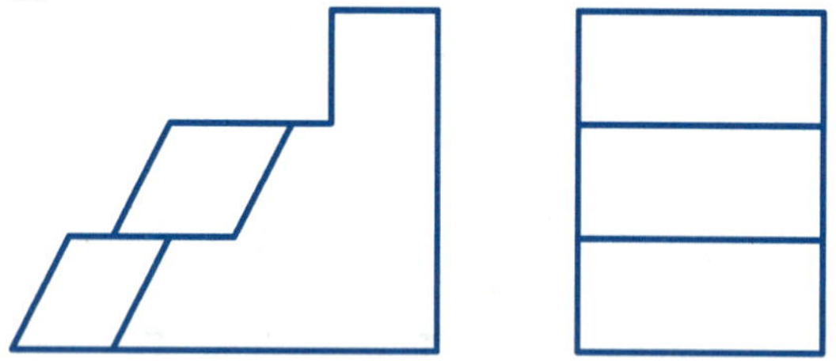

12 *

## 五、补画第三视图

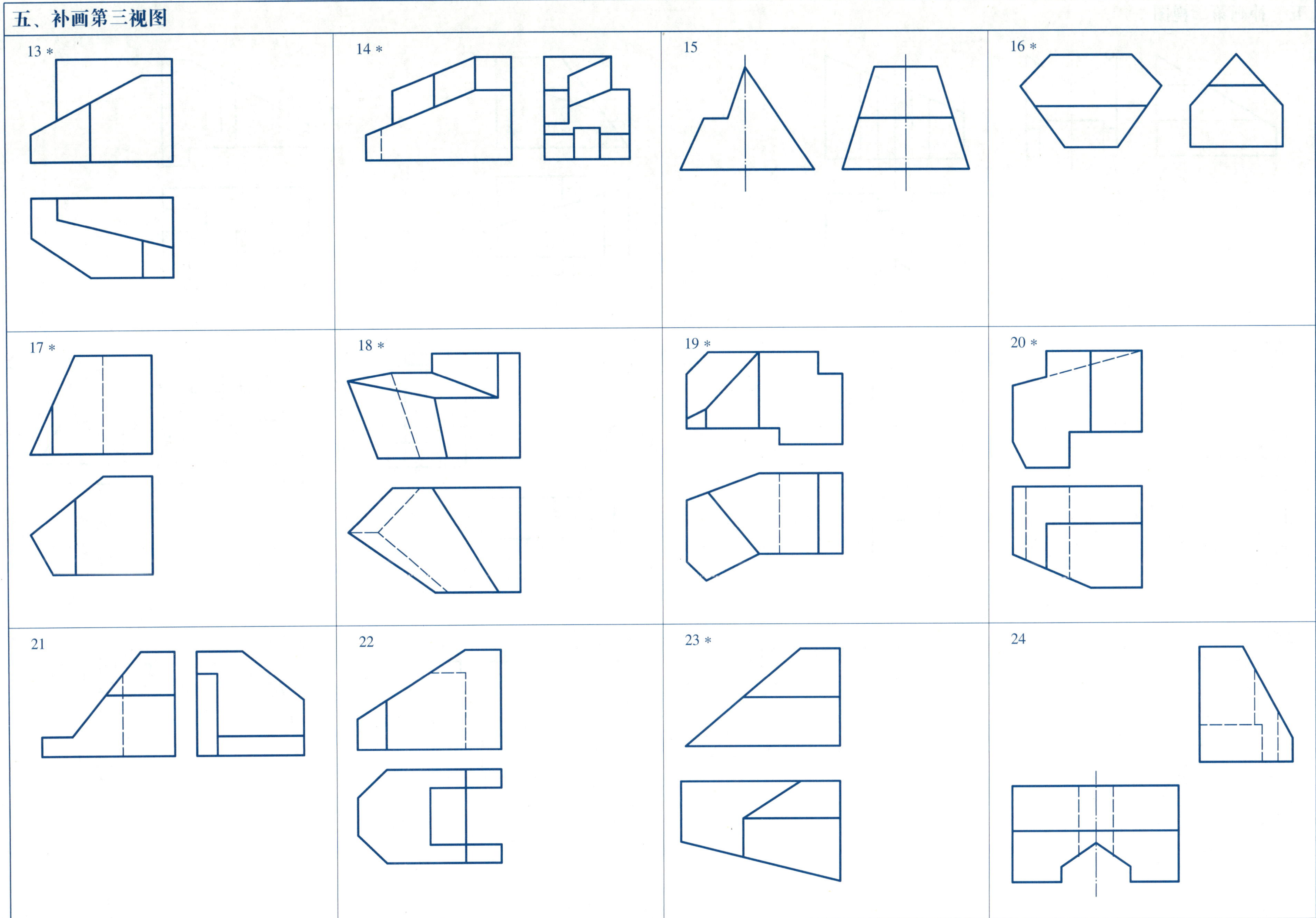

## 五、补画第三视图

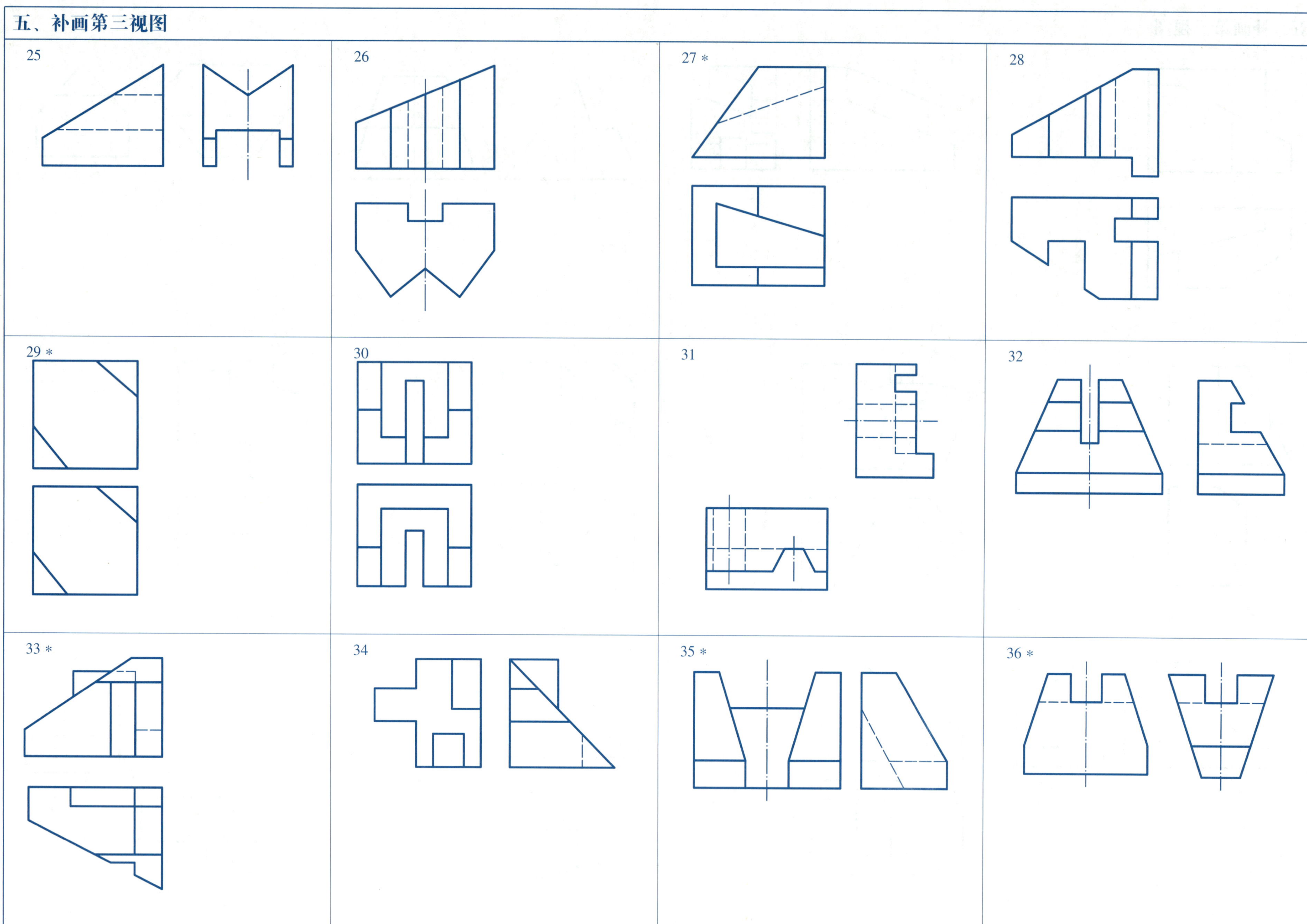

## 五、补画第三视图

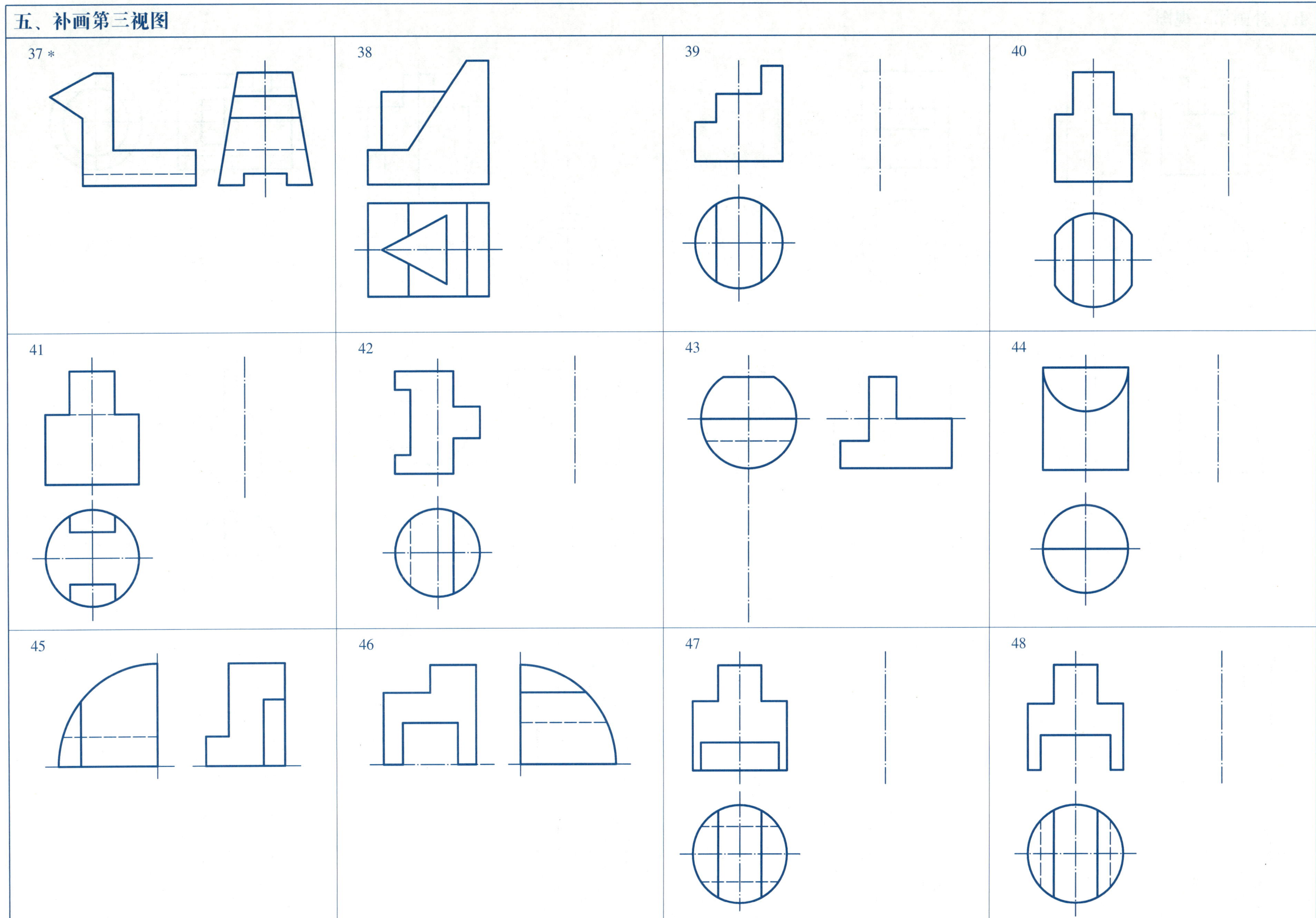

## 五、补画第三视图

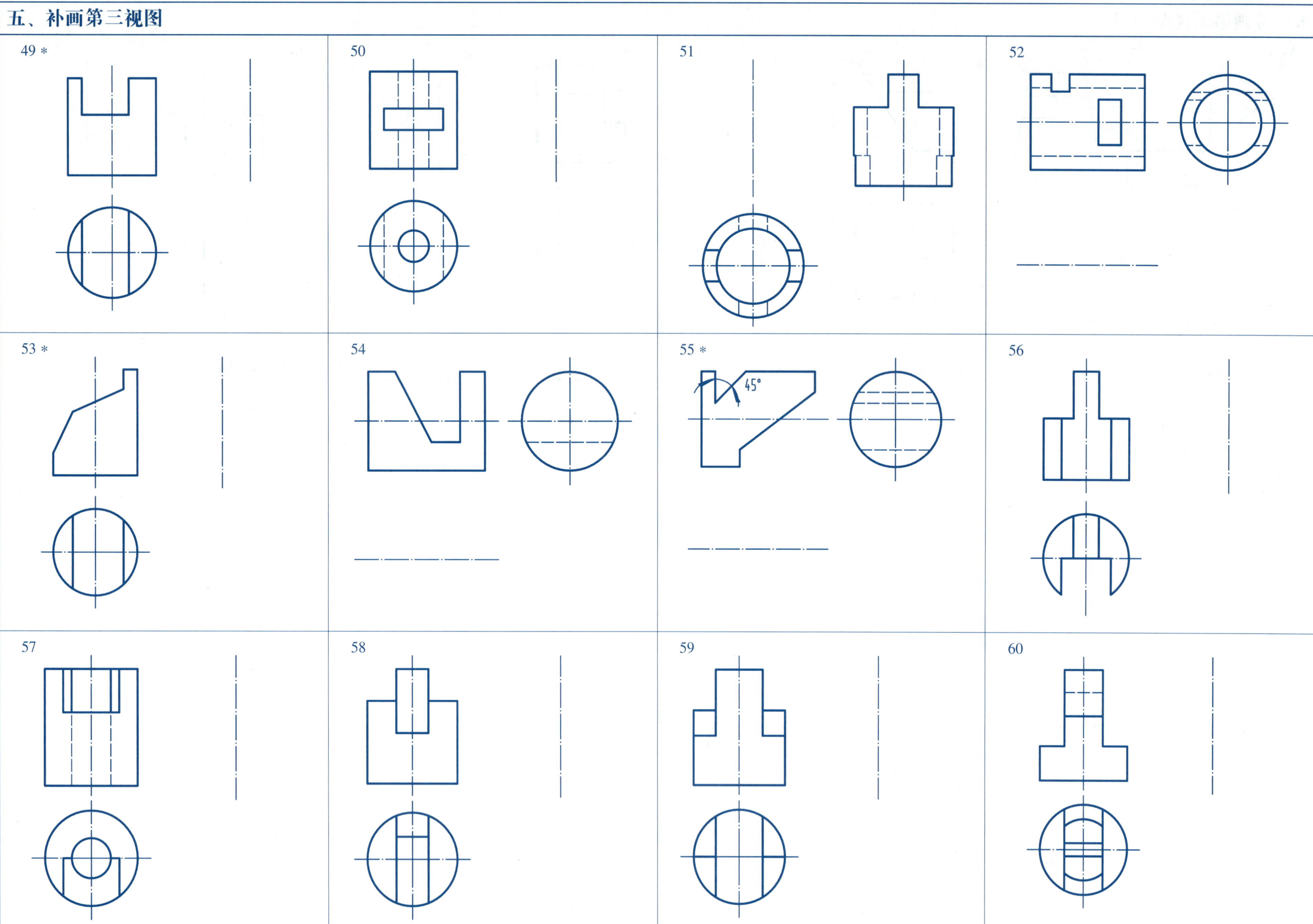

## 五、补画第三视图

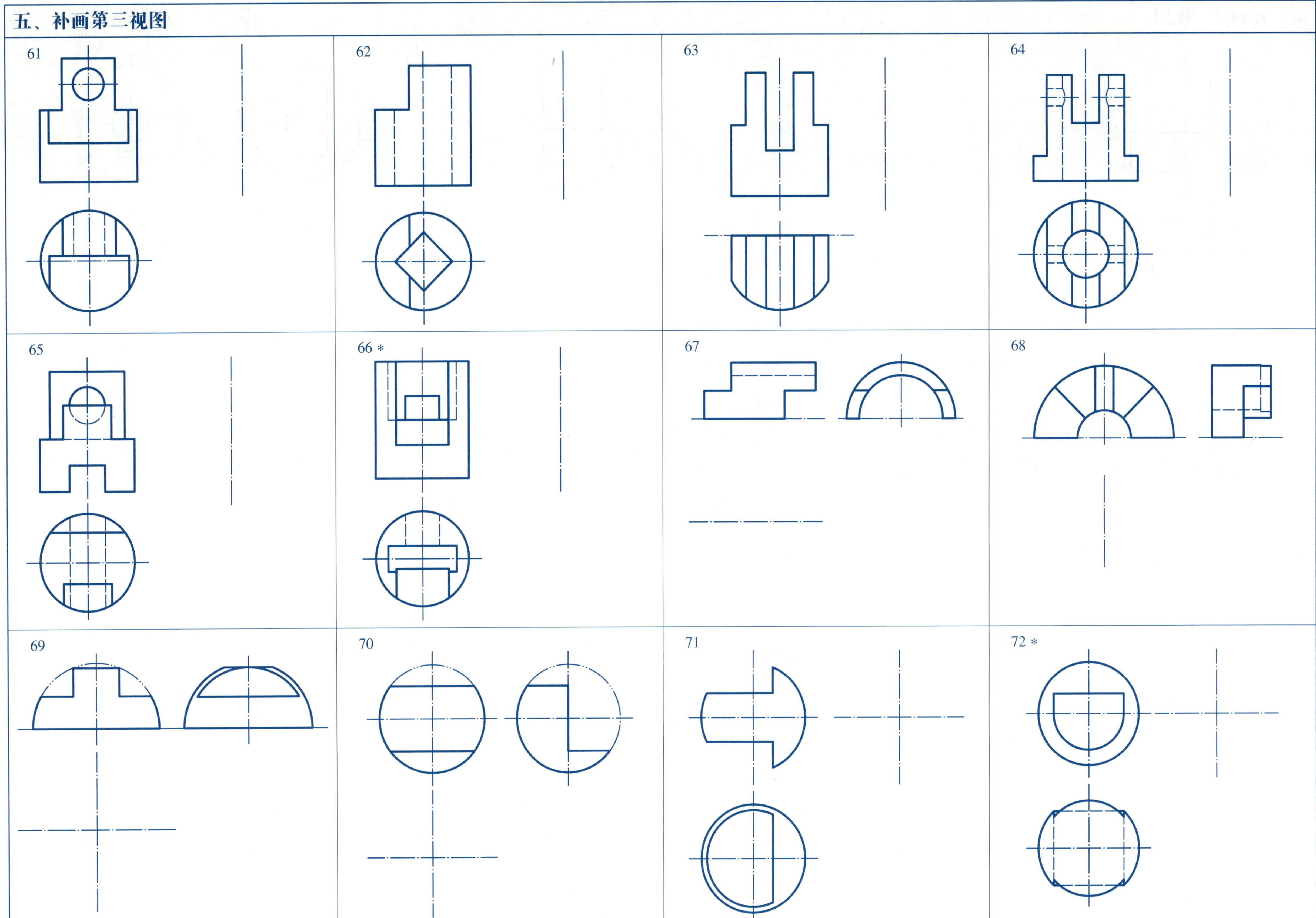

## 五、补画第三视图

73

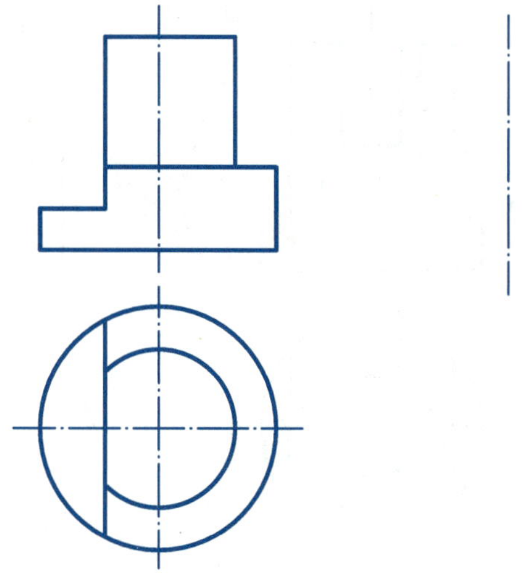

74

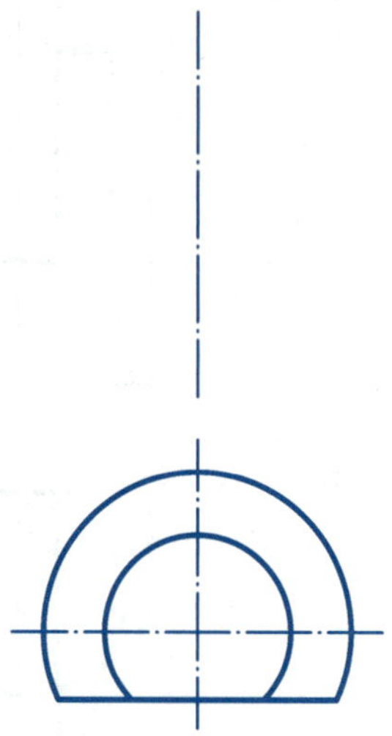

75

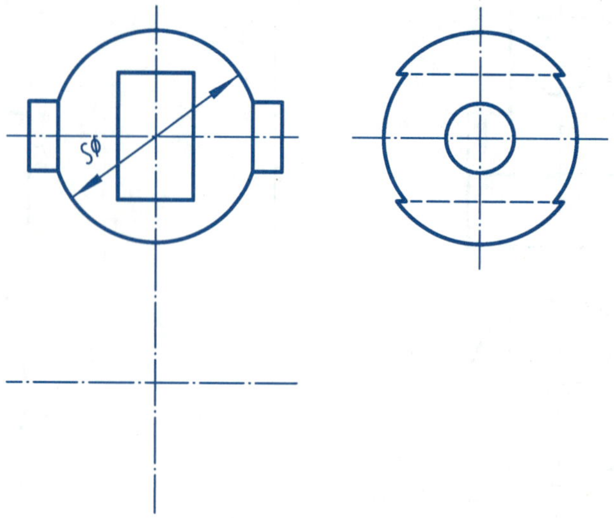

Sϕ

76

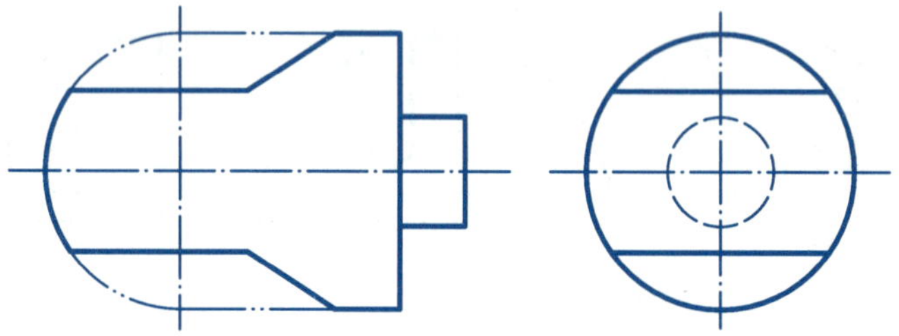

77 *

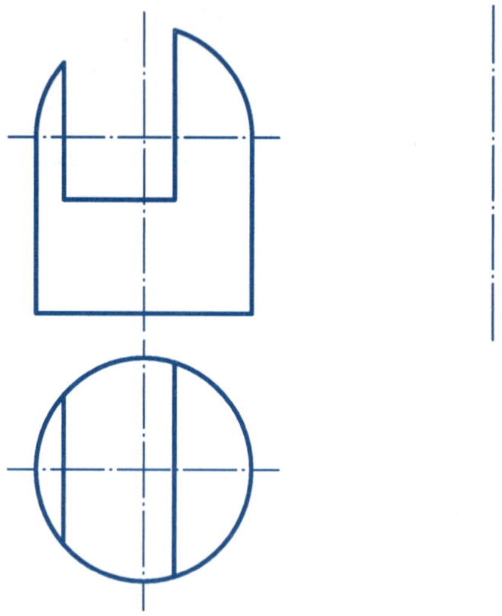

78 *

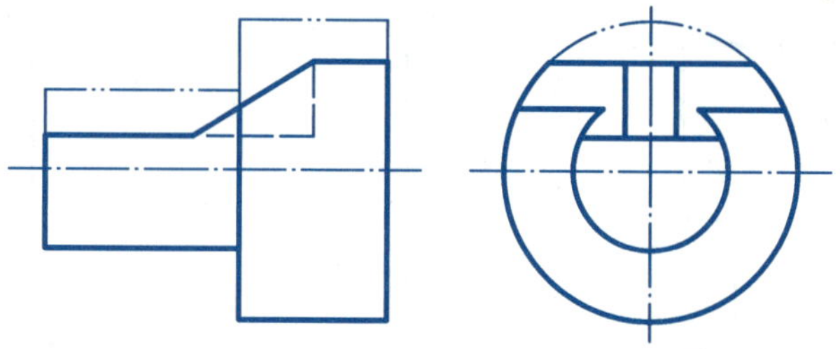

79

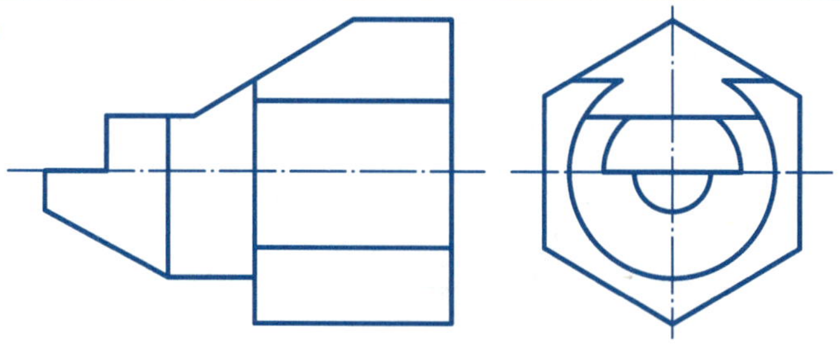

80

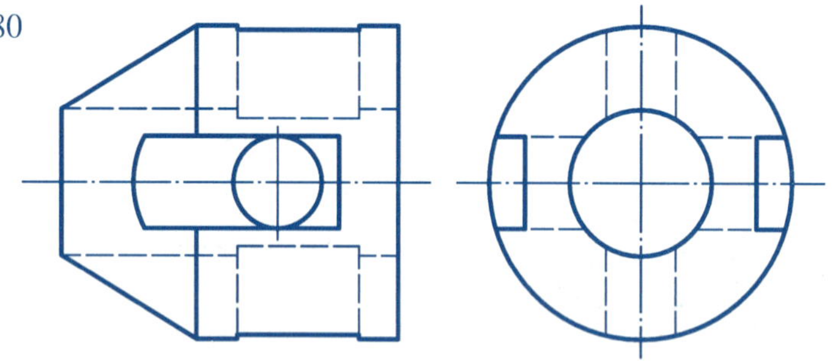

81

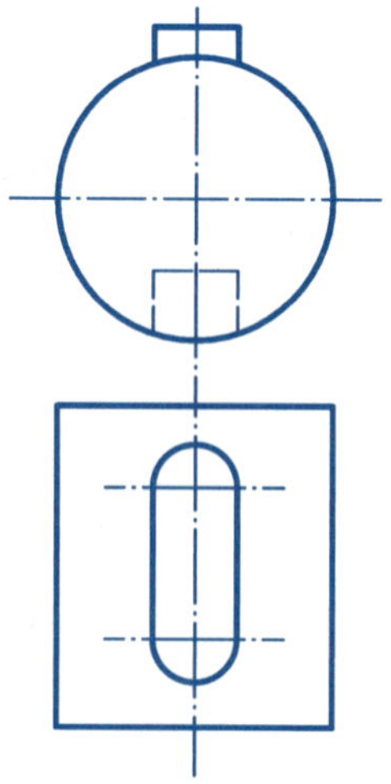

## 五、补画第三视图

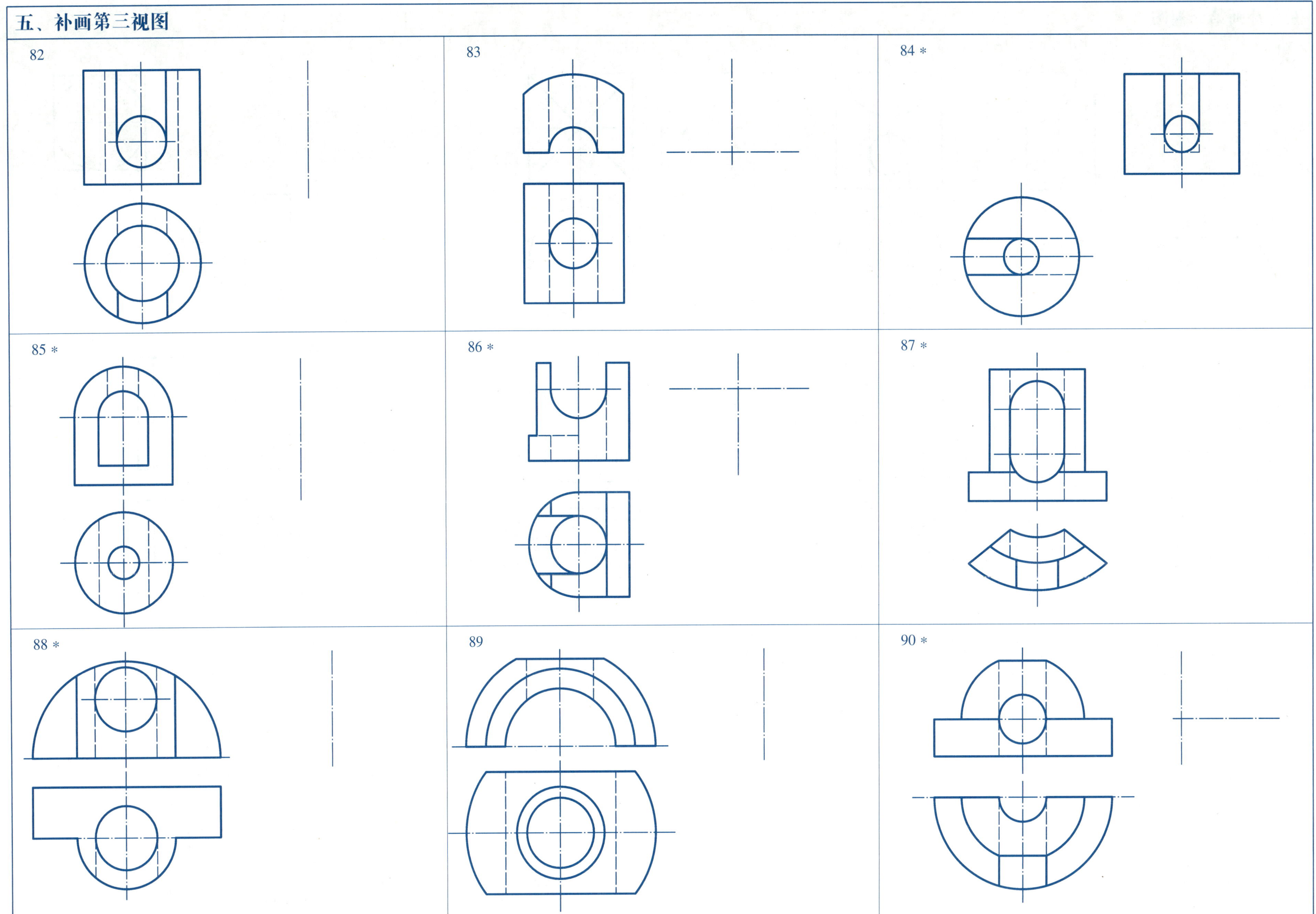

## 五、补画第三视图

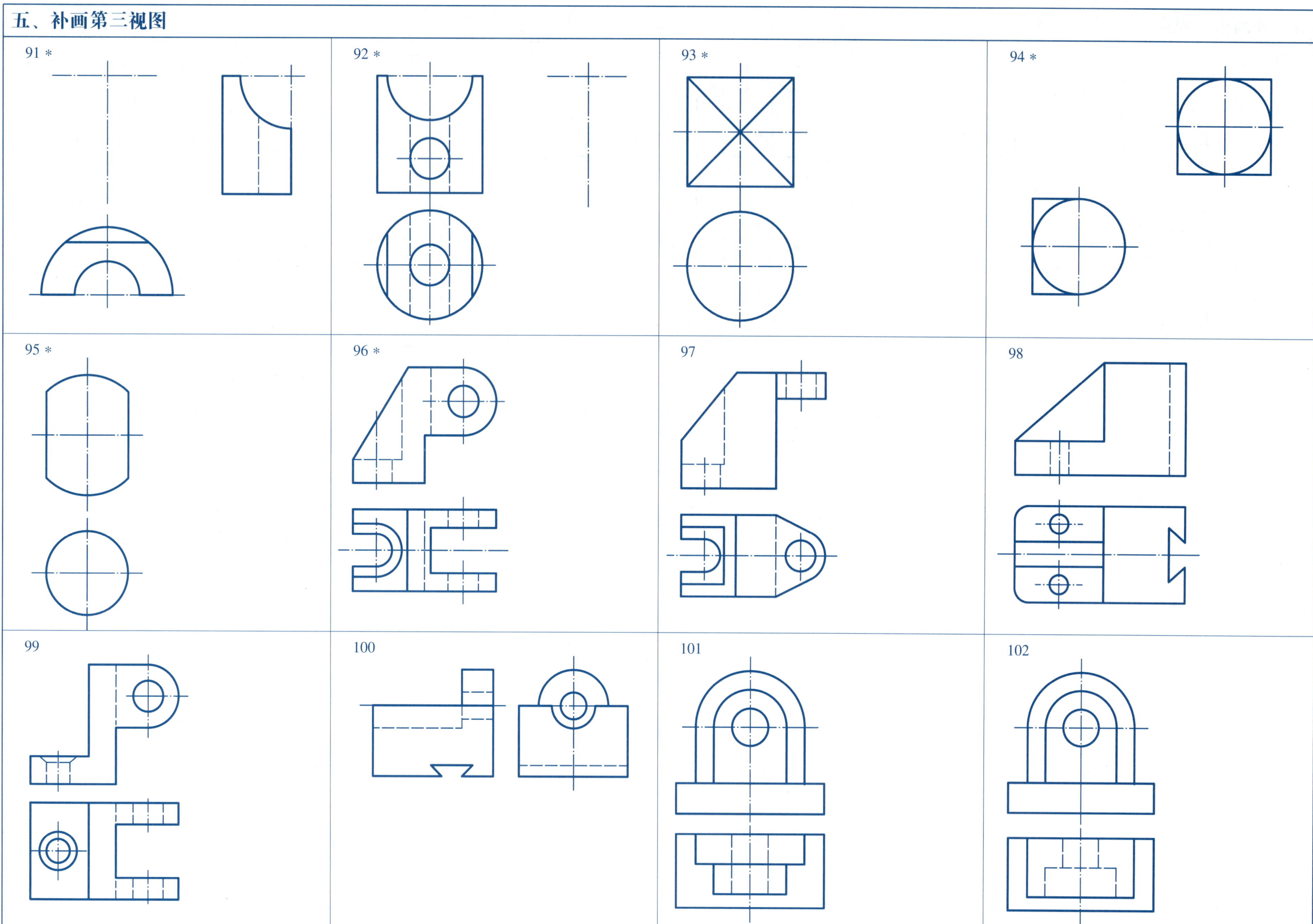

## 五、补画第三视图

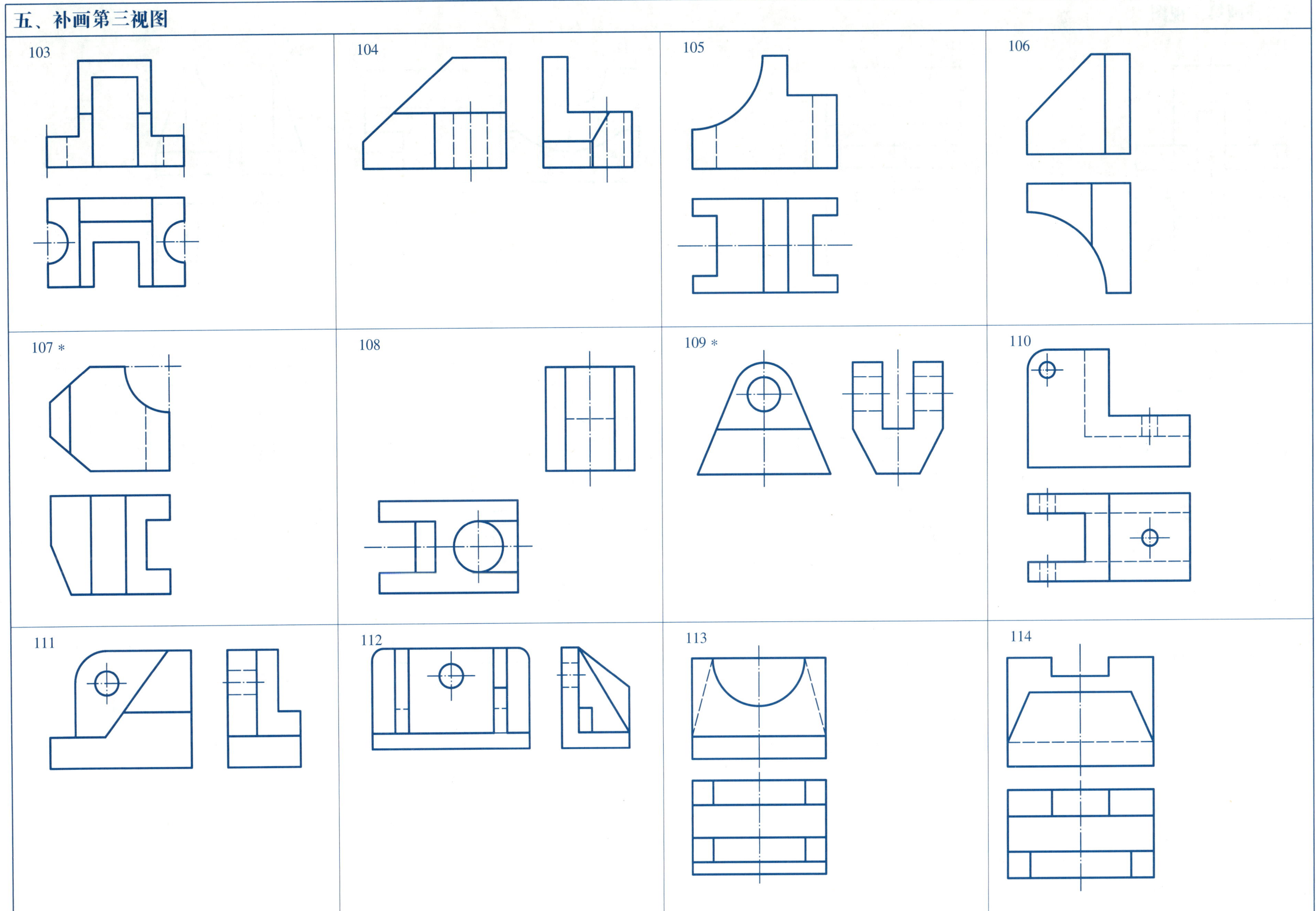

## 五、补画第三视图

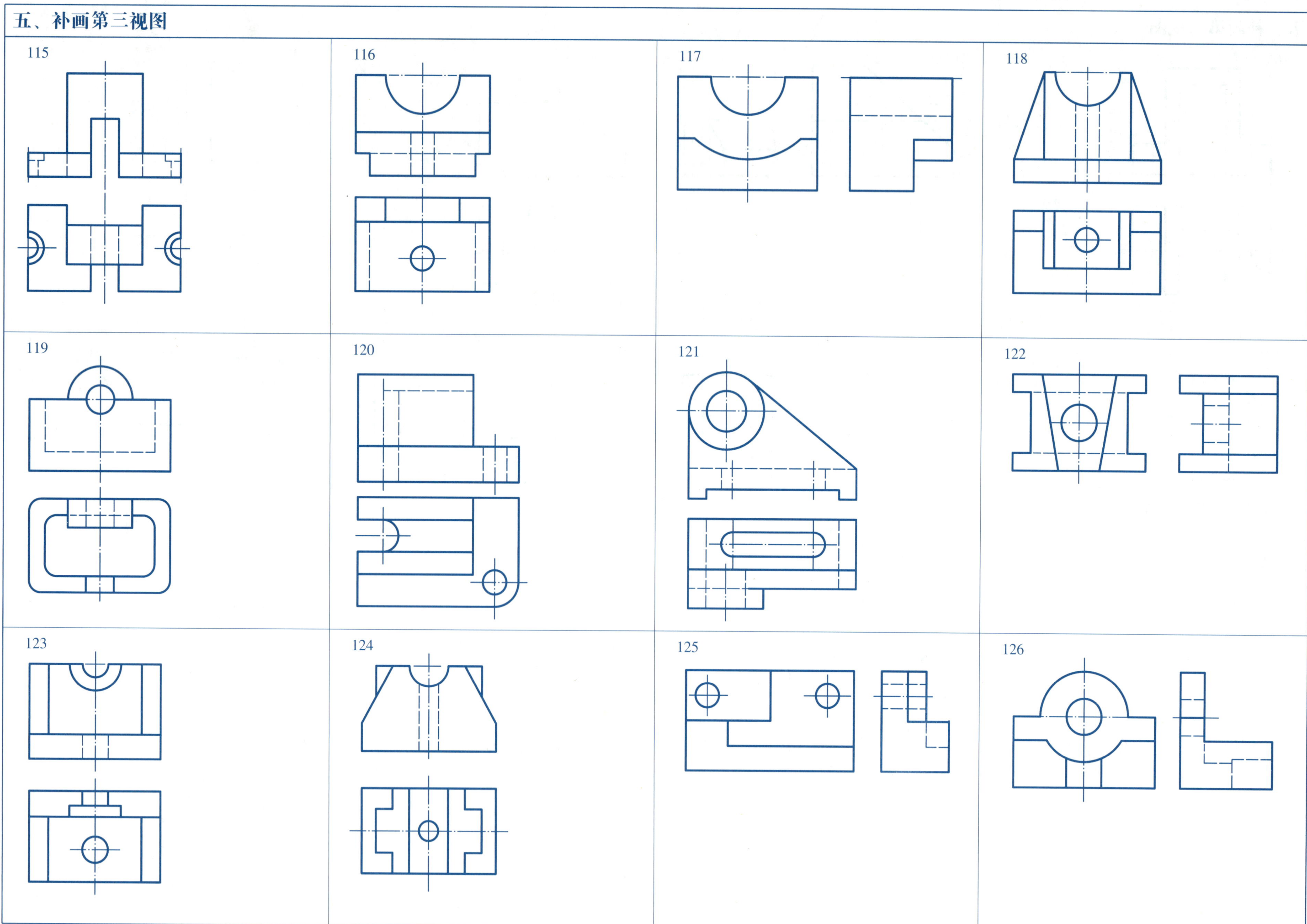

## 五、补画第三视图

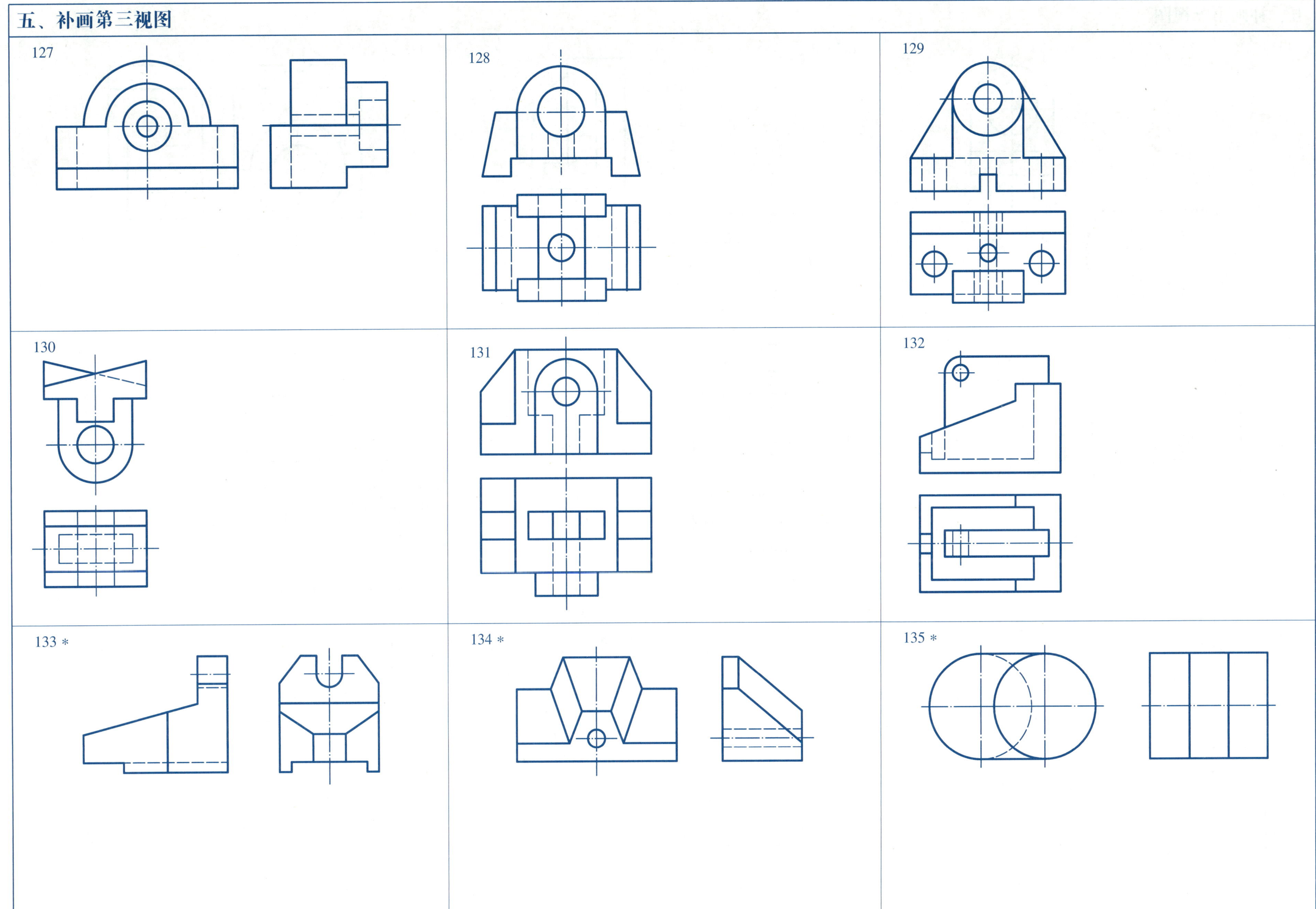

## 五、补画第三视图

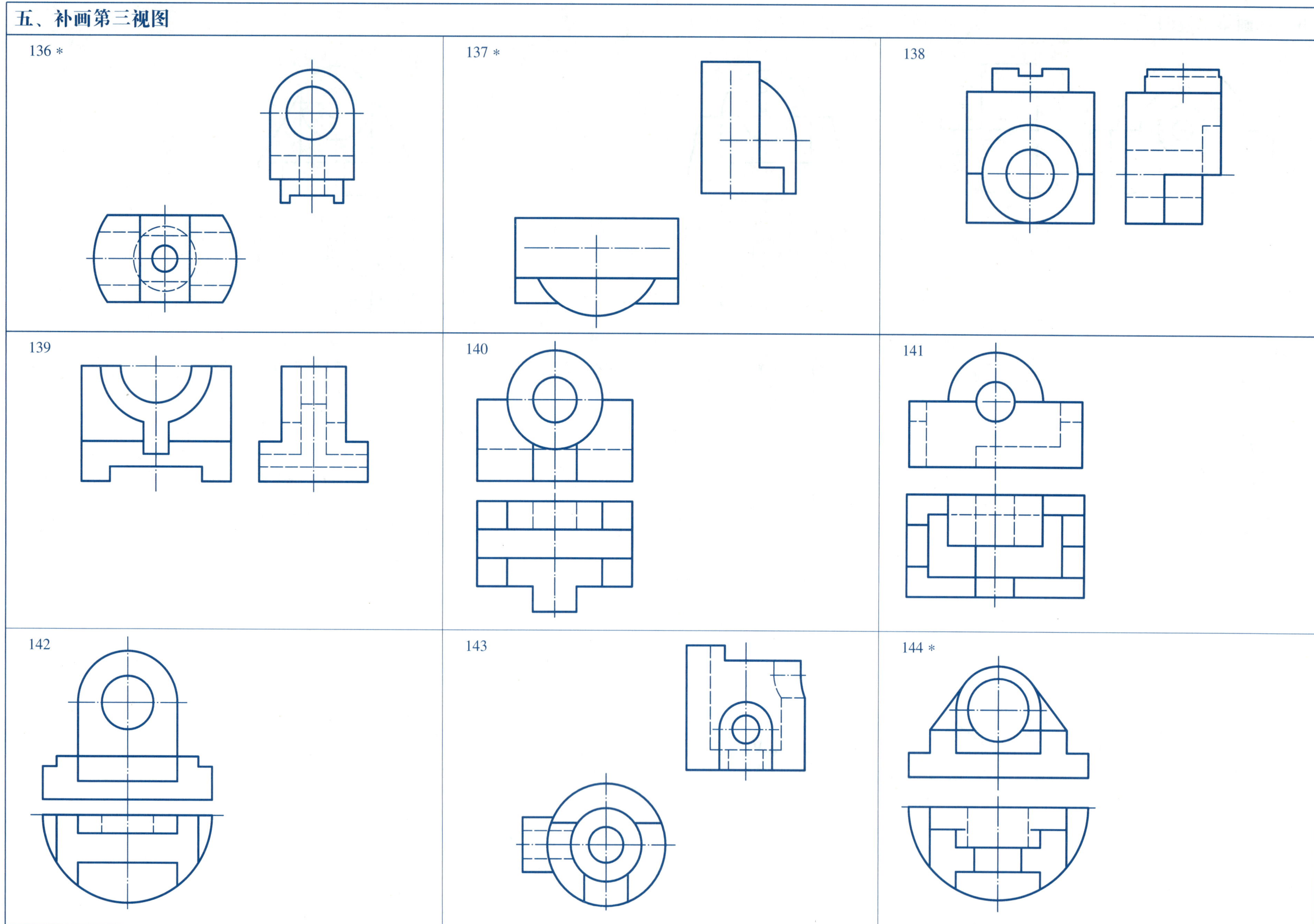

## 五、补画第三视图

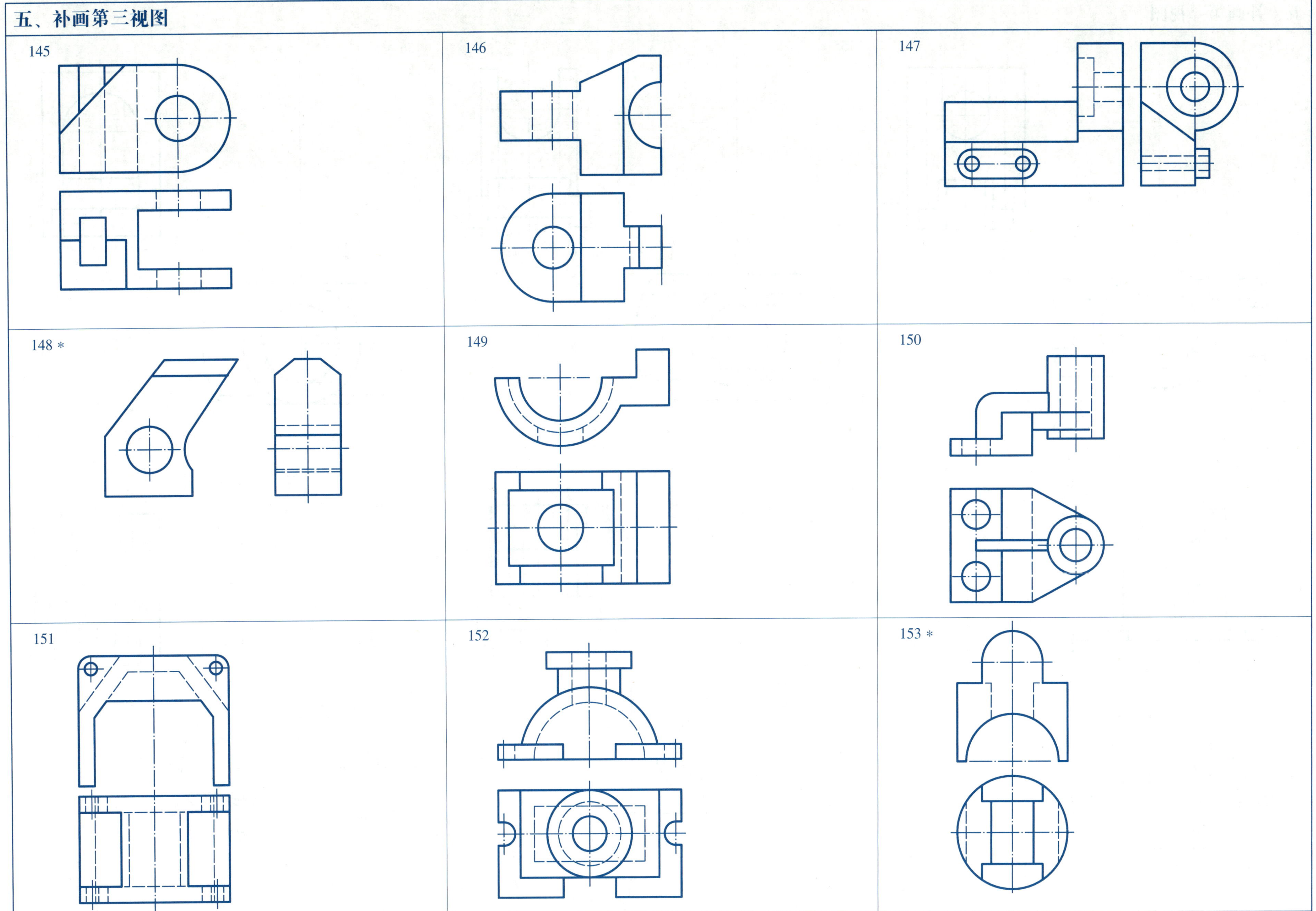

## 五、补画第三视图

154 *

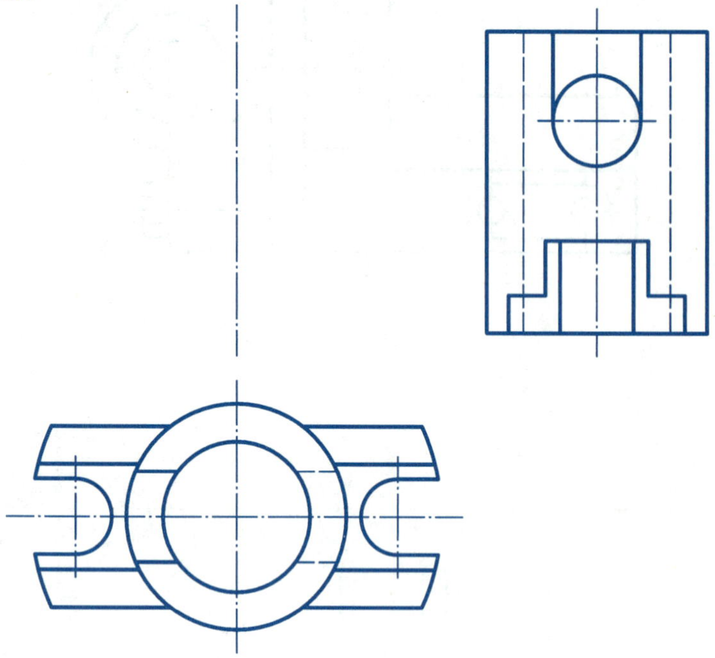

155 *

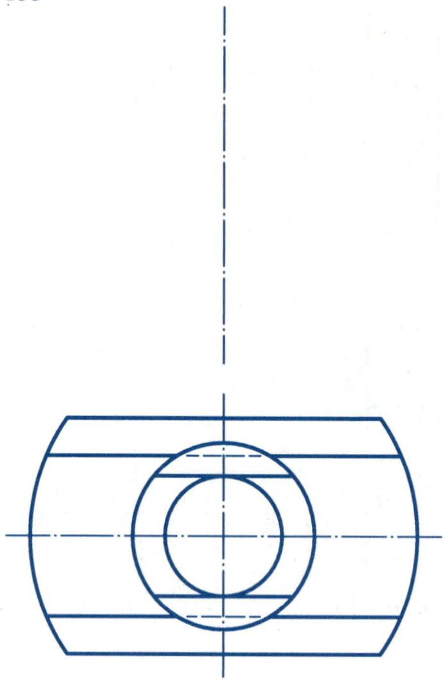

156 *

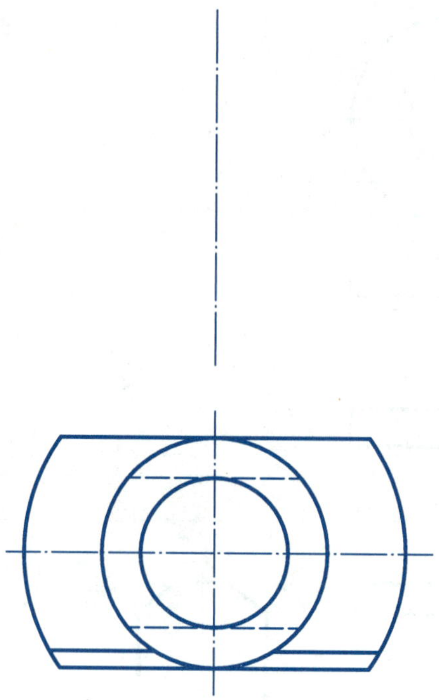

157 *

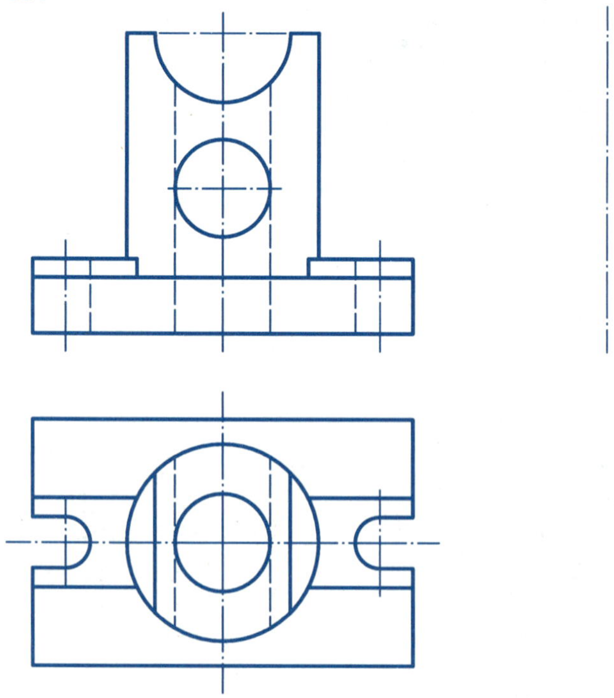

158 *

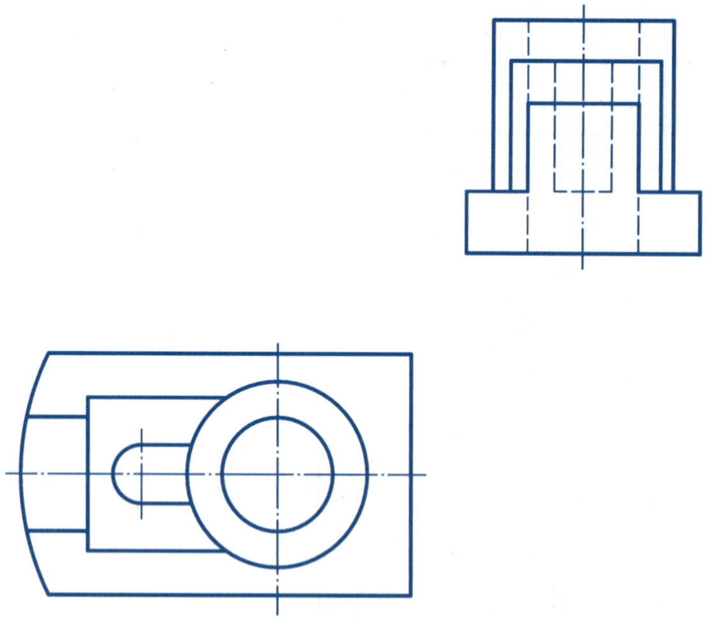

159 *

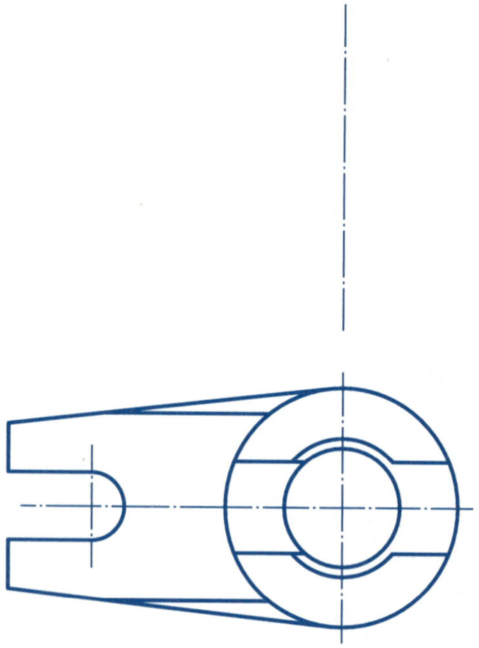

## 五、补画第三视图

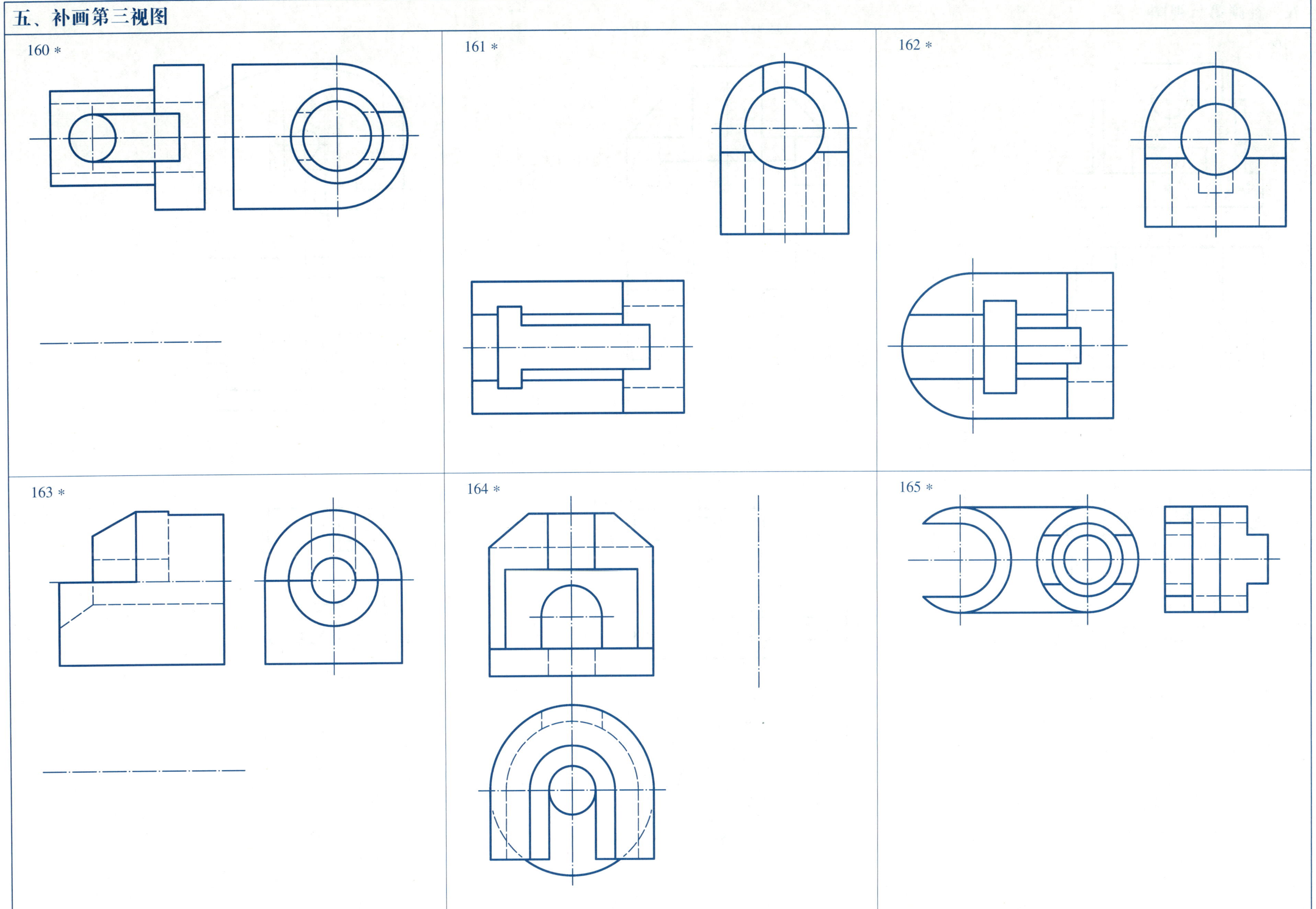

## 五、补画第三视图

166

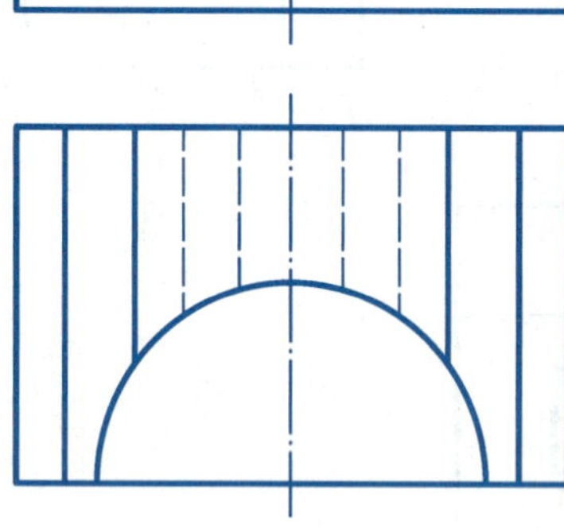

167 *

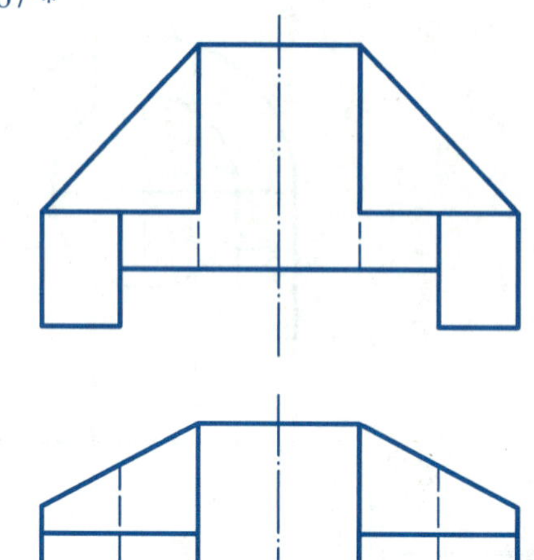

168

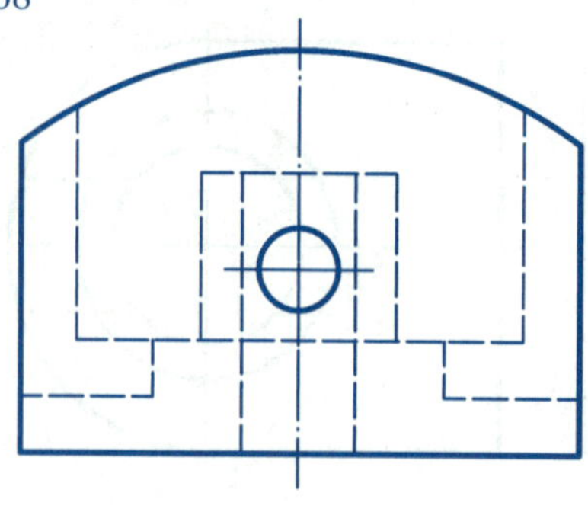

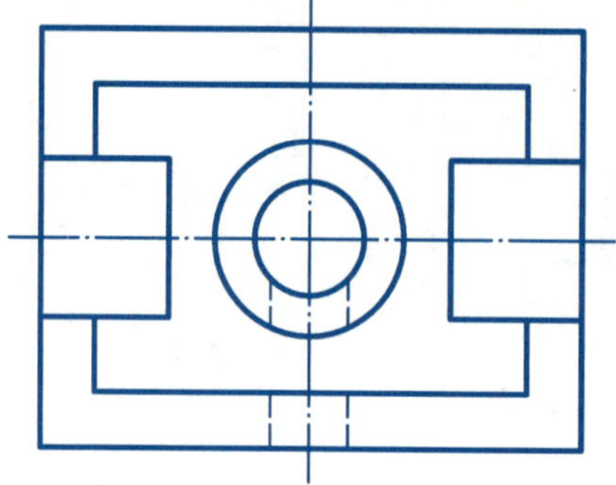

169 *

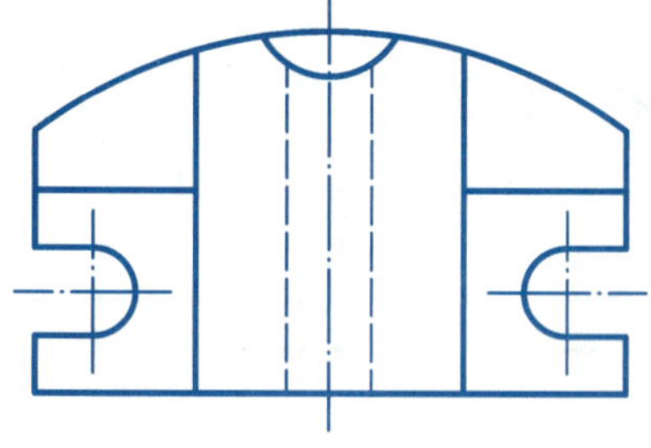

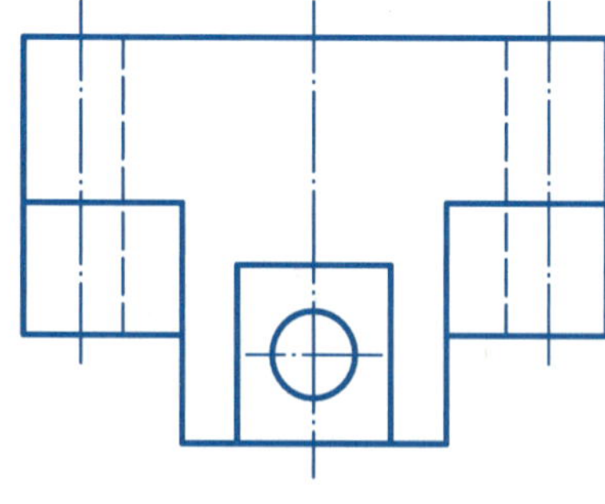

170 *

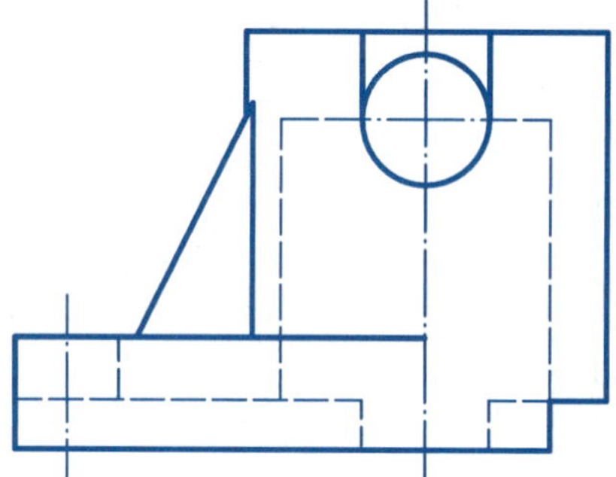

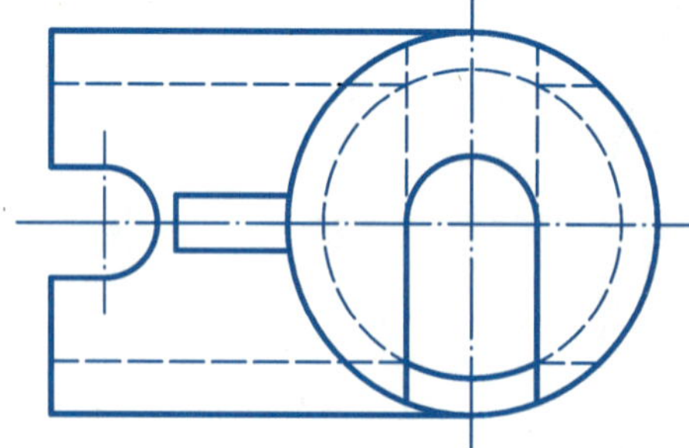

171 *

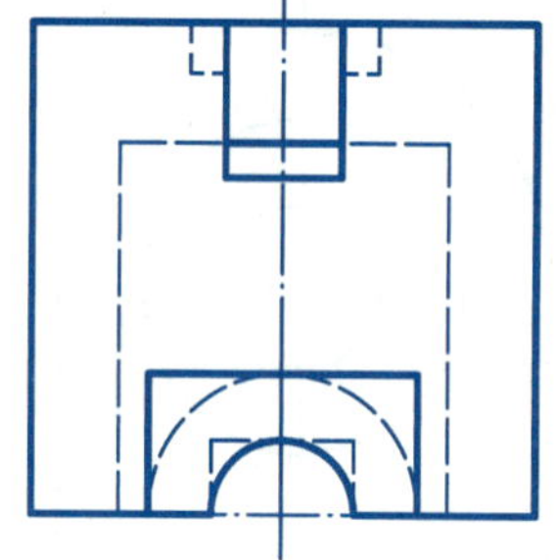

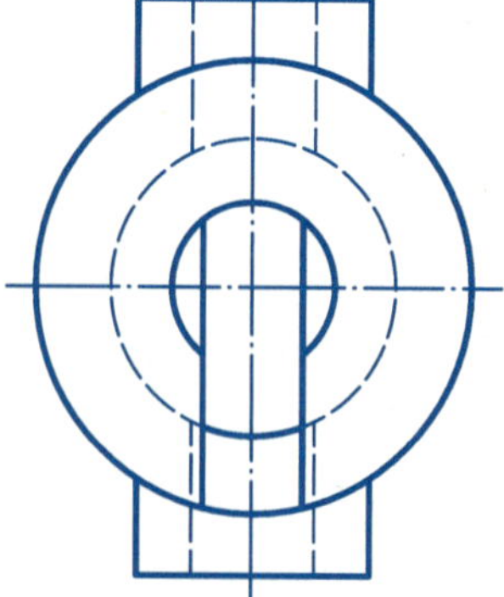

## 五、补画第三视图

172 *

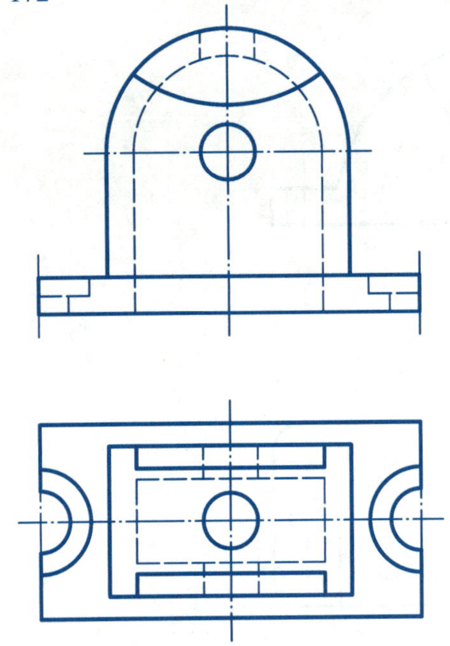

173 *

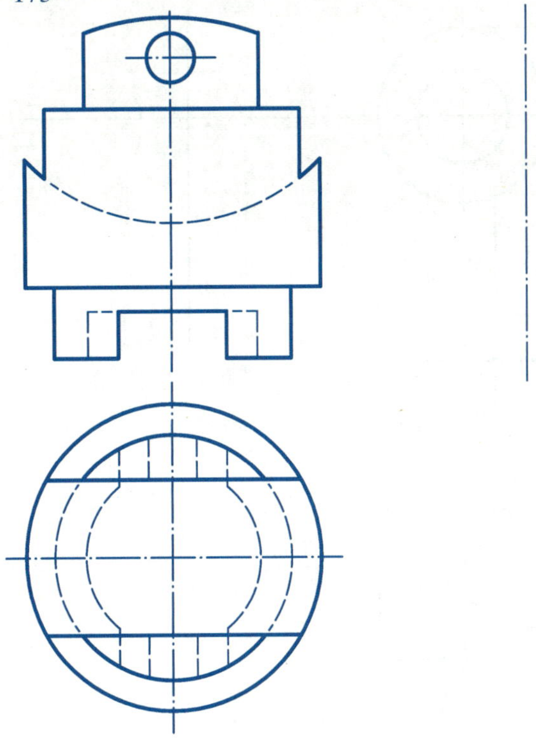

174 *

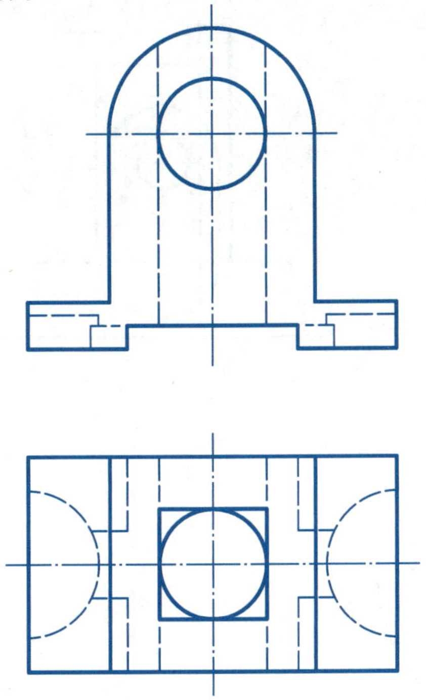

175 *

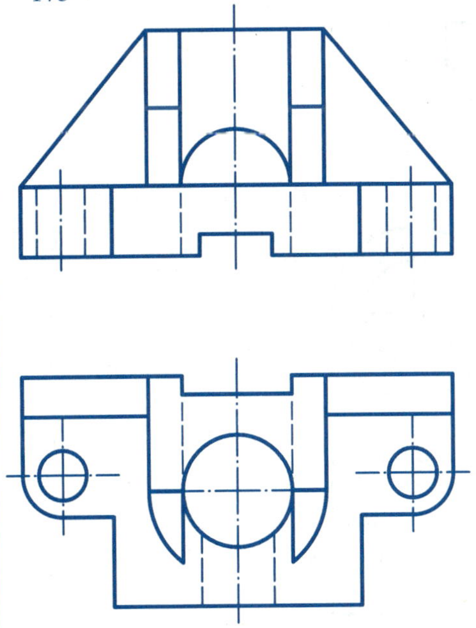

176 *

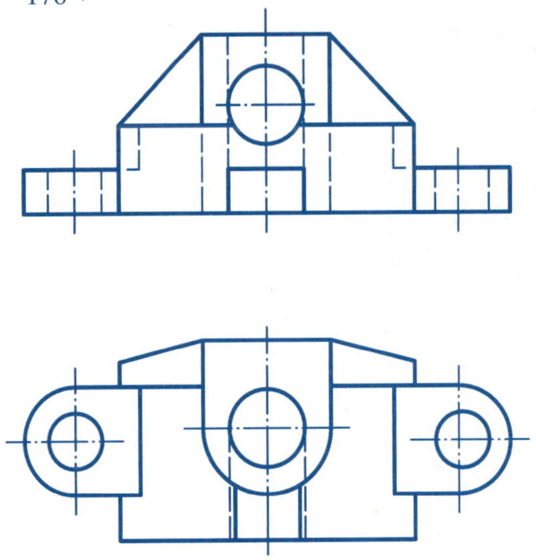

177

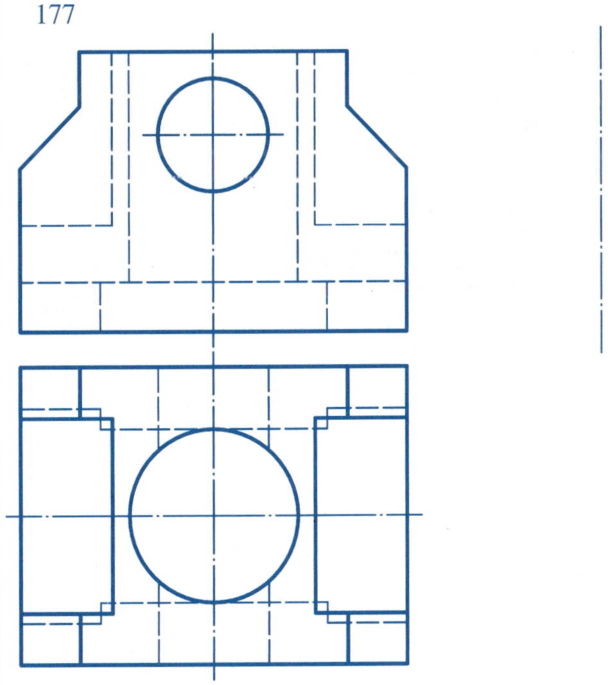

## 五、补画第三视图

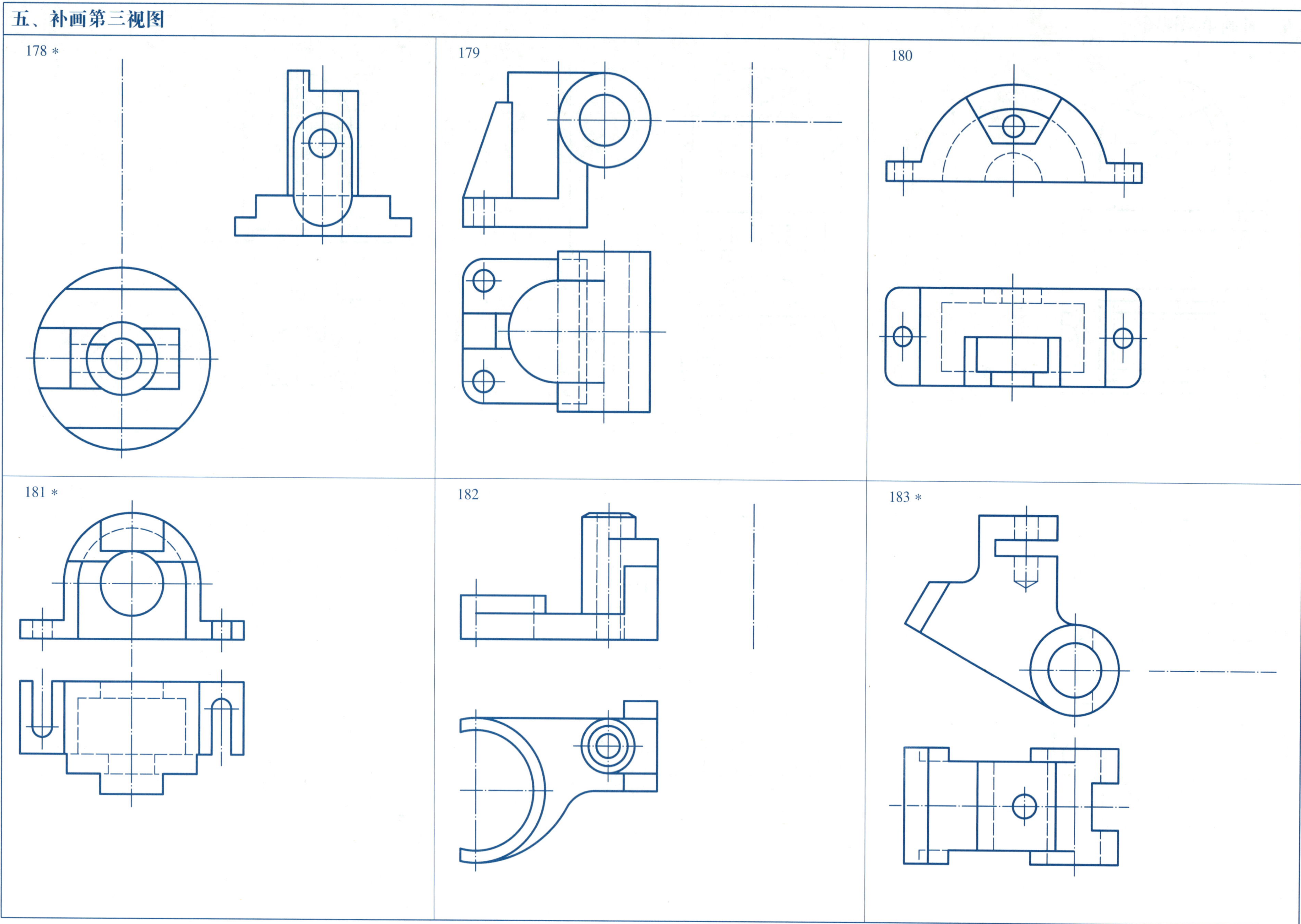

## 六、一题多解

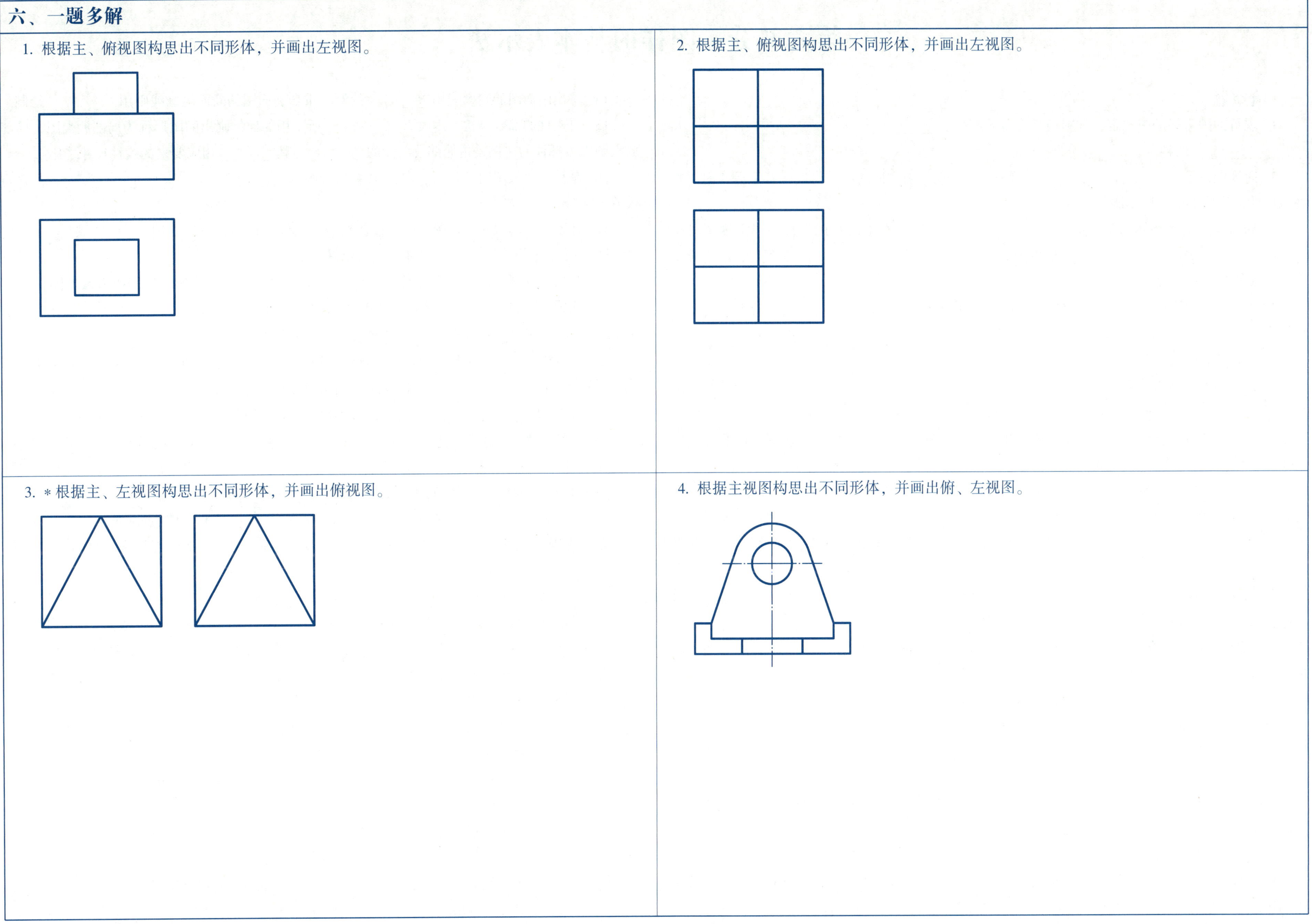

1. 根据主、俯视图构思出不同形体，并画出左视图。

2. 根据主、俯视图构思出不同形体，并画出左视图。

3. *根据主、左视图构思出不同形体，并画出俯视图。

4. 根据主视图构思出不同形体，并画出俯、左视图。

# 第六部分　图样的基本表示法

## 一、填空题

1. 现行的国家标准中规定，视图通常有基本视图、________________、________________和________________四种。

2. 向视图是可以________________的视图。当指明投射方向的箭头附近注有字母 $A$ 时，则在相应的向视图的上方应标注__________。

3. 局部视图是将物体的某一部分向__________________投射所得的视图。局部视图可按______________或______________的配置形式配置，也可按____________画法配置，此时应用细点画线使其与相应视图相连。

4. 为了节省绘图时间和图幅，对称零件的视图可只画_____或__________，并在对称中心线的___________画出两条与其垂直的平行细实线。这种画法既属于简化画法，也可视为___________的画法特例。

5. 根据物体的结构特点，可选择以下三种剖切面剖开物体：__________面；几个平行的剖切平面；____________面(交线垂直于某一投影面)。

6. 在同一图号的图样中，同一金属零件的剖视图、断面图的剖面线，应画成间隔相等、方向相同，与______________线或剖面区域的___________线成45°(参考角)。

7. 用剖切面完全地剖开物体所得的剖视图称为________图。它适用于________比较复杂、_______比较简单的零件。

8. 当机件具有对称平面时，向垂直于对称平面的投影面上投射所得的图形，可以以__________线为界，一半画成__________，另一半画成视图，这样的图形称为________图。

9. 剖切面局部地剖开机件所得的剖视图称为__________图。它可用___________线或________线分界，但分界线不应和图样上其他图线重合。

10. 如有需要，允许在剖视图的剖面中再作一次局部的剖切，采用这种表达方法时，两个剖面的剖面线应同方向、同间隔，但要互相_______，并用指引线标注其___________。

11. 用几个相交的剖切面(交线垂直于某一投影面)剖开机件画剖视图时要注意：先假想按剖切位置剖开机件，然后将被剖切面剖开的结构及其有关部分旋转到与选定的__________面平行再进行投射；在剖切面后的其他结构，一般仍按____________________投射；当剖切后产生不完整要素时，应将此部分按_________绘制。

12. 机械图样中，剖视图和断面图标注的三要素：用_________指示剖切面的位置，此线可省略不画；用____________指示剖切面起、迄和转折位置(用粗短画)及_________(用箭头)；用___________表示剖视图的名称。

13. 画移出断面时，当剖切面通过回转面形成的孔或凹坑的轴线时，这些结构按_______绘制；当剖切面通过非圆孔，会导致出现完全分离的剖面区域时，则这些结构应按_________绘制。

14. 移出断面图的轮廓线用________绘制。重合断面图的断面轮廓线则用_________绘制。

15. 将机件的部分结构，用大于__________所采用的比例画出的图形称为局部放大图。局部放大图上方标注的比例是指局部放大图的________与其________相应要素的线性尺寸之比。

16. 画局部放大图时应注意：局部放大图可画成__________、__________、________，它与被放大部分的表达方式无关。

17. 在不致引起误解时，图形中的过渡线、相贯线可以简化，例如用________或________代替非圆曲线。也可采用_________画法表示相贯线。

18. 与投影面倾斜角度小于或等于_________的圆或圆弧，其投影可用圆或圆弧代替。

19. 我国现行的《技术制图》标准规定：技术图样应采用_______________法绘制，并优先采用第_______角画法；必要时允许使用第_______角画法。

20. 区分第一、第三角画法的投影识别符号用____________线和____________线绘制。

## 二、选择题(每题只选一个答案，将所选答案的编号填入括弧中)

1. 局部放大图的比例是指相应要素的线性尺寸之比，具体是指：……………………（　　）
   A. 局部放大图的图形比原图形　　B. 局部放大图的图形比其实物
   C. 原图形比其局部放大图的图形　　D. 实物比其局部放大图的图形

2. 在机械图样中，重合断面的轮廓线应采用：……………………………………（　　）
   A. 粗实线　　B. 细实线　　C. 细虚线　　D. 细双点画线

3. 表示某一向视图的投射方向的箭头附近注有字母“N”，则应在该向视图的上方标注为：……………………………………………………………………………（　　）
   A. $N$ 向　　B. $N$　　C. $N$ 或 $N$ 向均可

4. 斜视图的配置和标注通常按：…………………………………………………（　　）
   A. 基本视图配置　　B. 必须旋转配置
   C. 向视图的配置形式配置并标注，必要时允许旋转配置

5. 当将斜视图旋转配置时，表示该视图名称的字母应置于：……………………（　　）
   A. 旋转符号的前面　　B. 旋转符号的后面
   C. 旋转符号的前后都可以　　D. 靠近旋转符号的箭头端

6. 旋转配置的斜视图，需要注出其旋转角度数值时，应注写在：………………（　　）
   A. 名称字母之前　　B. 名称字母之后
   C. 与名称字母分别注写在旋转符号的前后

7. 斜视图旋转配置后，其上方所注旋转符号上的箭头：…………………………（　　）
   A. 一律按逆时针方向画出　　B. 一律按顺时针方向画出
   C. 应按旋转方向画出　　D. 可省略不画

8. 画半剖视图时，视图与剖视的分界线应是：…………………………………………（　　）

A. 粗实线　　B. 细实线　　C. 细点画线　　D. 细双点画线

9. 画局部剖视图时，断裂处的边界线应采用：…………………………………………（　　）

A. 波浪线　　B. 双折线　　C. A 或 B 均可　　D. 细双点画线

10. 一组视图中，当一个视图画成剖视图后，其他视图的正确画法是：……………（　　）

A. 剖去的部分不需画出　　B. 也要画成剖视图，但应保留被剖切的部分

C. 完整性应不受影响，采用何种表示法应视需要而定

11. 当视图中的轮廓线与重合断面的图形重叠时，视图中轮廓线的画法是：………（　　）

A. 仍应连续画出，不可间断　　B. 一般应连续画出，有时可间断

C. 应断开，让位于断面图

12. 画移出断面图时，当剖切面通过非圆孔，会出现完全分离的剖面区域时，则：…（　　）

A. 这些结构应按剖视要求绘制　　B. 不能再画成断面图，应完全按剖视绘制

C. 仅画出该剖切面与机件接触部分的图形

13. 由两个相交的剖切平面剖切得出的移出断面图，画图时：…………………………（　　）

A. 中间一定要断开　　B. 中间一定不断开

C. 中间一般应断开，也可不断开　　D. 中间一般不断开

14. 对机件的肋、轮辐及薄壁等，如按纵向剖切，这些结构都不画剖面符号，而用一种图线将它与其相邻部分分开，这种图线是：……………………………………………………（　　）

A. 粗实线　　B. 细实线　　C. 细点画线　　D. 细虚线

15. 当零件回转体上均匀分布的肋、轮辐、孔等结构不处于剖切平面上时，则可将这些结构：……………………………………………………………………………………………（　　）

A. 按不剖绘制　　B. 按剖切位置剖到多少画多少

C. 旋转到剖切平面上画出　　D. 均省略不画

16. 当回转体零件上的平面在图形中不能充分表达时，可用一种符号表示这些平面，这种符号的画法是：……………………………………………………………………………………（　　）

A. 两条平行的细实线　　B. 两条相交的细实线

C. 两条相交的细点画线　　D. 两条相交的粗实线

17. 与投影面倾斜角度小于或等于30°的圆或圆弧，其投影：…………………………（　　）

A. 应画成椭圆或椭圆弧

B. 可用圆或圆弧代替

C. 可用多边形代替

18. 对机件上斜度较小的结构，如在一个图形中已表达清楚，其他图形的画法是：…（　　）

A. 可按小端画出　　B. 可按大端画出

C. 必须按真实的投影画出

19. 物体按第一角、第三角画法可分别得到六个基本视图。试比较两种画法的六个基本视图的名称：…………………………………………………………………………………………（　　）

A. 只有左视图和右视图名称相同，其他四个基本视图各有其不同名称

B. 名称完全相同　　C. 名称完全不同

20. 我国现行的投影体制可表述为：……………………………………………………（　　）

A. 机件的图形按正投影法绘制，并采用第一角画法

B. 技术图样应采用正投影法绘制，并优先采用第一角画法，必要时允许使用第三角画法

C. 技术图样按正投影法绘制，并采用第一角或第三角画法

21. 需标注投影识别符号时，应标注在：…………………………………………………（　　）

A. 图纸的左上角　　B. 图纸的右上角

C. 标题栏的右下角　　D. 标题栏的左外侧

22. 第一、第三角画法的投影识别符号，其标注规则是：………………………………（　　）

A. 采用第一、第三角画法的图样，都必须分别予以标注

B. 采用第一角画法的图样可省略标注，必要时才标注，第三角画法的图样则必须标注

C. 采用第一、第三角画法的图样均可省略标注

23. 用向视图表达机件的后面（即后视图）时，表示投射方向的箭头应指向：………（　　）

A. 相当于左视图或右视图的图形

B. 相当于俯视图或仰视图的图形

C. 相当于左视图的图形，仅此一种方案

24. 根据主视图和俯视图，找出正确的左视图：…………………………………………（　　）

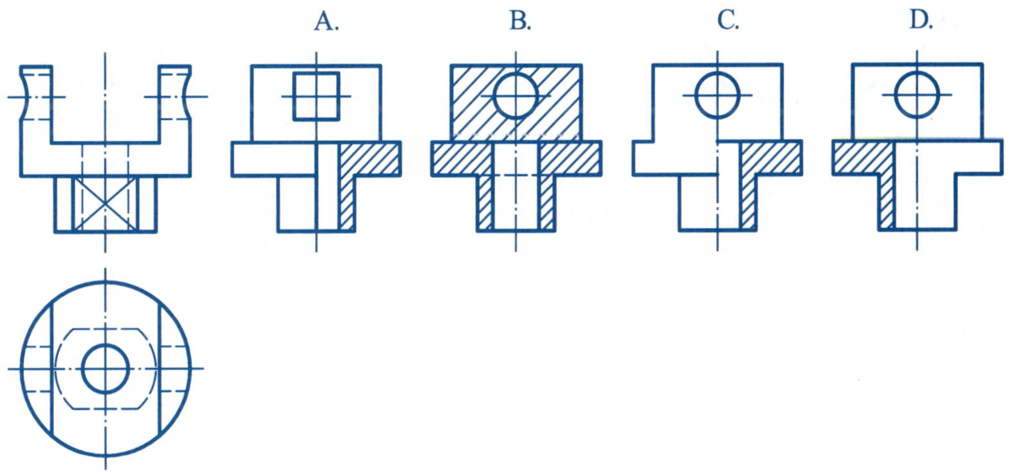

A.　　B.　　C.　　D.

25. 供剖视图选用的三种剖切面（单一剖切面、几个平行的剖切平面和几个相交的剖切面）的应用范围有三种说法，正确的说法是…………………………………………………………（　　）

A. 三种剖切面只适用于绘制剖视图

B. 三种剖切面均可供绘制剖视图、断面图选用

C. 三种剖切面主要用于绘制剖视图，其中仅有一种“单一剖切面”也可用于绘制断面图

26. 局部放大图可画成视图、剖视、断面，它与被放大部分表达方式间的关系是：…（　　）

A. 必须对应一致

B. 有一定的对应关系，有时无关

C. 无对应关系，视需要而定

27. 对下图画法的归类，有三种解释，正确的解释是：………………………………（　　）

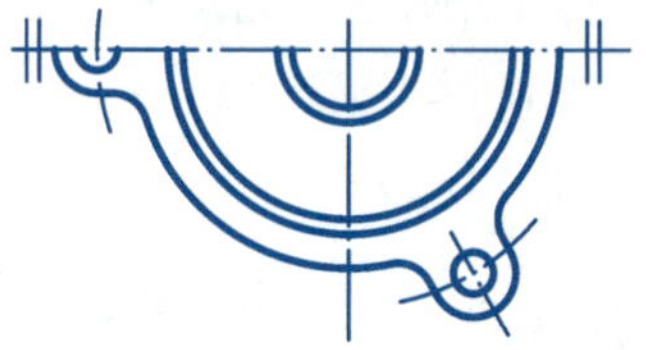

A. 只能理解为简化画法　　　　B. 只能理解为局部视图

C. 既可理解为简化画法也可理解为局部视图

28. ＊若下图中的主视图是采用1:1绘制（即所在图样的标题栏中比例为1:1），则上方标有2:1的图形是：………………………………………………………………………………（　　）

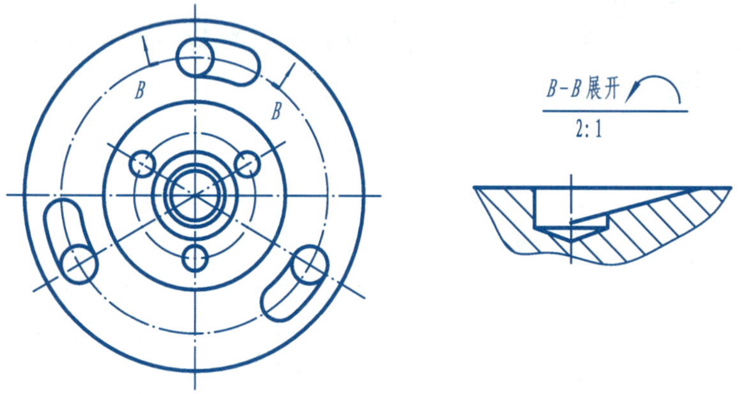

B-B展开

2:1

A. 展开并旋转配置的局部放大图

B. 展开、放大并旋转配置的局部剖视图

C. 不属A、B，完全是一种特殊的表示法

## 三、是非题（正确的画"○"，错误的打"×"）

1. 局部剖视图中剖与不剖部分的分界线用波浪线，也可采用双折线，半剖视图中则应采用细点画线作为剖与不剖部分的分界线。………………………………………………（　　）

2. 根据1998年发布的《技术制图 图样画法 视图》国家标准规定，视图通常有基本视图、向视图、局部视图和斜视图四种。…………………………………………………………（　　）

3. 斜视图旋转配置后标注时，表示该视图名称的字母应靠近旋转符号的箭头端。……（　　）

4. 当斜视图旋转配置时，必须标注旋转角度值。………………………………………（　　）

5. 剖视图可分为全剖视图、半剖视图和局部剖视图三种。…………………………（　　）

6. 剖视图所采用的三种剖切面并不适用于断面图。…………………………………（　　）

7. 局部剖视图的断裂边界只能用波浪线分界，不能用其他图线表示。……………（　　）

8. 剖视图的剖面区域中可再作一次局部的剖切，采用这种表达方法时，两个剖面区域的剖面线方向应错开，但间隔应相等。…………………………………………………（　　）

9. 剖视图是用剖切面假想地剖开机件，所以，当机件的一个视图画成剖视图后，其他视图的完整性应不受影响，一般仍按完整视图画出。…………………………………（　　）

10. 基本视图的配置规定同样适用于剖视图。剖视图也可按投影关系配置在与剖切符号相对应的位置，必要时，允许配置在其他适当的位置。……………………………（　　）

11. 移出断面图形对称时，可以画在视图的中断处，且不必标注。………………（　　）

12. 由两个或多个相交的剖切面剖切得出的移出断面，中间一般应断开。…………（　　）

13. 对称的重合断面图配置在视图的中断处时，应视为重合断面图。………………（　　）

14. 局部放大图上方标注的比例是指局部放大图与原图形相应要素的线性尺寸之比。…（　　）

15. 凡是较长的机件（轴、杆、型材、连杆等），沿长度方向的形状一致或按一定规律变化时可断开后缩短绘制，并仍按设计要求的尺寸进行标注。………………………………（　　）

16. 与投影面倾斜的圆或圆弧，其投影均可简化用圆或圆弧画出。…………………（　　）

17. 机件上斜度较小的结构，如在一个图形中已表达清楚时，其他图形可按其小端画出。……………………………………………………………………………………（　　）

18. 向视图是基本视图的另一种表达方式，是移位但不旋转配置的基本视图。……（　　）

19. 当局部视图按基本视图的配置形式配置，且无其他视图隔开时，则不必标注。…（　　）

20. 当用局部视图表示机件上某部分的结构时，无论该结构是否对称，均可按第三角画法将局部视图配置在相应视图中的该结构附近，并用细点画线连接两图。……………（　　）

21. 不对称的重合断面图必须标注剖切符号。……………………………………（　　）

22. 为与国际接轨，我国国家标准规定，应优先采用第一角画法，必要时也可采用第三角画法。……………………………………………………………………………………（　　）

23. 必须在每张图样的标题栏中标注投影识别符号。………………………………（　　）

24. 需要标注投影识别符号时，一般应置于标题栏中名称及代号区的下方，即标题栏的右下角。……………………………………………………………………………………（　　）

25. 某图样的标题栏中的比例为1:2，表达某一局部结构而单独画出的图形上方标注的比例是1:1，则此图形仍应称为局部放大图。………………………………………………（　　）

## 四、视图

1. 根据主、俯、左三视图，补画右、后、仰三视图。

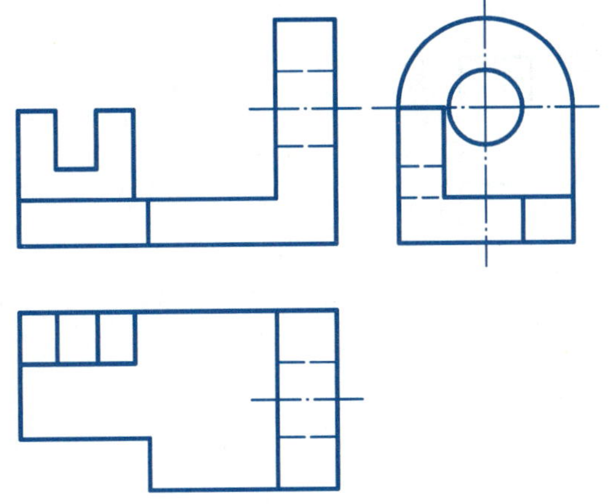

2. 完成 *C*、*G* 向视图。

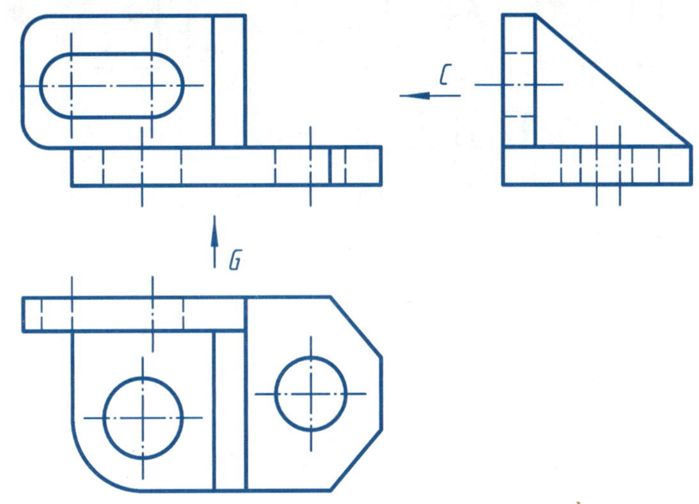


3. 看懂弯板形状、完成局部视图和斜视图，并按规定标注。

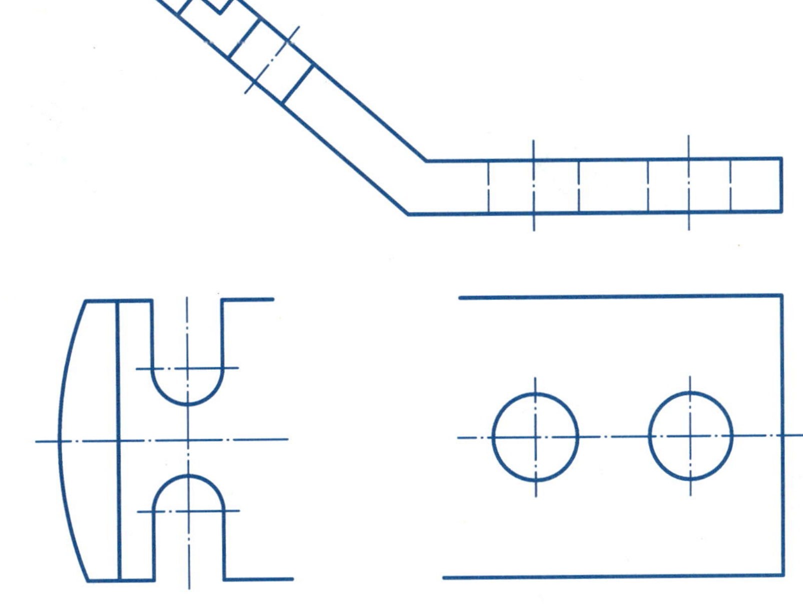

4. 分别用两种配置方式画出机件上凸台的局部视图，并考虑是否要标注。

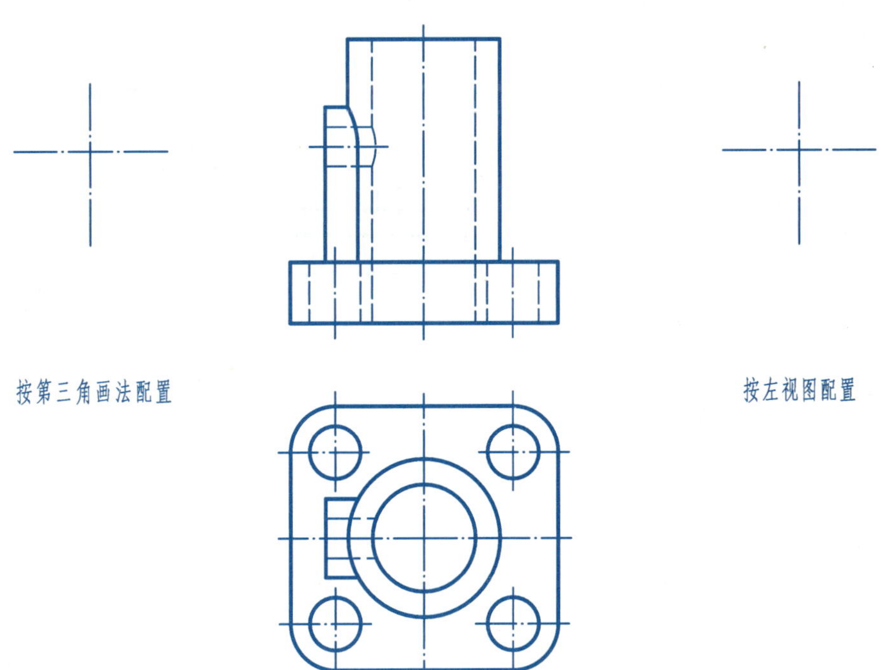

5. 完成 A 向局部视图。

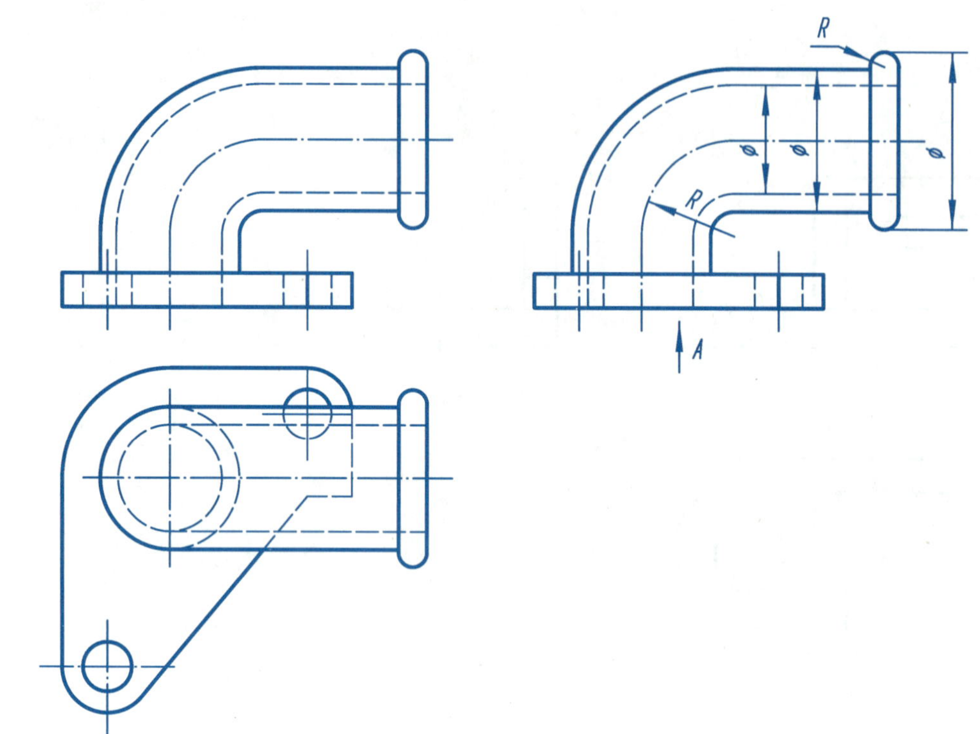


6. 完成 A 向斜视图。

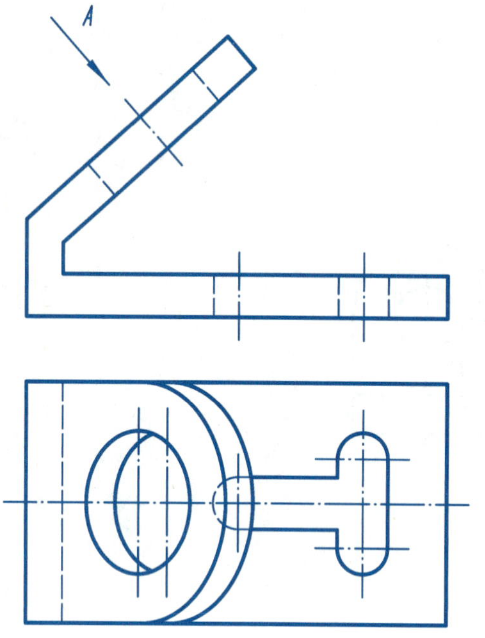


7. * 已知一机件的主、俯视图，试在主视图不变的情况下选择适当的其他视图，并按规定标注，使之能完整表达该机件各部分形状。

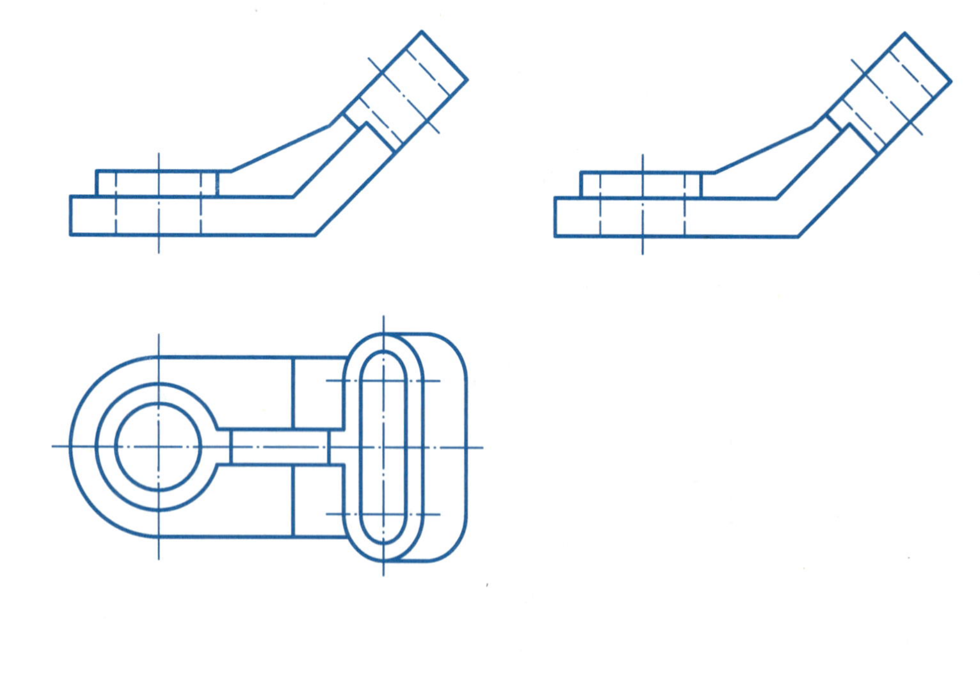

8. * 已知一机件的主、俯视图，试在主视图不变的情况下选择适当的其他视图，并按规定标注，使之能完整表达该机件各部分形状。

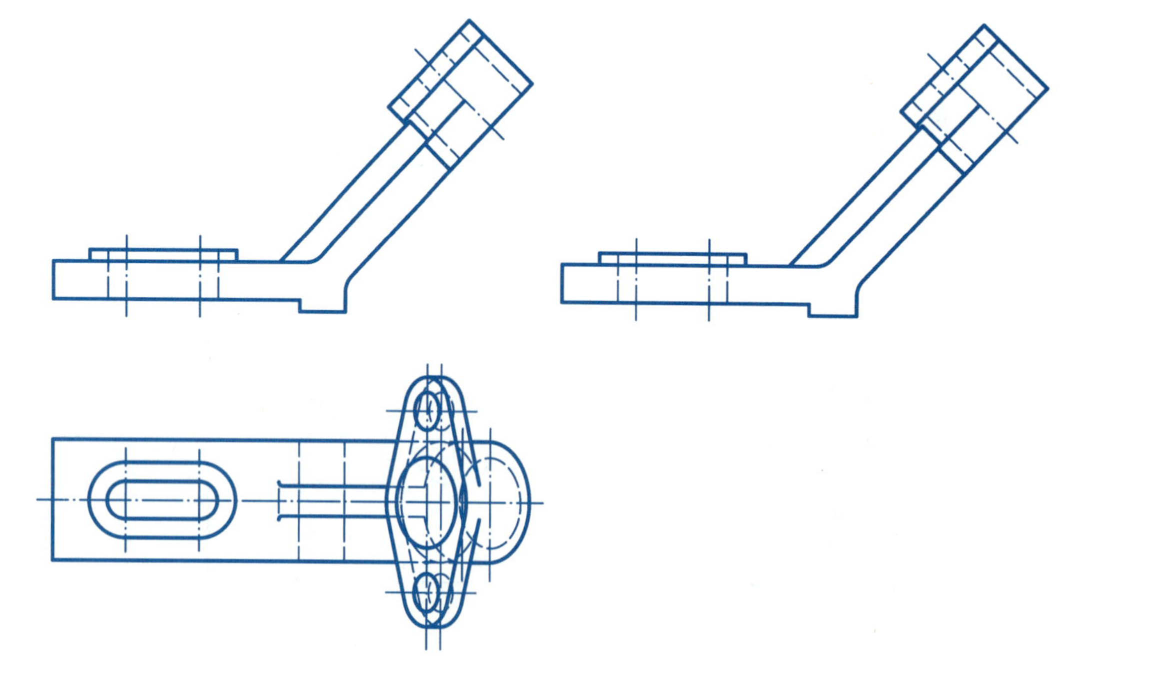

## 五、剖视图

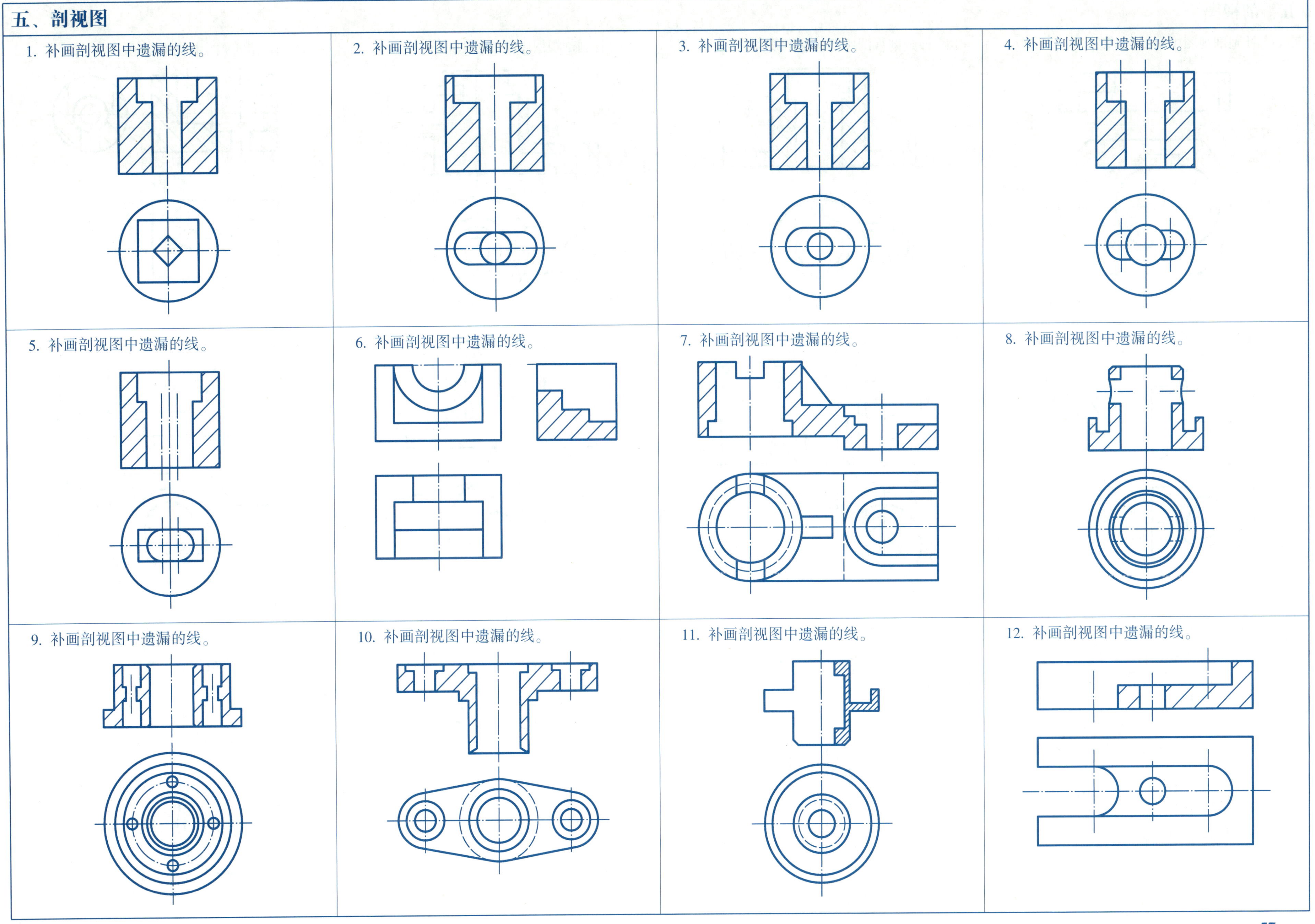

# 五、剖视图

13. 补画剖视图中所遗漏的线。

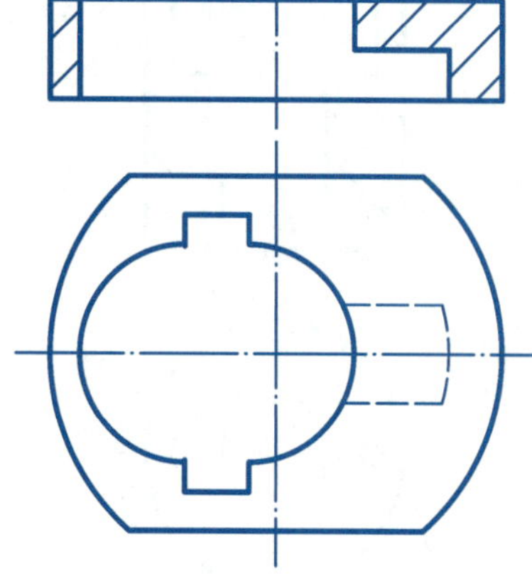

14. 补画剖视图中所遗漏的线。

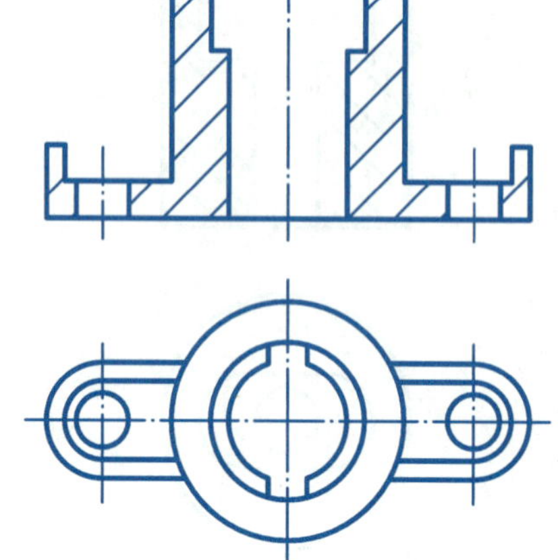

15. 补画剖视图中所遗漏的线。

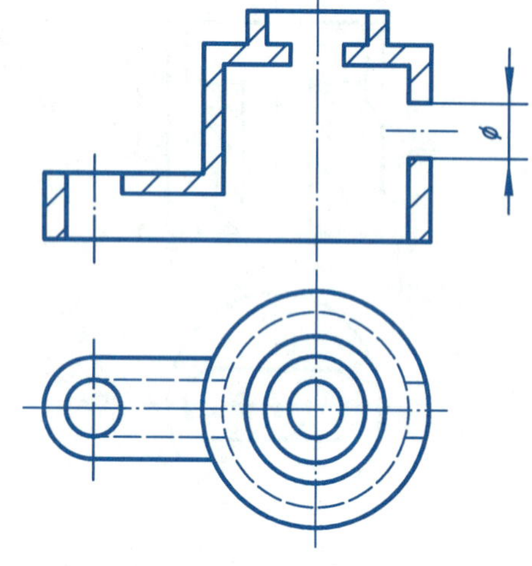

16. 补画剖视图中所遗漏的线。

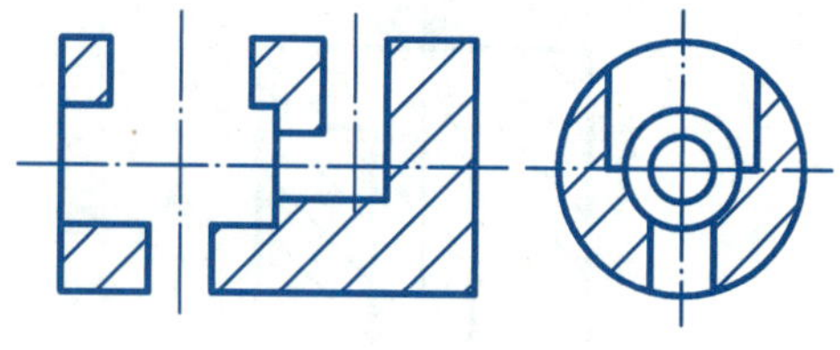

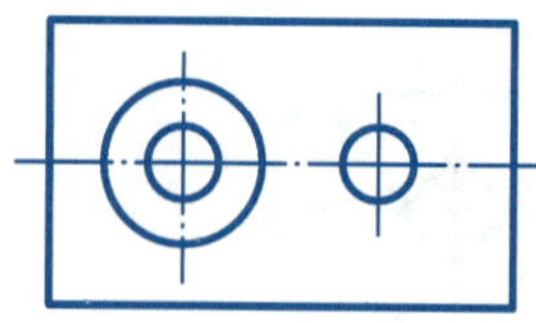

17. 补画剖视图中所遗漏的线。

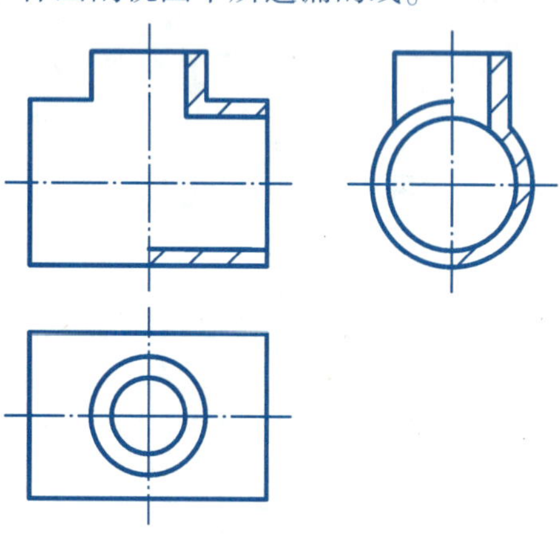

18. 补画剖视图中所遗漏的线。

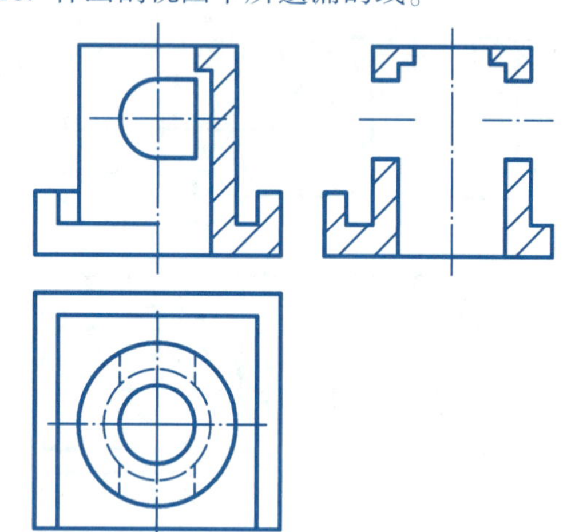

19. 补画剖视图中所遗漏的线。

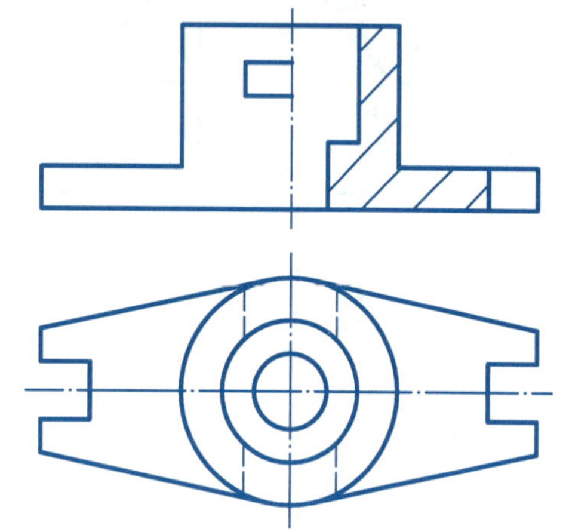

20. 补画剖视图中所遗漏的线。

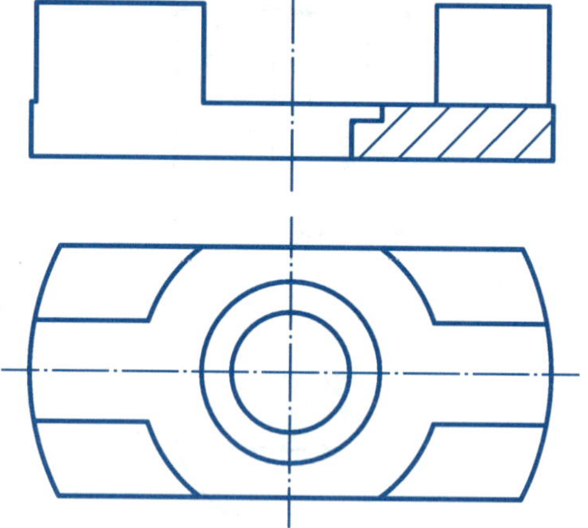

21. 补画剖视图中所遗漏的线。

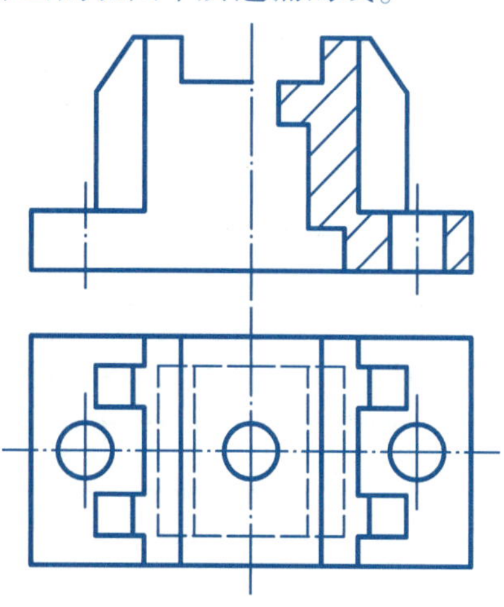

22. 补画剖视图中所遗漏的线。

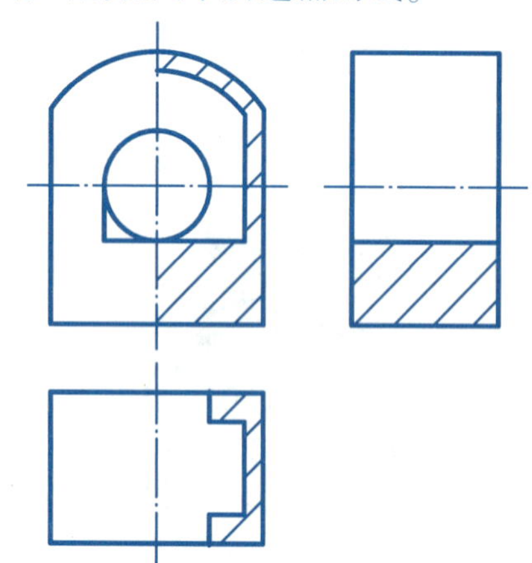

23. 补画剖视图中所遗漏的线。

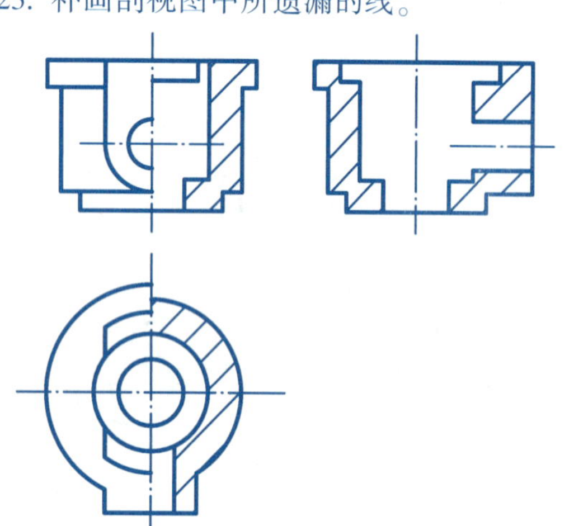

24. 补画三视图中所遗漏的线。

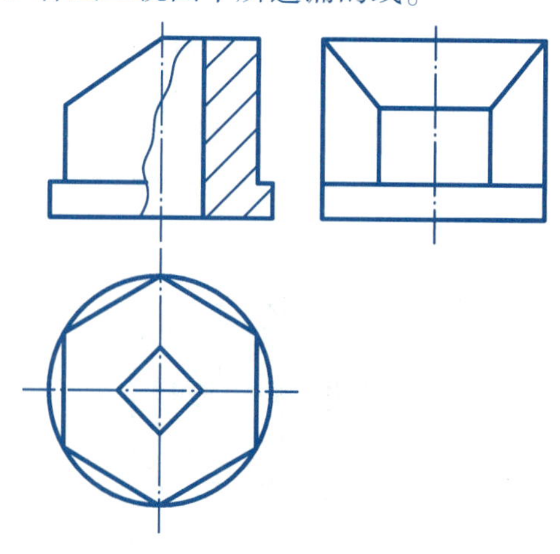

# 五、剖视图

25. 在指定位置把主视图画成全剖视图。

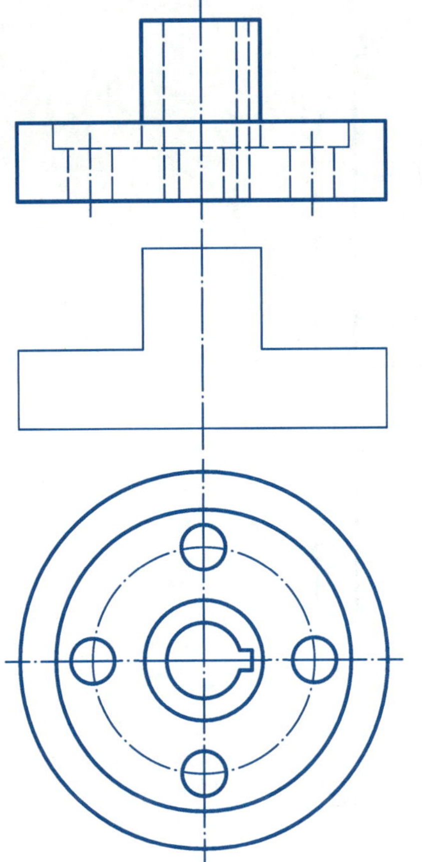

26. 在指定位置把主视图画成全剖视图。

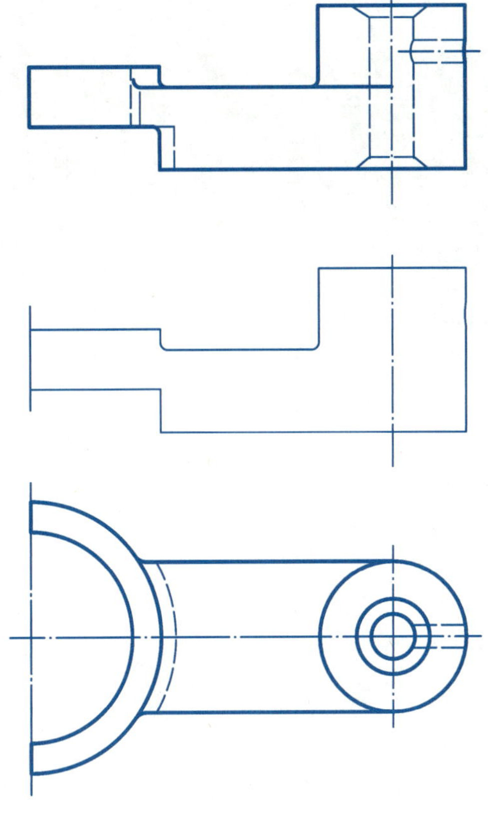

27. 补画全剖视的左视图。

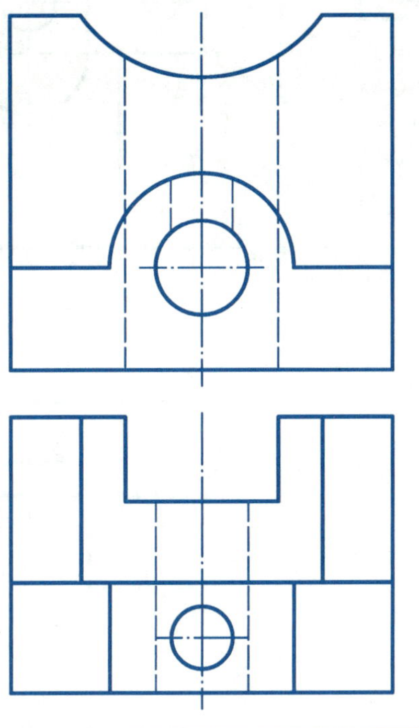

28. 补画全剖视的左视图。

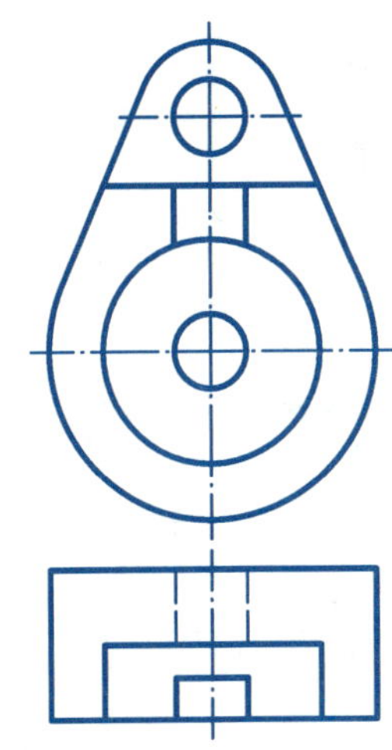

29. 将主视图改画成全剖视图(不要的线打“×”)。

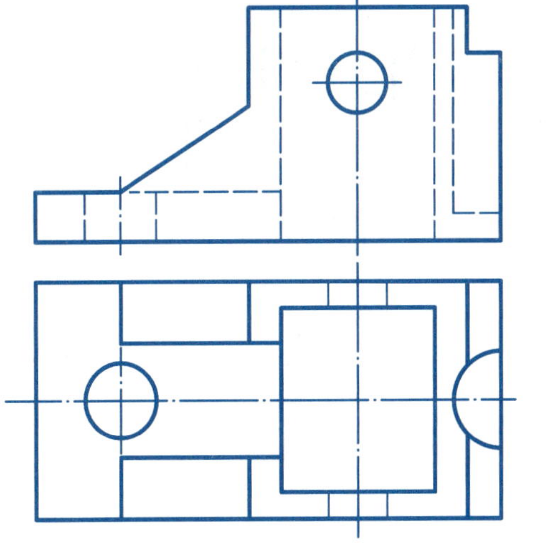

30. 将主视图改画成全剖视图(主、俯视图中不要的线打“×”)。

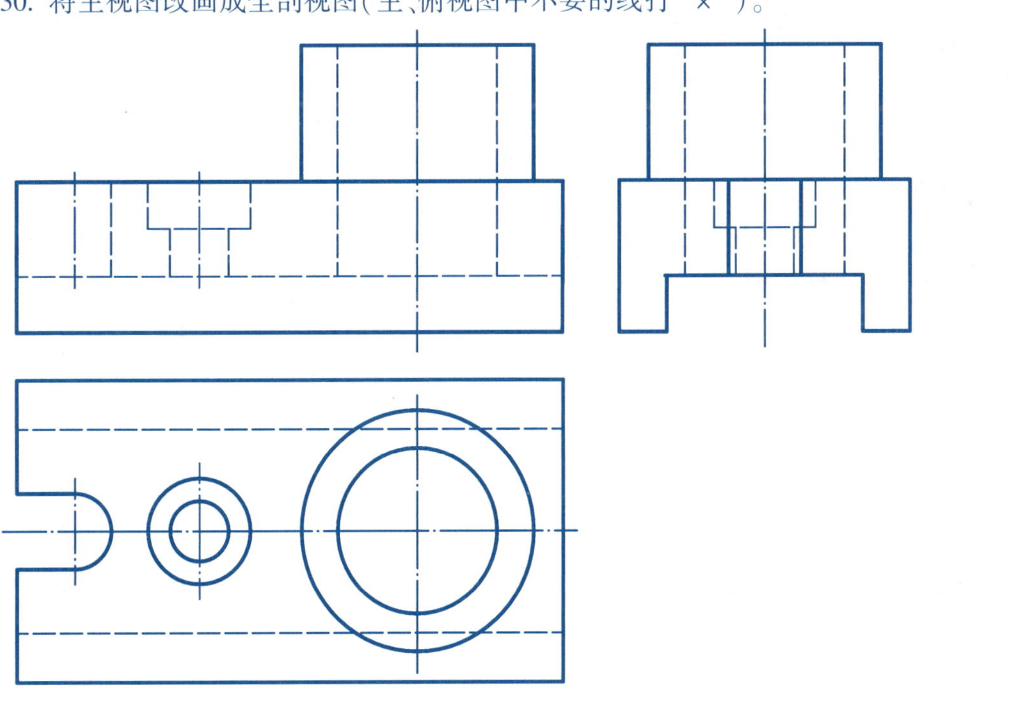

## 五、剖视图

31. 补画俯视图(全剖视图)。

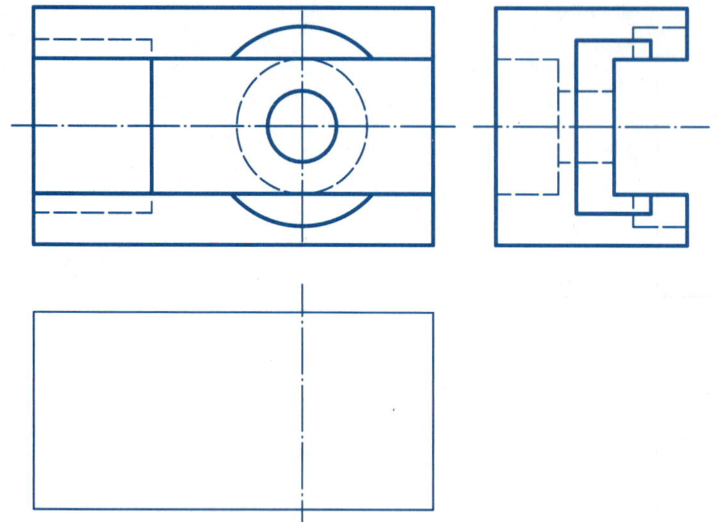

32. 补画左视图(全剖视图)。

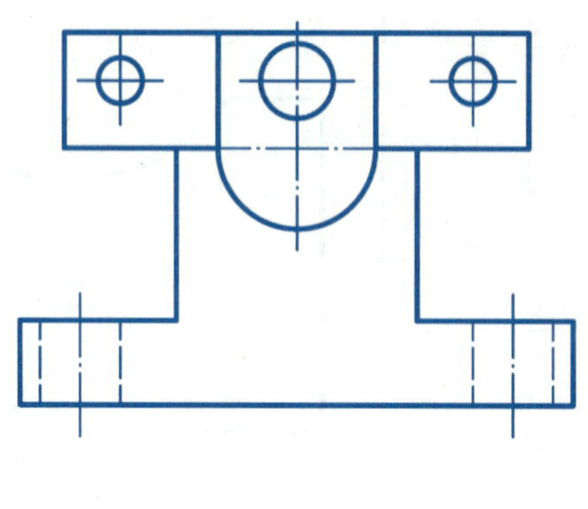

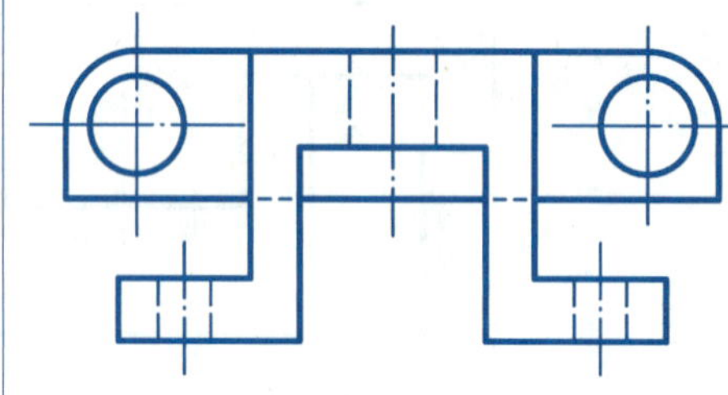

33. 补画左视图(全剖视图)。

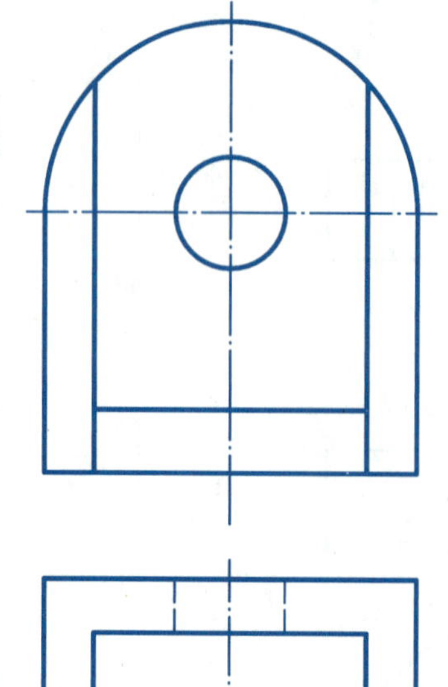

34. 补画左视图(全剖视图)。

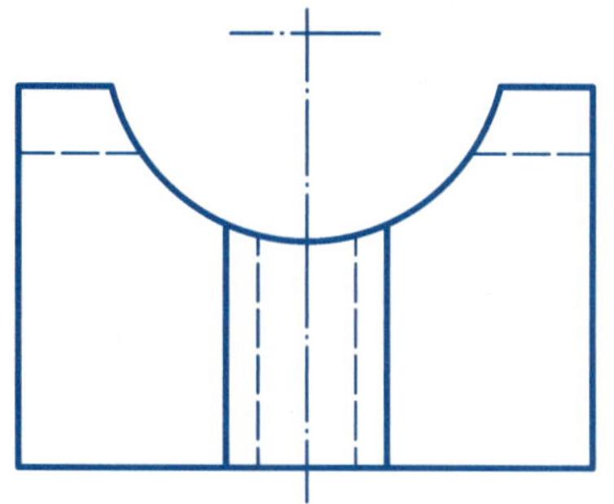

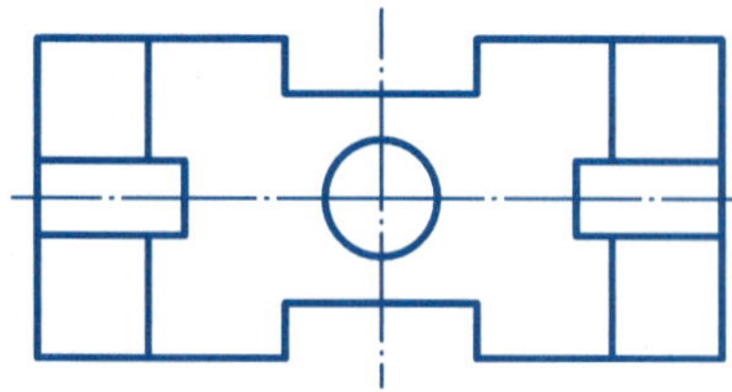

35. ＊将主视图改画成全剖视图(主视图中不要的线打“ × ”),并在空白处完成 $A—A$ 全剖视图。

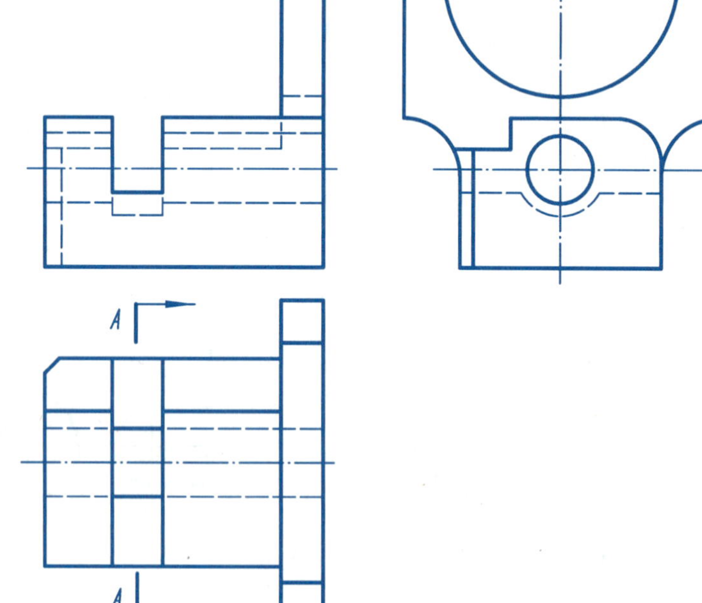


36. 将主视图改画成全剖视图(不要的线打“ × ”)。

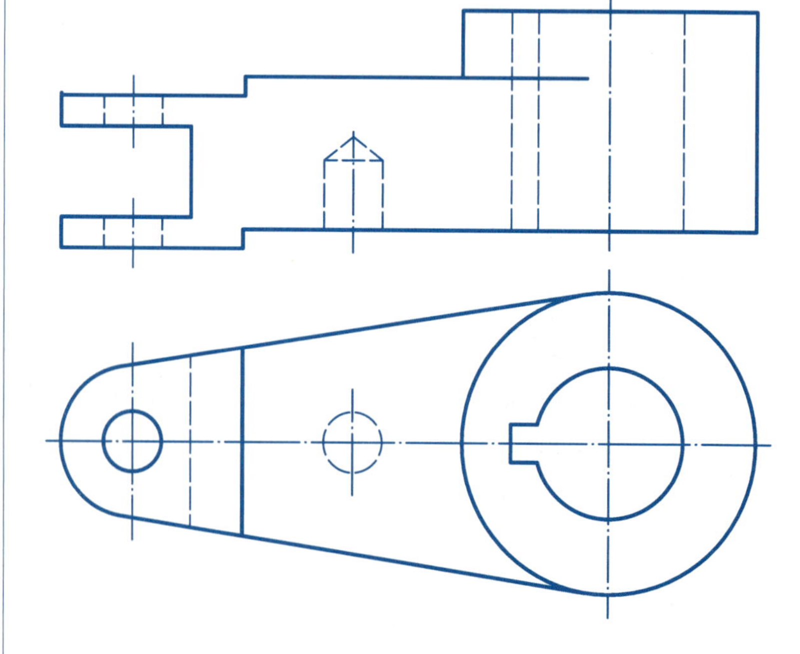

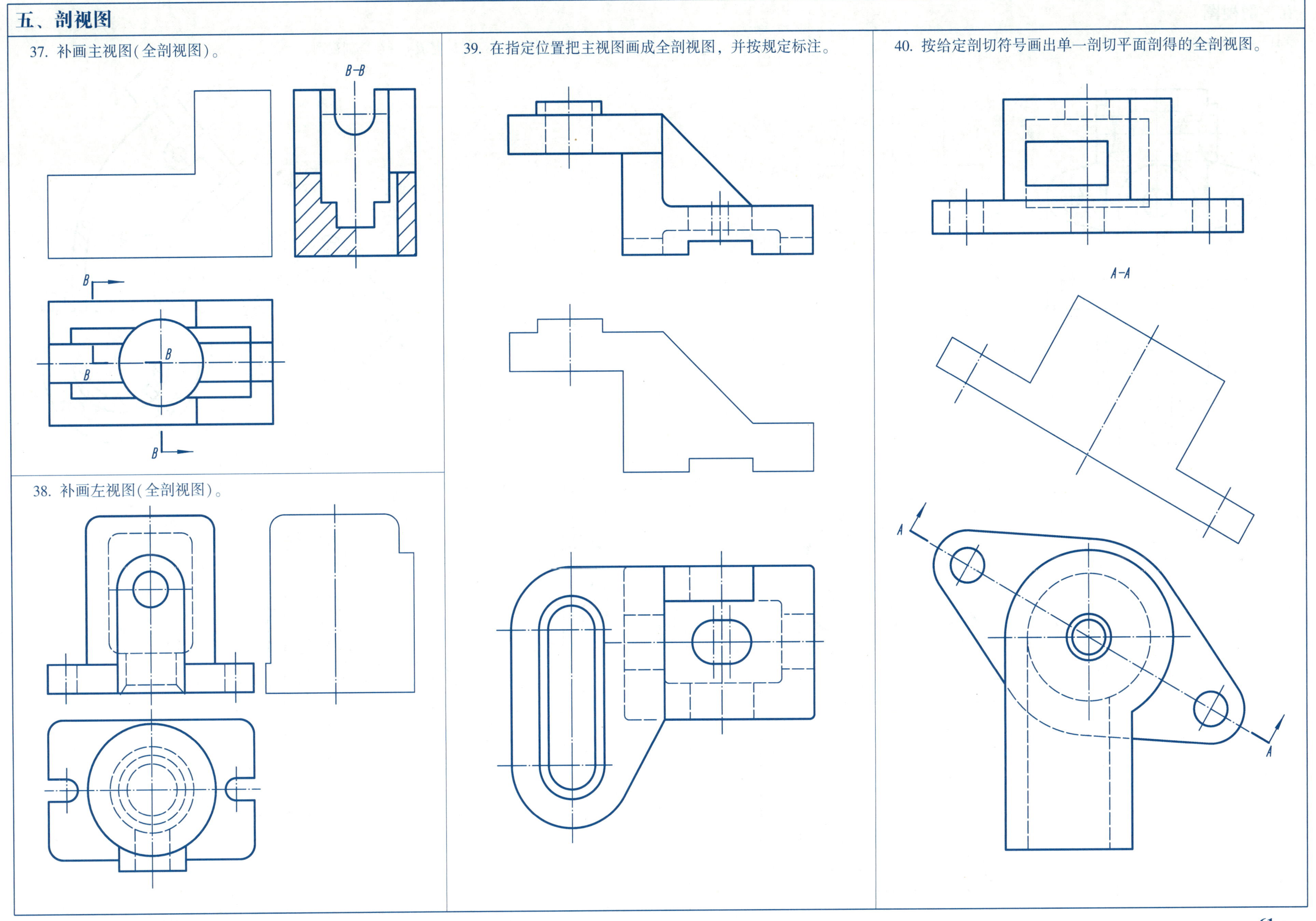
五、剖视图
37. 补画主视图(全剖视图)。
B-B
B
B
B
B
39. 在指定位置把主视图画成全剖视图，并按规定标注。
40. 按给定剖切符号画出单一剖切平面剖得的全剖视图。
A-A
A
A
38. 补画左视图(全剖视图)。

## 五、剖视图

41. ＊补画左视图（全剖视图）。

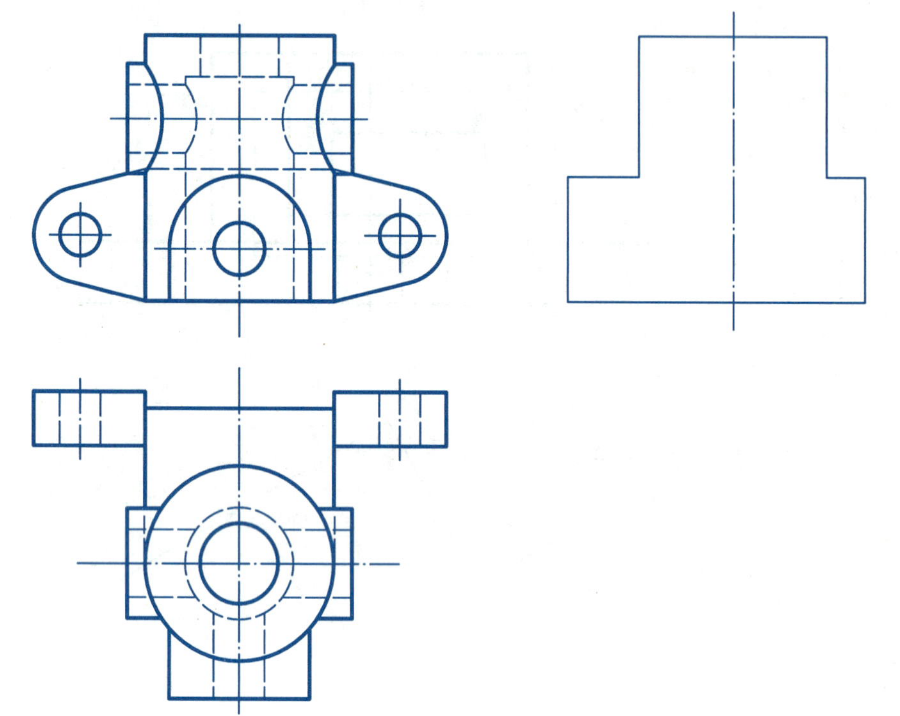

42. 按给定的剖切位置剖切后完成 *C*—*C* 全剖视图。

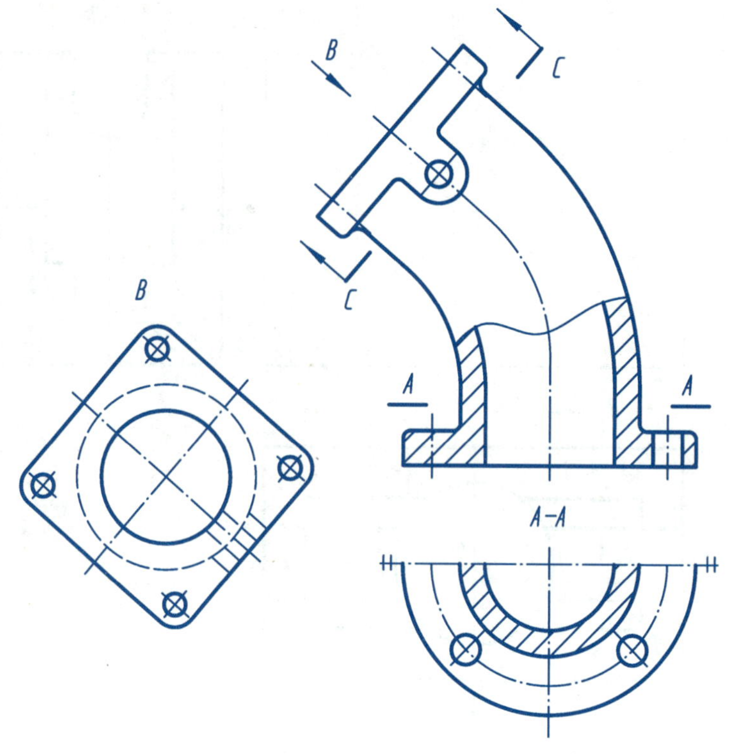


43. ＊完成 *A*—*A* 全剖视图。

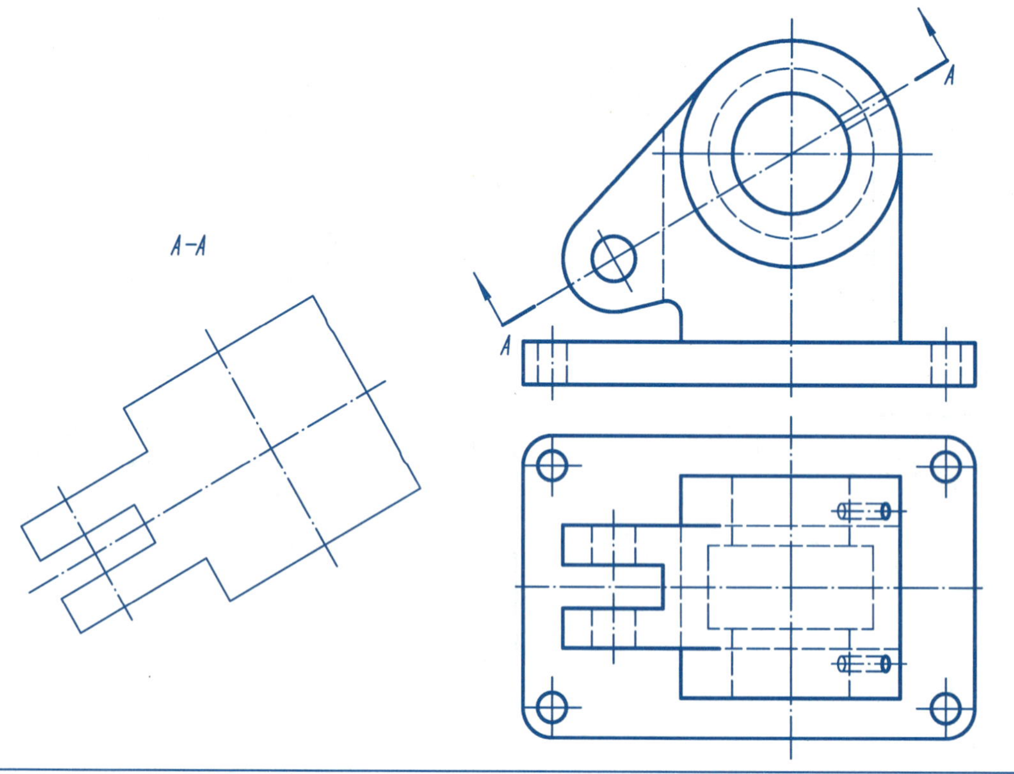


44. ＊完成 *B*—*B* 全剖视图。

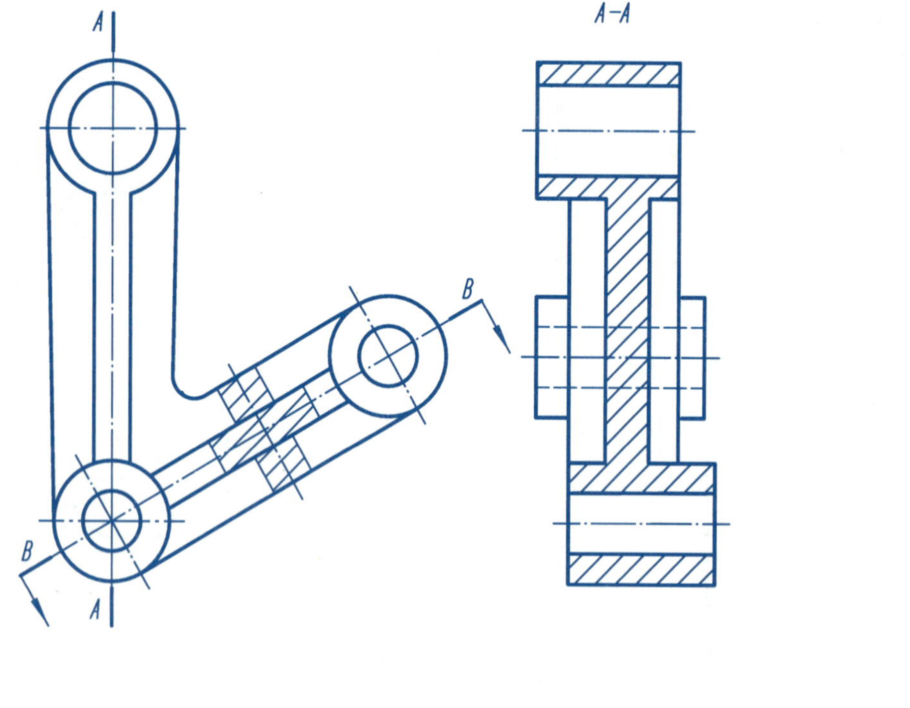

45. 完成 *A*—*A* 全剖视图。

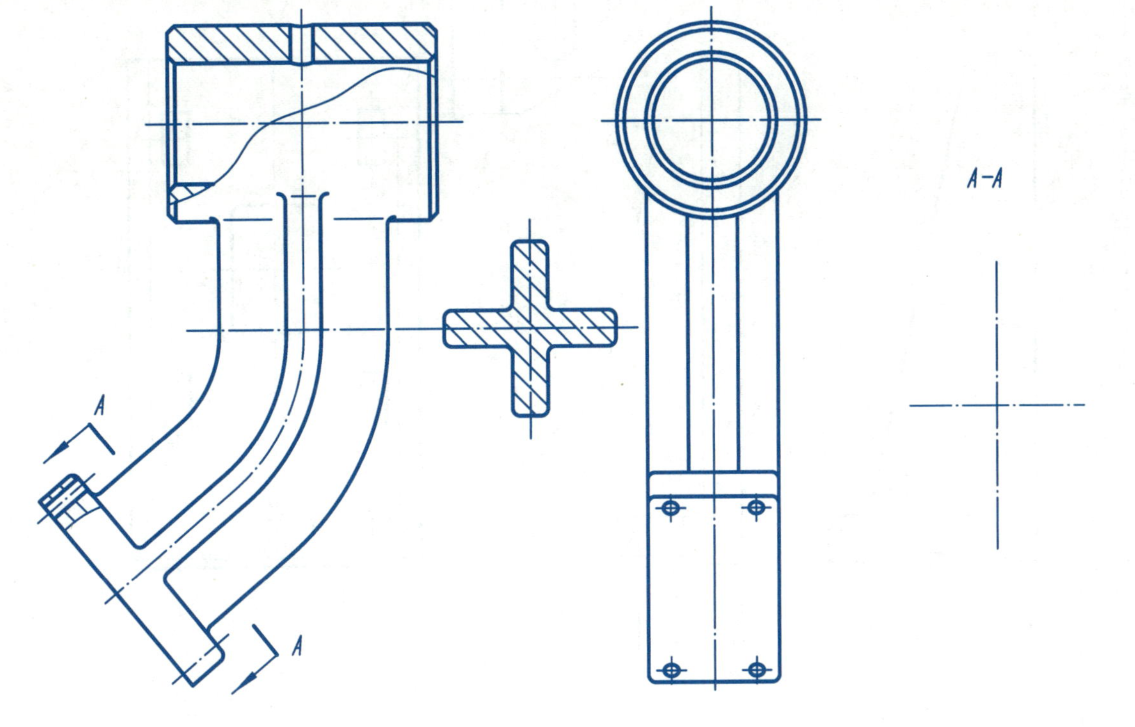


46. ＊完成 *A*—*A* 和 *B*—*B* 全剖视图。

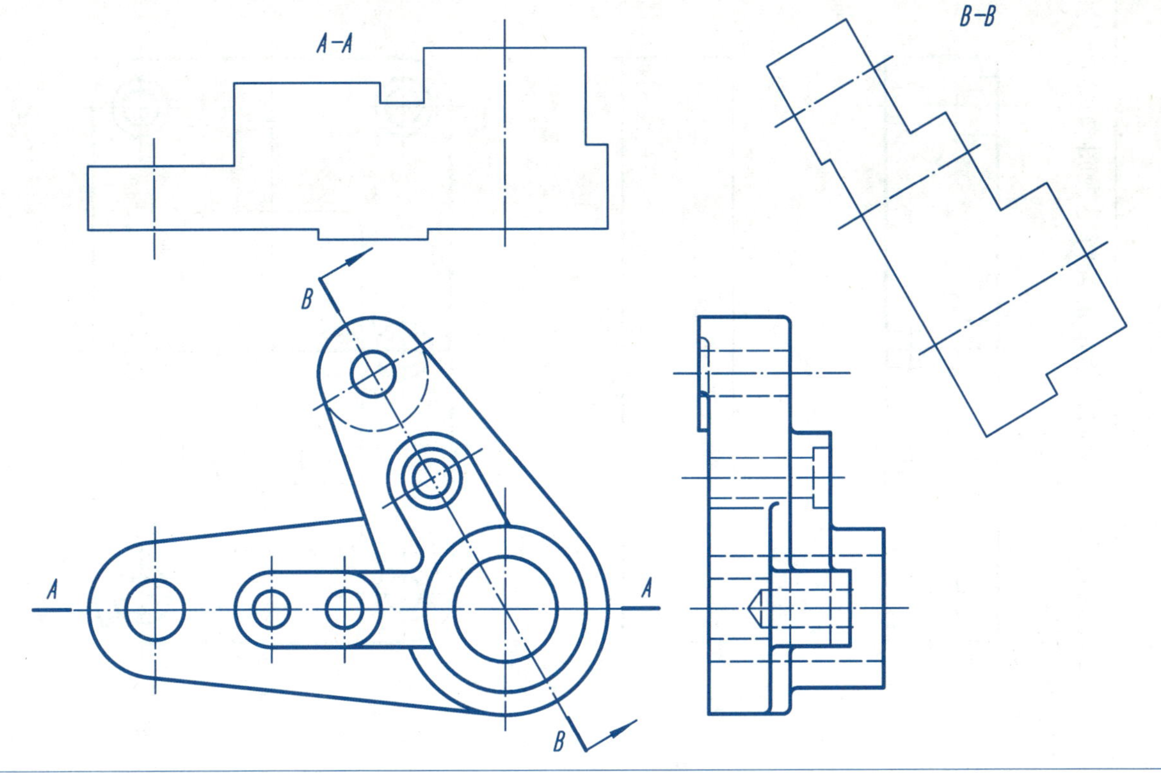


47. 采用适当的剖切面在指定位置把主视图改画成全剖视图并标注。

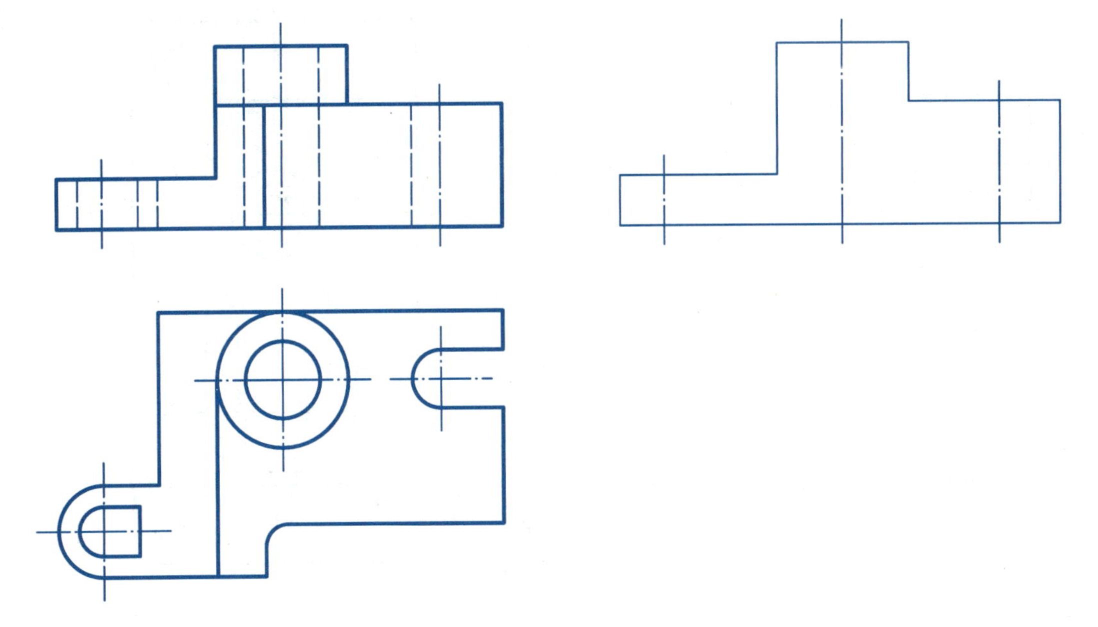

48. 采用适当的剖切面在指定位置把主视图改画成全剖视图并标注。

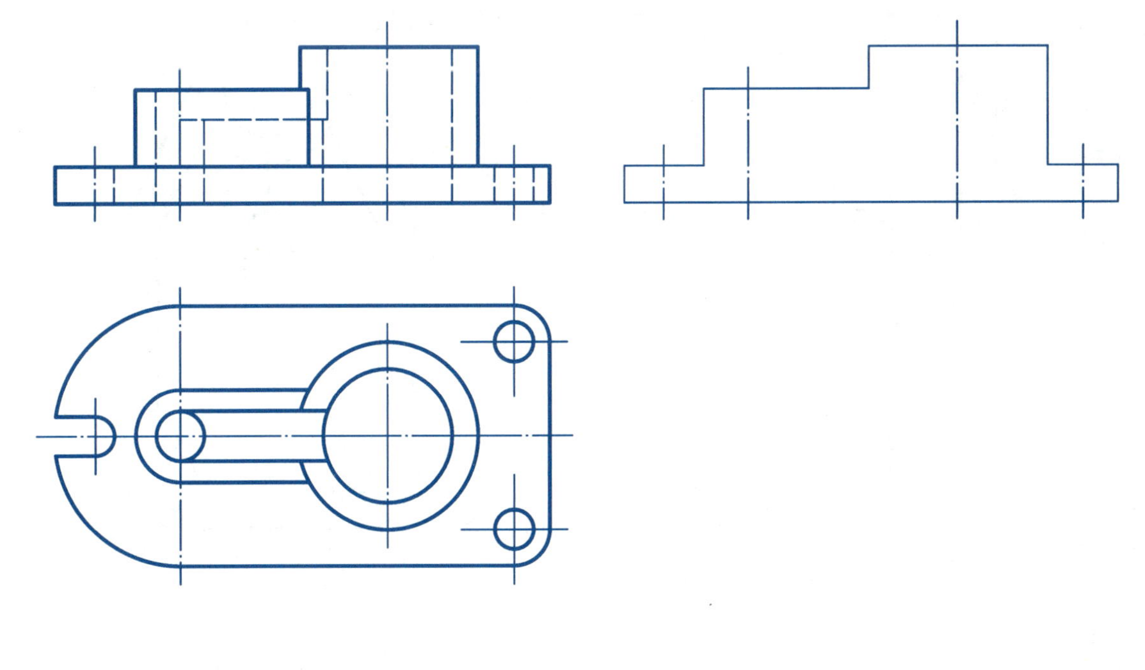

## 五、剖视图

49. 采用适当的剖切面在指定位置将主视图画成全剖视图并按规定标注。

50. 采用适当的剖切面在指定位置将主视图画成全剖视图并按规定标注。

51. 采用适当的剖切面在指定位置将主视图画成全剖视图并按规定标注。

52. ＊采用适当的剖切面在指定位置将主视图画成全剖视图并按规定标注。

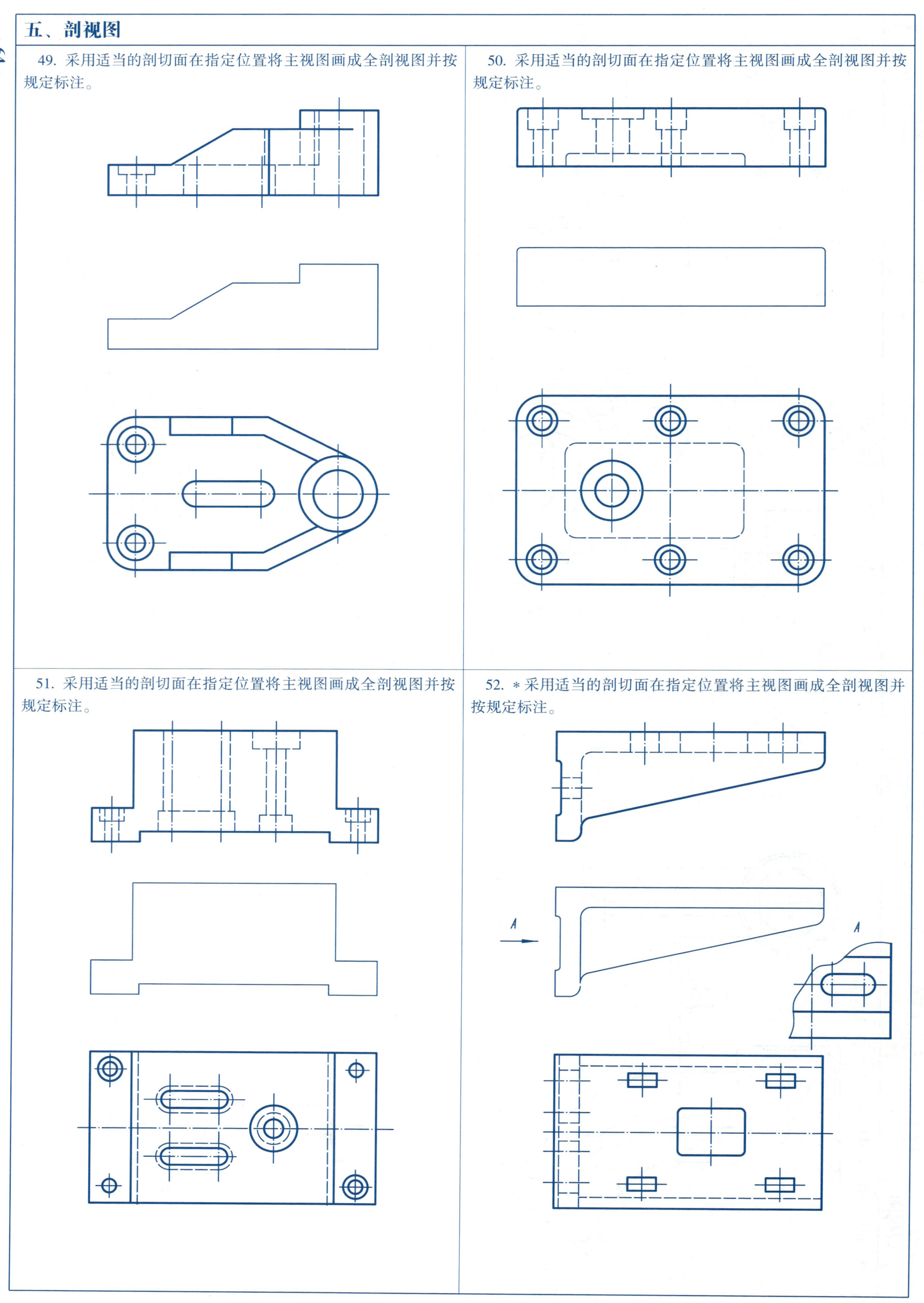

## 五、剖视图

53. 采用适当的剖切面在指定位置将主视图画成全剖视图并标注。

54. 采用适当的剖切面在指定位置将主视图画成全剖视图并标注。

55. 采用适当的剖切面在指定位置将主视图画成全剖视图并标注。

56. *采用适当的剖切面在指定位置将主视图画成全剖视图并标注。

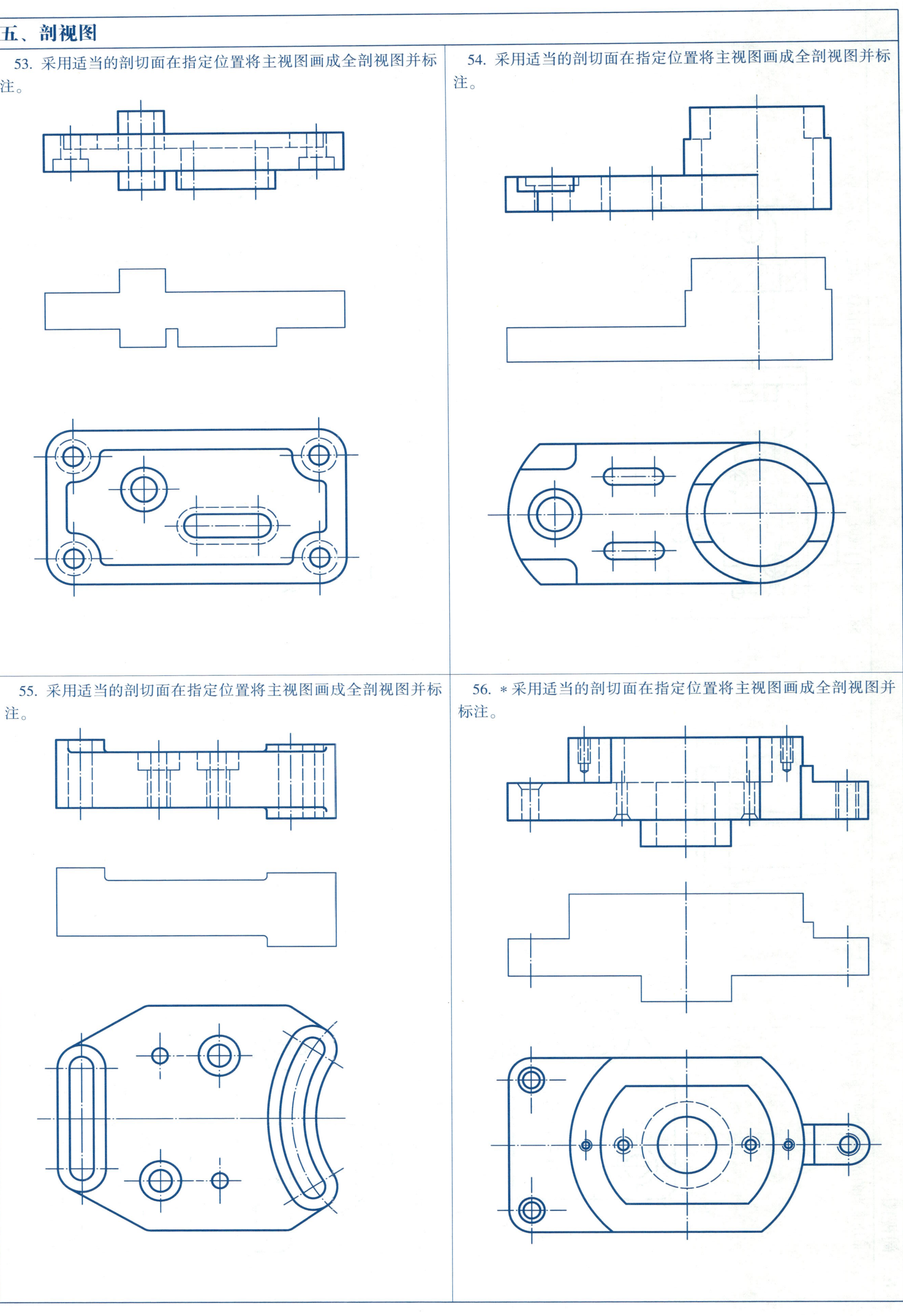

## 五、剖视图

57. 采用适当的剖切面补画全剖视的主视图并标注。

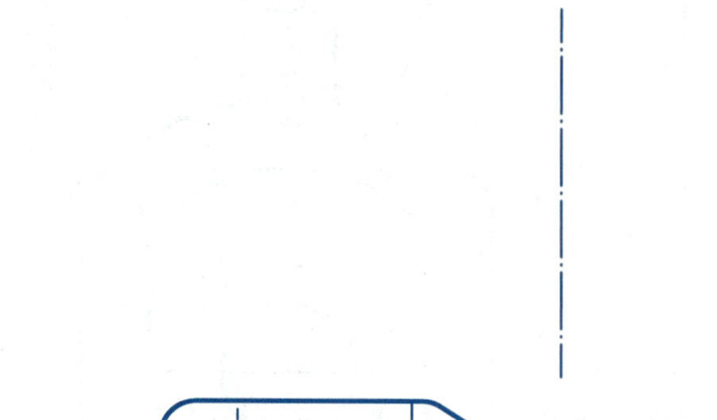

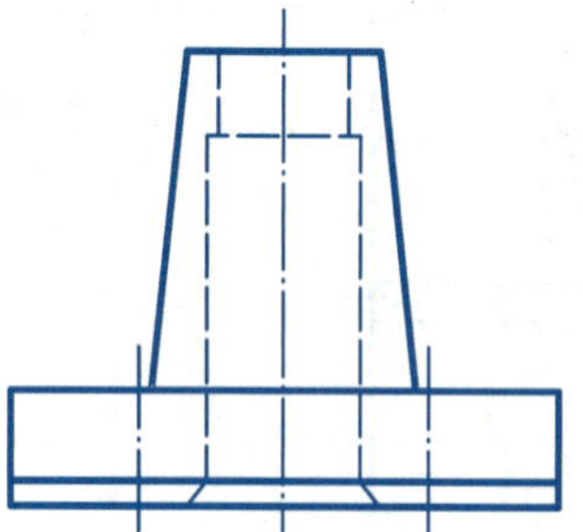

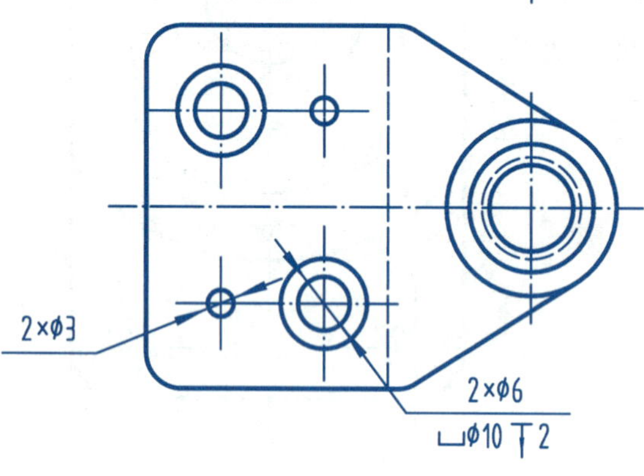


58. ＊补画俯视图，并将 *A*—*A* 剖视未表示的孔用局部剖视表示并标注。

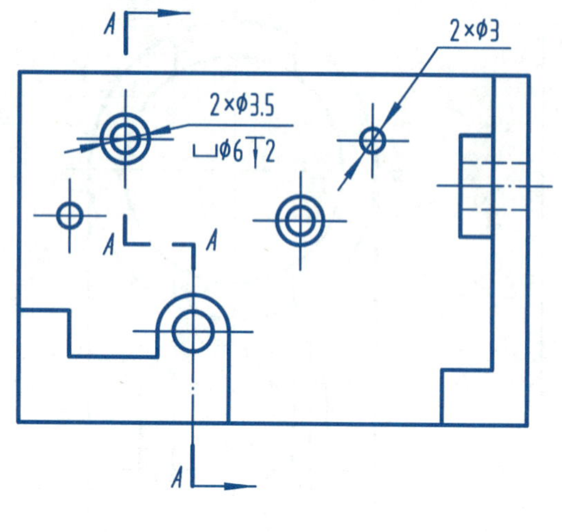


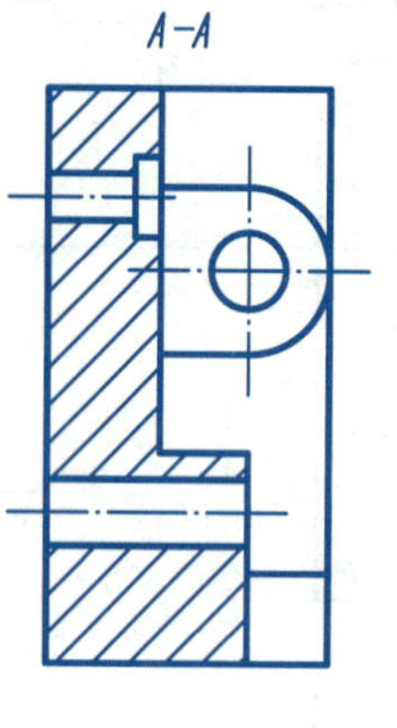


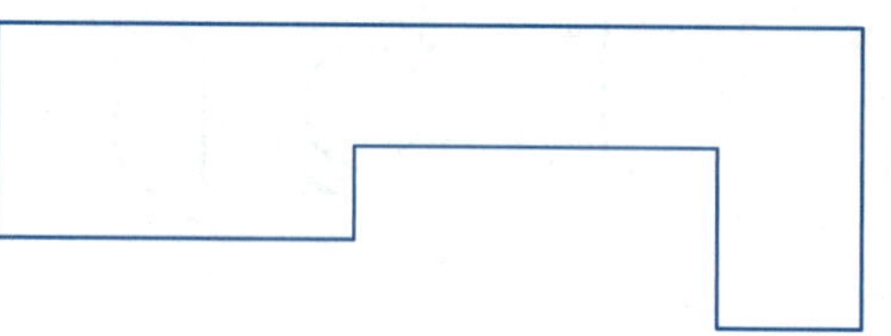

59. ＊补画全剖视的 *A*—*A* 左视图并标注。

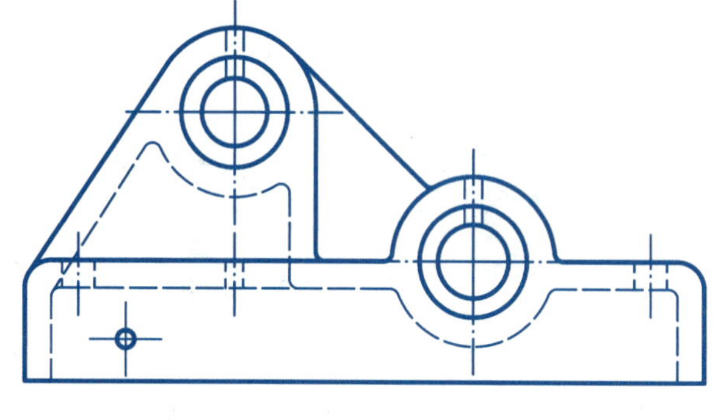

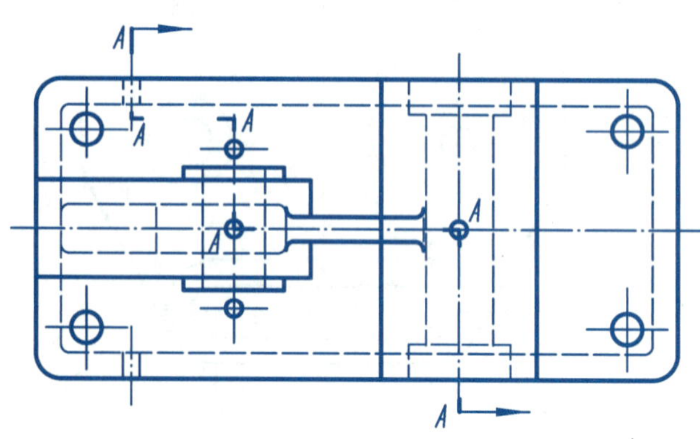

60. 采用适当的剖切面，在指定位置把主视图画成全剖视图并标注。

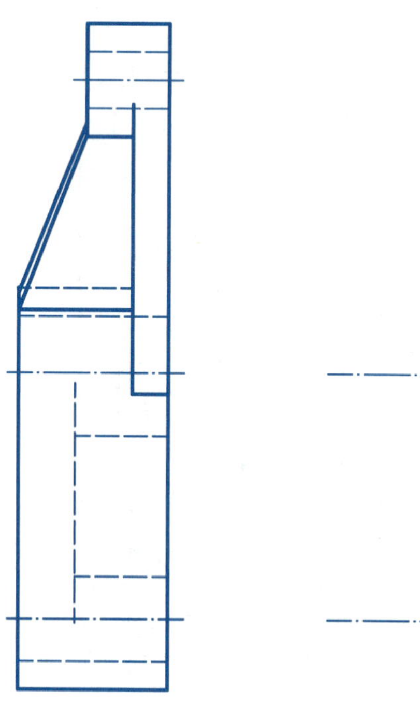

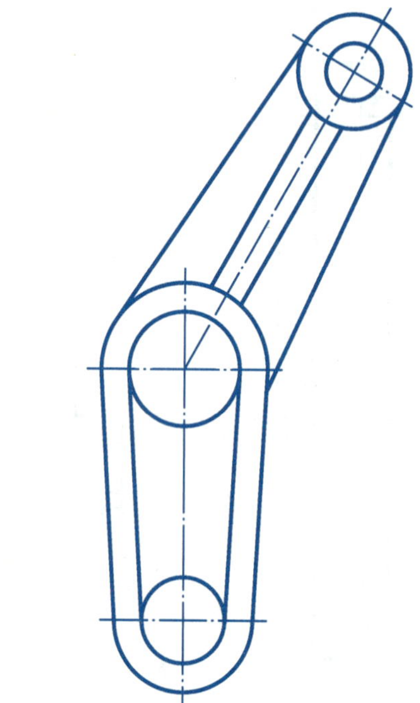

## 五、剖视图

61. 采用适当的剖切面，在指定位置把主视图画成全剖视图并标注。

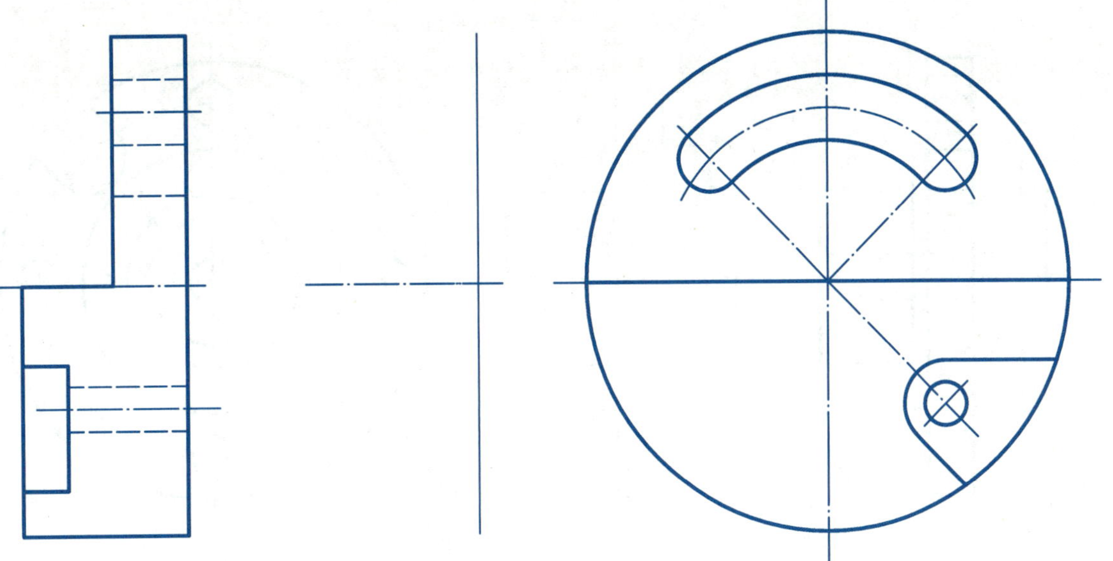

62. ＊采用适当的剖切面，在指定位置把主视图画成全剖视图并标注。

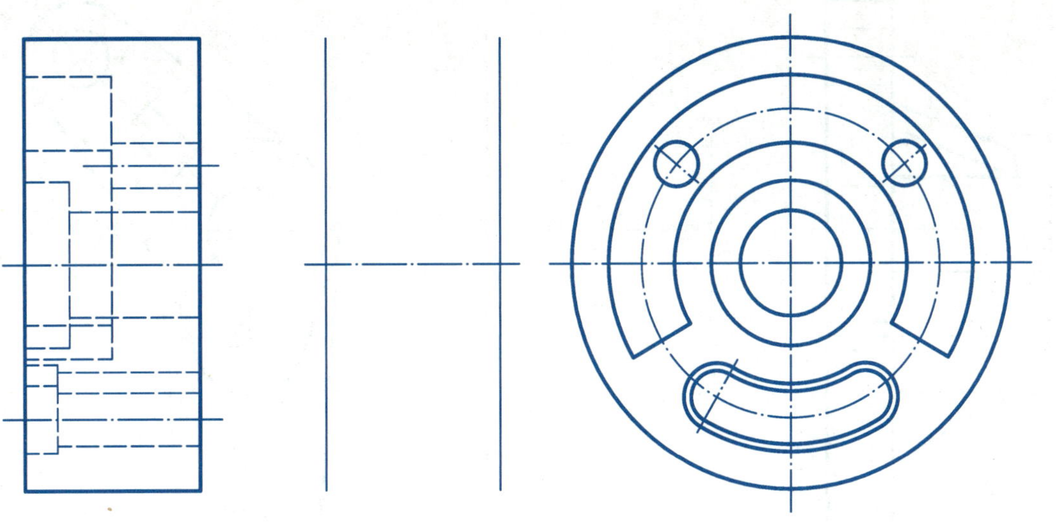

63. 采用适当的剖切面，在指定位置把主视图画成全剖视图并标注。

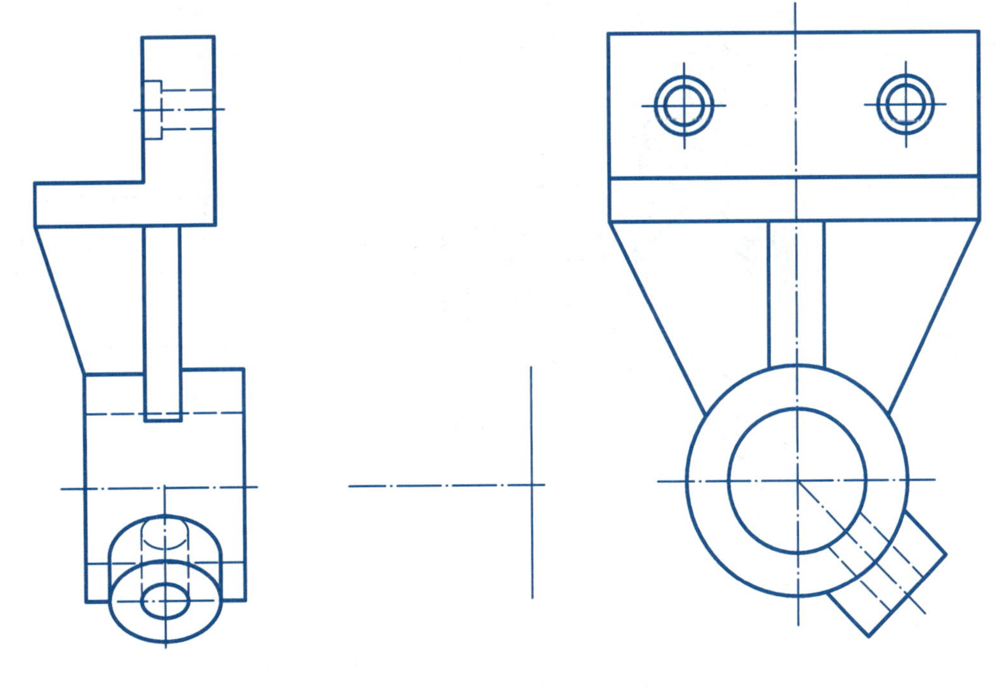

64. 在指定位置把主视图画成全剖视图并标注。

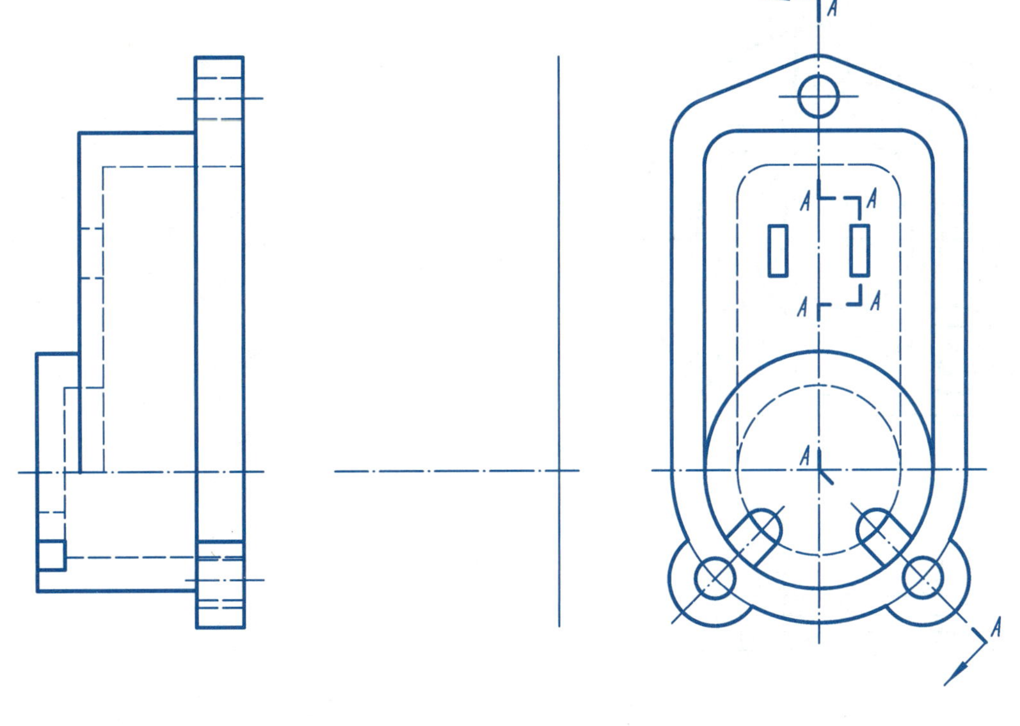

## 五、剖视图

65. 采用适当的剖切面，在指定位置把主视图画成全剖视图并标注。

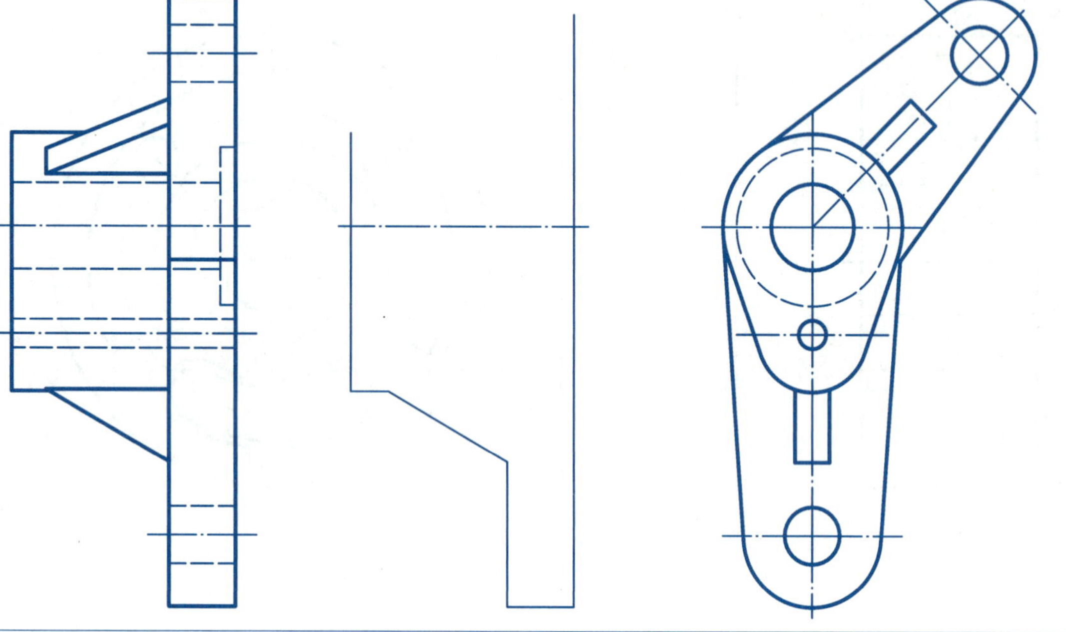

66. 采用适当的剖切面，在指定位置把主视图画成全剖视图并标注。

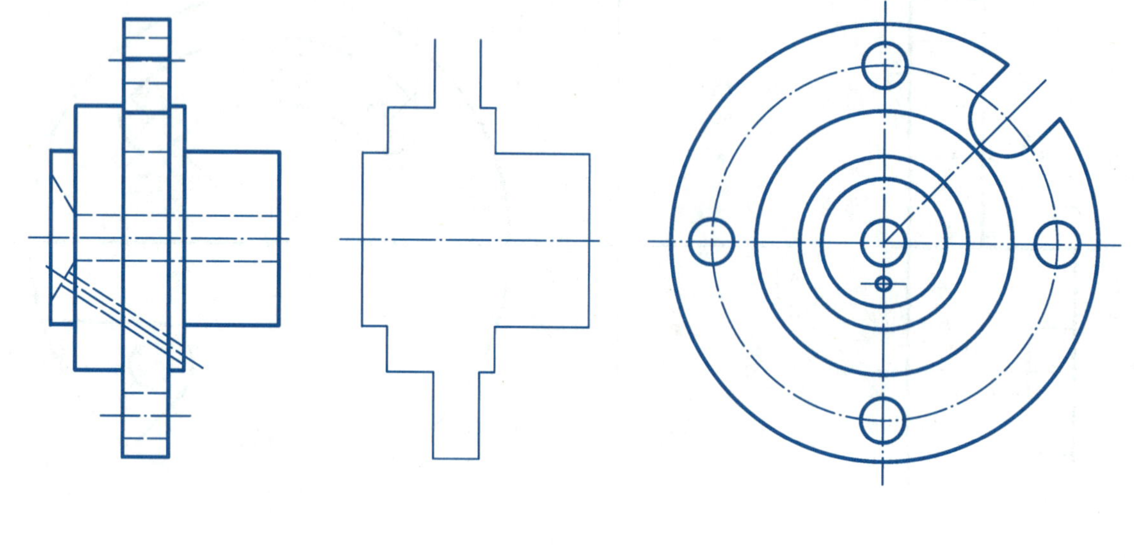

67. ＊完成全剖视的左视图。

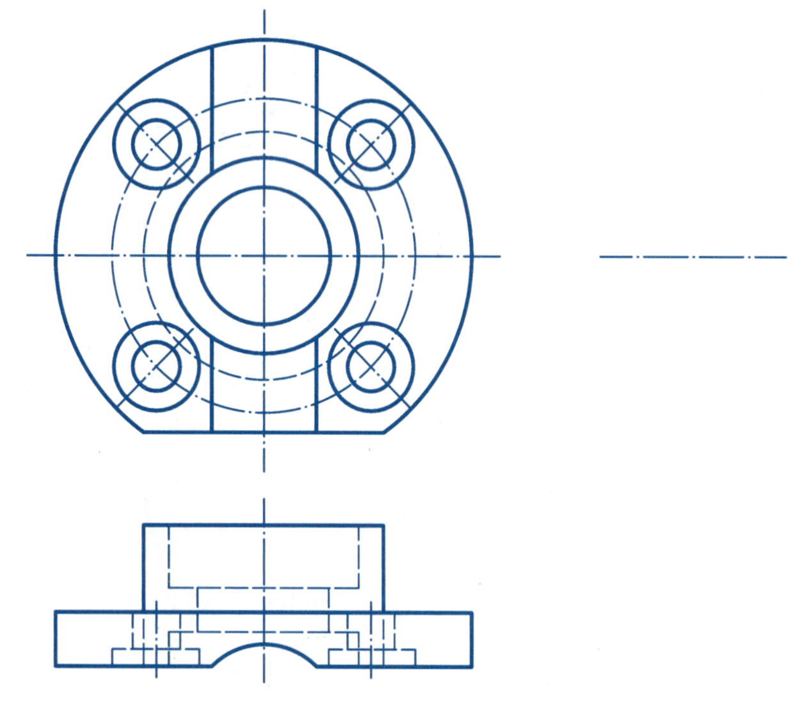

68. ＊补画 *B—B* 全剖视图并进行标注。

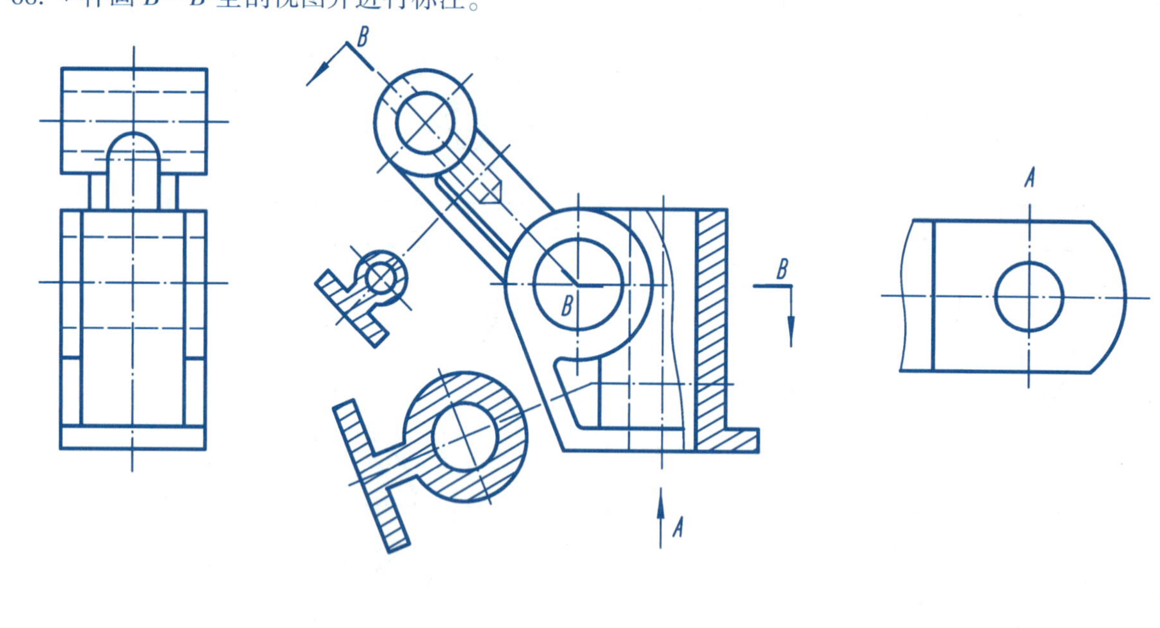

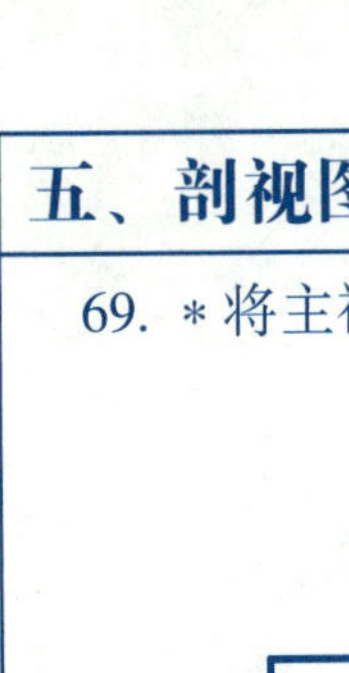

## 五、剖视图

69. ＊将主视图画成全剖视图并进行标注。

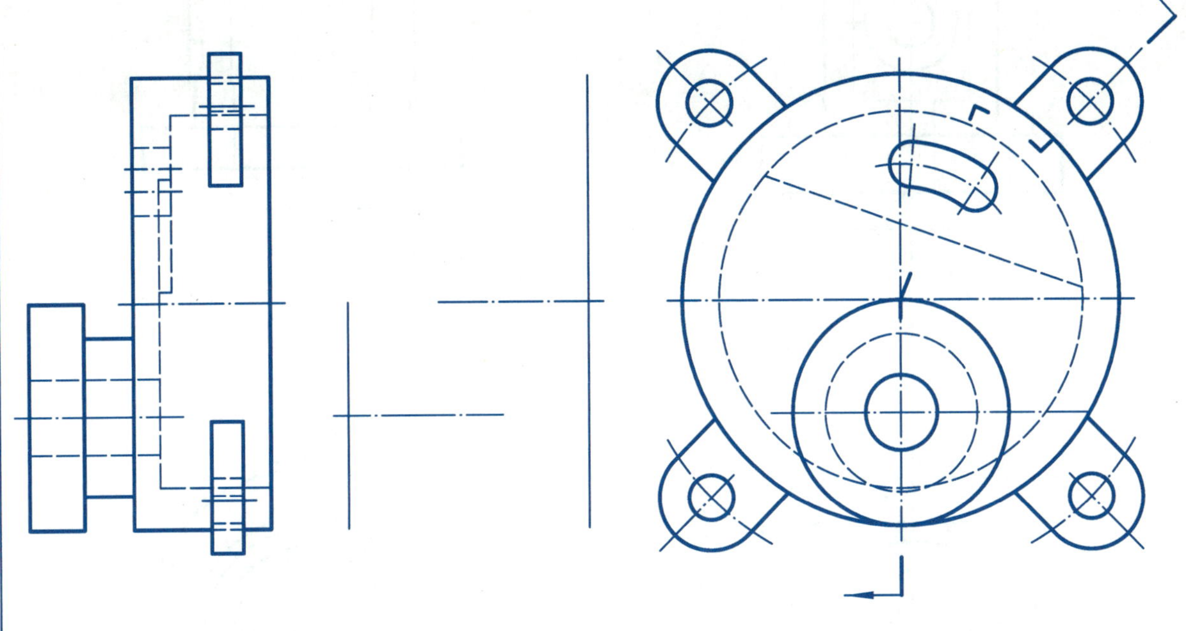

70. ＊在指定位置把左视图画成全剖视图并进行标注。

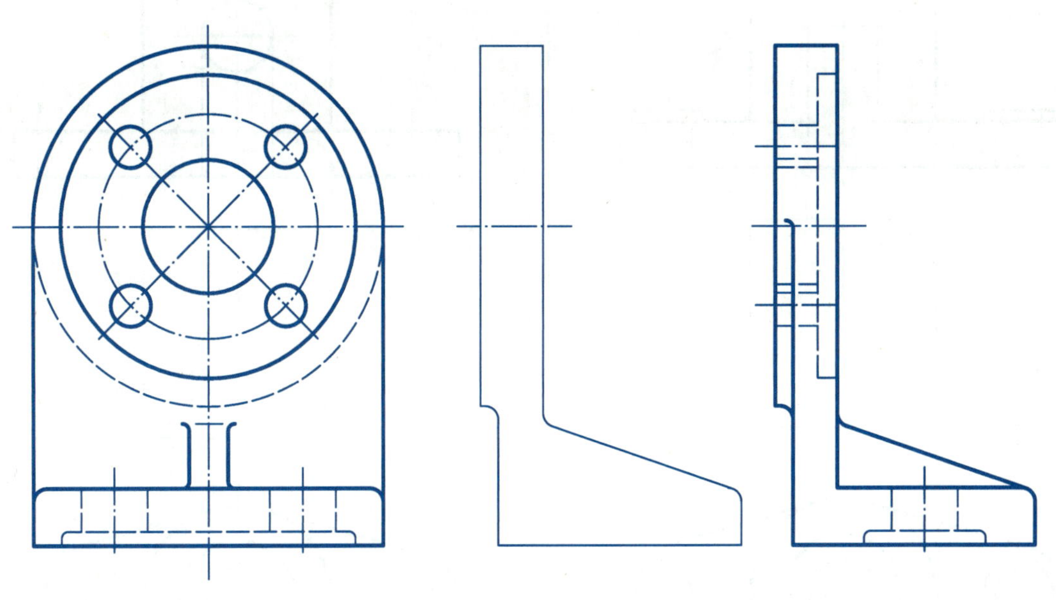

71. ＊按给定的剖切符号，在指定位置完成全剖视图并标注。

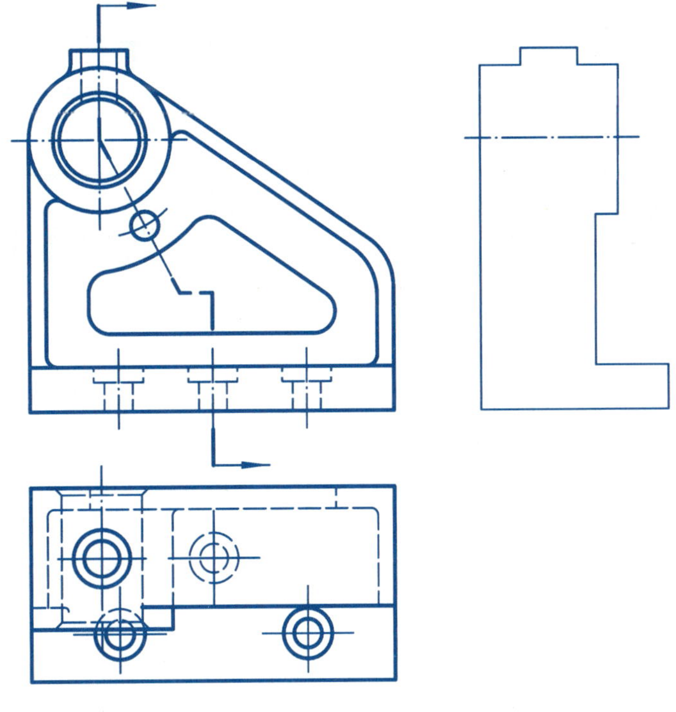

72. ＊按给定的剖切符号，在指定位置完成全剖视图。

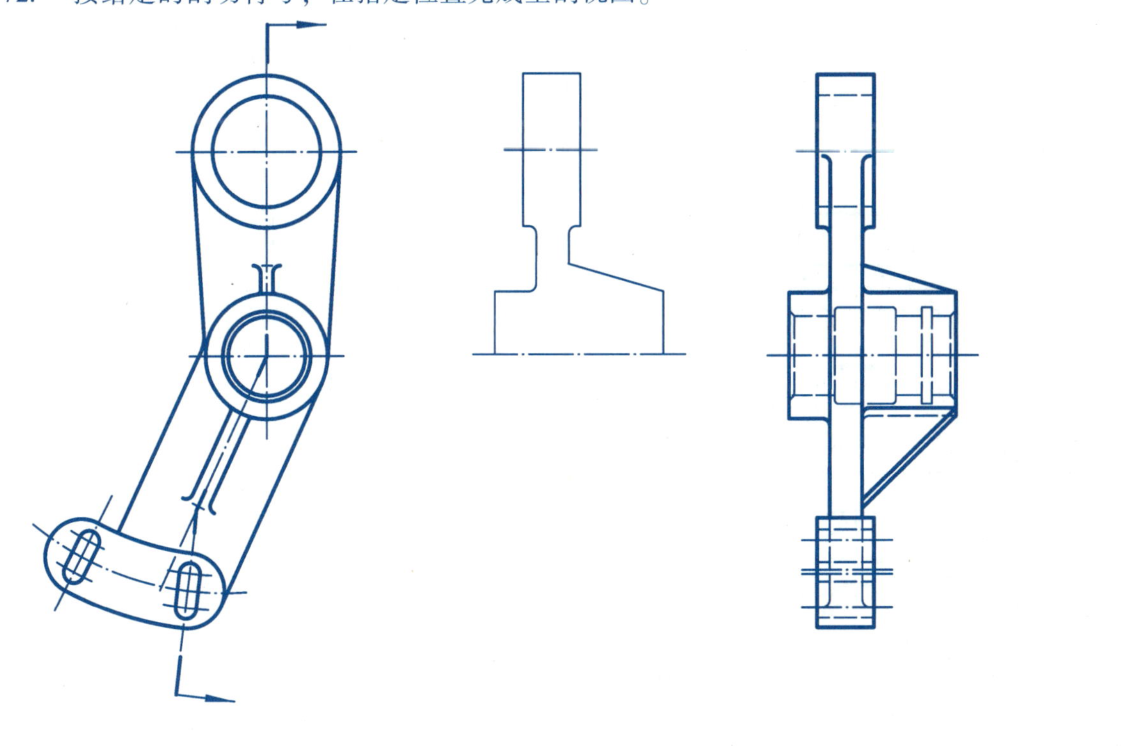

## 五、剖视图

73. 将主视图画成半剖视图。

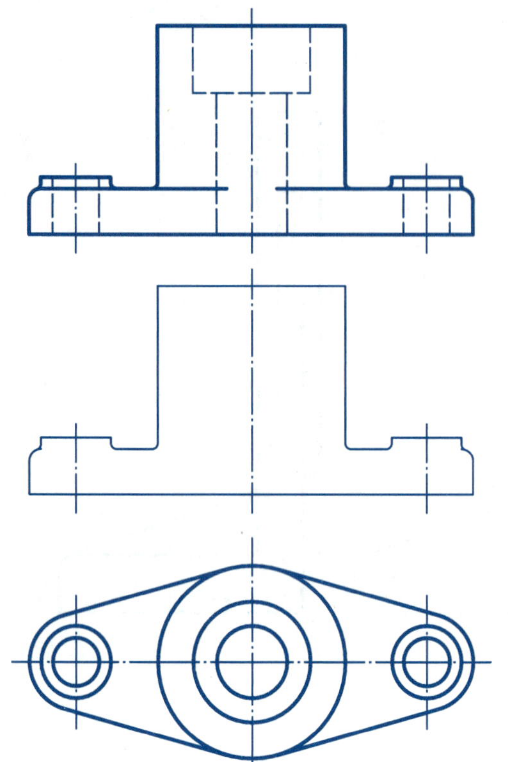

74. 将主视图画成半剖视图。

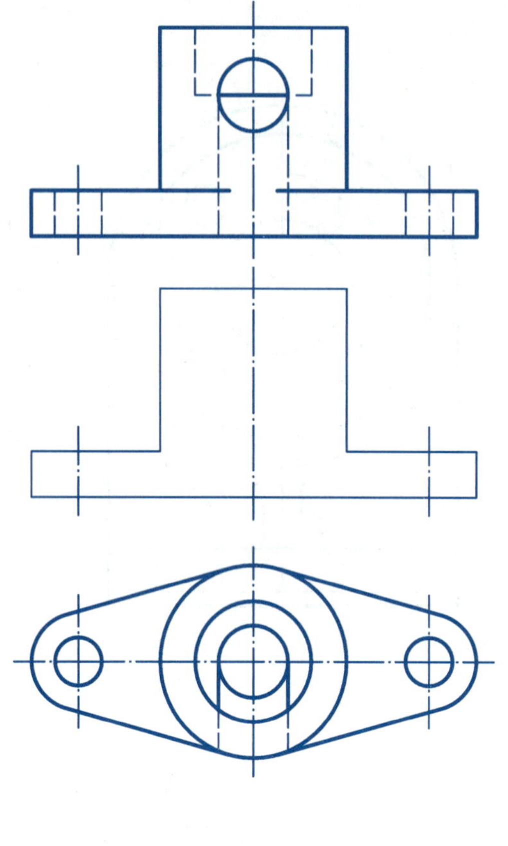

75. 将主视图画成半剖视图。

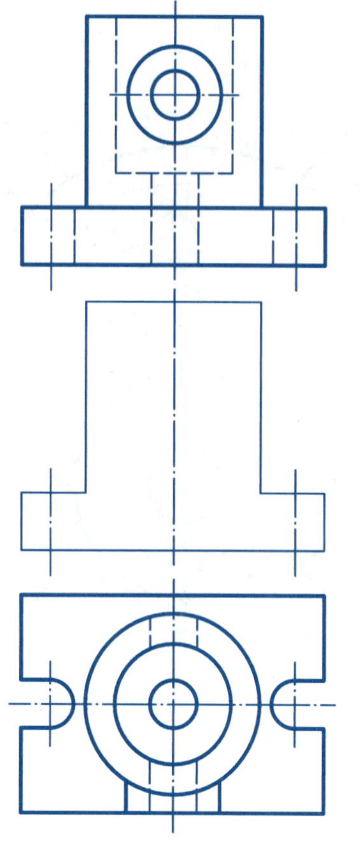

76. 将主视图画成半剖视图。

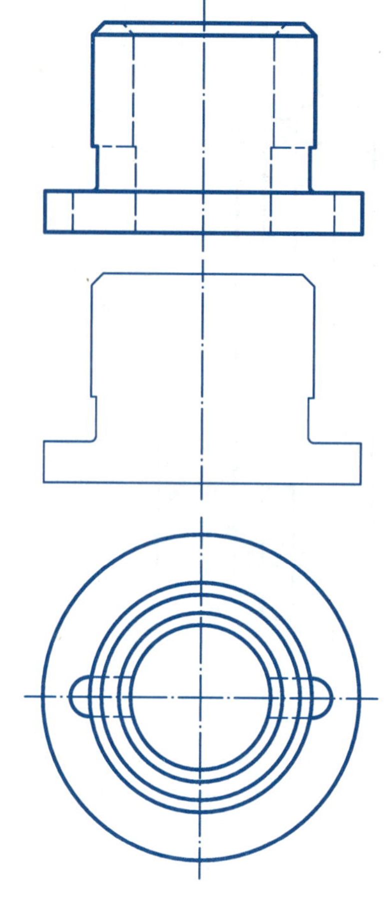

77. ＊在指定位置将主视图改画成半剖视图，并按改画后的位置进行标注。

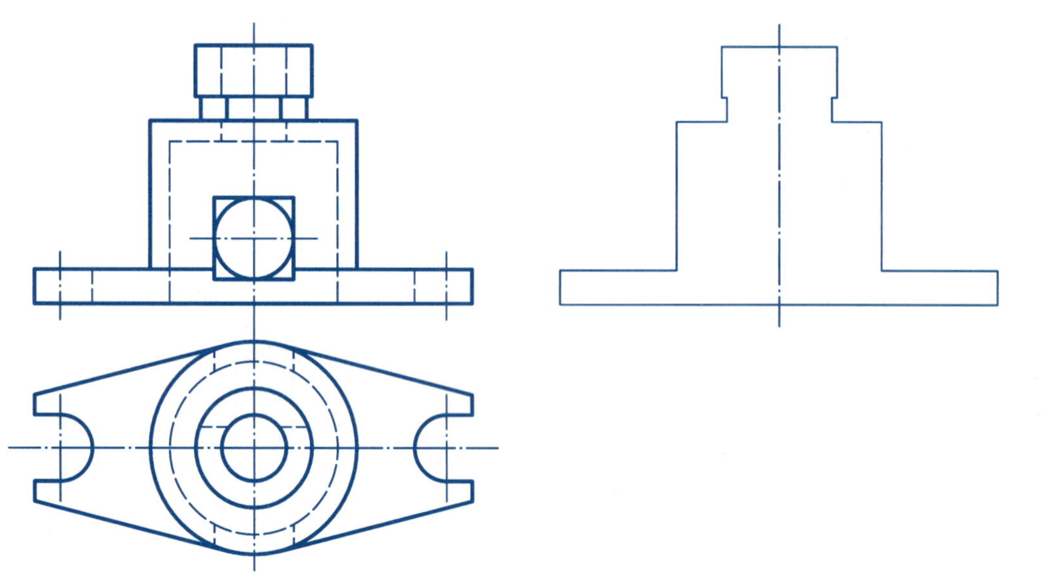

78. 在指定位置将主视图改画成半剖视图，并按改画后的位置进行标注。

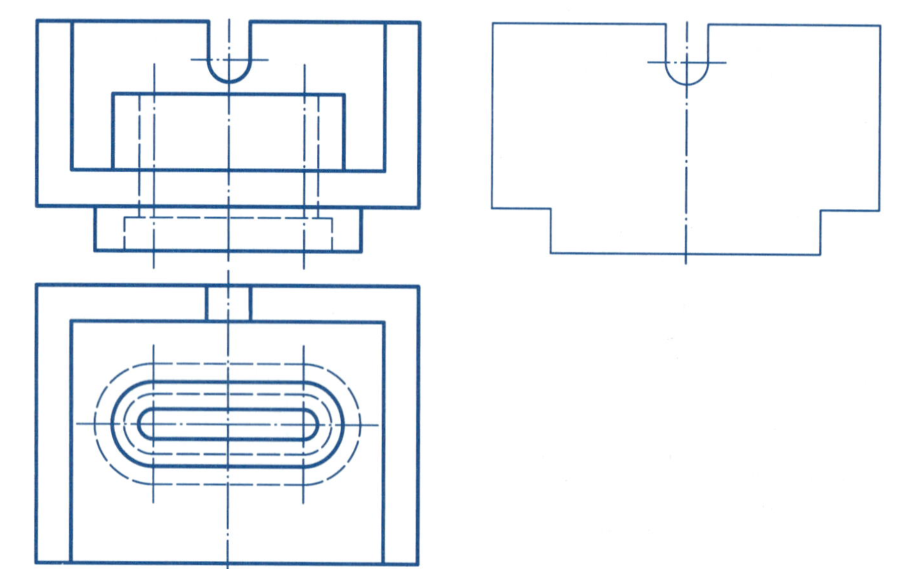

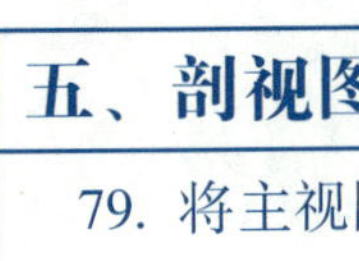

## 五、剖视图

79. 将主视图画成半剖视图。

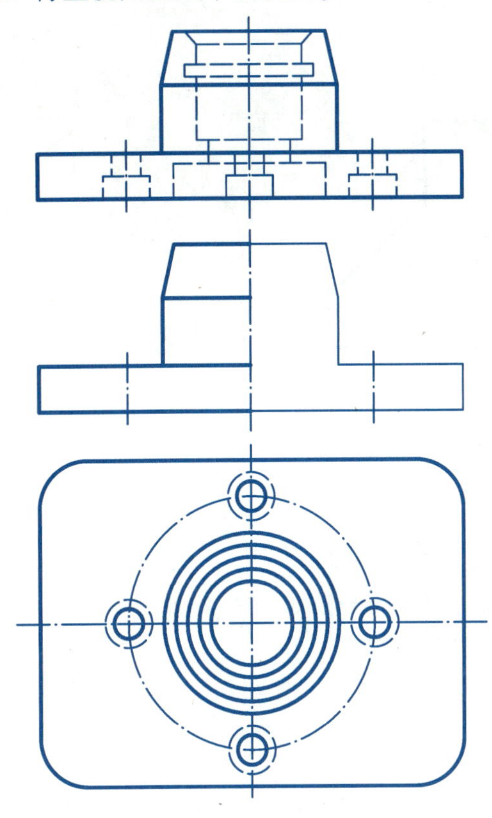

80. 将主视图画成半剖视图。

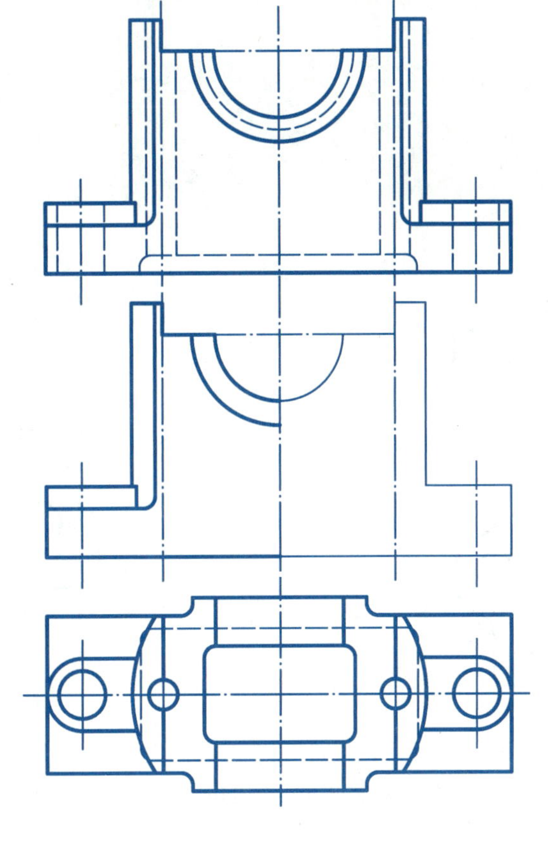

81. 将主视图画成半剖视图。

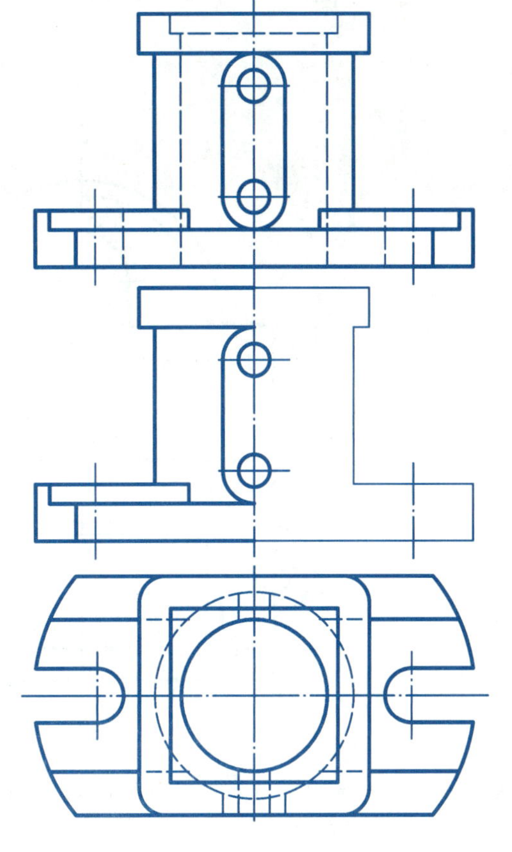

82. 完成指定位置的半剖视图。

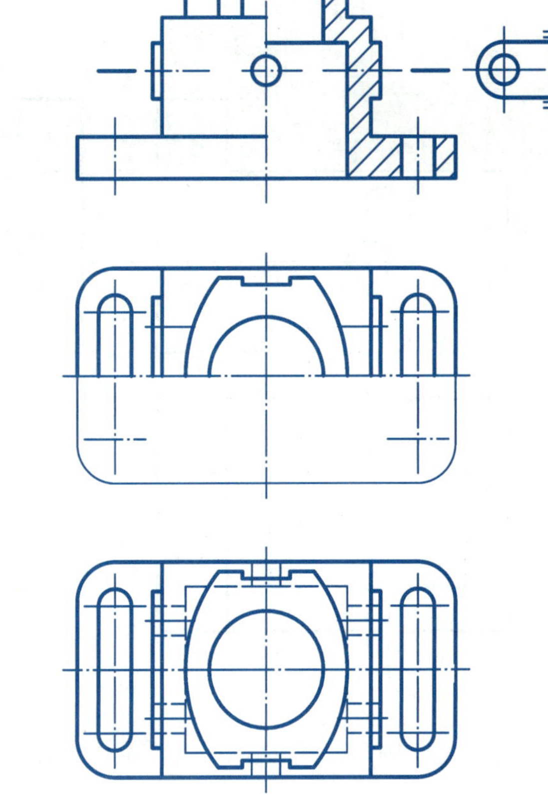

83. * 在指定位置将主视图改画成半剖视图，并按改画后的位置进行标注。

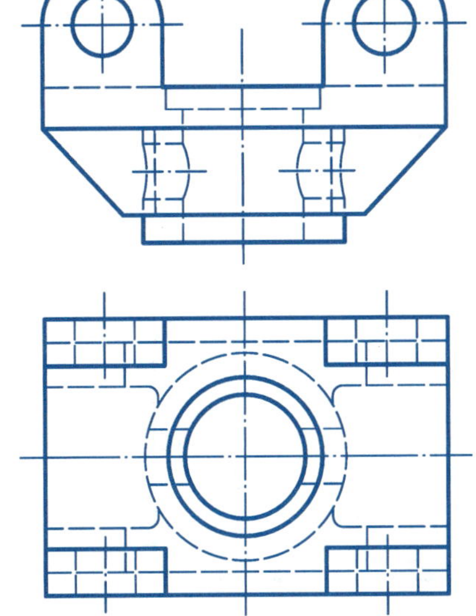

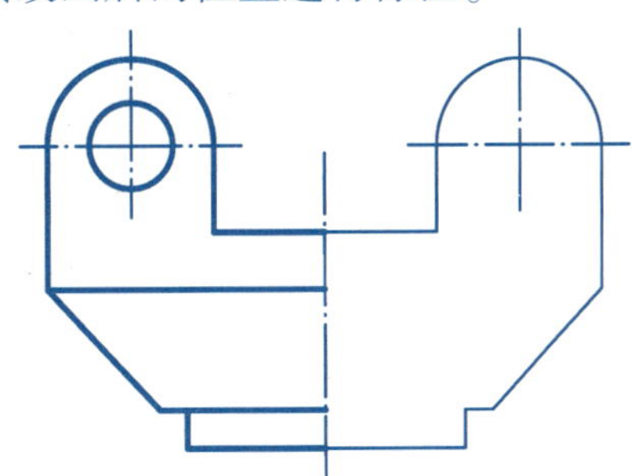

84. * 在指定位置将主视图改画成半剖视图，并按改画后的位置进行标注。

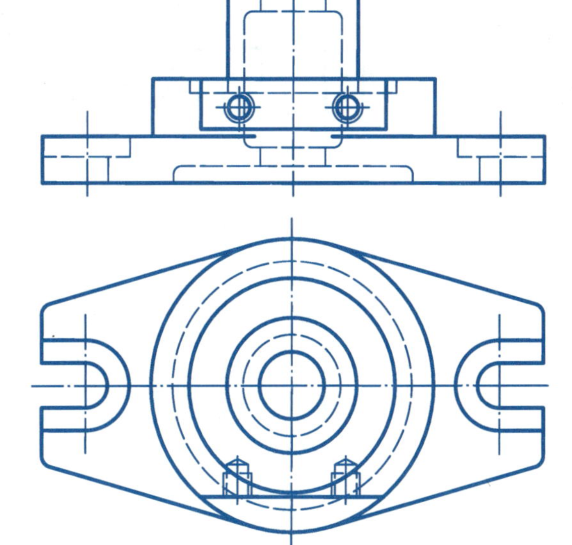

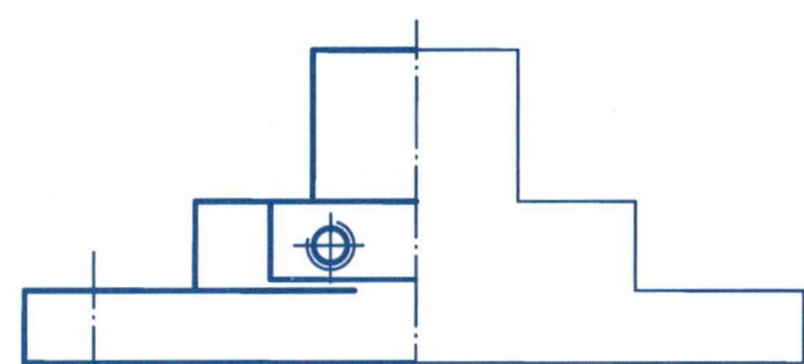

## 五、剖视图

85. 将主视图画成全剖视图，并完成左视图(半剖视图)。

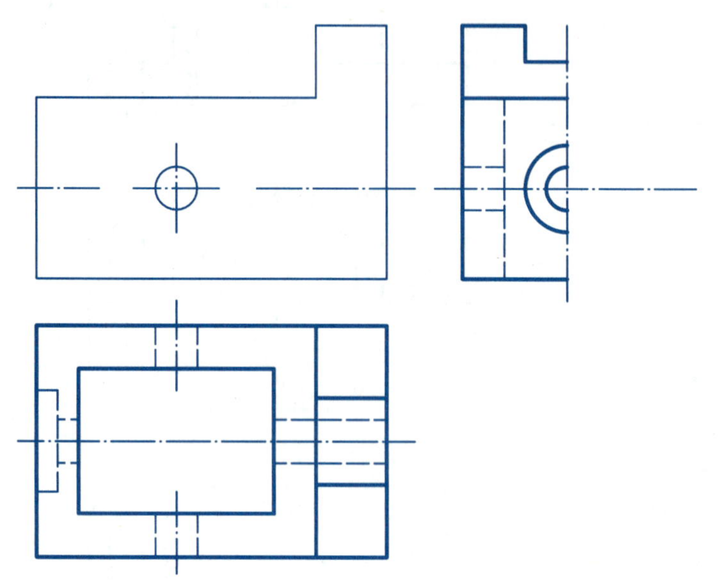

86. ＊将主视图画成半剖视图，并补画左视图(取适当的剖视图)。

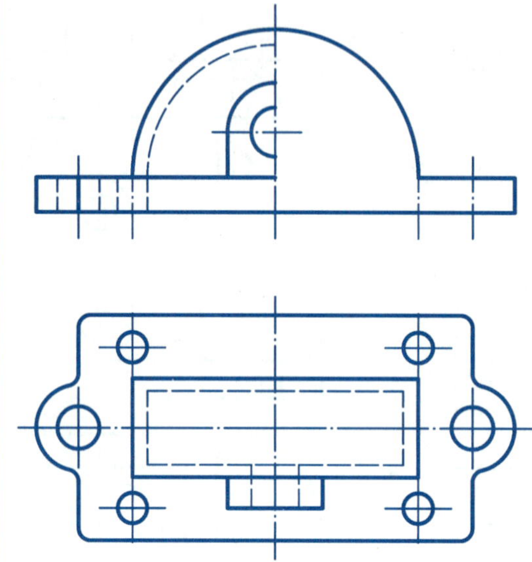

87. 将左视图画成全剖视图，并完成主视图(半剖视图)。

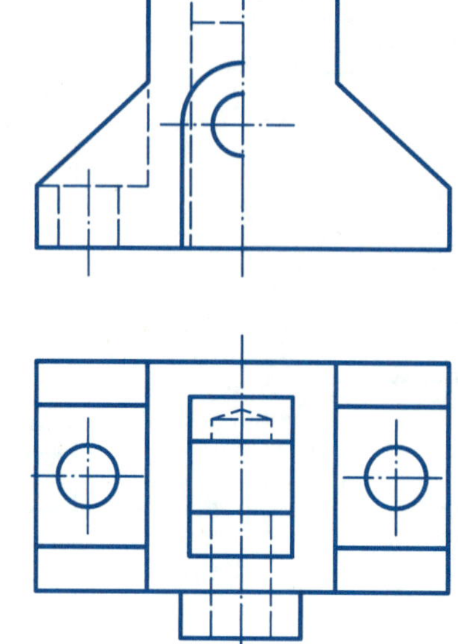

88. 将主视图画成全剖视图，并完成左视图(半剖视图)。

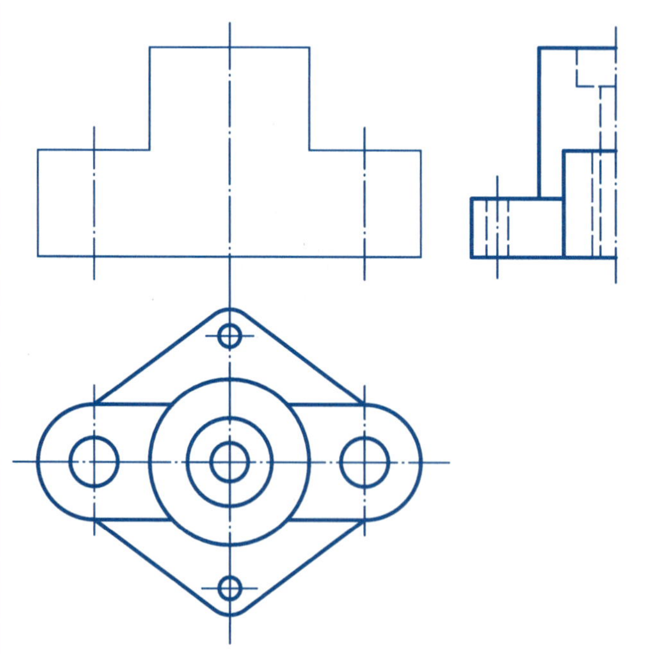

89. ＊将主视图画成半剖视图，并补画左视图(取适当的剖视图)。

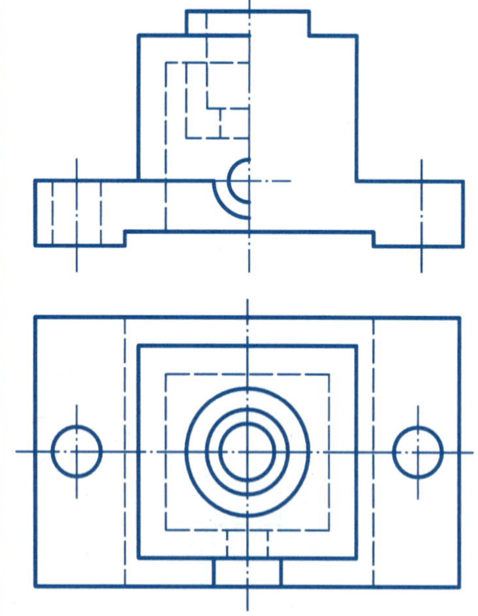

90. ＊将主视图画成半剖视图，并补画左视图(全剖视图)。

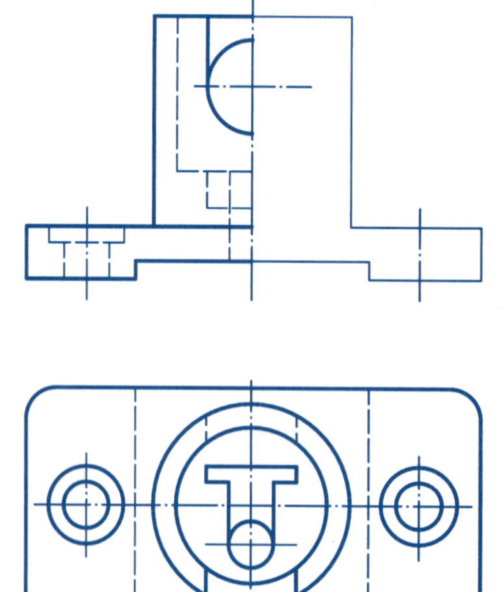

## 五、剖视图

91. ＊将主视图画成半剖视图，并补画左视图(全剖视图)。

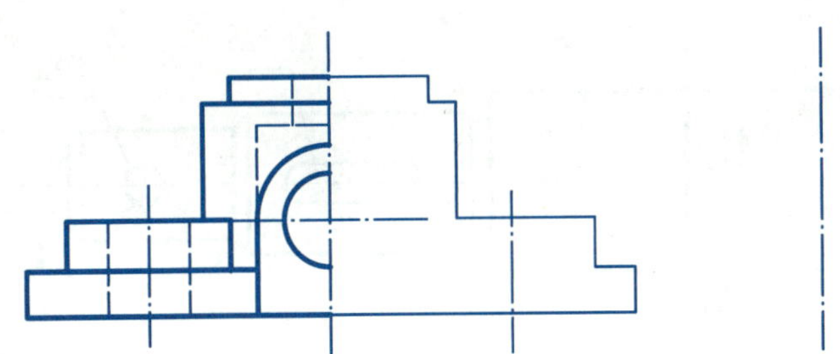

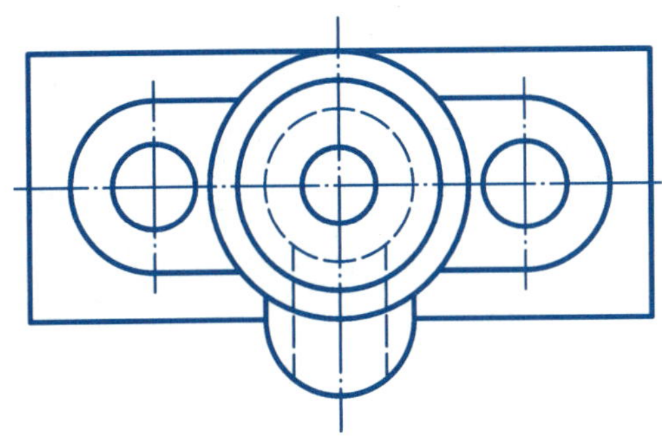

92. ＊将主视图画成半剖视图，左视图画成全剖视图，并按规定标注。

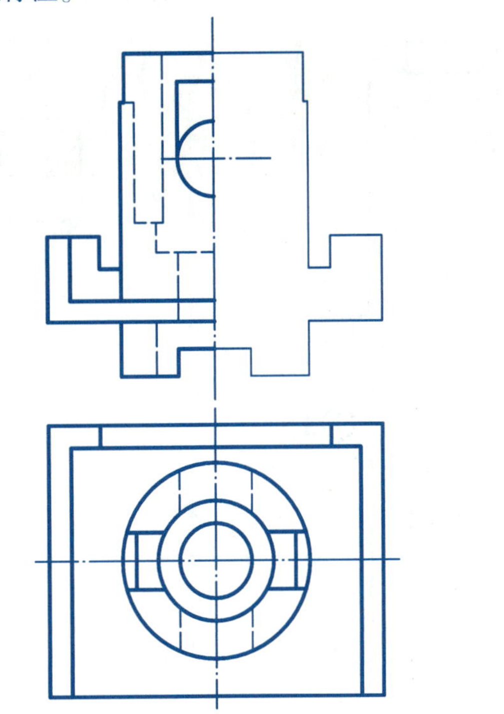

93. 将主视图画成半剖视图。

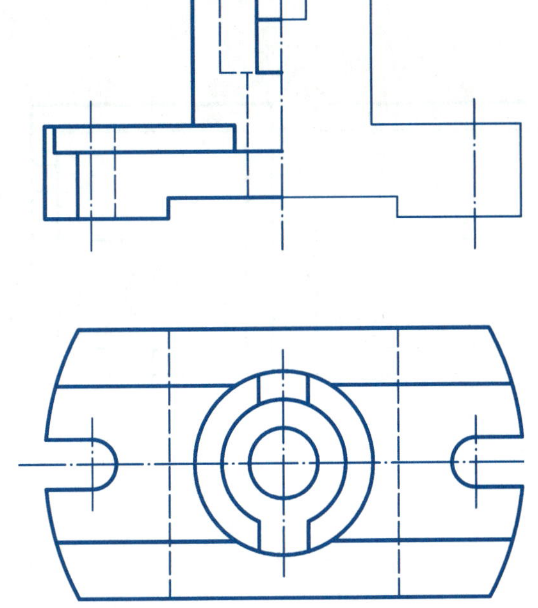

94. 将主、俯视图改画成适当的局部剖视图(不要的图线打“×”)。

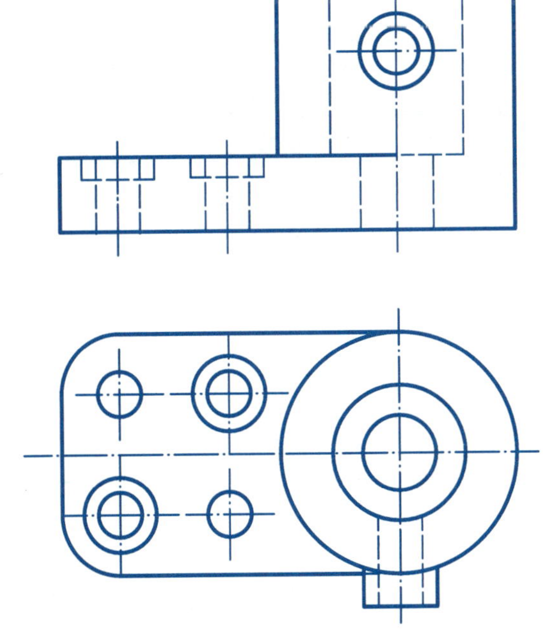

95. ＊将主、俯视图改画成适当的局部剖视图(不要的图线打“×”)。

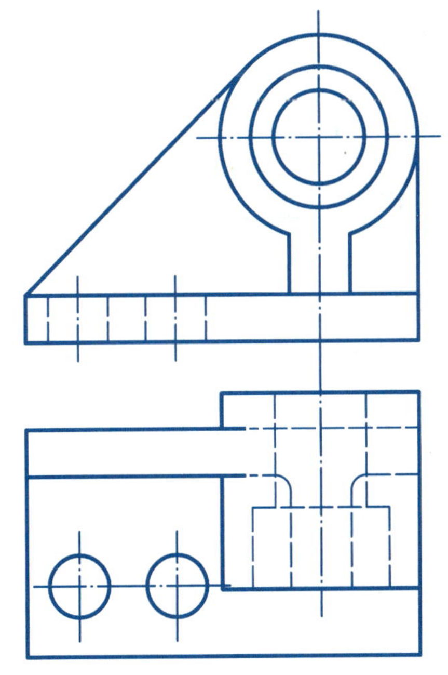

96. ＊将主、俯视图改画成适当的局部剖视图(不要的图线打“×”)。

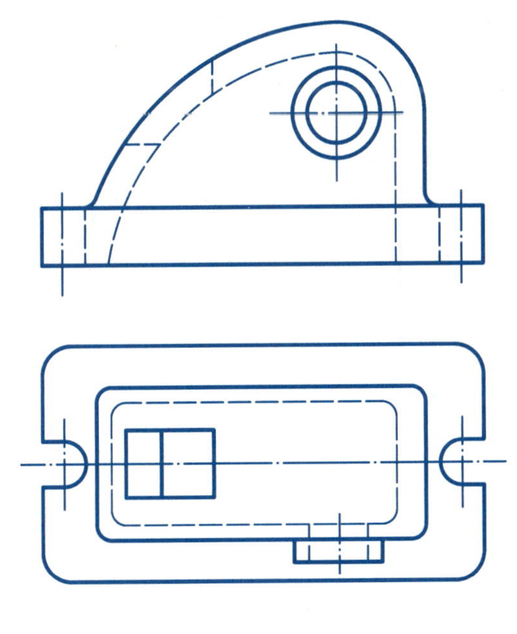

## 五、剖视图

97. 将主、左视图改画成适当的局部剖视图(不要的图线打“ ×”)。

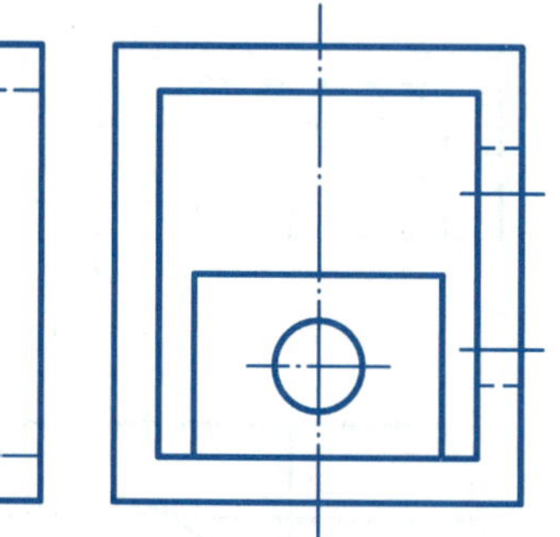

98. ＊将主、俯视图改画成适当的局部剖视图(不要的图线打“ ×”)。

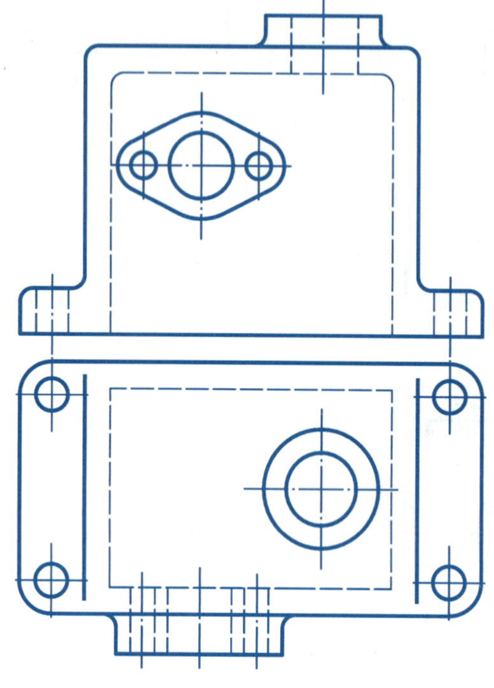

99. 将主视图改画成适当的局部剖视图(不要的图线打“ ×”)。

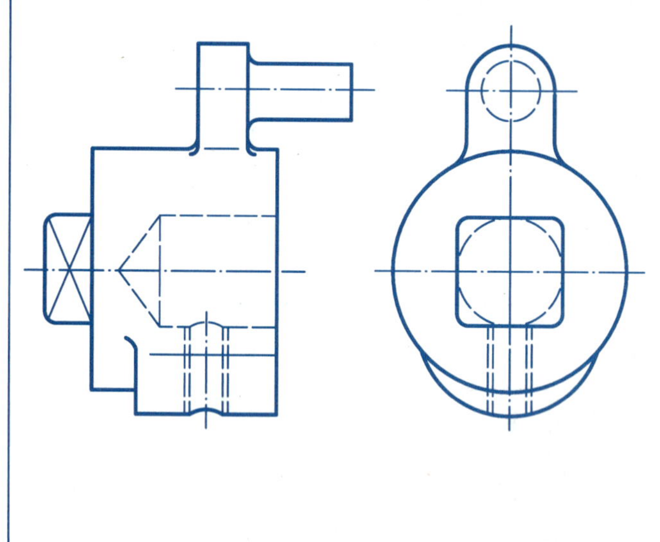

100. ＊单独地画出 $A—A$ 局部剖视图并标注。

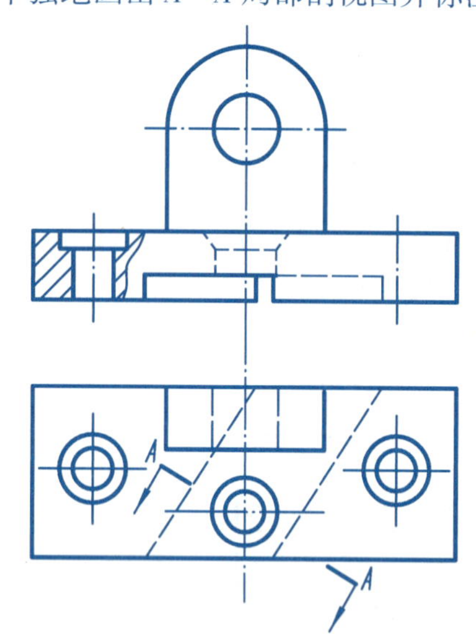


## 六、断面图

1. 根据轴的主视图，在对应的十字中心线位置画移出断面图，并按规定进行必要的标注。

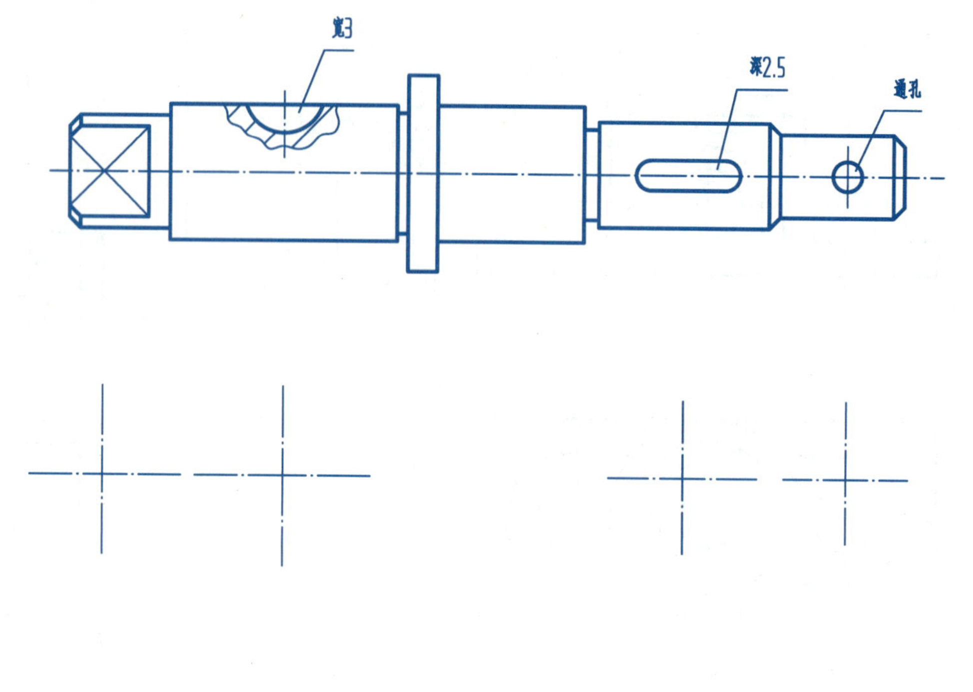


2. 根据轴的主视图，在对应的十字中心线位置画移出断面图，并按规定进行必要的标注(后面均无键槽)。

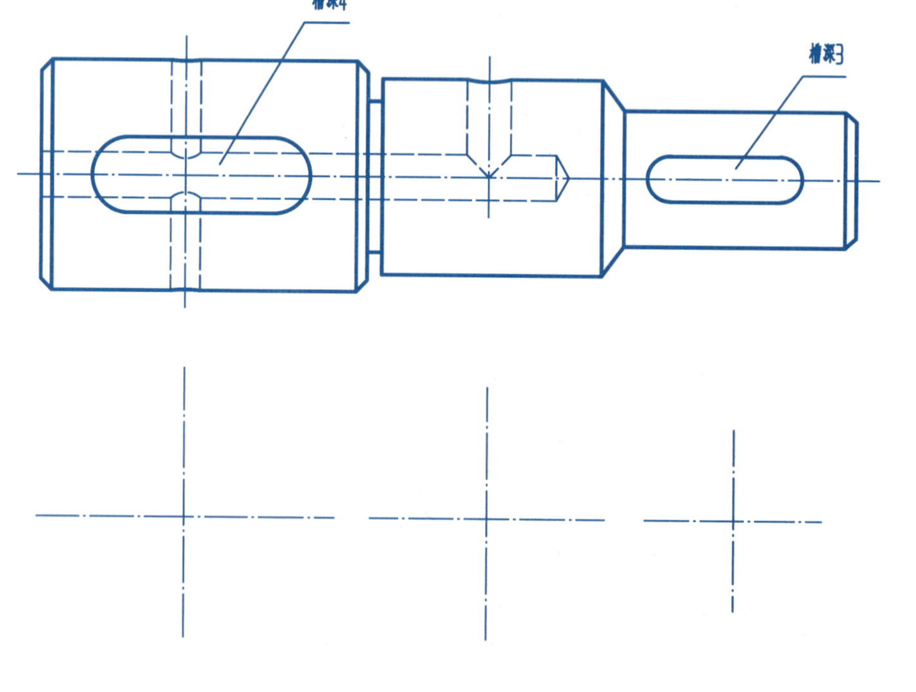

## 六、断面图

3. ＊在轴的下列结构处画移出断面图，并按规定标注：(1)左部有孔、槽处；(2)中部孔 $\phi6$；(3)孔 $\phi4$(投射方向向右)；(4)右部有平面处(后方无平面)。

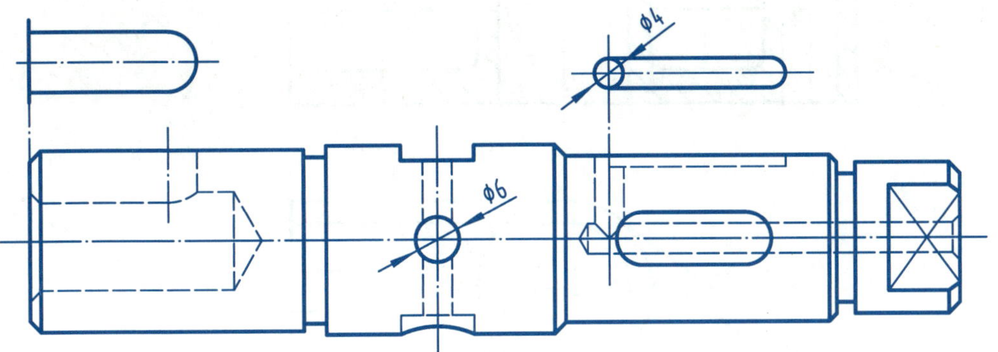


4. ＊在图中已标注尺寸的三处画移出断面图，并按规定标注。

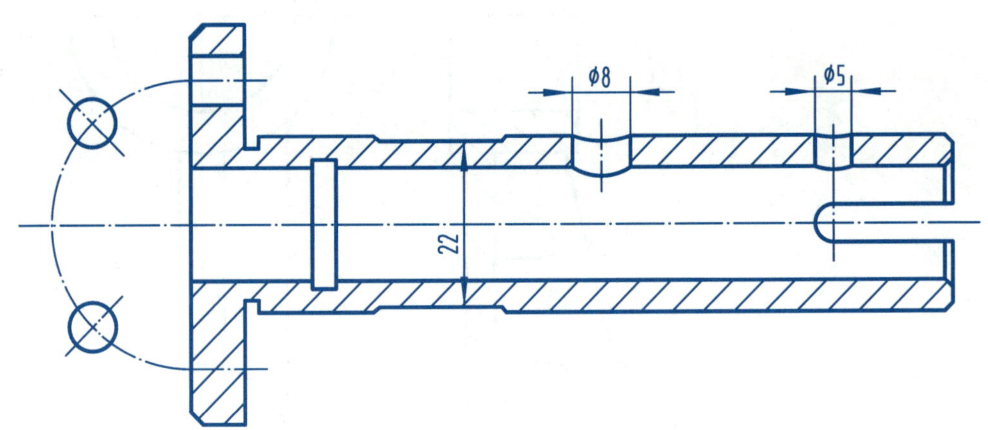


5. 完成断面图的标注，并改正断面图上的错误。

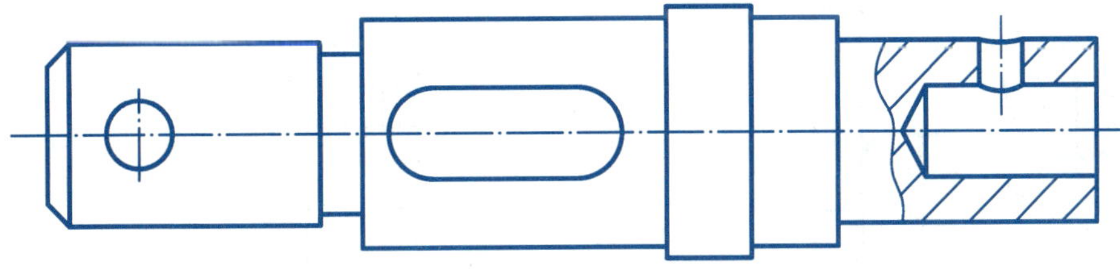

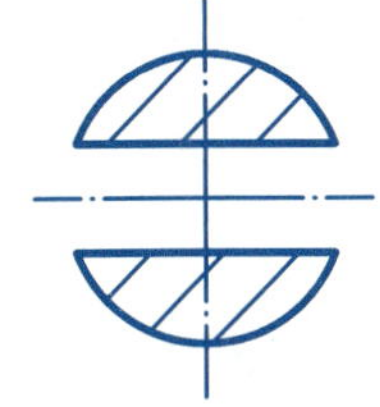

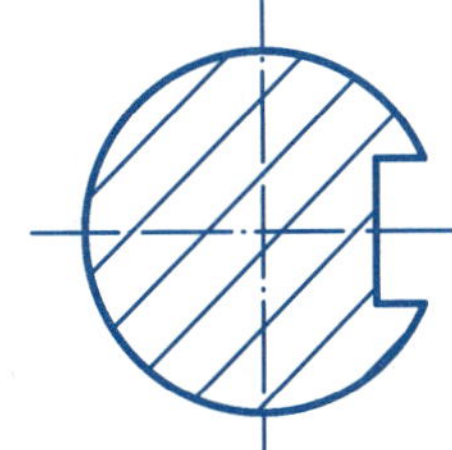

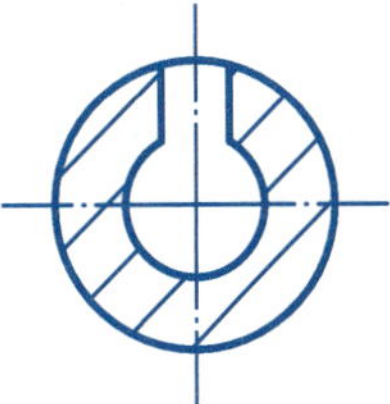

6. 按给定的剖切线，画移出断面图。

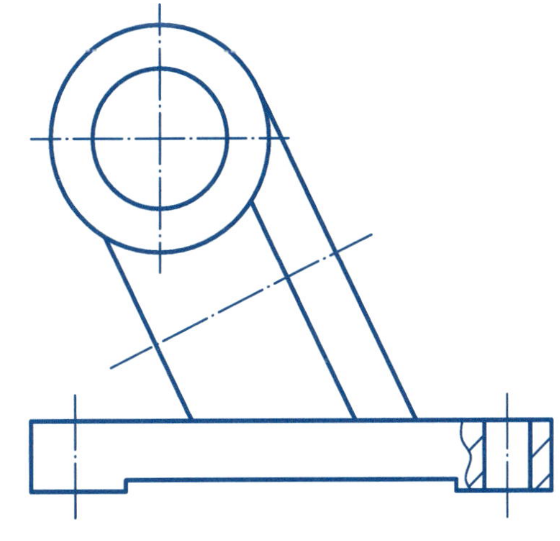

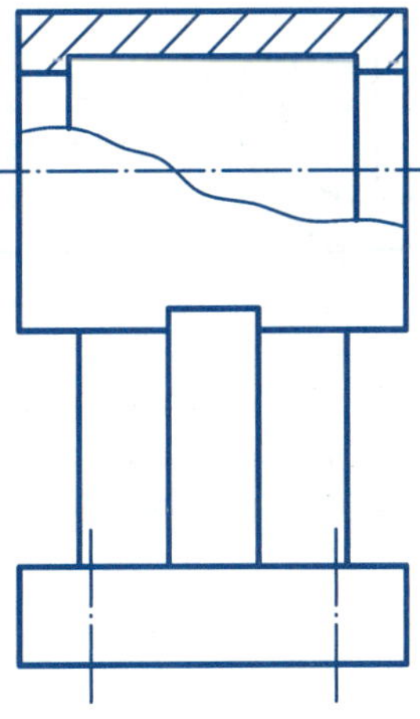

7. 画出剖切线处的移出断面图。

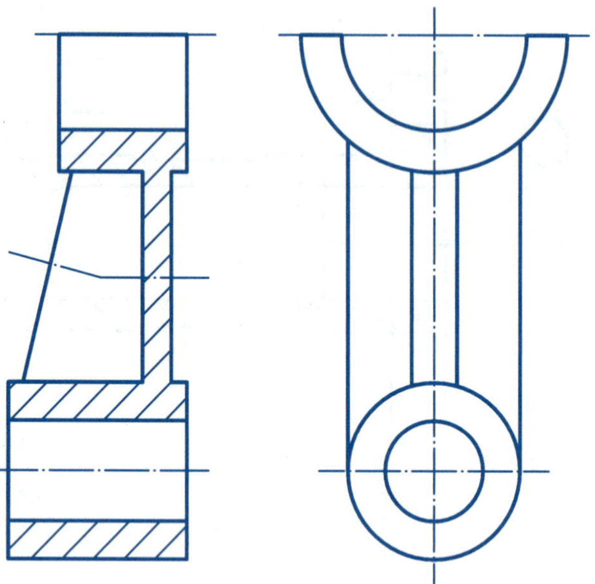

8. ＊按剖切符号给定的剖切位置画移出断面图，并按规定标注。

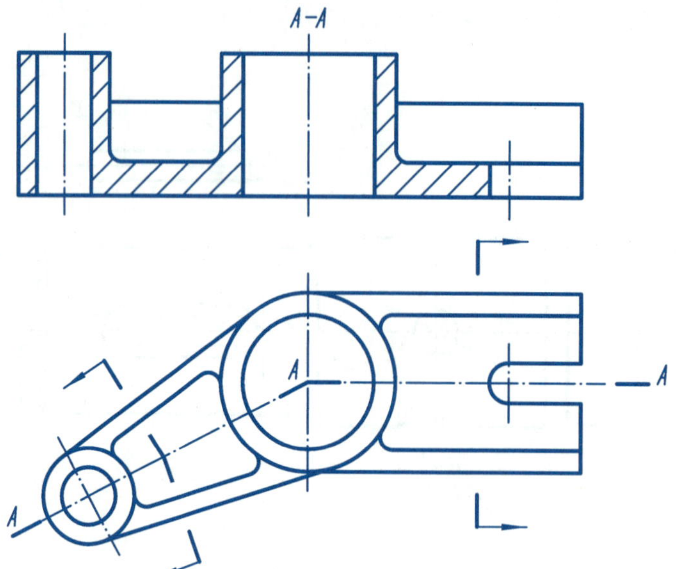


9. 画 $A—A$ 和 $B—B$ 断面图。

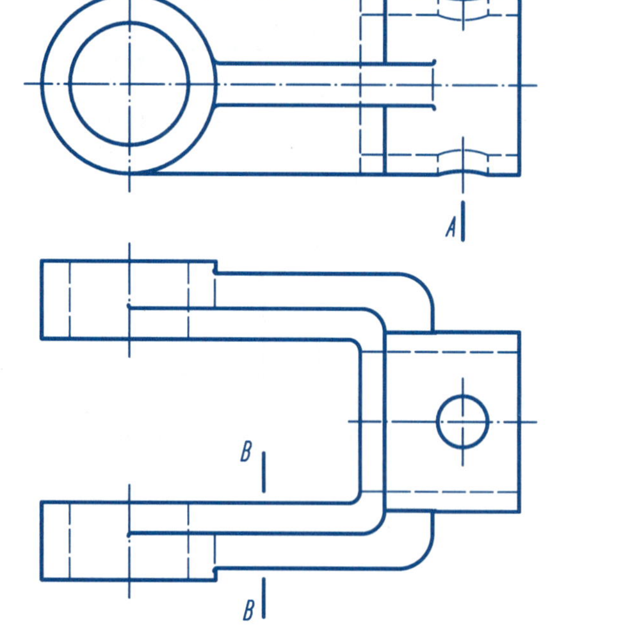


A-A

B-B

10. ＊在主视图上画有剖切线的三处，画出三个重合断面图。

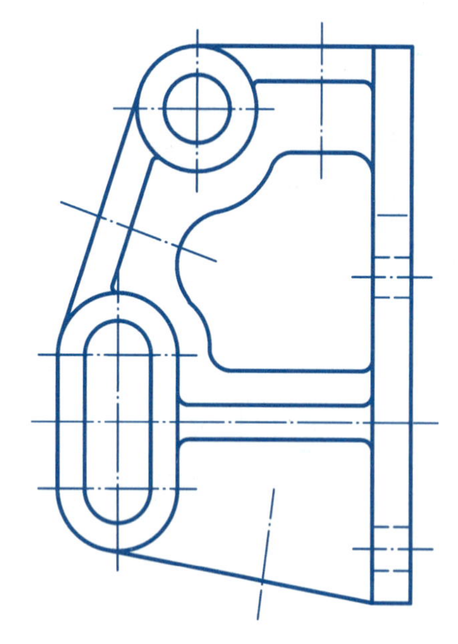

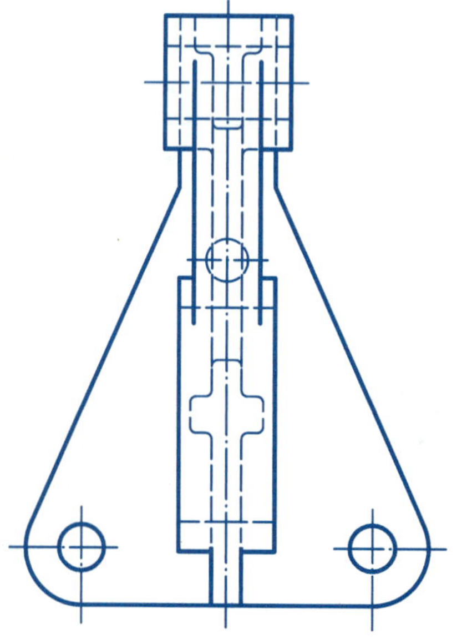

## 七、其他表示法

1. 按简化画法规定改正下列剖视图。

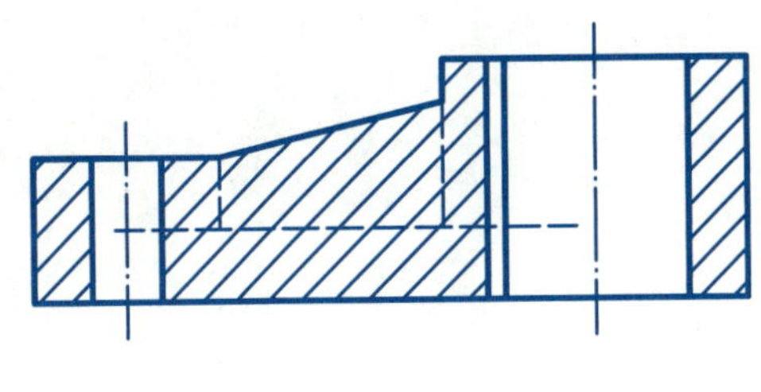

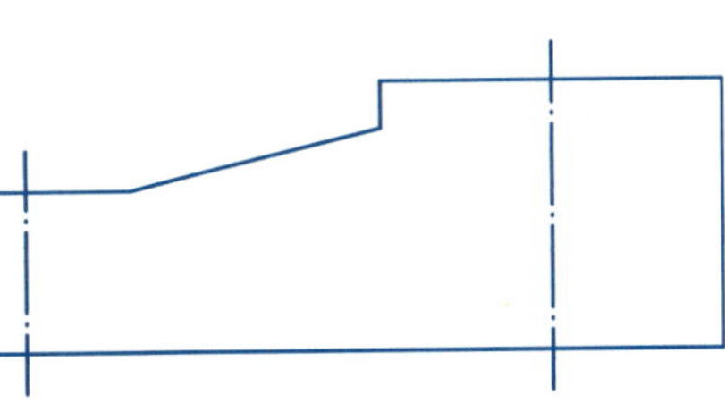

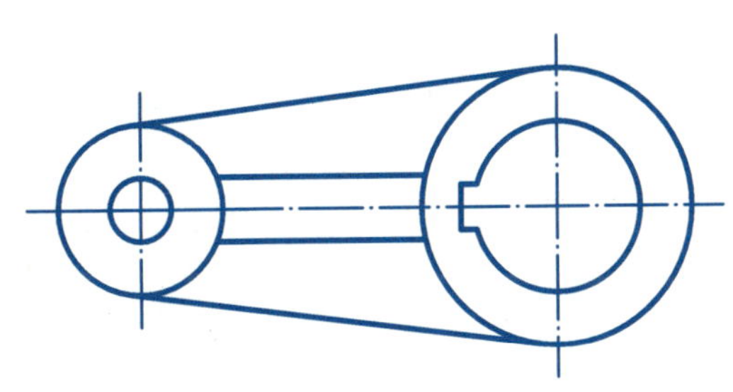

2. 按简化画法规定改正下列剖视图。

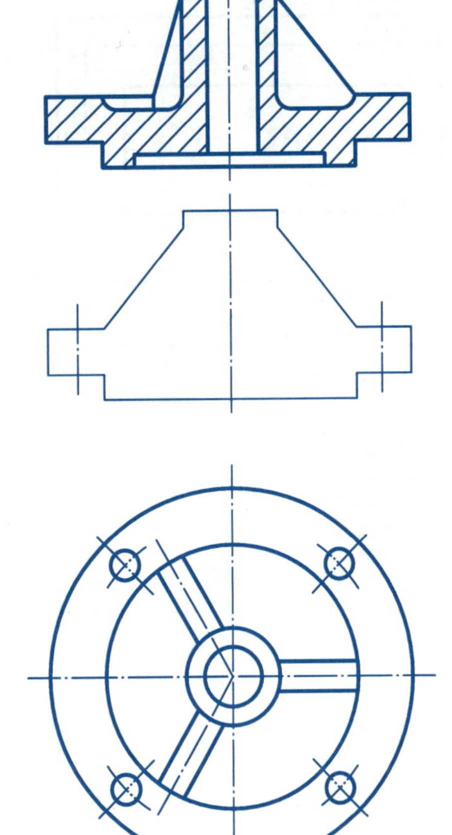

3. 为方便看图，用回转体上规定的平面符号重新表达该轴。

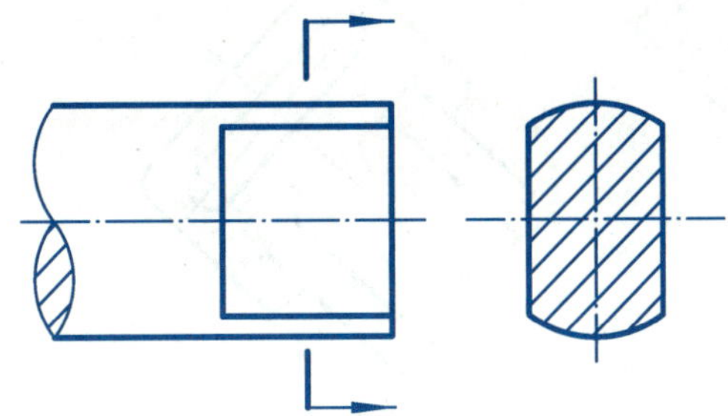

4. 按对称机件的简化画法规定补画俯视图（画一半）。

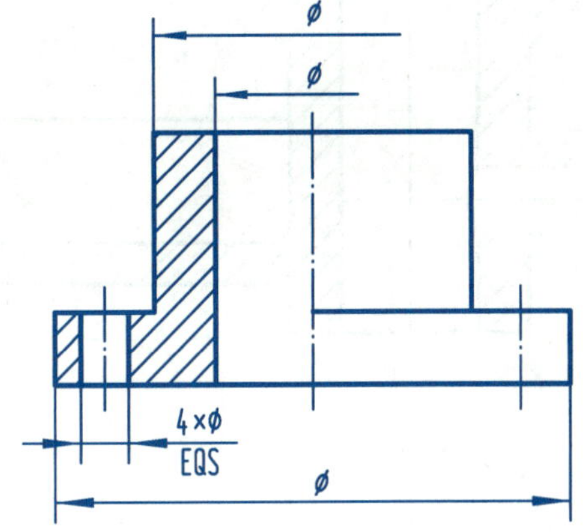


5. ＊按简化画法规定改正下列剖视图。

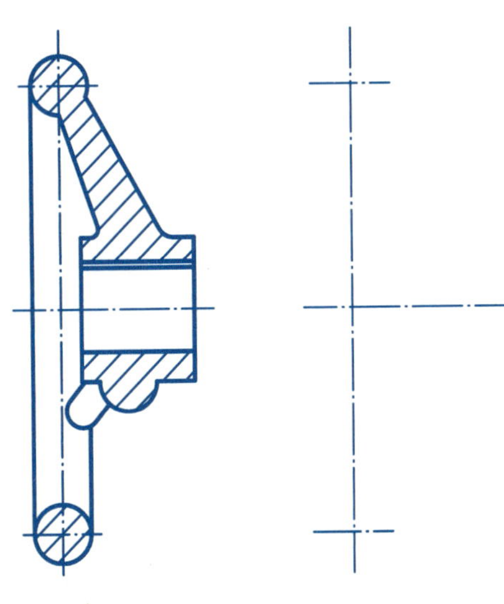

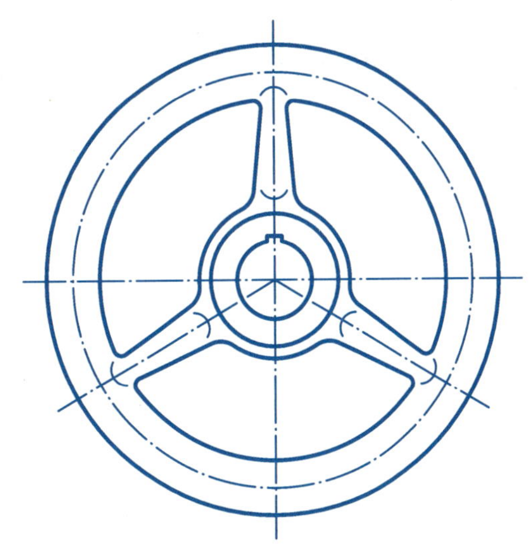

6. ＊在下图(1:1)中画出指定位置的局部放大图(2:1)，并用断裂画法缩短画出该轴。

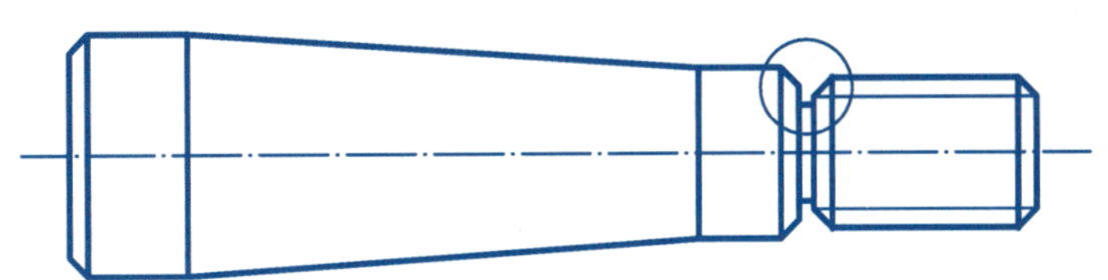

## 八、图样表示法的综合应用

1. 看懂各视图并想像出机件各部分形状后进行必要的标注(不标注尺寸)。

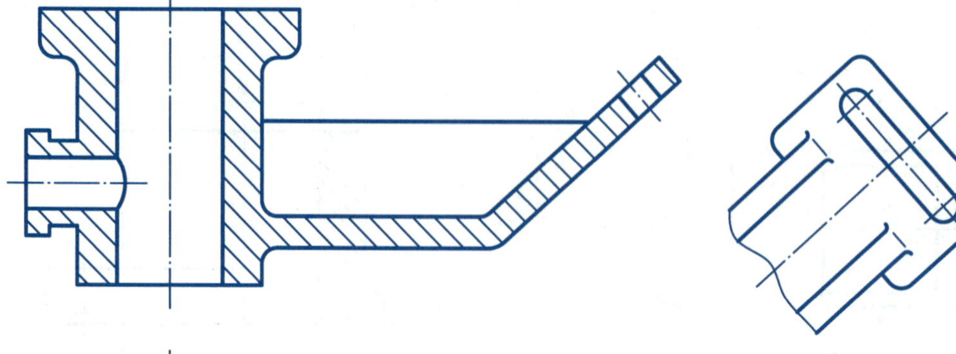

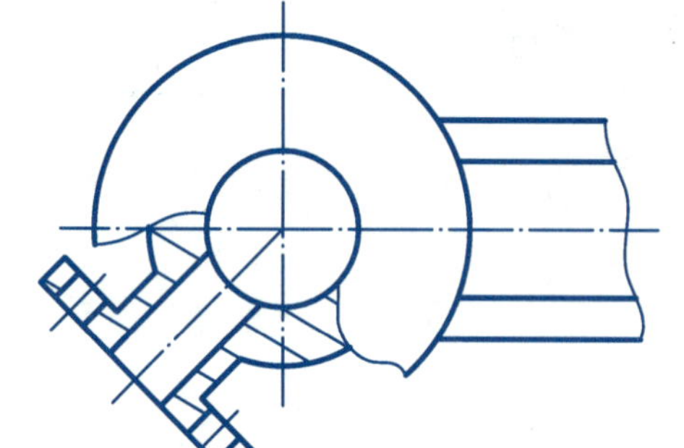

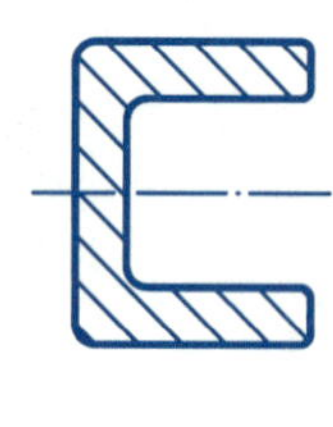

2. ＊选择适当的表示法表达机件。

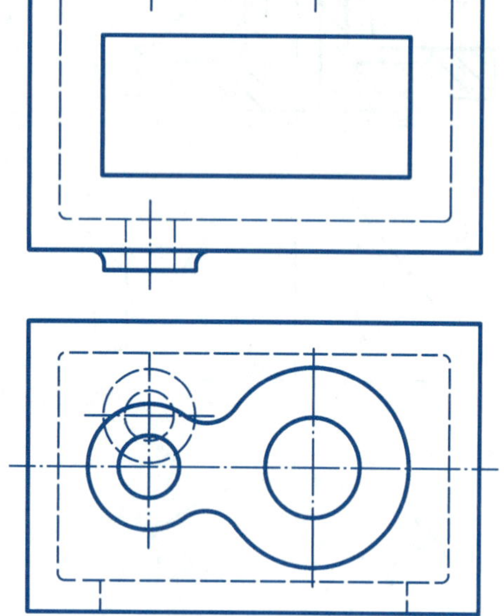

3. ＊选择适当的表示法表达机件。

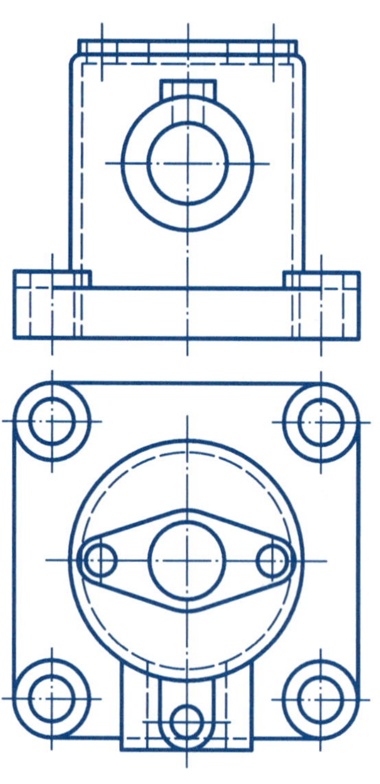

4. ＊选择适当的表示法表达机件。

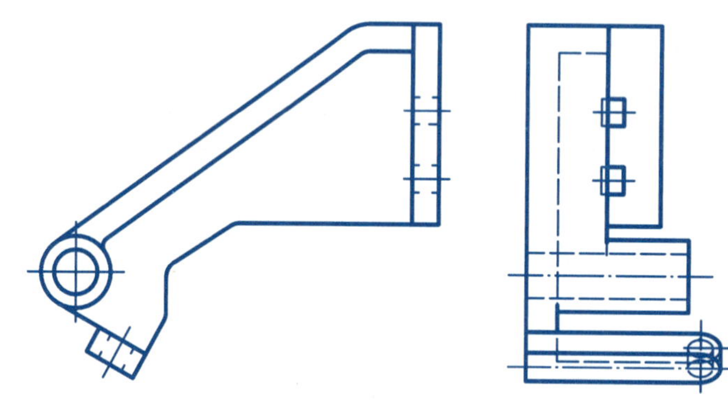

# 第七部分　图样中的特殊表示法

## 一、填空题

1. 螺纹牙顶圆的投影用________线表示，牙底圆的投影用________线表示。在垂直于螺纹轴线的投影面的视图中，表示牙底圆的__________线只画约__________圈，此时，螺杆或螺孔上倒角的投影____________画出（选填“也应”或“不应”）。

2. 有效螺纹的终止界线（简称螺纹终止线）用________线表示。不可见螺纹的所有图线均用__________线绘制。无论是外螺纹或内螺纹，在剖视或断面图中的剖面线都应画到________线。

3. 在绘制不穿通的螺孔时，一般应将________深度与_______________的深度分别画出。

4. 以剖视图表示内外螺纹的连接时，其旋合部分应按________的画法绘制，其余部分仍按________的画法表示。

5. 公称直径以毫米为单位的螺纹，其标记应直接注在大径的________上或其________线上。

6. 管螺纹，其标记一律注在指引线上，指引线应由________处引出或由____________处引出。

7. 图样中标注的螺纹长度均指不包括螺尾在内的____________长度；否则，应另加说明或可按实际需要标注。

8. 在装配图中，不穿通的螺纹孔可不画出钻孔深度，仅按______________部分的深度画出。

9. 螺纹标记 Rc3/8 中的 Rc 是______代号，它表示___________________螺纹中的圆锥内螺纹，3/8 是螺纹的________代号。

10. 绘制齿轮图样时，轮齿部分一般按下列规定绘制：齿顶圆和齿顶线用________线绘制；分度圆和分度线用________线绘制；齿根圆和齿根线用________线绘制，可省略不画，在剖视图中，齿根线用_________绘制。在剖视图中，当剖切平面通过齿轮的轴线时，轮齿一律按_________处理。当需要表示齿线的形状时，可用三条与齿线方向一致的________线表示，直齿则不需要表示。

11. 按《中心孔表示法》国家标准规定，在机械图样中，完工零件上是否保留中心孔的要求分三种情况：①____________________；②____________________；③____________________。

## 二、选择题（每题只选一个答案，将所选答案的编号填入括弧中）

1. 螺纹有五个基本要素，它们是：…………………………………………………（　　）
   A. 牙型、直径、螺距、旋向和旋合长度　　B. 牙型、直径、螺距、线数和旋向
   C. 牙型、直径、螺距、导程和线数　　D. 牙型、直径、螺距、线数和旋合长度

2. 无论外螺纹或内螺纹，在剖视图或断面图中的剖面线都应画到：………………（　　）
   A. 细实线　　B. 牙底线　　C. 粗实线　　D. 牙底圆

3. 用剖视图表示内外螺纹的连接时，其旋合部分的画法应按：…………………（　　）
   A. 外螺纹　　B. 内螺纹　　C. 外螺纹或内螺纹均可

4. 图样中标注的螺纹长度均指：…………………………………………………（　　）
   A. 包括螺尾在内的有效螺纹长度　　B. 不包括螺尾在内的有效螺纹长度
   C. 包括螺尾在内的螺纹总长度　　D. 不包括螺尾在内的完整螺纹长度

5. 对螺纹标记 M10×1-5g6g-L-LH 中前段部分的正确称呼是：…………………（　　）
   A. M10×1 是尺寸代号
   B. M10×1 是螺纹代号
   C. 10×1 是尺寸代号

6. 按现行螺纹标准，特征代号 G 表示的螺纹名称是：………………………（　　）
   A. 圆柱管螺纹　　B. 55°非密封管螺纹　　C. 非螺纹密封的管螺纹

7. 下列各图中，哪组图的螺纹连接画法是符合标准的？……………………（　　）

A.　B.　C.　D.

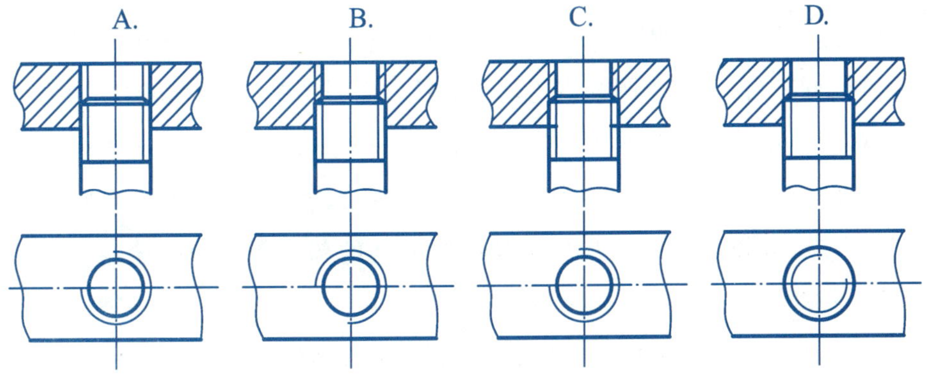

8. 下列各图中，哪个图的螺栓连接画法是符合标准的？……………………（　　）

A.　B.　C.　D.

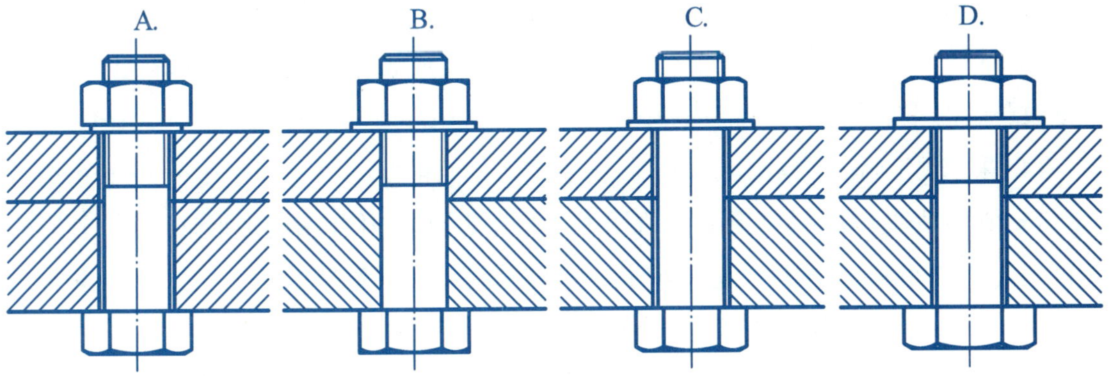

9. 注写在螺纹标记最前面的字母应统一地称为：……………………………（　　）
   A. 螺纹牙型代号　　B. 螺纹特征代号　　C. 螺纹代号

10. 管螺纹标记（如 G3/4）中的数字（如 3/4）是指：…………………………（　　）
    A. 以毫米为单位的管子通径　　B. 以英寸为单位的管子通径
    C. 以毫米为单位的螺纹公称直径　　D. 以英寸为单位的螺纹公称直径
    E. 无单位的尺寸代号　　F. 以英寸为单位的尺寸代号

## 三、是非题(正确的画“○”,错误的打“×”)

1. 齿轮的齿顶圆和齿顶线用粗实线绘制；分度圆和分度线用细点画线绘制；齿根圆和齿根线用细实线绘制，也可省略不画，在剖视图中，齿根线用粗实线绘制。…………………（　）

2. 有效螺纹的终止线，不论是在视图或剖视图中，都应用粗实线表示。……………（　）

3. 无论是外螺纹或内螺纹，在剖视或断面图中的剖面线都应画到粗实线。…………（　）

4. 以剖视图表示内外螺纹连接时，其旋合部分应按外螺纹的画法绘制，其余部分仍按各自的画法表示。……………………………………………………………………………（　）

5. 图样中标注的螺纹长度均指不包括螺尾在内的有效螺纹长度；否则，应另加说明或按实际需要标注。……………………………………………………………………………（　）

6. 两圆柱齿轮啮合时，在垂直于圆柱齿轮轴线的投影面的视图中，啮合区内的齿顶圆可连续画出，也可中断，但分度圆必须相切。……………………………………………（　）

7. 两圆柱齿轮啮合时，在平行于圆柱齿轮轴线的投影面视图中，未剖切时啮合区的齿顶线不需画出，只需在对应于分度圆相切处画一条细点画线。…………………………………（　）

8. 在圆柱齿轮啮合的剖视图中，当剖切平面通过两啮合齿轮的轴线时，在啮合区内，将一个齿轮的轮齿用粗实线绘制，另一个齿轮的轮齿被遮挡的部分用细虚线绘制，也可省略不画。……………………………………………………………………………………（　）

9. 管螺纹标记中的尺寸代号(如3/4)，是指该管螺纹的大径的基本尺寸。…………（　）

10. 普通螺纹标记中的公称直径是指螺纹的基本大径。……………………………（　）

11. 当普通螺纹为左旋时，应将其旋向代号“LH”注写在螺纹标记的最后。………（　）

12. 某内螺纹的标记为“M8”，由这一简化标记无法确定螺纹的公差带代号。……（　）

13. 55°密封管螺纹和60°密封管螺纹均可各自组成圆锥内螺纹与圆锥外螺纹的配合，或圆柱内螺纹与圆锥外螺纹的配合。……………………………………………………………（　）

14. 采用规定画法绘制滚动轴承时，一律不画剖面符号。……………………………（　）

15. 在滚动轴承所属装配图的剖视图中，采用规定画法绘制滚动轴承时，内、外圈的剖面线应同斜向、同间隔，在不致引起误解时，也可省略不画剖面符号。……………………（　）

16. 滚动轴承的通用画法不属于真实投影，因此不必按比例绘制。…………………（　）

17. 当采用特征画法表示滚动轴承时，轴的两侧均应对称地采用特征画法。………（　）

18. 表示滚动轴承时，可在轴的一侧采用特征画法，另一侧采用通用画法。………（　）

19. 在螺旋弹簧的图样中，无论是左旋或右旋，只要是必须保证的旋向要求，均应在技术要求中注明。…………………………………………………………………………（　）



## 四、螺纹的画法及标注方法

1. 普通螺纹、粗牙，基本大径16mm，单线螺距2mm，中径公差带代号5g，顶径公差带代号6g，长旋合长度，右旋。在图上注出该螺纹标记。

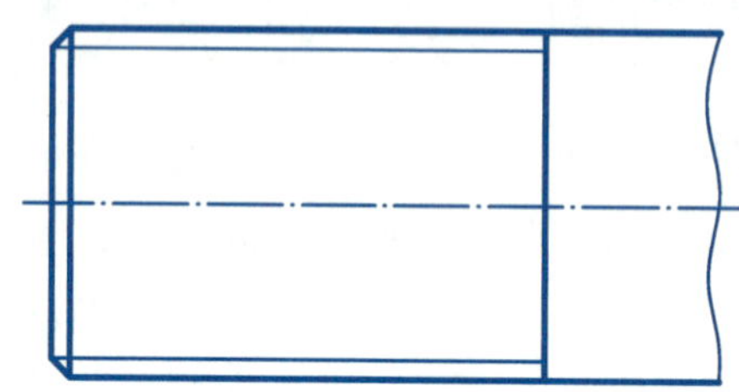

2. 普通螺纹，细牙，基本大径20mm，单线螺距2mm，中径、顶径公差带代号6H，中等旋合长度，左旋。在图上注出该螺纹标记。

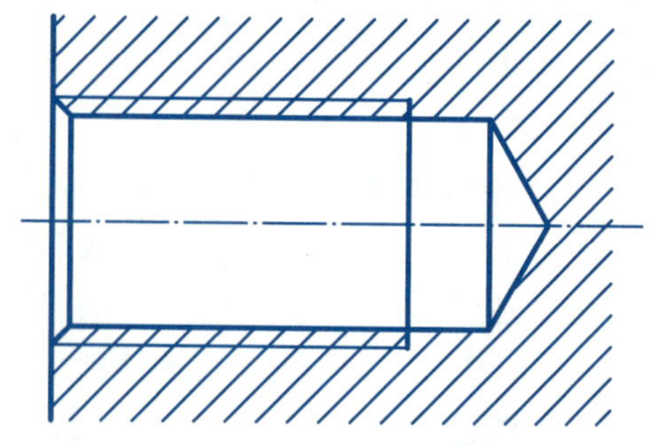

3. 梯形螺纹，基本大径32mm，导程12mm，双线，左旋，中径公差带代号7e，中等旋合长度。在图上注出该螺纹标记。

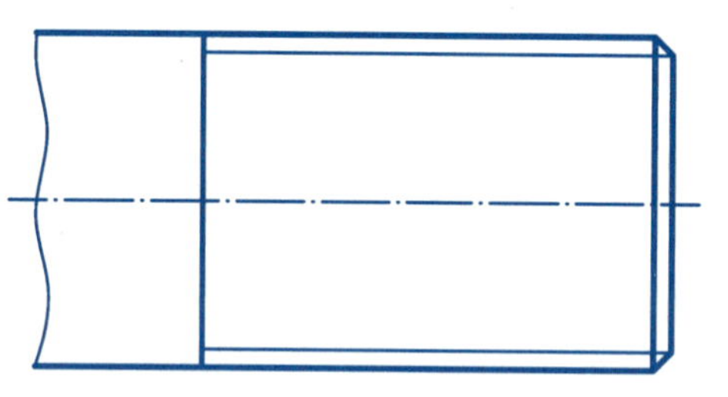

4. 55°密封管螺纹，尺寸代号1/2，右旋。在图上注出该螺纹标记。

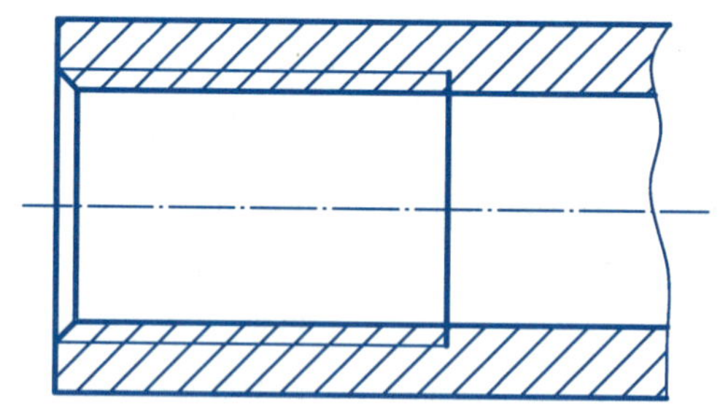

5. 55°非密封管螺纹，尺寸代号1，右旋，A级。在图上注出该螺纹标记。

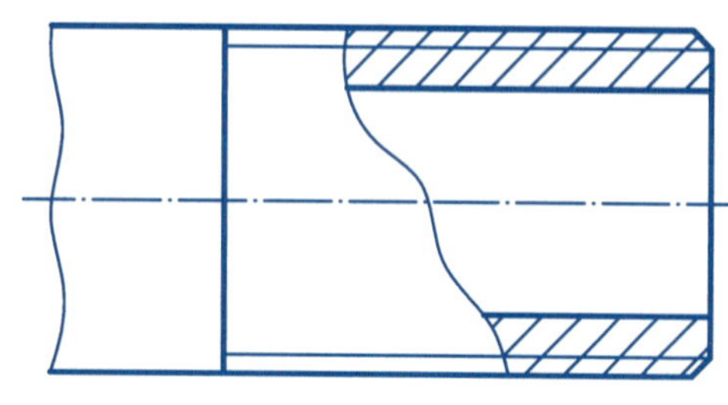

6. 55°密封管螺纹，尺寸代号3/4，右旋。在图上注出该螺纹标记。

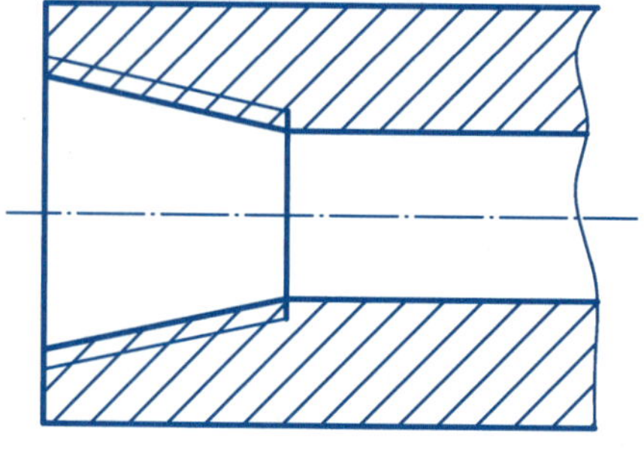

## 四、螺纹的画法及标注方法

7. 按给定条件完成螺纹的画法和标注：M24，外螺纹，粗牙，单线，公差带6g，中等旋合长度，左旋，有效螺纹长度30mm。

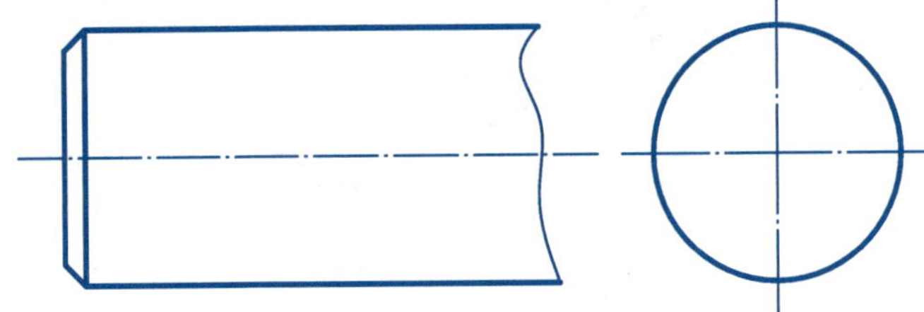

8. 按给定条件完成螺纹的画法和标注：M16，内螺纹，粗牙，单线，公差带6H，中等旋合长度，右旋，有效螺纹长度30mm，钻孔深度35mm，孔口倒角 *C*1。

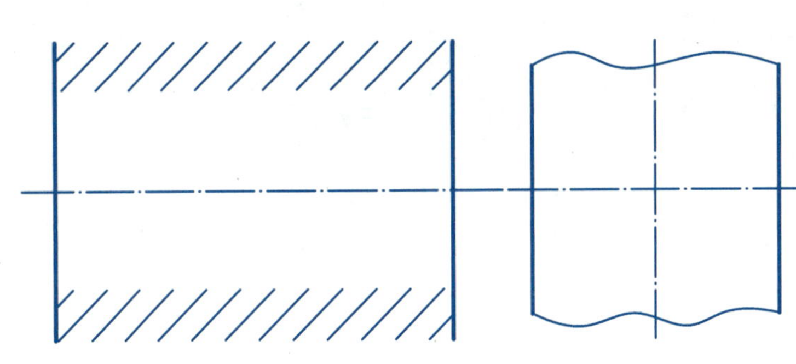

9. 按给定条件完成螺纹连接画法和标注：内外螺纹标记M16，螺纹旋合长度为25mm。

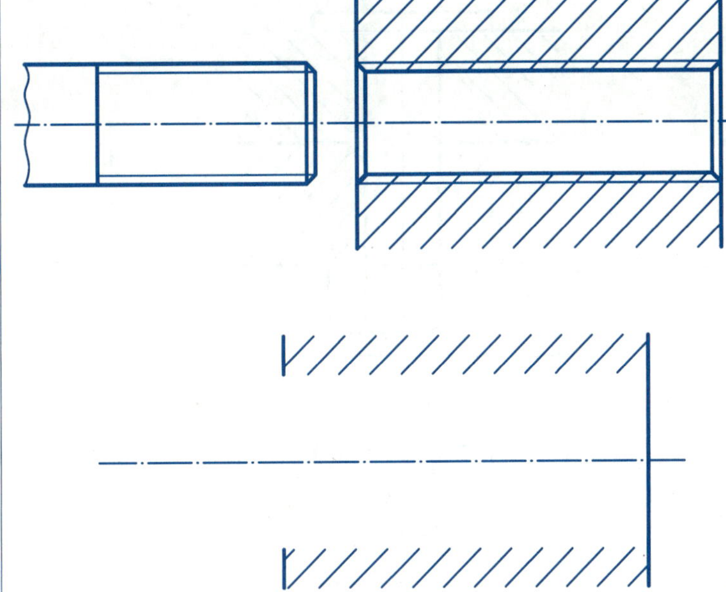

10. 找出螺纹的画法错误，画出正确的视图。

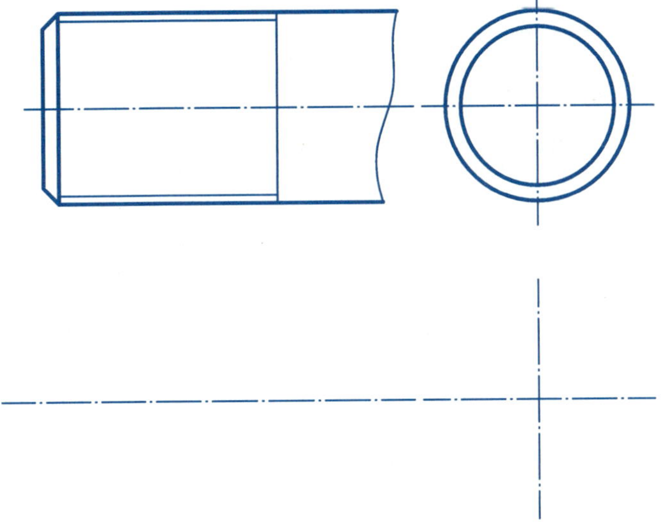

11. 找出螺纹的画法错误，画出正确的视图。

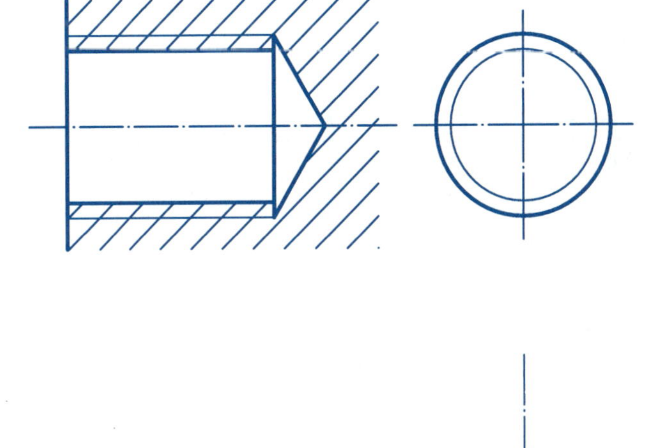

12. 找出螺纹连接画法的错误，画出正确的视图。

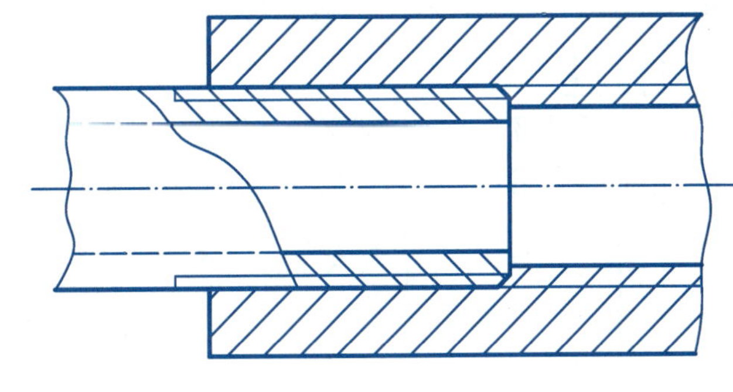

## 五、螺纹紧固件的连接画法

1. 补画螺栓连接图中的缺线。

2. 补画双头螺柱连接图中的缺线。

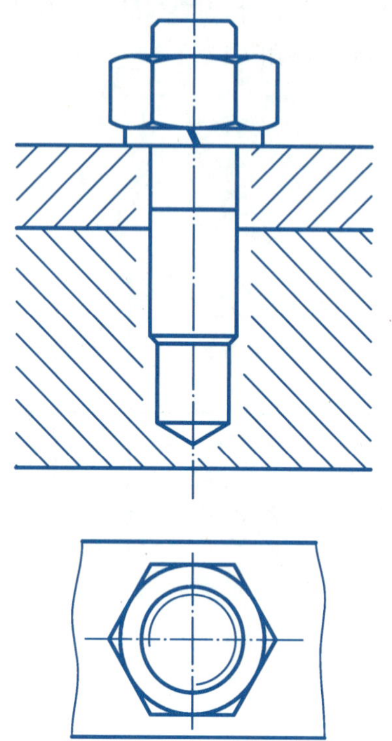

3. 补画螺钉连接图中的缺线。

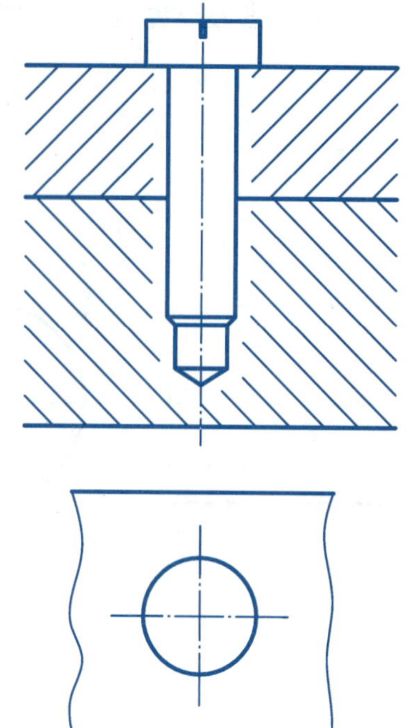

4. 在右边画出正确的螺栓连接图。

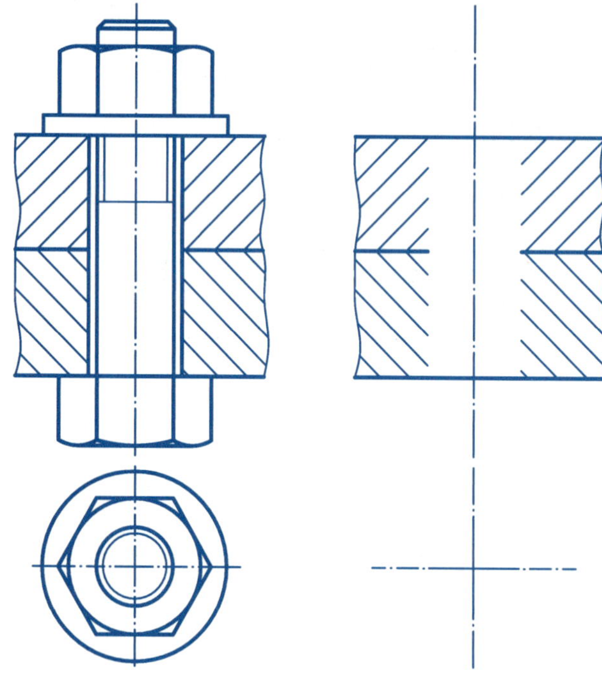

5. 在右边画出正确的双头螺柱连接图。

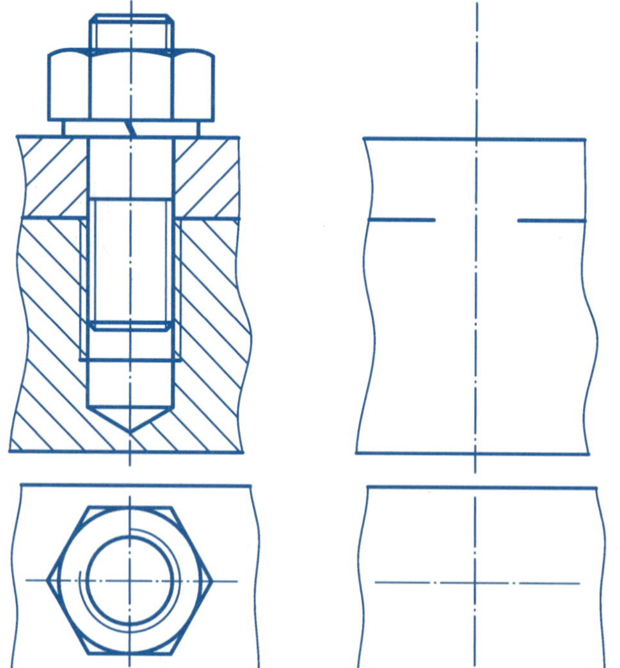

6. 在右边画出正确的螺钉连接图。

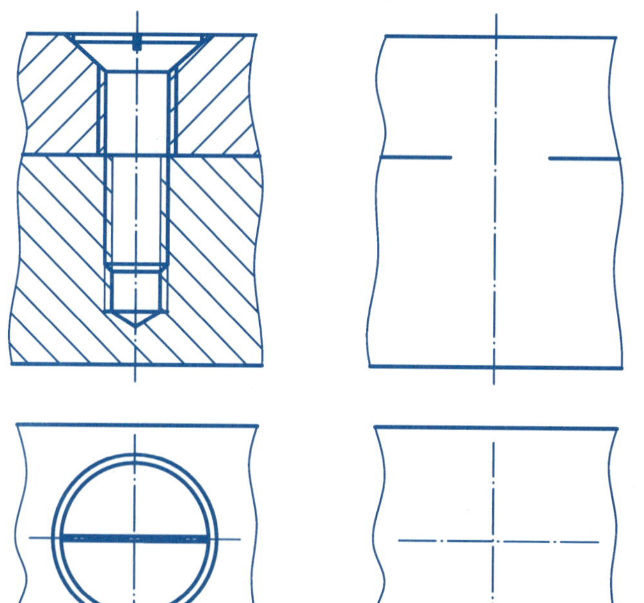

## 六、直齿圆柱齿轮的计算及画法

1. 已知直齿圆柱齿轮模数 $m=2.5$，齿数 $z=30$，完成两视图。

2. 完成一对啮合的直齿圆柱齿轮（$z_1=18, z_2=36$）的两视图。

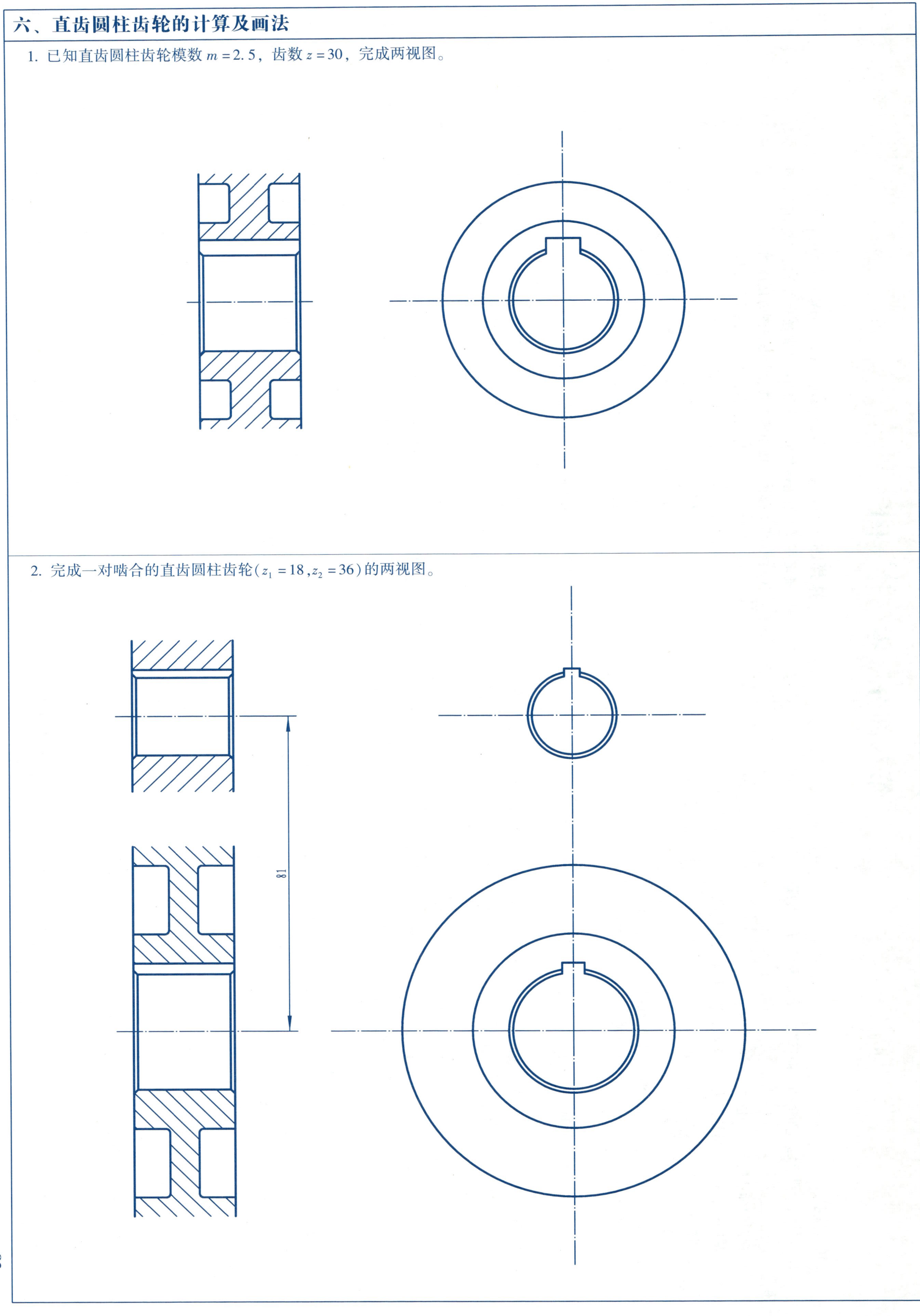

# 第八部分　零　件　图

## 一、填空题

1. 零件图一般应包括如下四方面内容：表达零件的一组视图、____________、____________和____________。

2. 视图中标注的尺寸，按其作用可分为________、________和________三类。

3. 某图样上的退刀槽标注为“1.5×0.5”，其中1.5是指________，0.5是指________。

4. 图样中没有注出公差的尺寸应称为________尺寸，这类尺寸的公差称为________公差或________公差。

5. 配合是指相互结合的孔和轴公差带之间的关系，两者的______________必须相同。

6. 可直接查知孔、轴的上、下极限偏差的最新国家标准《极限与配合》(GB/T 1800.2)是________年发布的。

7. 按几何公差的几何特征，可将其分为________公差、________公差、________公差和________公差四类。

8. 现行的表面粗糙度注法(即《表面结构表示法》)应贯彻________年发布的国家标准。

9. 评定工件的表面结构要求是否合格，有两种极限值判断规则，即______________规则和____________规则。

10. 当要求工件被测表面的区域内，测得的表面结构参数值一个也不应超过图样上的给定值时，应在图样中的该参数代号后加注标记________，则该判断规则称为_____________规则。

11. 图样中评定表面结构的规则较多地采用________规则。例如，当给定的参数值为上限值时，则在该表面按规定所测得的全部实测值中，大于给定值的个数不超过实测值总数的________%，该表面即可判定为合格。

12. 表面结构要求可标注在__________线及其延长线上，其符号应从_________指向并接触表面。表面结构要求也可标注在__________线、_________线和______________框格上方。

13. 当零件的多数表面有相同的表面结构要求时，则可在图样的_________附近统一标注。此时应在统一标注的表面结构代号后的圆括号内标出__________符号，也可在圆括号中标出图形中已注出的不同的表面结构要求。

14. 表面结构代号 $\sqrt{Ra\ 0.8}$ 的含义是：表示去除材料，单向________值，________传输带，表面粗糙度轮廓(R轮廓)的_____________偏差为0.8μm，评定长度为________个取样长度(默认)，极限值的判断规则为________规则(默认)。

15. 表面结构代号 $\sqrt{Rzmax\ 0.2}$ 的含义是：表示去除材料，单向________值，________传输带，R轮廓，粗糙度_____________的最大值为0.2μm，评定长度为________个取样长度(默认)，按________规则评定其合格性。

## 二、选择题(每题只选一个答案，将所选答案的编号填入括弧中)

1. 确定零件的表达方案时，需恰当地处理好看图方便和制图简便两个原则：………（　　）
   A. 首先考虑制图简便原则，其次考虑看图方便原则
   B. 首先考虑看图方便原则，其次考虑制图简便原则
   C. 根据零件的结构特征，酌情选用A或B

2. 对于公差的数值，正确的说法是：…………………………………………………………（　　）
   A. 必须为正值　　B. 没有符号的绝对值
   C. 必须大于或等于零　　D. 可以为正、为负或为零

3. 当零件多数表面具有相同的表面结构要求时，则其具体要求可统一标注在：……（　　）
   A. 图样的右上角　B. 技术要求中　C. 标题栏附近　D. 图形附近

4. 当零件的多数表面具有相同的表面结构要求时，可将相同要求统一进行标注，此时，相同要求的表面结构代号前：…………………………………………………………（　　）
   A. 应加注“其余”二字　B. 不加注任何说明　C. 应加注“多数”二字

5. 当零件的全部表面具有相同的表面结构要求时，可统一进行标注，此时，所注的相同表面结构要求：…………………………………………………………………………（　　）
   A. 代号前应加注“全部”二字　　B. 代号前不加注任何说明
   C. 仅需在完整符号的转折处加画一小圆圈(全周符号)

6. 当允许在表面粗糙度参数的所有实测值中大于规定值的个数少于总数的16%时，在图样上标注的表面粗糙度参数：…………………………………………………………（　　）
   A. 均指上限值　　B. 均指下限值
   C. 均指最大允许值　　D. 上限值或下限值

7. 用符号和标记表示中心孔的要求时，中心孔工作表面的粗糙度应标注在：………（　　）
   A. 符号的引出线上　B. 工作表面上　C. 端面上　D. 中心孔的轴线上

8. 根据最新的《几何公差》国家标准，下列几种说法正确的是：……………………（　　）
   A. 线轮廓度和面轮廓度只属于形状公差
   B. 线轮廓度和面轮廓度有基准时属于方向或位置公差，无基准时属于形状公差
   C. 线轮廓度和面轮廓度只属于位置公差

9. 下列尺寸公差注法正确的是：…………………………………………………………（　　）
   A. $\phi65K6^{+0.021}_{+0.002}$　B. $\phi65^{-0.03}_{-0.01}$　C. $\phi50^{+0.015}_{+0.010}$　D. $\phi50^{+0.015}_{-0.01}$

10. 下列一组公差带代号，哪一个可与基准孔 $\phi42H7$ 形成间隙配合？…………………（　　）
    A. $\phi42g6$　B. $\phi42n6$　C. $\phi42m6$　D. $\phi42s6$

11. 几何公差在图样中标注方法的最新国家标准的发布年份是：……………………（　　）
    A. 1980年　B. 1984年　C. 2008年　D. 1996年

12. 对于图样上一般的退刀槽，其尺寸的标注形式是：……………………………… (　　)

A. 槽宽×直径或槽宽×槽深　　B. 槽深×直径

C. 直径×槽宽　　D. 直径×槽深

13. 下列线性尺寸公差注法错误的是：……………………………………………… (　　)

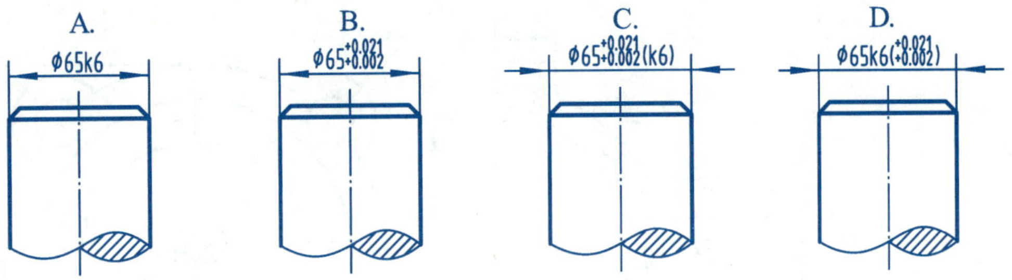

A. φ65k6　　B. $\phi65^{+0.021}_{+0.002}$　　C. $\phi65^{+0.021}_{+0.002}$(k6)　　D. φ65k6($^{+0.021}_{+0.002}$)

14. 图中被测孔的实际中心线对两槽的公共基准中心平面的对称度公差为0.08mm，欲满足这一要求，下面哪一个框格是正确的？…………………………………………… (　　)

A. |≡|0.08|A|B|

B. |≡|0.08|A−B|

C. |≡|0.04|A−B|

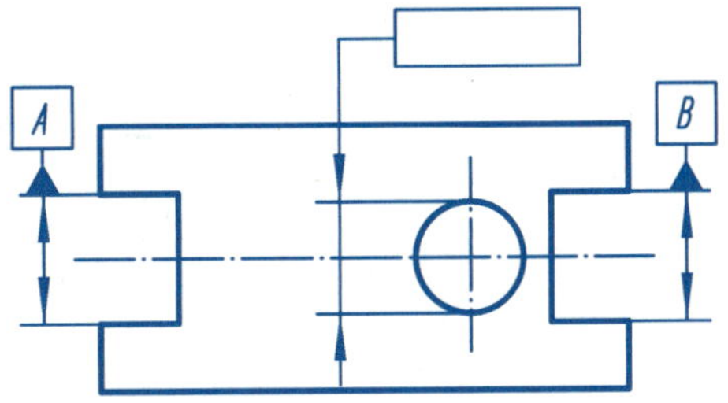

15. 图形中上面孔的实际中心线对下面孔的基准轴线，在给定方向上的平行度公差为0.03mm，下面的标注哪一个是正确的？…………………………………………… (　　)

A. |//|φ0.015|

B. |//|0.06|

C. |//|φ0.03|A|

D. |//|0.03|A|

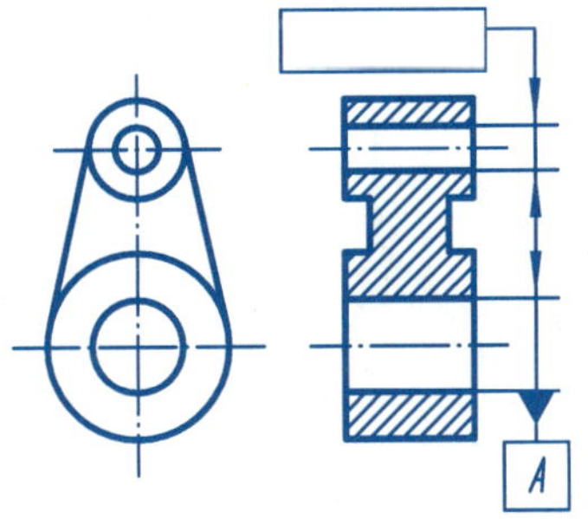

## 三、是非题（正确的画"○"，错误的打"×"）

1. 一零件图的标题栏中标注的比例为1:2。图样中的某一图形通过局部放大画出了该零件上的一细小结构，并在该图形上方标注了比例1:1，考虑到1:1属原值比例，故图形实际上不属于局部放大图。…………………………………………………………………… (　　)

2. 零件上的每一个表面，务必通过分别标注或简化标注等形式给定表面结构要求。…… (　　)

3. 图样上注出的表面结构代号中，参数代号后注写了"max"字样者，则检验时，该表面全部区域内测得的参数值一个也不应超过图样上给定的值。……………………………… (　　)

4. 当零件全部表面具有相同的表面结构要求时，可在标题栏附近统一标注。……… (　　)

5. 当用统一标注和其他简化注法表示表面结构要求时，其符号、代号和说明文字的高度均应是图形上所注符号代号和文字的1.4倍。………………………………………… (　　)

6. 同一表面有不同表面粗糙度要求时，须用细实线画出分界线，并分别给出要求。… (　　)

7. 标注有基准的几何公差时，基准要素只能用一个字母表示，不能用几个字母或几个字母的组合表示基准要素。…………………………………………………………… (　　)

8. 几何公差标注中，当公差涉及轮廓线(或面)时，应将自框格引出的带箭头的指引线指向该要素的轮廓线或轮廓线的延长线，且应与尺寸线明显错开。……………………… (　　)

9. 由极限偏差表中查得公称尺寸60mm的上下极限偏差分别为+90μm和+60μm，则注写到图样上时应为$60^{+0.090}_{+0.060}$。…………………………………………………… (　　)

10. 采用间隙配合的孔和轴，为了表示配合性质，结合表面应画出间隙。………… (　　)

11. 零件图上注出的各部分结构的尺寸一般均应以不同方式给定公差要求。……… (　　)

12. 在车间一般工艺条件下可保证的公差，在零件图的图形中可不注出公差。…… (　　)

13. 图形上未注出公差的尺寸，可以认为是没有公差要求的尺寸。………………… (　　)

14. 框格中给定的对称度公差值是指被测实际中心面不得向任一单方向偏离基准中心平面的限值。…………………………………………………………………………… (　　)

15. 在机械图样中，一律以箭头作为尺寸线的终端。………………………………… (　　)

16. 国家标准规定，尺寸线终端的箭头长度≥6$d$($d$为粗线宽度)。………………… (　　)

17. 标注弧长时，弧长的符号应注在弧长数值的前方。……………………………… (　　)

18. 在机械图样中，上下极限偏差值小数点后末位的"0"一律不注出。…………… (　　)

19. 一般的退刀槽可按"槽宽×直径"或"槽宽×槽深"的形式标注。……………… (　　)

20. 图样中的参考尺寸及理论正确尺寸，如(φ30)、[30°]，因其未注出公差要求，故这些尺寸可按"未注公差"的要求控制。…………………………………………………… (　　)

21. 凡是比一般公差大的公差，图形中均不需注出公差。…………………………… (　　)

22. 未注公差尺寸的实际尺寸均必须位于极限偏差限定的范围内，否则，该完工零件应予拒收。…………………………………………………………………………………… (　　)

23. 无论注出几何公差要求，或未注出几何公差要求，应当理解为每一要素及要素之间都是有几何公差要求的。…………………………………………………………………… (　　)

24. 2008年发布的几何公差标注方法的最新标准，同时适用于采用第一角和第三角画出的图样。………………………………………………………………………………… (　　)

## 四、尺寸注法

1. 改正错误的标注，补全漏注尺寸(不注尺寸数字，不要的打“×”)。

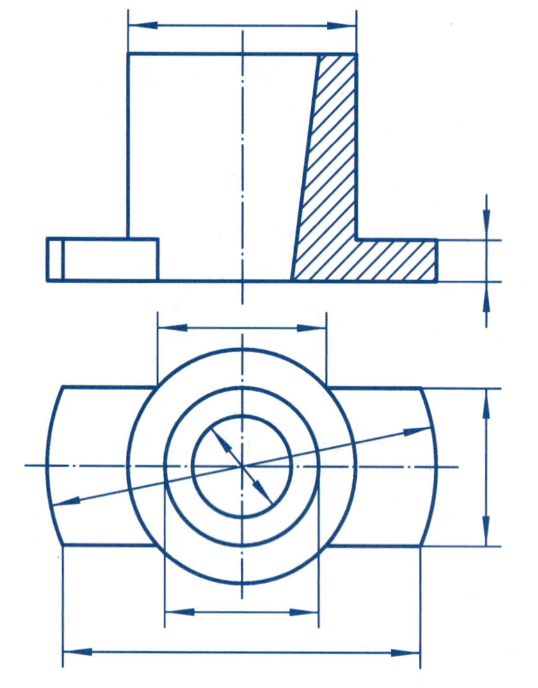

2. 改正错误的标注，补全漏注尺寸(不注尺寸数字,不要的打“×”)。

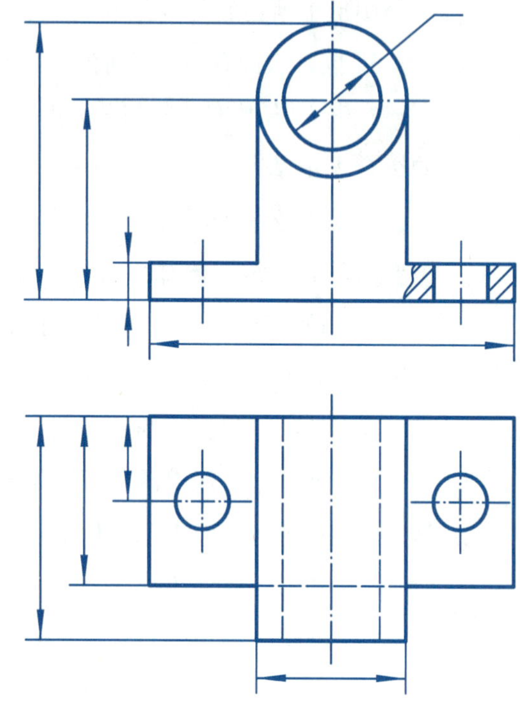

3. ＊改正错误的标注，补全漏注尺寸(按1:1量取,取整数,不要的打“×”)。

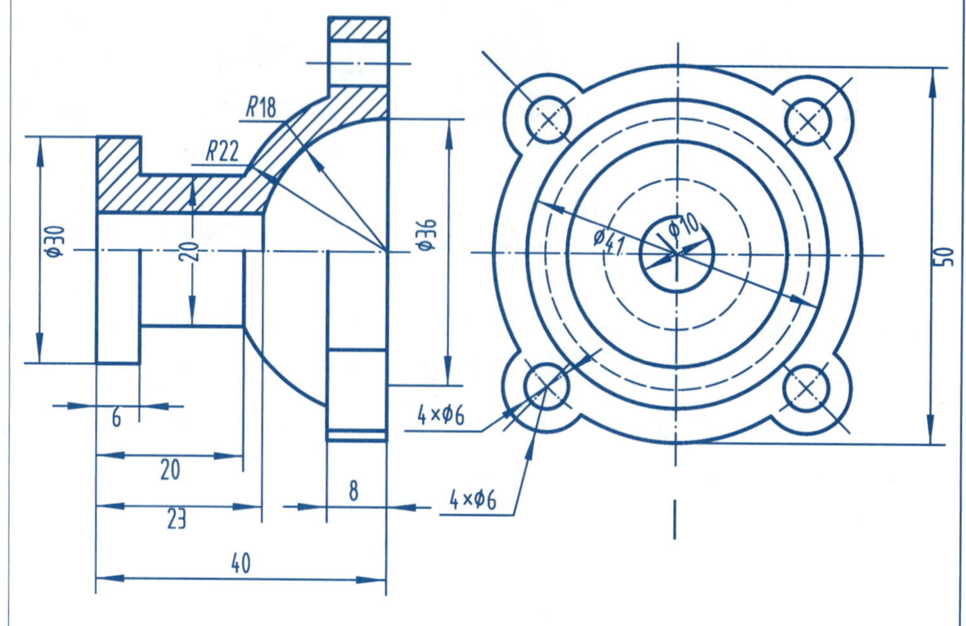


4. 改正错误的标注，补全漏注尺寸(不注尺寸数字，不要的打“×”)。

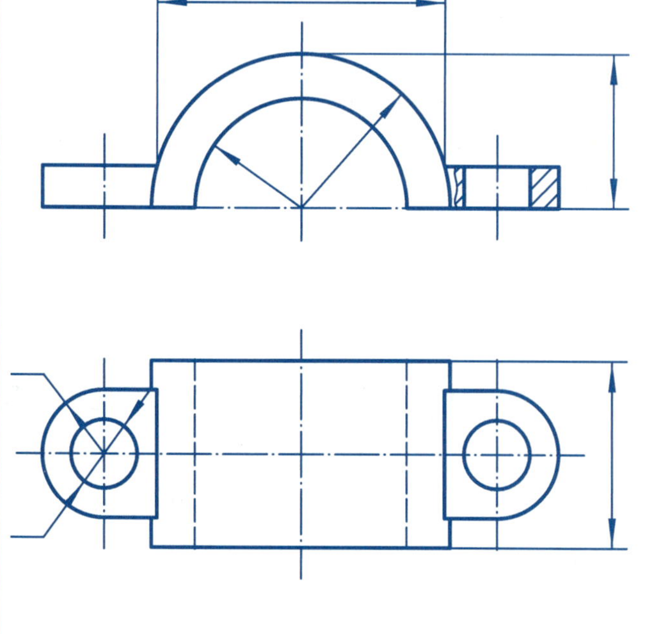

5. 改正错误的标注，补全漏注尺寸(按1: 1量取,取整数,不要的打“×”)。

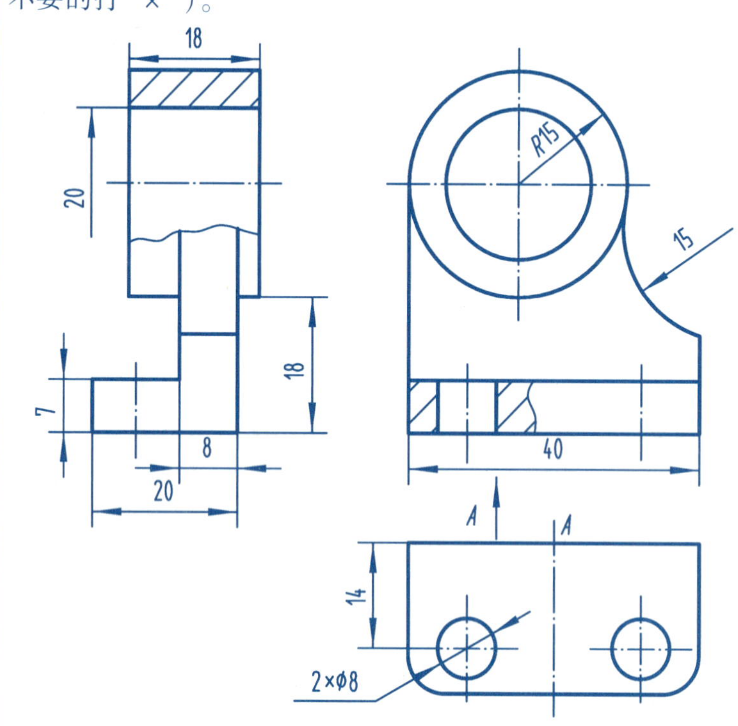


6. ＊改正错误的标注，补全漏注尺寸(不注尺寸数字,不要的打“×”)。

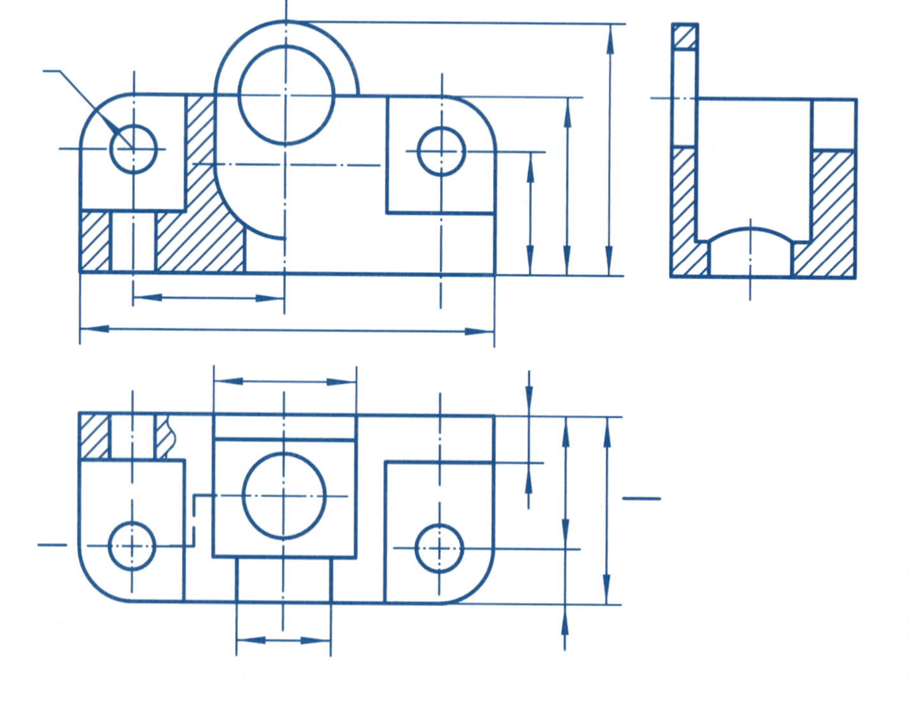

## 五、技术要求的标注方法

1. 分析左图中表面粗糙度标注的错误，并在右图中按现行标准规定正确标注（给定的参数值均为 *Ra* 值。其他已知条件是：单向上限值。默认传输带，评定长度为 5 个取样长度，16% 规则）。

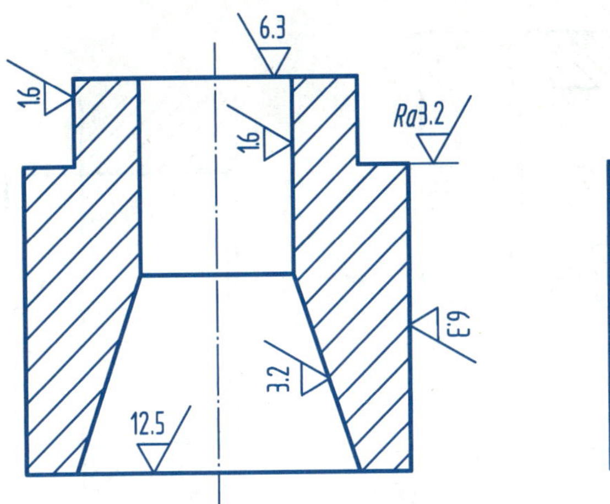


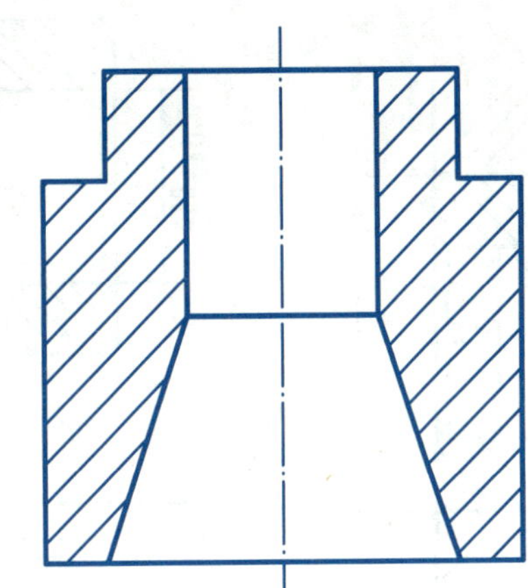

2. 分析左图中尺寸公差与配合的标注错误，并在右图中正确标注。

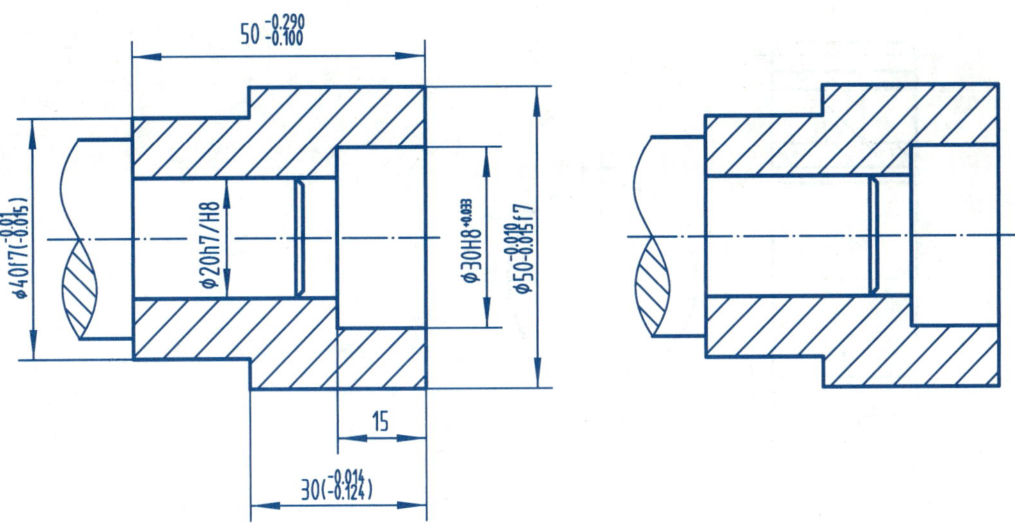


3. 分析左图中几何公差标注的错误，并在右图中正确标注。

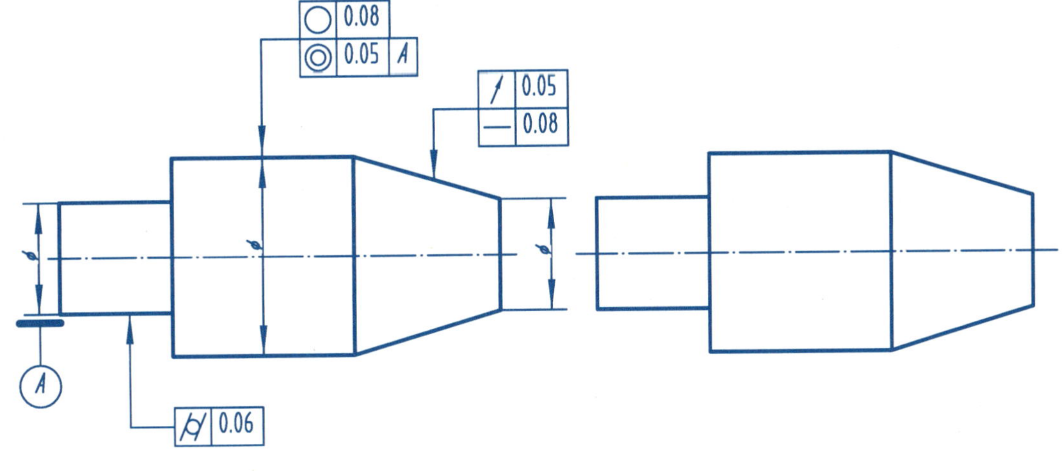


4. * 分析左图中几何公差标注的错误，并在右图中按新标准正确标注。

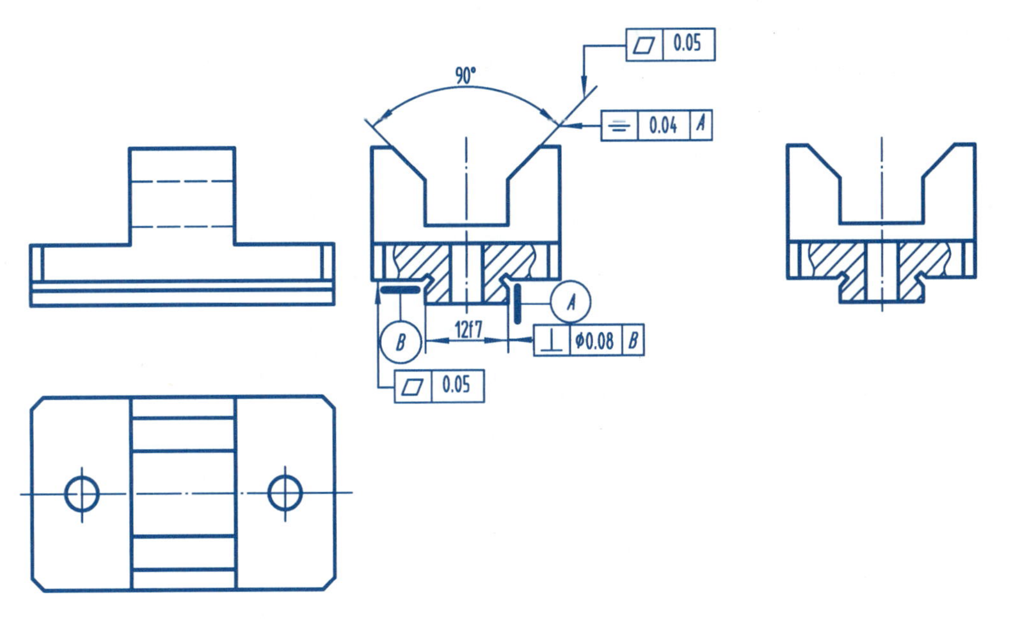

## 五、技术要求的标注方法

5. ＊将零件表面粗糙度要求标注在图形上。

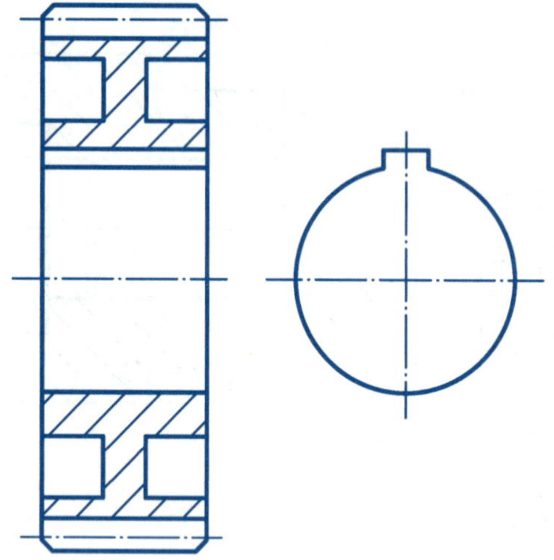

1. 键槽两侧面的 *Ra* 上限值为 3.2μm，槽底的 *Ra* 上限值为 6.3μm。
2. 齿轮轮齿工作表面和轴孔表面的 *Ra* 最大值为 3.2μm。
3. 齿轮两端面和倒角的 *Ra* 上限值为 12.5μm。
4. 其余表面粗糙度要求为不去除材料的加工方法获得。

（以上要求均指单向上限值，默认传输带，评定长度为 5 个取样长度，16% 规则。）

6. ＊根据轴和孔的极限偏差值，在装配图上注出其配合代号。

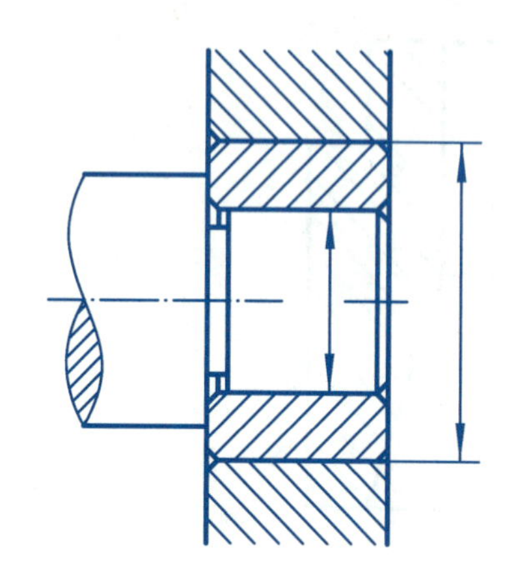

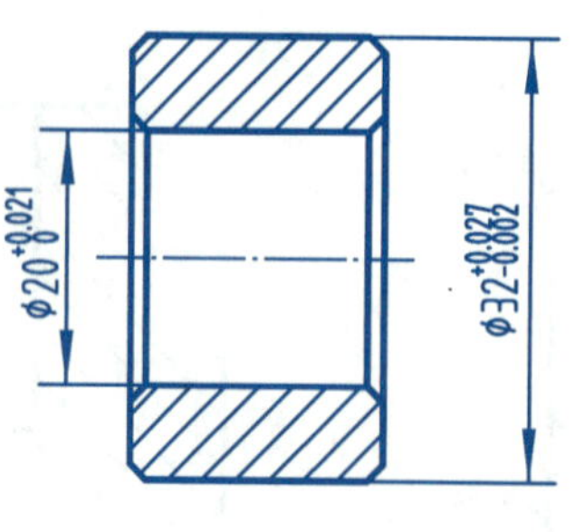


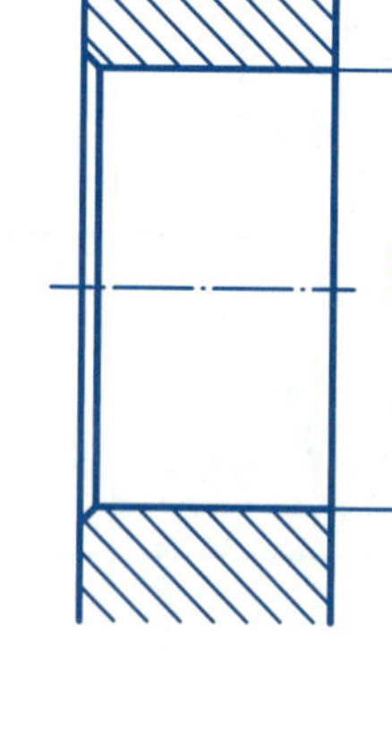


7. ＊将零件的几何公差要求标注在图形上。
   1. ϕ100 圆柱面的实际中心线对 ϕ60 圆柱面轴线的同轴度公差为 ϕ0.015mm。
   2. ϕ100 圆柱左端面对右端面平行度公差为 0.03mm。
   3. ϕ100 圆柱轴肩端面对 ϕ60 圆柱面轴线的端面圆跳动公差为 0.02mm。
   4. ϕ60 实际圆柱面的圆度公差为 0.04mm，该圆柱面的实际中心线的直线度公差为 ϕ0.012mm。

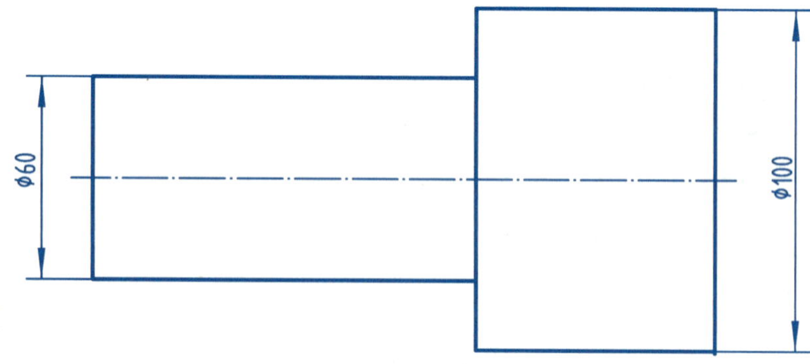


8. ＊在图形中标注出零件的几何公差及表面粗糙度要求。
   1. 实际外圆柱面的圆柱度公差为 0.004mm。
   2. 实际外圆柱面对孔轴线的径向圆跳动公差为 0.015mm。
   3. 左端面对孔轴线的垂直度公差为 0.01。
   4. 右端面对左端面的平行度公差为 0.02mm。
   5. 表面粗糙度要求：外圆柱面的 *Ra* 上限值为 1.6μm，内孔表面的 *Ra* 上限值为 0.8μm，其余表面的 *Ra* 上限值为 3.2μm。
   （均为去除材料，单向上限值，默认传输带，评定长度为 5 个取样长度，16% 规则。）

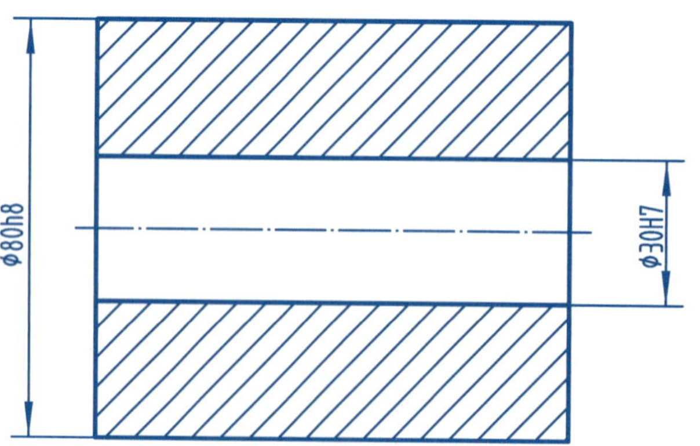

## 五、技术要求的标注方法

9. 说明图中几何公差代号的含义。

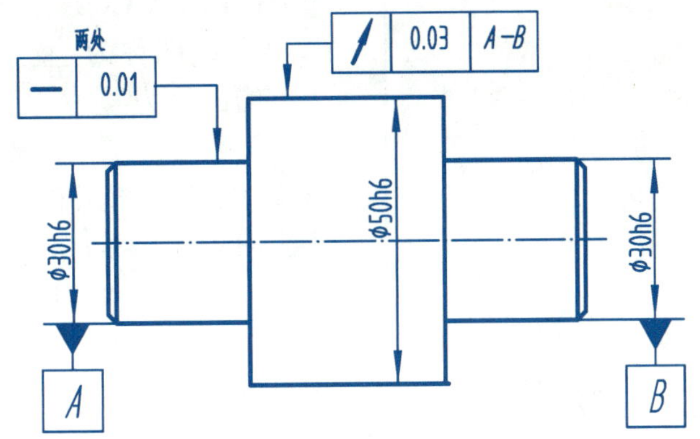


1. ____________的直线度公差为________。
2. ________的实际圆柱面对________轴线 *A—B* 的________公差为 0.03mm。

10. 说明图中几何公差代号的含义。

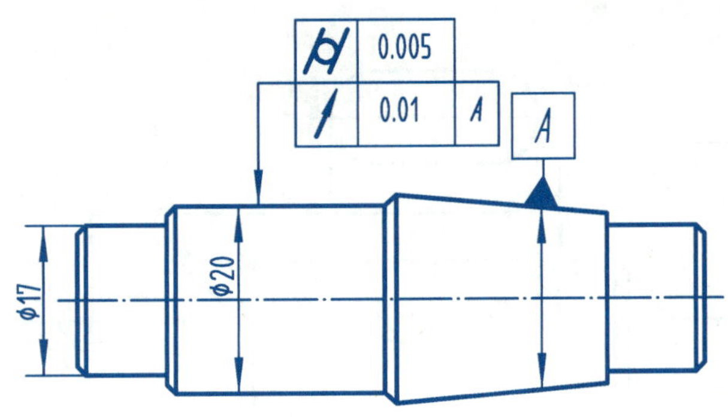


1. ____________的________公差为 0.005mm。
2. ____________对____________的________公差为 0.01mm。

11. 说明图中几何公差代号的含义。

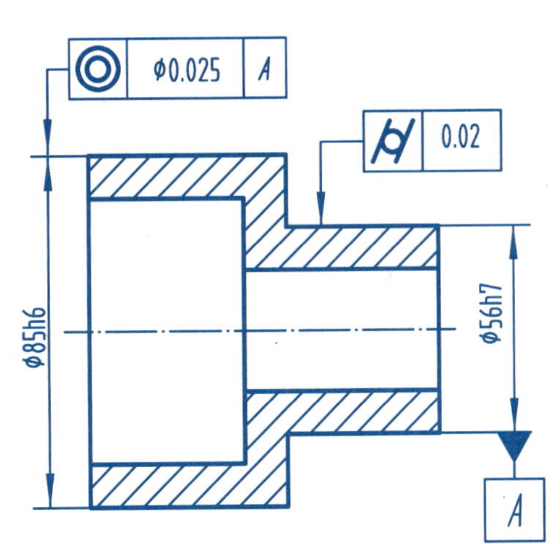


1. ____________的实际圆柱面的________公差为 0.02mm。
2. ________________对________的________公差为 $\phi$0.025mm。

12. 说明图中几何公差代号的含义。

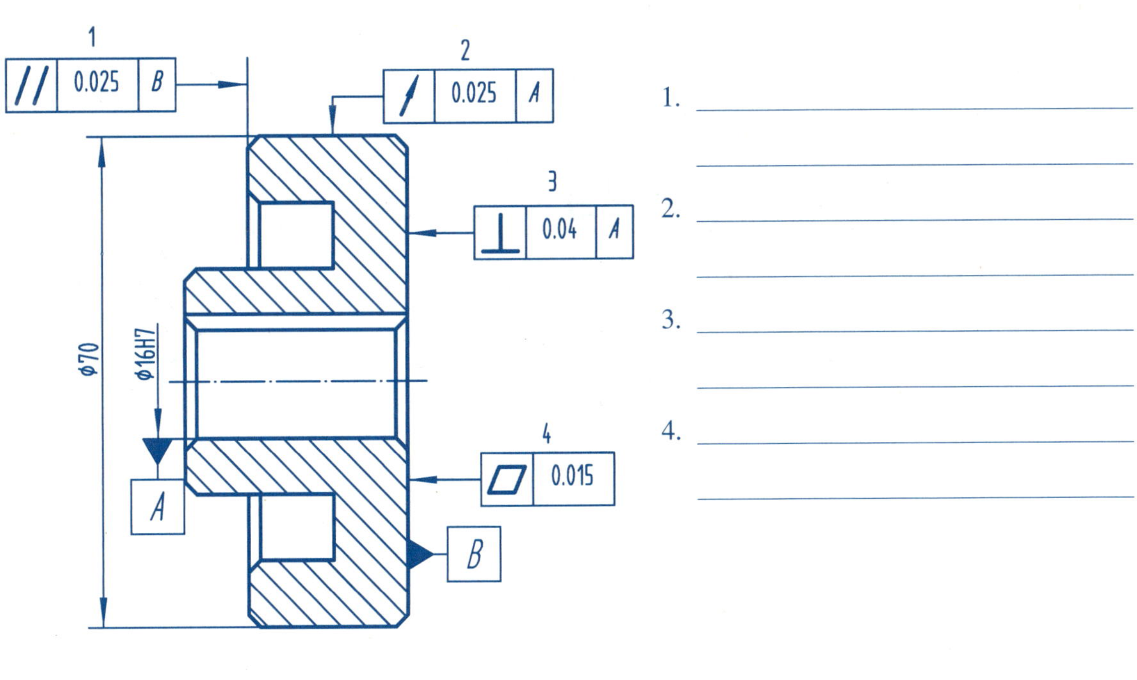


1. ________________________
2. ________________________
3. ________________________
4. ________________________

## 六、识读零件图

轴套类零件(一)

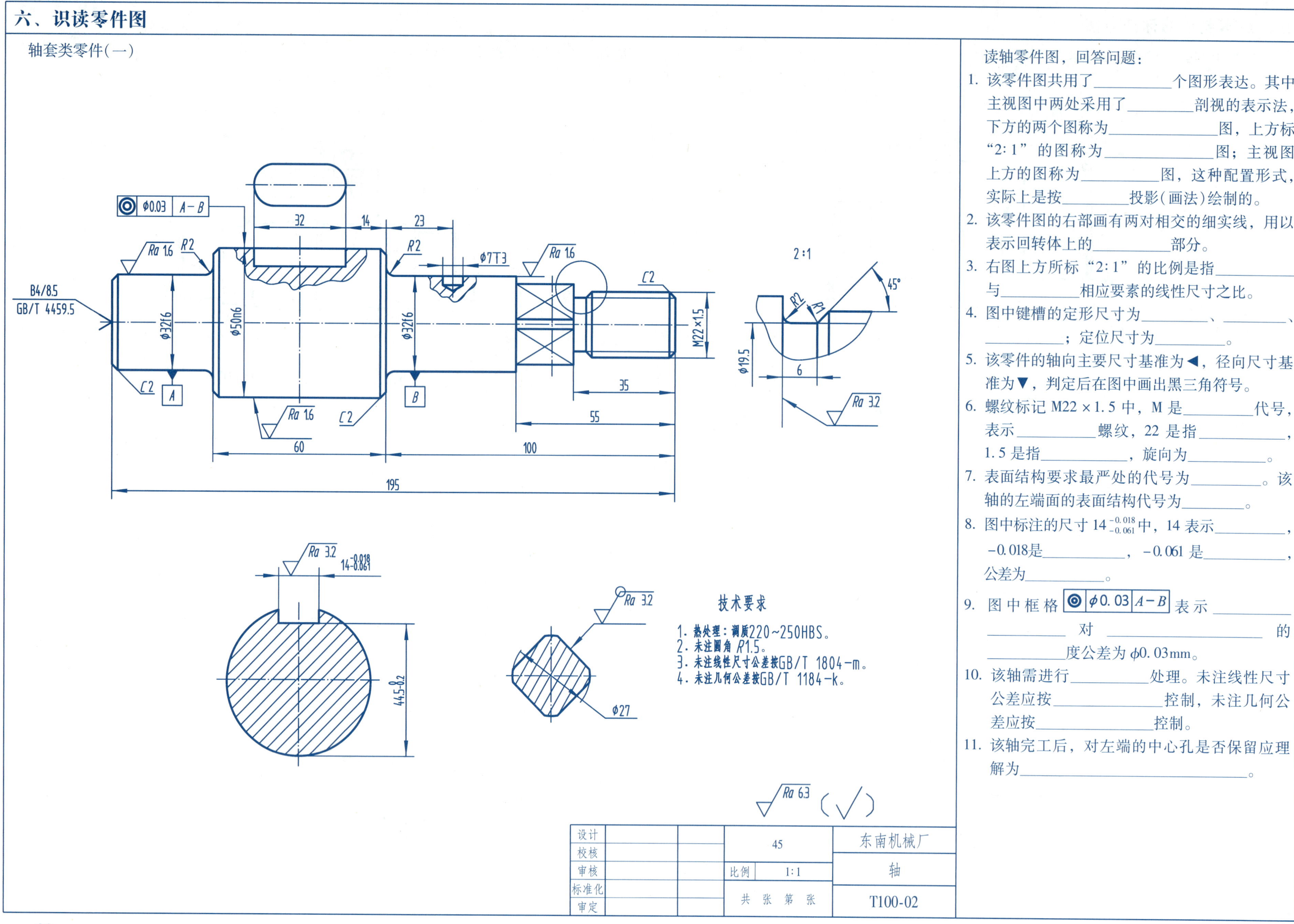


读轴零件图，回答问题：

1. 该零件图共用了__________个图形表达。其中主视图中两处采用了__________剖视的表示法，下方的两个图称为______________图，上方标“2:1”的图称为______________图；主视图上方的图称为__________图，这种配置形式，实际上是按__________投影(画法)绘制的。
2. 该零件图的右部画有两对相交的细实线，用以表示回转体上的__________部分。
3. 右图上方所标“2:1”的比例是指__________与__________相应要素的线性尺寸之比。
4. 图中键槽的定形尺寸为__________、__________、__________；定位尺寸为__________。
5. 该零件的轴向主要尺寸基准为◀，径向尺寸基准为▼，判定后在图中画出黑三角符号。
6. 螺纹标记M22×1.5中，M是__________代号，表示__________螺纹，22是指__________，1.5是指__________，旋向为__________。
7. 表面结构要求最严处的代号为__________。该轴的左端面的表面结构代号为__________。
8. 图中标注的尺寸$14^{-0.018}_{-0.061}$中，14表示__________，-0.018是__________，-0.061是__________，公差为__________。
9. 图中框格 ◎ φ0.03 A－B 表示__________对__________的__________度公差为φ0.03mm。
10. 该轴需进行__________处理。未注线性尺寸公差应按______________控制，未注几何公差应按______________控制。
11. 该轴完工后，对左端的中心孔是否保留应理解为______________________________。

轴套类零件(二)

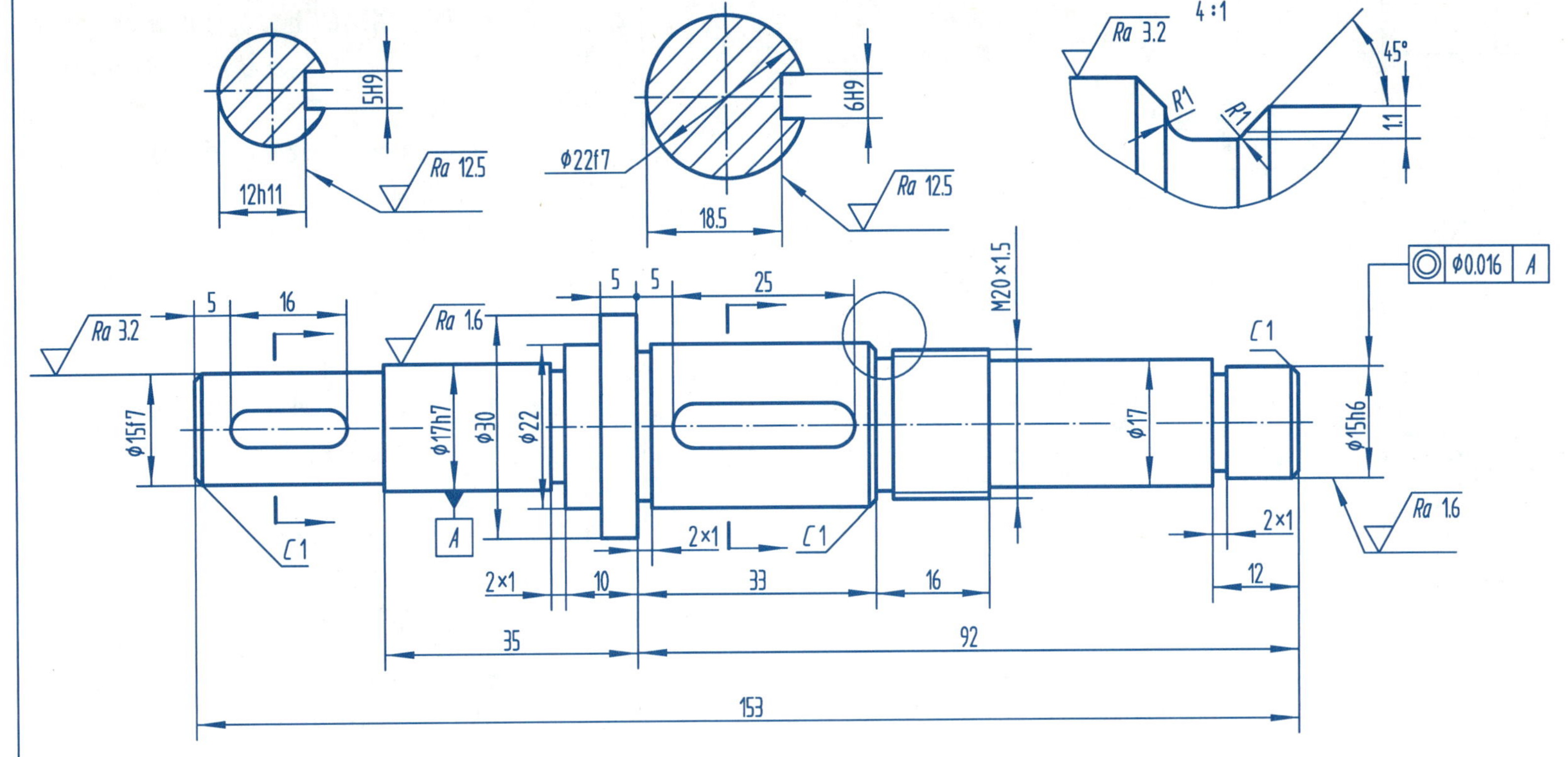


技术要求

1. 零件需经调质处理。
2. 线性尺寸的未注公差按GB/T 1804-m。
3. 未注几何公差按GB/T 1184-k。

(√)

| 设计 | | | 45 | 东南机械厂 |
|---|---|---|---|---|
| 校核 | | | | 轴 |
| 审核 | | | 比例 1:1 | |
| 标准化 | | | | |
| 审定 | | | 共 张 第 张 | T120-08 |

读轴零件图，回答问题：

1. 主视图上方的左、中两个图形是__________图。右上方的图形应称为__________图，该图上方标注的 4∶1 是指__________与__________相应要素的线性尺寸之比。
2. 图中注出的几何公差可表述为__________的实际中心线对__________的轴线的__________公差为 $\phi 0.016$，这里的 $\phi$ 是指__________。
3. 代号 $\phi 15f7$ 可表述为表示__________为 $\phi 15$，__________为 f 的________级轴。
4. 图中螺纹 M20×1.5 未注出其公差带代号，其公差带应理解为__________。
5. 由该轴的结构及尺寸标注情况可判定，长度方向的主要尺寸基准为符号◀所指的端面，判定后画出◀。高度和宽度方向的尺寸基准为符号▼所指处，在图中补画符号▼。
6. 该轴线性尺寸的未注公差应按__________控制。
7. 该零件需经__________处理。
8. 除图形中注出表面结构要求的表面外，未注出的表面结构要求应为__________（填表面结构代号）。
9. 根据图样中给出的表面结构要求进行检验时，均应按__________规则判定表面结构的合格性。
10. 该轴未注几何公差应按__________控制。

# 六、识读零件图

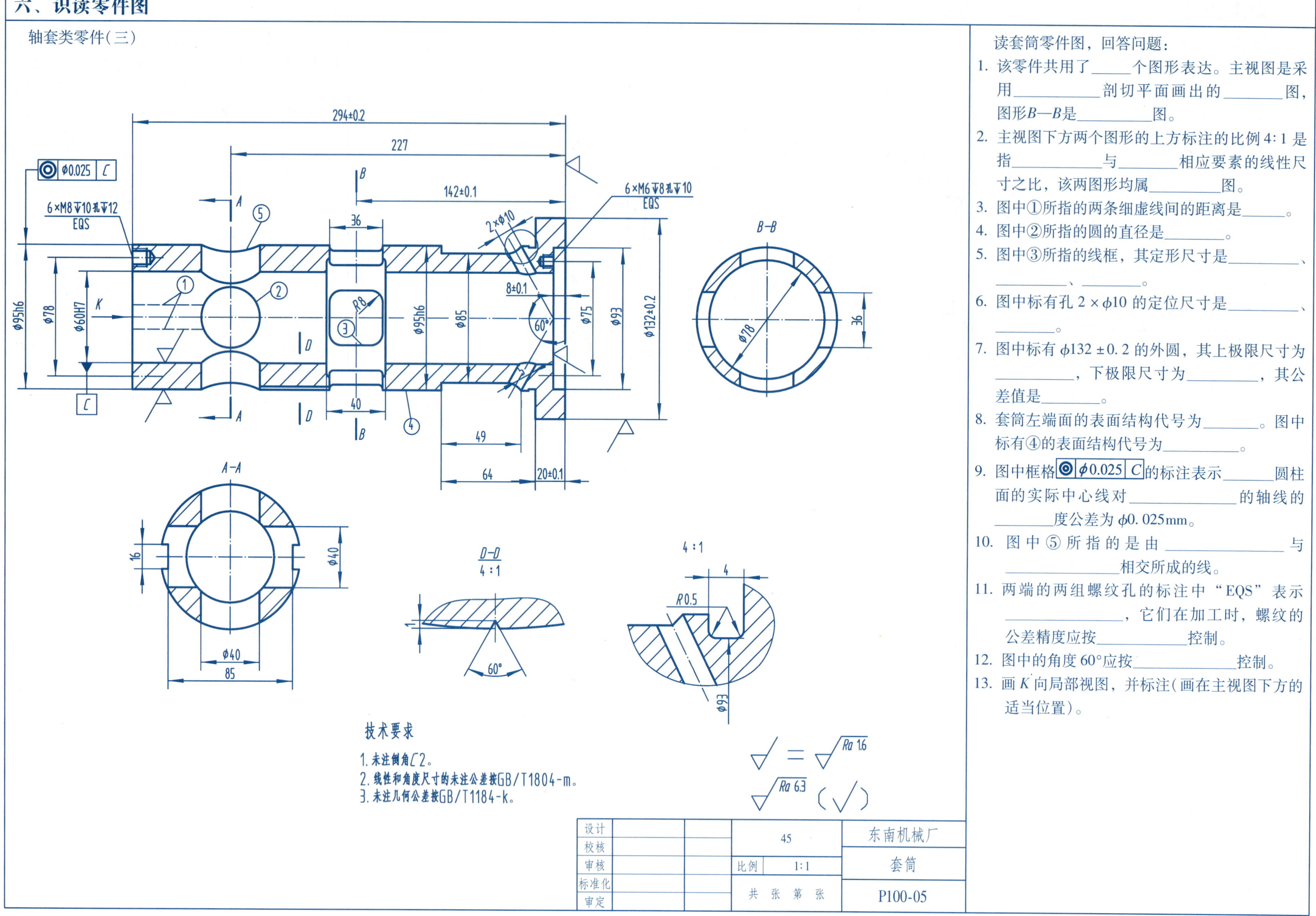


读套筒零件图，回答问题：

1. 该零件共用了_____个图形表达。主视图是采用__________剖切平面画出的________图，图形B—B是_________图。
2. 主视图下方两个图形的上方标注的比例4∶1是指__________与_______相应要素的线性尺寸之比，该两图形均属_________图。
3. 图中①所指的两条细虚线间的距离是______。
4. 图中②所指的圆的直径是________。
5. 图中③所指的线框，其定形尺寸是_________、_________、________。
6. 图中标有孔 2×ϕ10 的定位尺寸是_________、________。
7. 图中标有 ϕ132±0.2 的外圆，其上极限尺寸为__________，下极限尺寸为_________，其公差值是________。
8. 套筒左端面的表面结构代号为_______。图中标有④的表面结构代号为__________。
9. 图中框格 ◎ ϕ0.025 C 的标注表示______圆柱面的实际中心线对____________的轴线的________度公差为 ϕ0.025mm。
10. 图中⑤所指的是由______________与______________相交所成的线。
11. 两端的两组螺纹孔的标注中“EQS”表示______________，它们在加工时，螺纹的公差精度应按___________控制。
12. 图中的角度60°应按____________控制。
13. 画K向局部视图，并标注(画在主视图下方的适当位置)。

## 六、识读零件图

盘盖类零件(一)

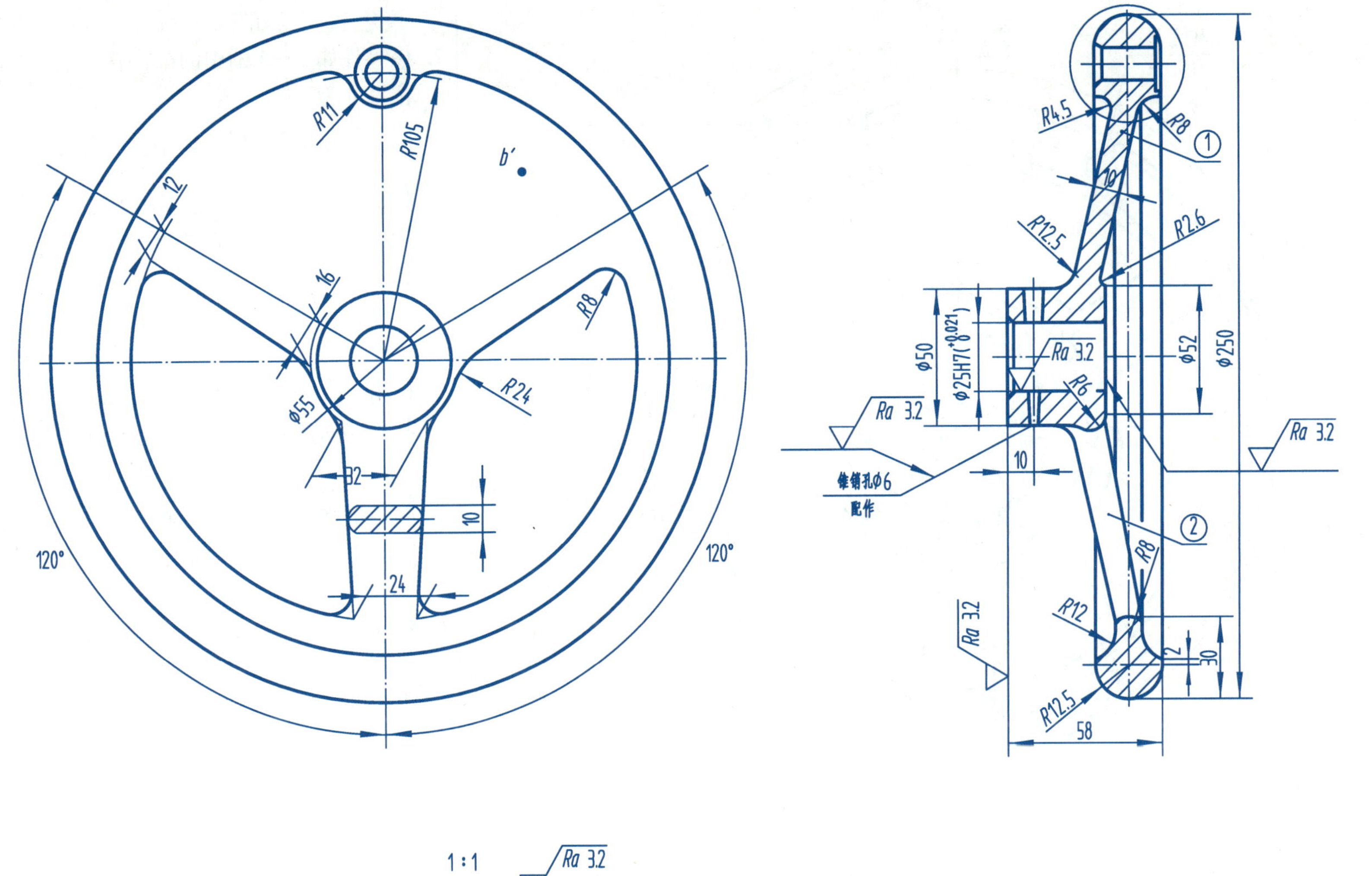


1:1

Ra 3.2

60°

Ra 3.2

φ12H7

φ20

30

3

2

| 设计 | | | HT150 | 东南机械厂 |
|---|---|---|---|---|
| 校核 | | | | |
| 审核 | | | 比例 1:2 | 手　轮 |
| 标准化 | | | | |
| 审定 | | | 共　张　第　张 | T100-06 |

读手轮零件图，回答问题：

1. 该零件图的图号为________，名称为______，材料牌号为_______，比例______。
2. 主视图中带有剖面线的图形是__________图。左视图画成全剖视图而未予标注是因为它同时符合“不必标注”的三个条件，即_________、__________、___________。上方标有 1∶1 的图形应称为____________图。
3. 图中①处是____________结构。②处是____________结构，未画上剖面符号是因为该结构沿_____向剖切而采用的_________画法。
4. 主视图上部有两个同心小圆，其直径分别为________和__________，定位尺寸为_____。
5. 辐板的厚度是_____。辐条的大小端宽度分别为_____和_____，其厚度是_____。
6. 图中注出的代号 $\phi25H7(^{+0.021}_{0})$ 中，$\phi25$ 表示________，H7 表示___________，上极限偏差为_____，下极限偏差为______，公差为______________________。
7. 轴孔的表面结构代号为___________，代号中的参数值是指__________的_________值。
8. 除已注出表面结构要求的表面外，其余各表面均按√。试将此要求完整地标注在符合现行标准规定的位置。
9. 在左视图中求 *B* 点的投影(保留作图线)。

## 六、识读零件图

盘盖类零件(二)

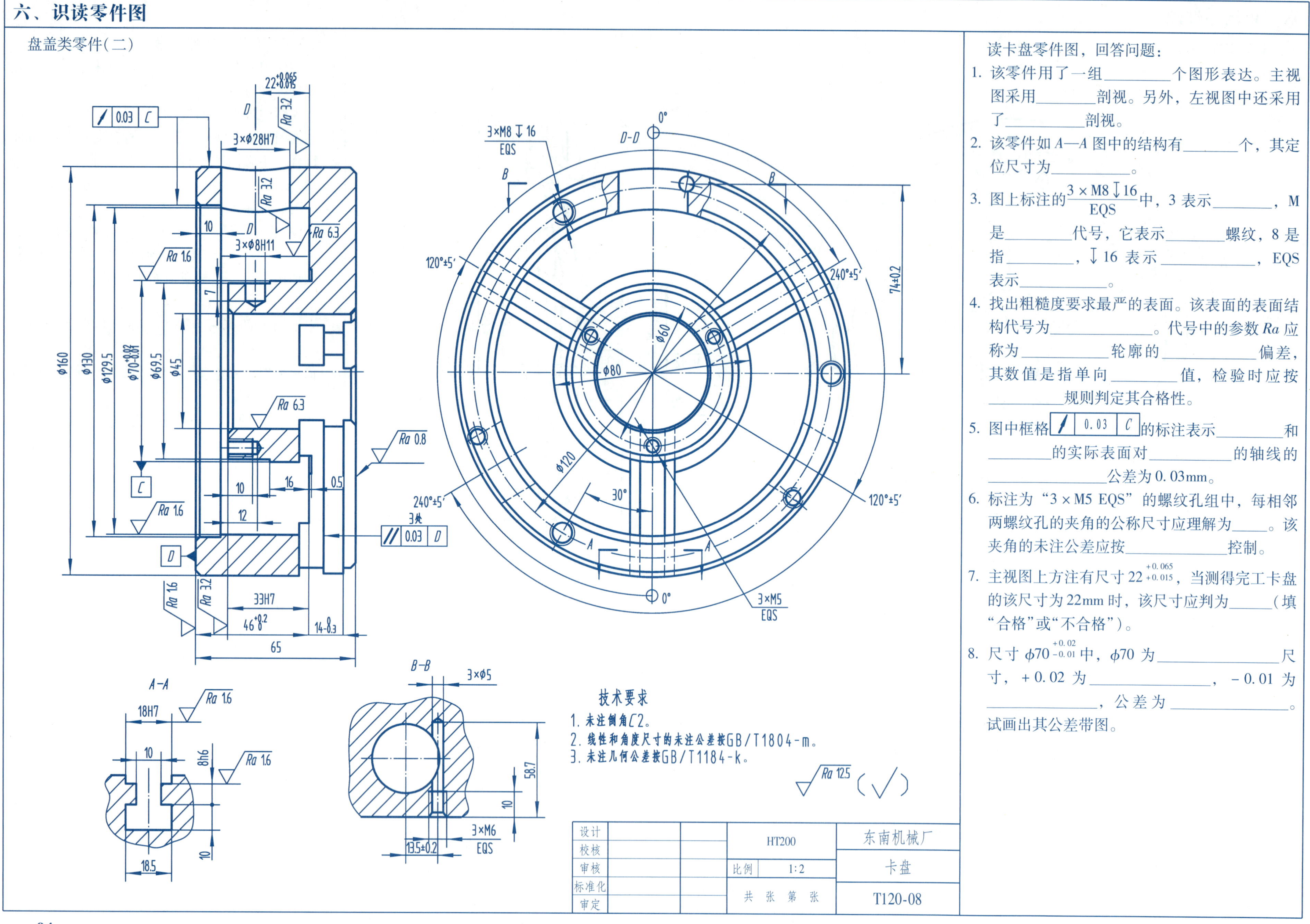


读卡盘零件图，回答问题：

1. 该零件用了一组________个图形表达。主视图采用________剖视。另外，左视图中还采用了__________剖视。
2. 该零件如 A—A 图中的结构有________个，其定位尺寸为__________。
3. 图上标注的 $\frac{3\times M8\downarrow 16}{EQS}$ 中，3 表示________，M 是________代号，它表示________螺纹，8 是指________，↧16 表示__________，EQS 表示__________。
4. 找出粗糙度要求最严的表面。该表面的表面结构代号为__________。代号中的参数 *Ra* 应称为__________轮廓的__________偏差，其数值是指单向________值，检验时应按__________规则判定其合格性。
5. 图中框格 [/ | 0.03 | C] 的标注表示________和________的实际表面对__________的轴线的______________公差为 0.03mm。
6. 标注为"3×M5 EQS"的螺纹孔组中，每相邻两螺纹孔的夹角的公称尺寸应理解为_____。该夹角的未注公差应按____________控制。
7. 主视图上方注有尺寸 $22^{+0.065}_{+0.015}$，当测得完工卡盘的该尺寸为 22mm 时，该尺寸应判为______（填"合格"或"不合格"）。
8. 尺寸 $\phi70^{+0.02}_{-0.01}$ 中，$\phi70$ 为______________尺寸，+0.02 为______________，−0.01 为______________，公差为______________。试画出其公差带图。

## 六、识读零件图

叉架类零件(一)

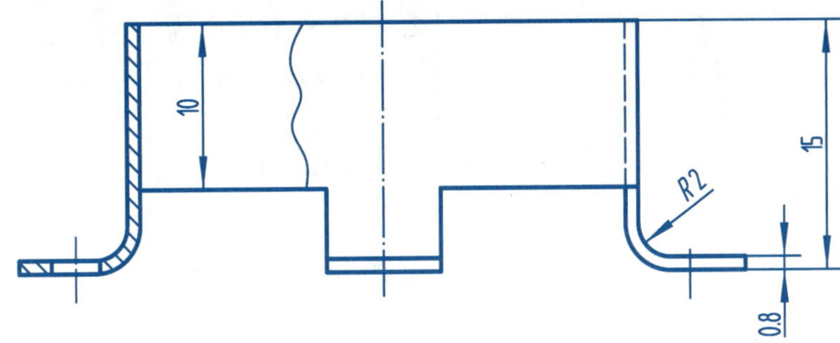


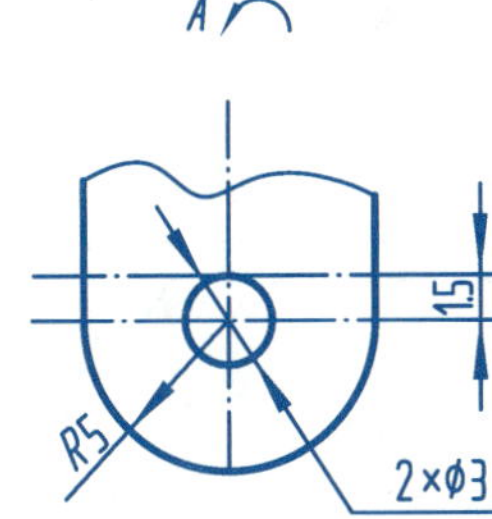


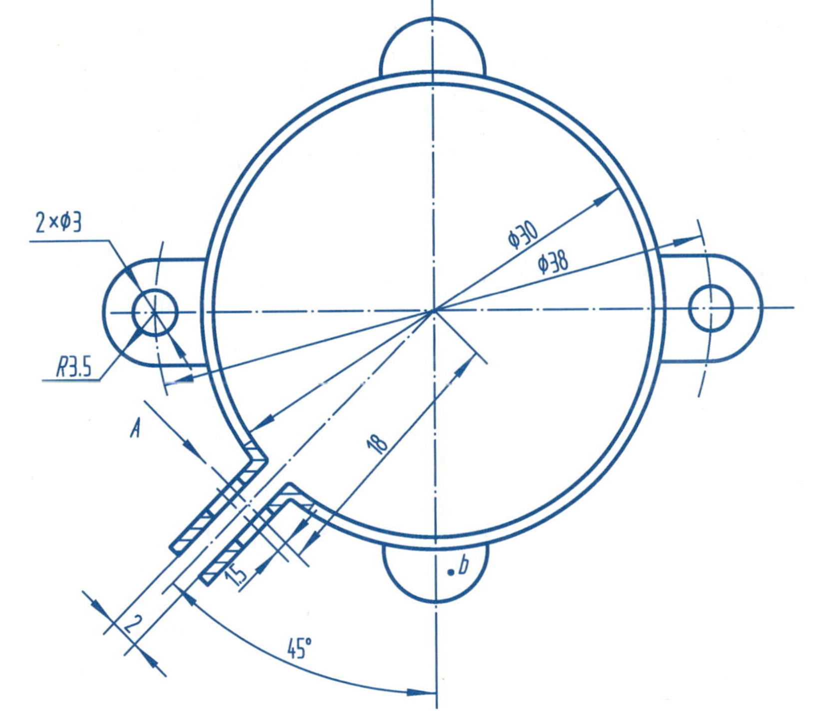


**技术要求**

1. 全部倒角C0.3。
2. 线性和角度尺寸的未注公差按GB/T 1804-c。

$\sqrt{Ra\ 6.3}$

| 设计 | | | 15 | 东南机械厂 |
|---|---|---|---|---|
| 校核 | | | | |
| 审核 | | | 比例 2:1 | 电容器支架 |
| 标准化 | | | | |
| 审定 | | | 共 张 第 张 | T120-08 |

读电容器支架零件图，回答问题：

1. 该零件用了三个图形表达：位于上方的_____视图，该视图中采用了________剖视；位于下方的视图是________视图；右侧的图形是旋转配置后局部地画出的_____视图。
2. 该零件的板厚为_____ mm；其上共有_____个 $\phi3$ 的孔。
3. 斜耳环上的 $2\times\phi3$ 孔的定位尺寸是_____和_____ mm，其轴线离顶面_____ mm。
4. 在电容器支架的零件图中，尺寸 1.5 重复地标注了两次，按照尺寸注法的基本规则，这样的标注应认为是____________的(选填“不允许”或“允许”)。
5. 标题栏上方的表面结构代号是对该零件________________表面的相同要求，表示可用________________________获得，*Ra* 表示______________轮廓的_____________偏差，其数值 12.5 的单位是_____________，检验时应按____________规则判定是否合格。
6. 图中的线性和角度均未注出公差带代号和极限偏差，则其尺寸应按_____________控制。
7. 在图中试求出 *B* 点的正面投影(保留作图线)。

## 六、识读零件图

叉架类零件(二)

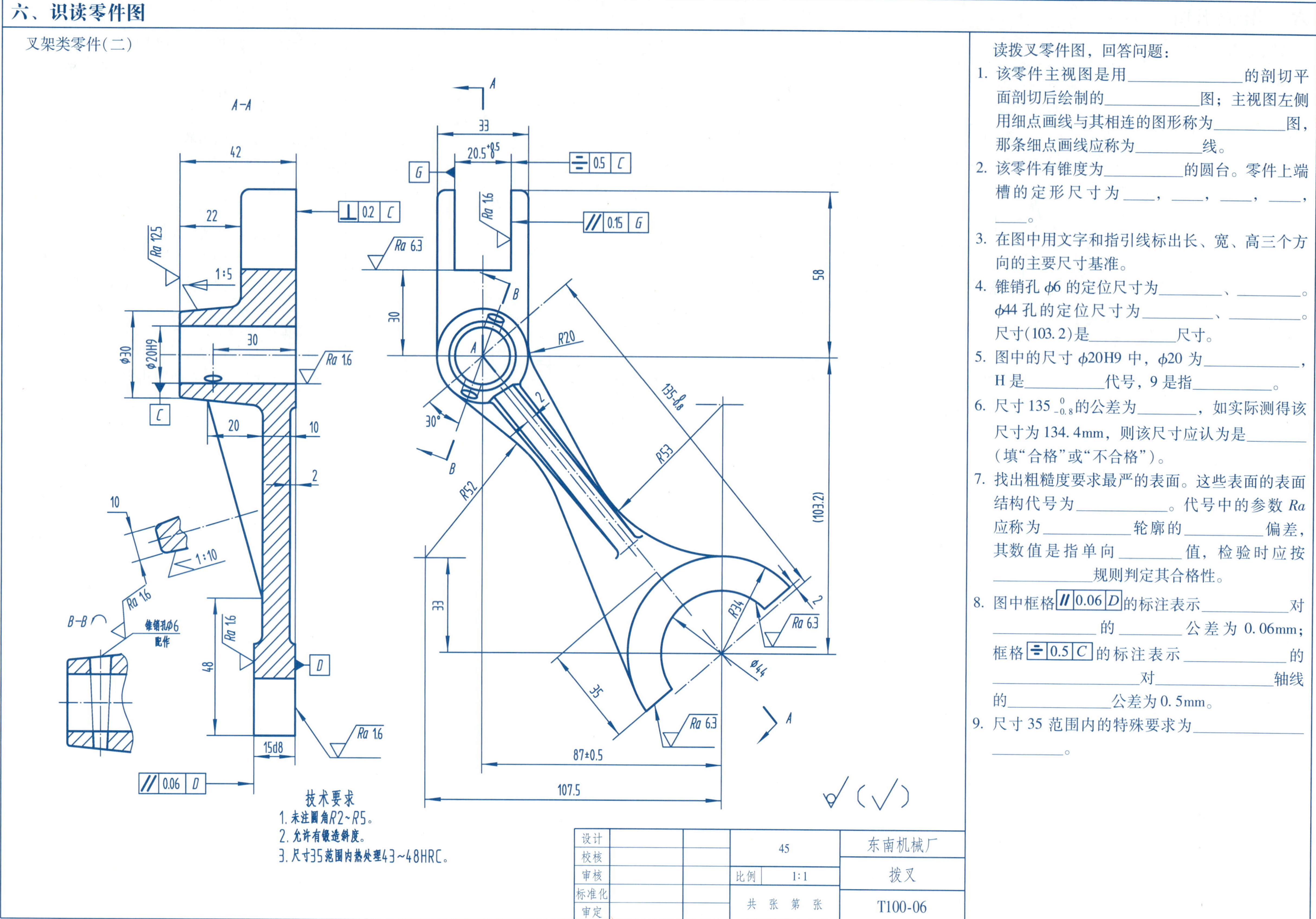


读拨叉零件图，回答问题：

1. 该零件主视图是用________的剖切平面剖切后绘制的________图；主视图左侧用细点画线与其相连的图形称为________图，那条细点画线应称为________线。
2. 该零件有锥度为________的圆台。零件上端槽的定形尺寸为____，____，____，____，____。
3. 在图中用文字和指引线标出长、宽、高三个方向的主要尺寸基准。
4. 锥销孔 $\phi 6$ 的定位尺寸为________、________。$\phi 44$ 孔的定位尺寸为________、________。尺寸(103.2)是________尺寸。
5. 图中的尺寸 $\phi 20H9$ 中，$\phi 20$ 为________，H 是________代号，9 是指________。
6. 尺寸 $135^{\ 0}_{-0.8}$ 的公差为________，如实际测得该尺寸为 134.4mm，则该尺寸应认为是________（填“合格”或“不合格”）。
7. 找出粗糙度要求最严的表面。这些表面的表面结构代号为________。代号中的参数 *Ra* 应称为________轮廓的________偏差，其数值是指单向________值，检验时应按________规则判定其合格性。
8. 图中框格 ∥ 0.06 D 的标注表示________对________的________公差为 0.06mm；框格 ⌯ 0.5 C 的标注表示________的________对________轴线的________公差为 0.5mm。
9. 尺寸 35 范围内的特殊要求为________________。

## 六、识读零件图

叉架类零件(三)

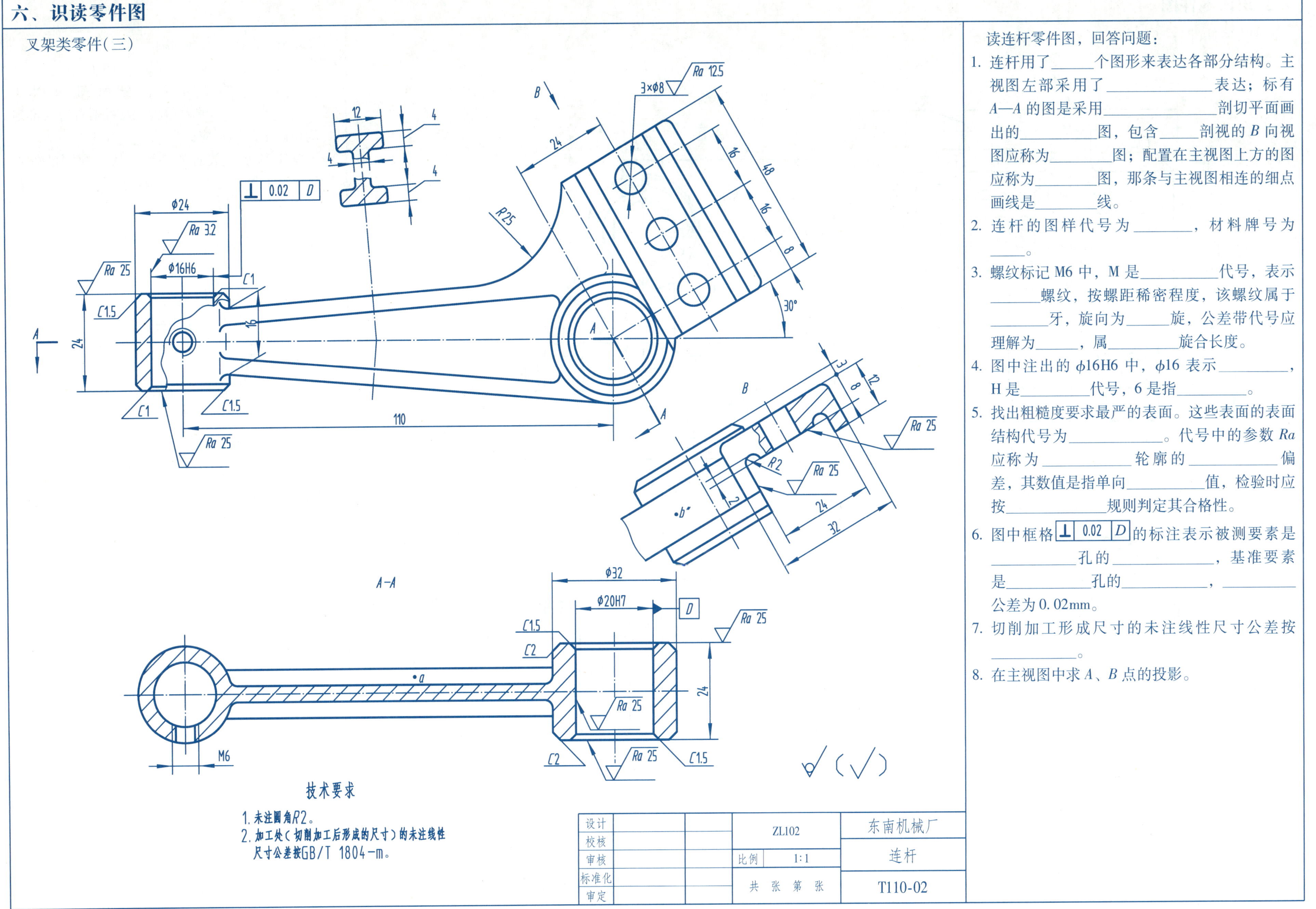


读连杆零件图，回答问题：

1. 连杆用了______个图形来表达各部分结构。主视图左部采用了______表达；标有A—A的图是采用______剖切平面画出的______图，包含______剖视的B向视图应称为______图；配置在主视图上方的图应称为______图，那条与主视图相连的细点画线是______线。
2. 连杆的图样代号为______，材料牌号为______。
3. 螺纹标记M6中，M是______代号，表示______螺纹，按螺距稀密程度，该螺纹属于______牙，旋向为______旋，公差带代号应理解为______，属______旋合长度。
4. 图中注出的ϕ16H6中，ϕ16表示______，H是______代号，6是指______。
5. 找出粗糙度要求最严的表面。这些表面的表面结构代号为______。代号中的参数Ra应称为______轮廓的______偏差，其数值是指单向______值，检验时应按______规则判定其合格性。
6. 图中框格 ⊥ 0.02 D 的标注表示被测要素是______孔的______，基准要素是______孔的______，______公差为0.02mm。
7. 切削加工形成尺寸的未注线性尺寸公差按______。
8. 在主视图中求A、B点的投影。

# 六、识读零件图

叉架类零件(四)

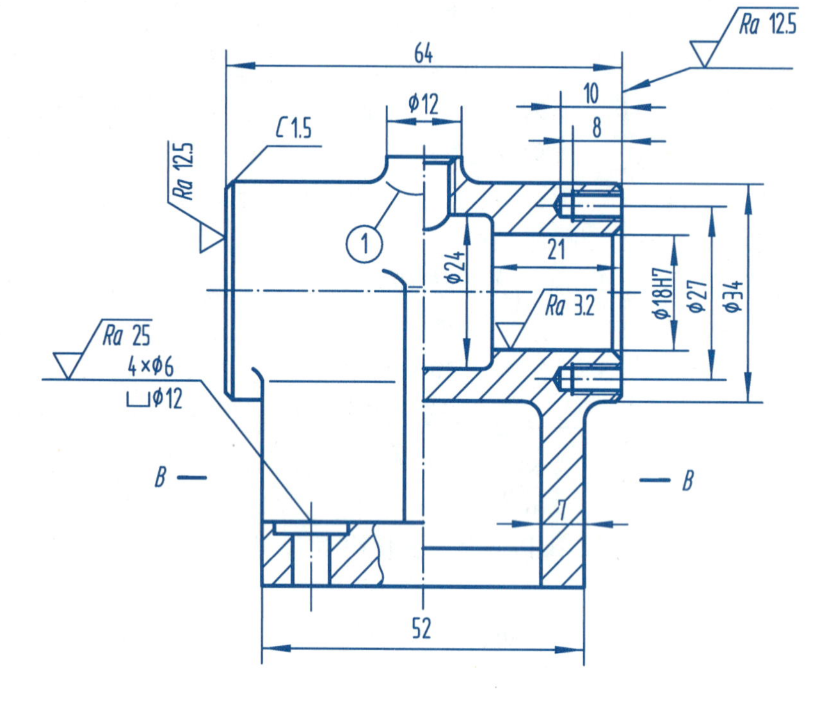

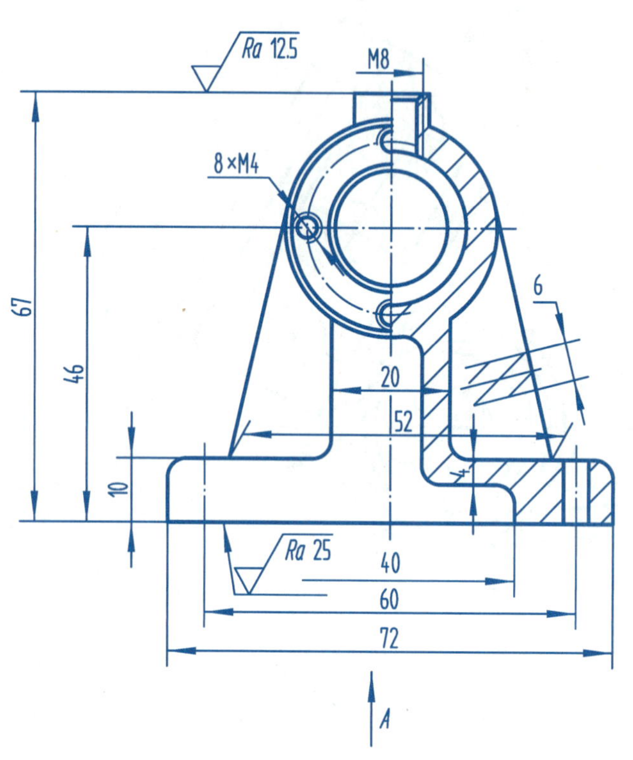

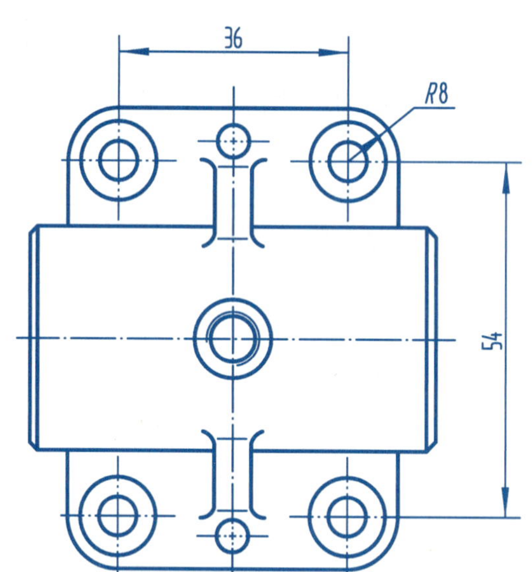

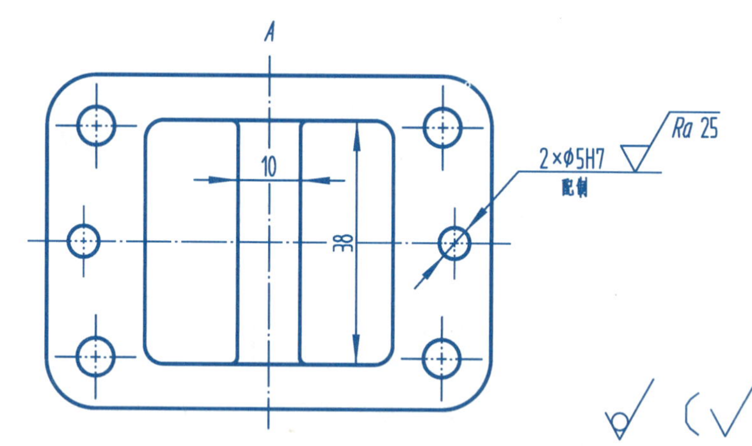

技术要求

1. 未注倒角 C1。
2. 未注圆角 R3。

| 设计 | | | ZL102 | | 东南机械厂 |
|---|---|---|---|---|---|
| 校核 | | | | | |
| 审核 | | | 比例 | 1:1 | 支座 |
| 标准化 | | | | | |
| 审定 | | | 共 张 第 张 | | L130-08 |

读支座零件图，回答问题：

1. 为了表示内部形状，主视图采用了________和__________的表示法，左视图采用了____________的表示法。左视图右边局部地剖切画出的图形应称为__________图。
2. 支座上部水平放置的圆筒，从左视图的外形看，有五个同心圆(包括细点画线圆)，从大到小直径分别为_______、_______、_______、_______和______。
3. 零件上的肋板厚度为_________。支座左右两端面各有螺孔______个，螺纹深度为_______ mm。
4. 孔组 4 × $\phi$6 的定位尺寸为________________、__________。图中引出标注的表面结构要求是对____________部分的要求(选填“沉孔”或“沉孔和通孔”)。
5. 支座长度方向的尺寸基准是________________，高度方向的尺寸基准是________________，宽度方向的尺寸基准是________________。
6. 图上注出的 $\phi$18H7 中，$\phi$18 表示__________，H7 是____________代号，H 是__________代号，7 是指____________。
7. 底板上表面的表面结构代号为__________。
8. 主视图中①所指的线称为____________线。
9. 画出 $B$—$B$ 的移出断面图：

# 六、识读零件图

叉架类零件(五)

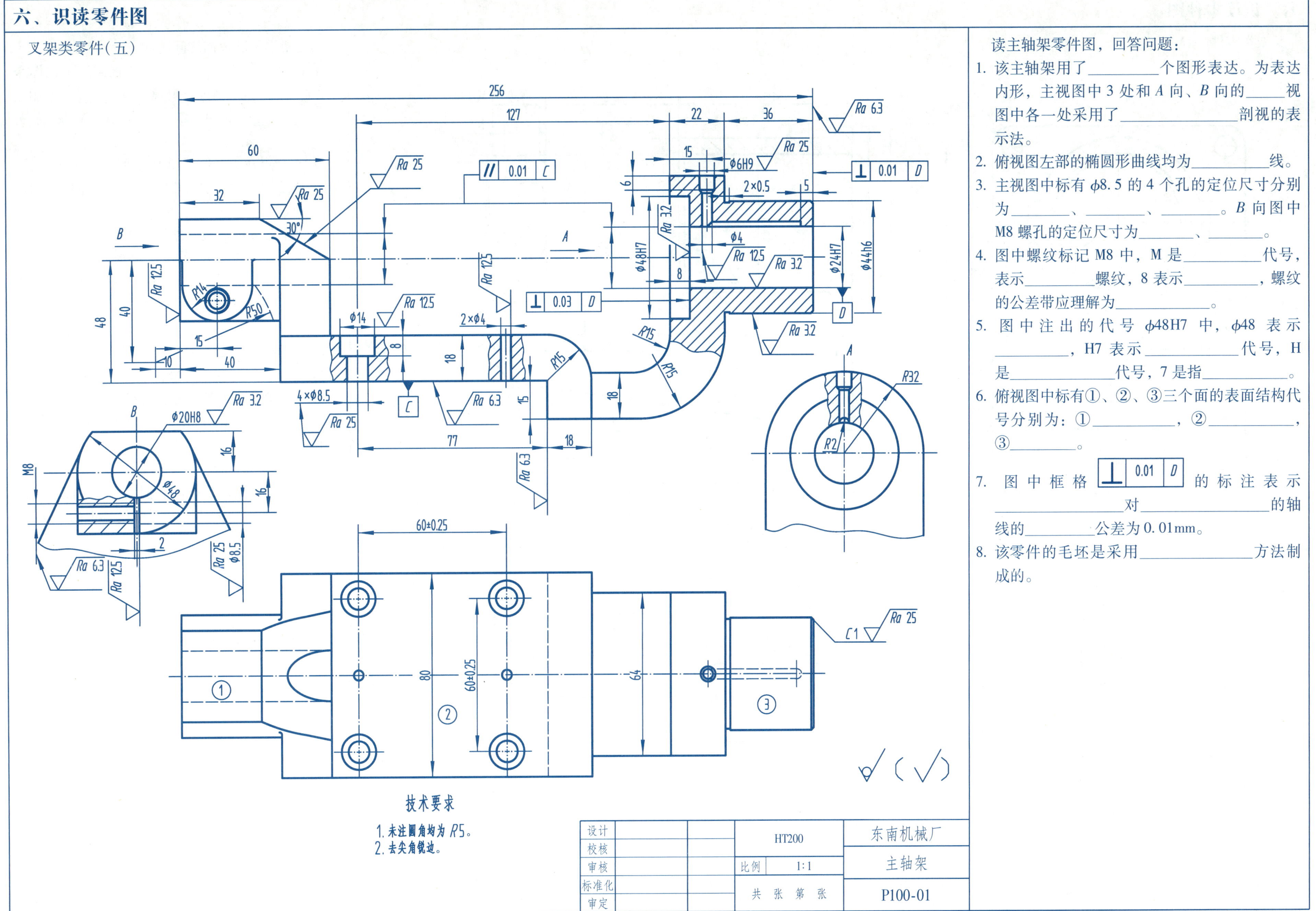


读主轴架零件图，回答问题：

1. 该主轴架用了________个图形表达。为表达内形，主视图中 3 处和 $A$ 向、$B$ 向的_____视图中各一处采用了______________剖视的表示法。
2. 俯视图左部的椭圆形曲线均为__________线。
3. 主视图中标有 $\phi8.5$ 的 4 个孔的定位尺寸分别为_______、_______、_______。$B$ 向图中 M8 螺孔的定位尺寸为_______、_______。
4. 图中螺纹标记 M8 中，M 是__________代号，表示________螺纹，8 表示__________，螺纹的公差带应理解为_____________。
5. 图中注出的代号 $\phi48$H7 中，$\phi48$ 表示__________，H7 表示___________代号，H 是___________代号，7 是指___________。
6. 俯视图中标有①、②、③三个面的表面结构代号分别为：①___________，②___________，③________。
7. 图中框格 [⊥ | 0.01 | D] 的标注表示_______________对__________________的轴线的_________公差为 0.01mm。
8. 该零件的毛坯是采用_____________方法制成的。

## 六、识读零件图

叉架类零件(六)

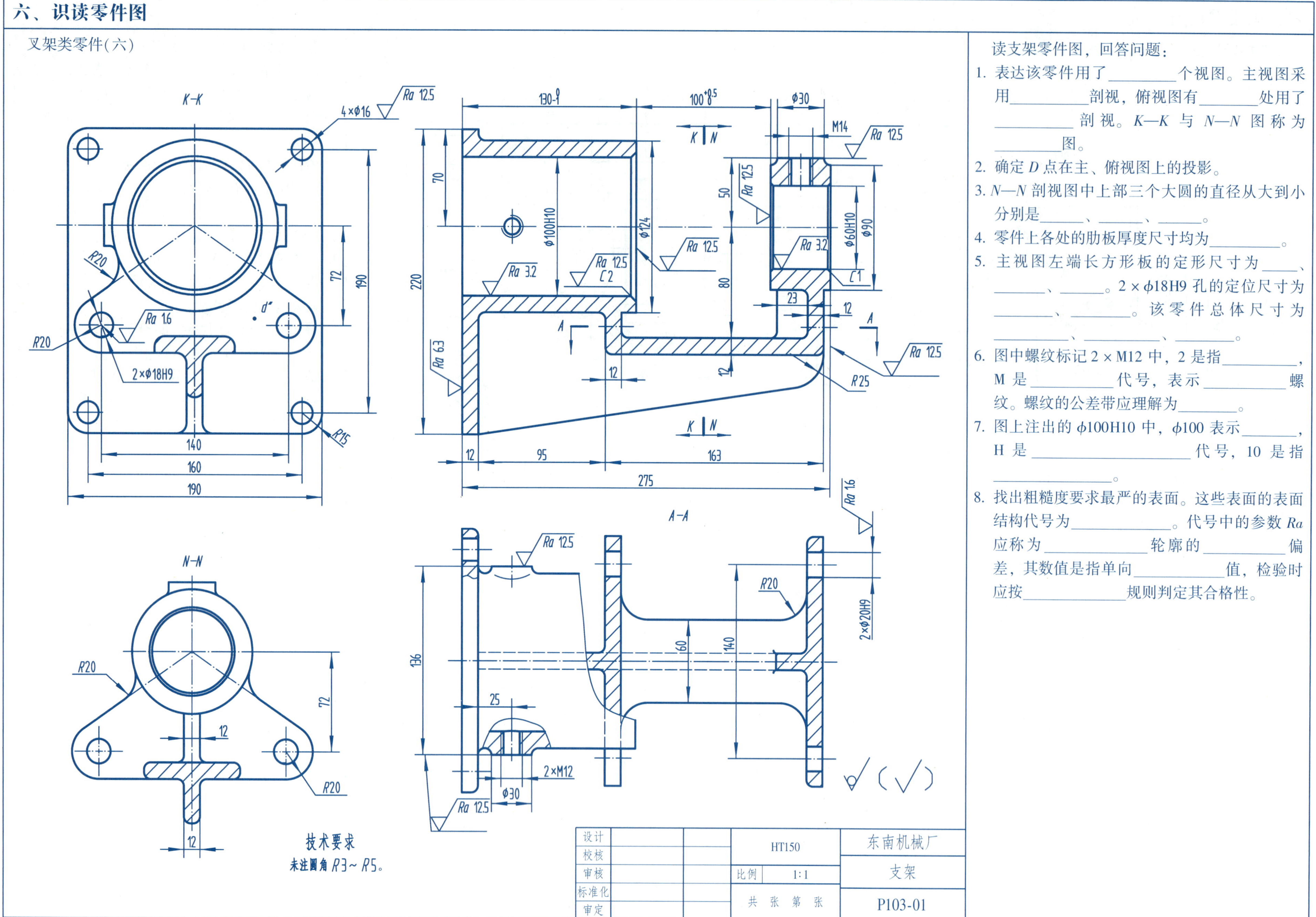


读支架零件图，回答问题：

1. 表达该零件用了________个视图。主视图采用________剖视，俯视图有________处用了________剖视。K—K 与 N—N 图称为________图。
2. 确定 D 点在主、俯视图上的投影。
3. N—N 剖视图中上部三个大圆的直径从大到小分别是______、______、______。
4. 零件上各处的肋板厚度尺寸均为________。
5. 主视图左端长方形板的定形尺寸为______、______。2×ϕ18H9 孔的定位尺寸为______、______。该零件总体尺寸为______、______、______。
6. 图中螺纹标记 2×M12 中，2 是指________，M 是________代号，表示________螺纹。螺纹的公差带应理解为________。
7. 图上注出的 ϕ100H10 中，ϕ100 表示______，H 是________代号，10 是指________。
8. 找出粗糙度要求最严的表面。这些表面的表面结构代号为________。代号中的参数 Ra 应称为________轮廓的________偏差，其数值是指单向________值，检验时应按________规则判定其合格性。

## 六、识读零件图

叉架类零件(七)

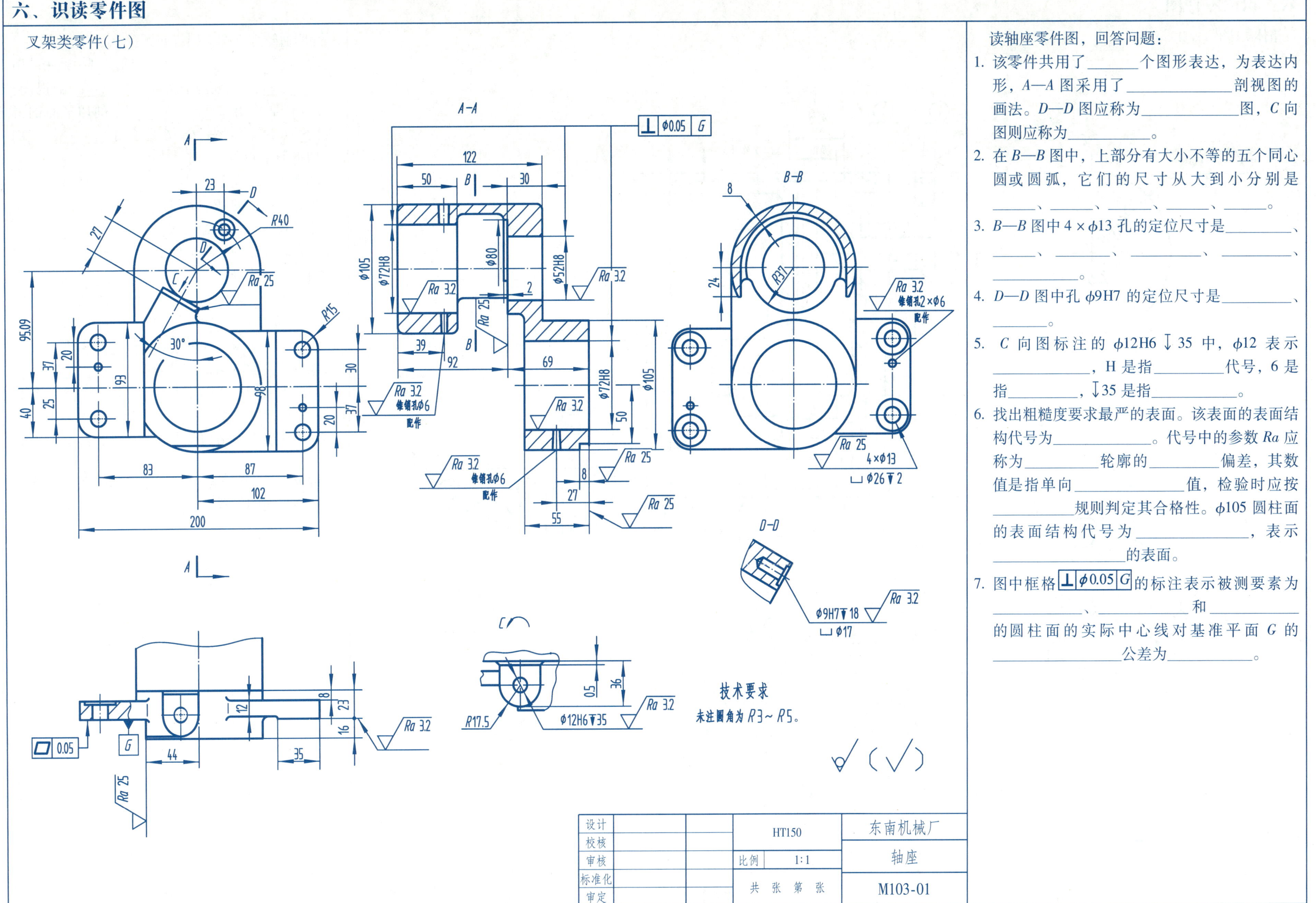


读轴座零件图，回答问题：

1. 该零件共用了______个图形表达，为表达内形，A—A 图采用了____________剖视图的画法。D—D 图应称为____________图，C 向图则应称为__________。
2. 在 B—B 图中，上部分有大小不等的五个同心圆或圆弧，它们的尺寸从大到小分别是______、______、______、______、______。
3. B—B 图中 4×ϕ13 孔的定位尺寸是________、______、________、__________、__________。
4. D—D 图中孔 ϕ9H7 的定位尺寸是_________、_______。
5. C 向图标注的 ϕ12H6 ↧35 中，ϕ12 表示___________，H 是指_________代号，6 是指_________，↧35 是指___________。
6. 找出粗糙度要求最严的表面。该表面的表面结构代号为____________。代号中的参数 Ra 应称为__________轮廓的_________偏差，其数值是指单向______________值，检验时应按__________规则判定其合格性。ϕ105 圆柱面的表面结构代号为______________，表示______________的表面。
7. 图中框格 ⊥ ϕ0.05 G 的标注表示被测要素为___________、___________和___________的圆柱面的实际中心线对基准平面 G 的_______________公差为__________。

## 六、识读零件图

箱体类零件(一)

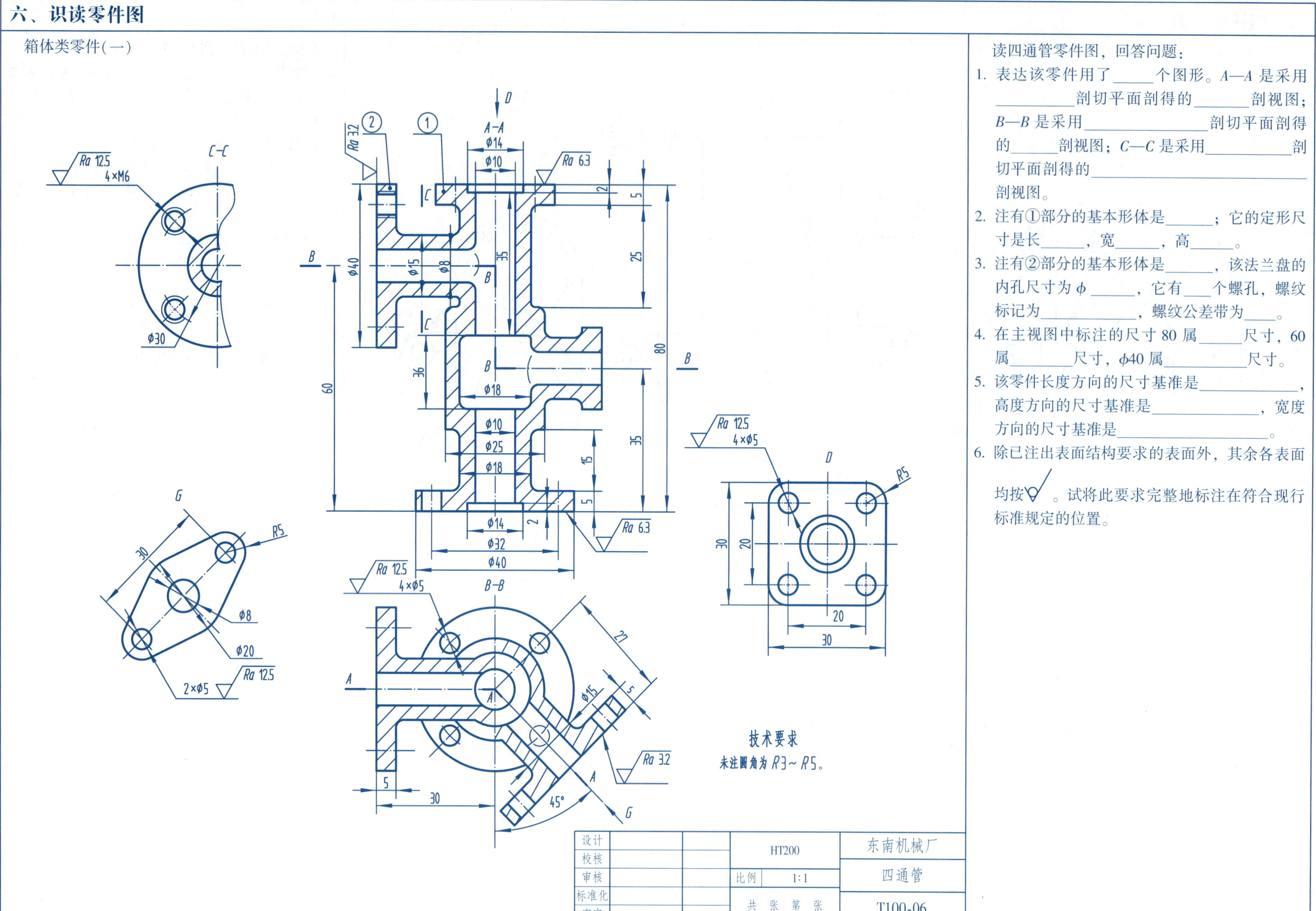


读四通管零件图，回答问题：

1. 表达该零件用了______个图形。A—A 是采用__________剖切平面剖得的_______剖视图；B—B 是采用________________剖切平面剖得的_______剖视图；C—C 是采用____________剖切平面剖得的______________________________剖视图。
2. 注有①部分的基本形体是_______；它的定形尺寸是长______，宽______，高______。
3. 注有②部分的基本形体是_______，该法兰盘的内孔尺寸为 $\phi$______，它有____个螺孔，螺纹标记为_____________，螺纹公差带为_____。
4. 在主视图中标注的尺寸 80 属_______尺寸，60 属_________尺寸，$\phi$40 属____________尺寸。
5. 该零件长度方向的尺寸基准是_______________，高度方向的尺寸基准是__________________，宽度方向的尺寸基准是___________________________。
6. 除已注出表面结构要求的表面外，其余各表面均按√。试将此要求完整地标注在符合现行标准规定的位置。

箱体类零件(二)

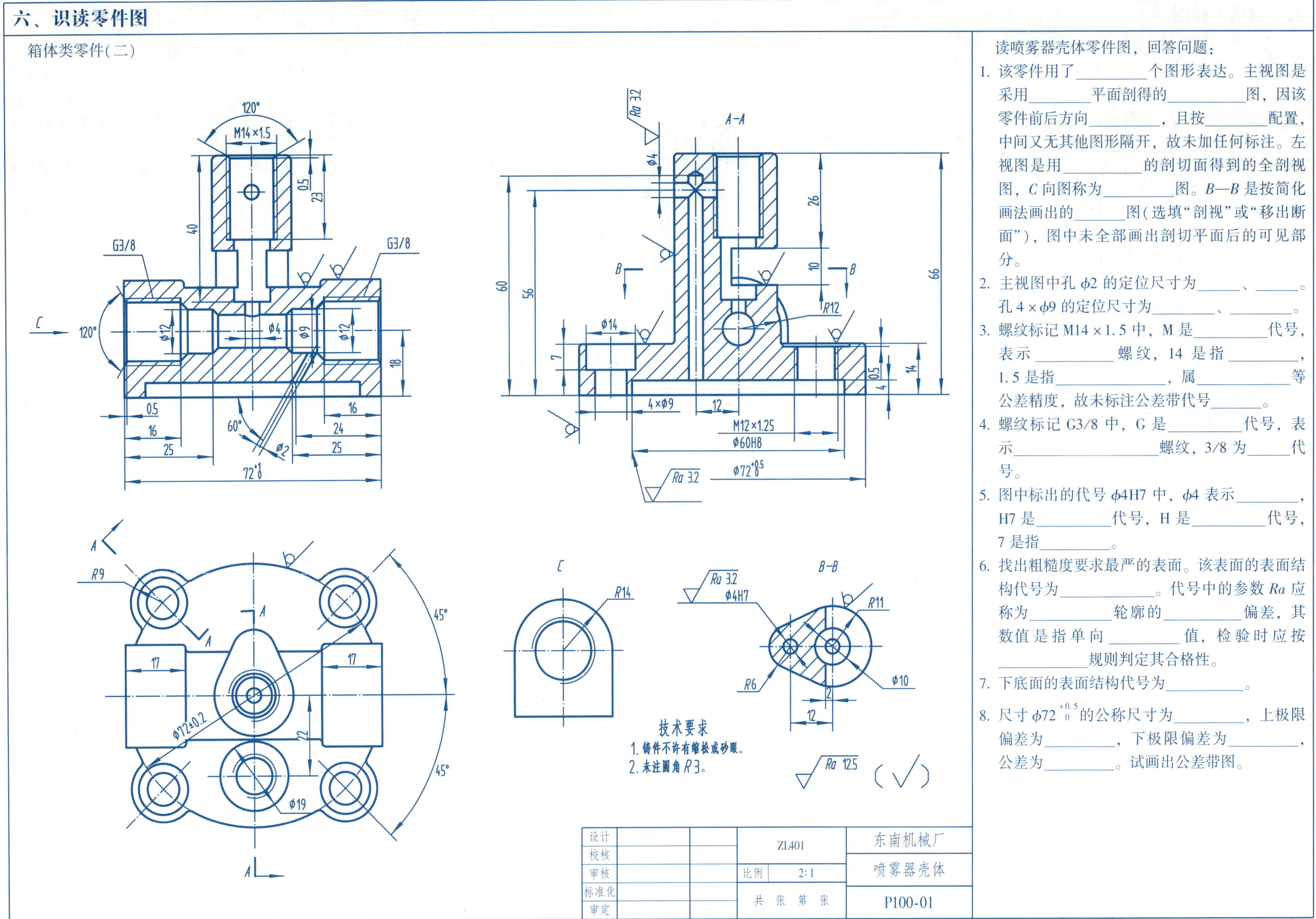


读喷雾器壳体零件图，回答问题：

1. 该零件用了________个图形表达。主视图是采用________平面剖得的________图，因该零件前后方向________，且按________配置，中间又无其他图形隔开，故未加任何标注。左视图是用________的剖切面得到的全剖视图，C 向图称为________图。B—B 是按简化画法画出的________图(选填“剖视”或“移出断面”)，图中未全部画出剖切平面后的可见部分。
2. 主视图中孔 $\phi2$ 的定位尺寸为______、______。孔 $4\times\phi9$ 的定位尺寸为______、______。
3. 螺纹标记 M14×1.5 中，M 是________代号，表示________螺纹，14 是指________，1.5 是指________，属________等公差精度，故未标注公差带代号______。
4. 螺纹标记 G3/8 中，G 是________代号，表示________螺纹，3/8 为______代号。
5. 图中标出的代号 $\phi4$H7 中，$\phi4$ 表示________，H7 是________代号，H 是________代号，7 是指________。
6. 找出粗糙度要求最严的表面。该表面的表面结构代号为________。代号中的参数 *Ra* 应称为________轮廓的________偏差，其数值是指单向________值，检验时应按________规则判定其合格性。
7. 下底面的表面结构代号为________。
8. 尺寸 $\phi72^{+0.5}_{0}$ 的公称尺寸为________，上极限偏差为________，下极限偏差为________，公差为________。试画出公差带图。

## 六、识读零件图

箱体类零件(三)

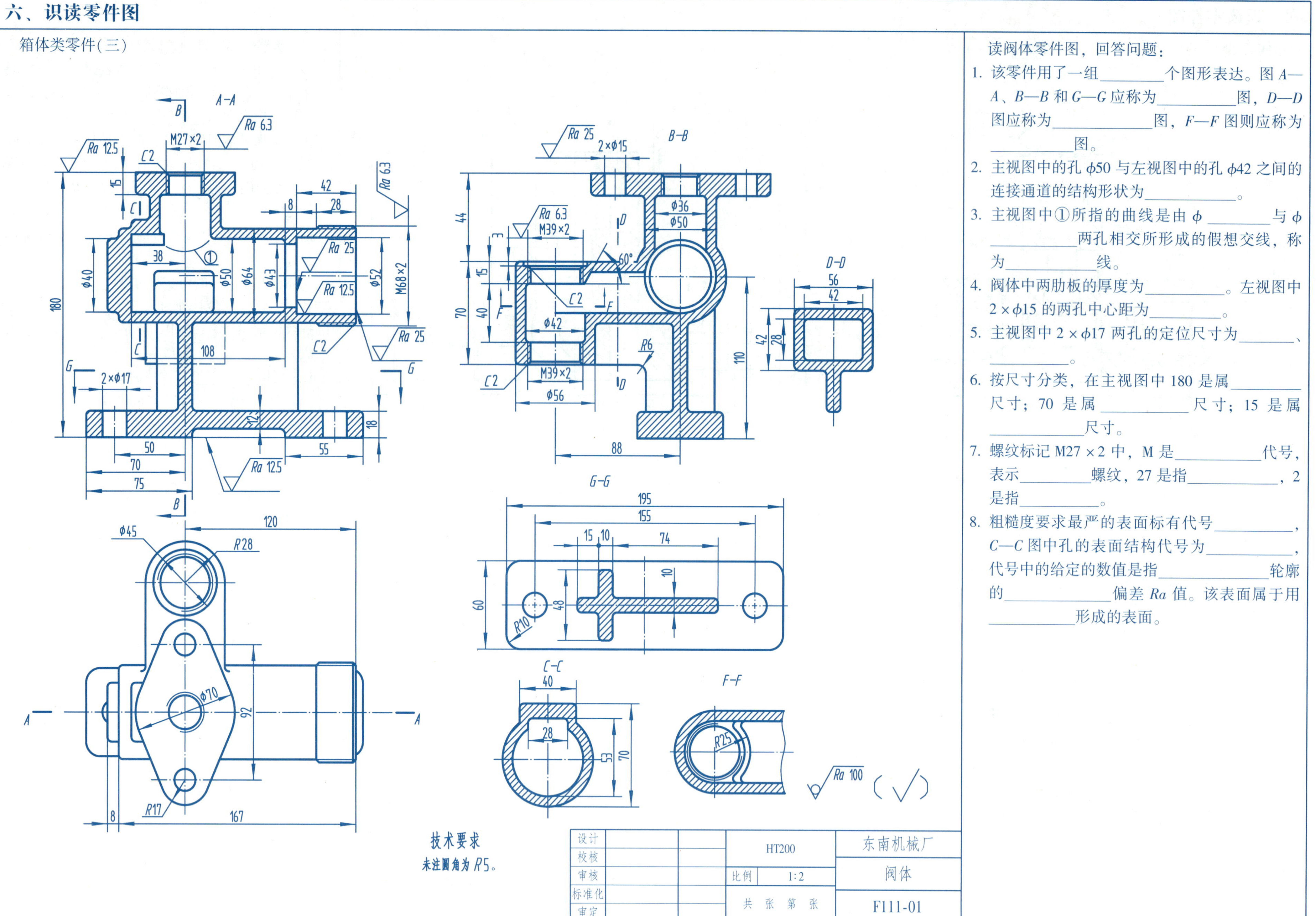


读阀体零件图，回答问题：

1. 该零件用了一组________个图形表达。图 *A*—*A*、*B*—*B* 和 *G*—*G* 应称为__________图，*D*—*D* 图应称为____________图，*F*—*F* 图则应称为__________图。
2. 主视图中的孔 $\phi50$ 与左视图中的孔 $\phi42$ 之间的连接通道的结构形状为____________。
3. 主视图中①所指的曲线是由 $\phi$________与 $\phi$__________两孔相交所形成的假想交线，称为__________线。
4. 阀体中两肋板的厚度为__________。左视图中 $2\times\phi15$ 的两孔中心距为__________。
5. 主视图中 $2\times\phi17$ 两孔的定位尺寸为________、__________。
6. 按尺寸分类，在主视图中 180 是属__________尺寸；70 是属__________尺寸；15 是属__________尺寸。
7. 螺纹标记 M27×2 中，M 是__________代号，表示________螺纹，27 是指__________，2 是指__________。
8. 粗糙度要求最严的表面标有代号__________，*C*—*C* 图中孔的表面结构代号为__________，代号中的给定的数值是指____________轮廓的____________偏差 *Ra* 值。该表面属于用__________形成的表面。

## 六、识读零件图

箱体类零件(四)

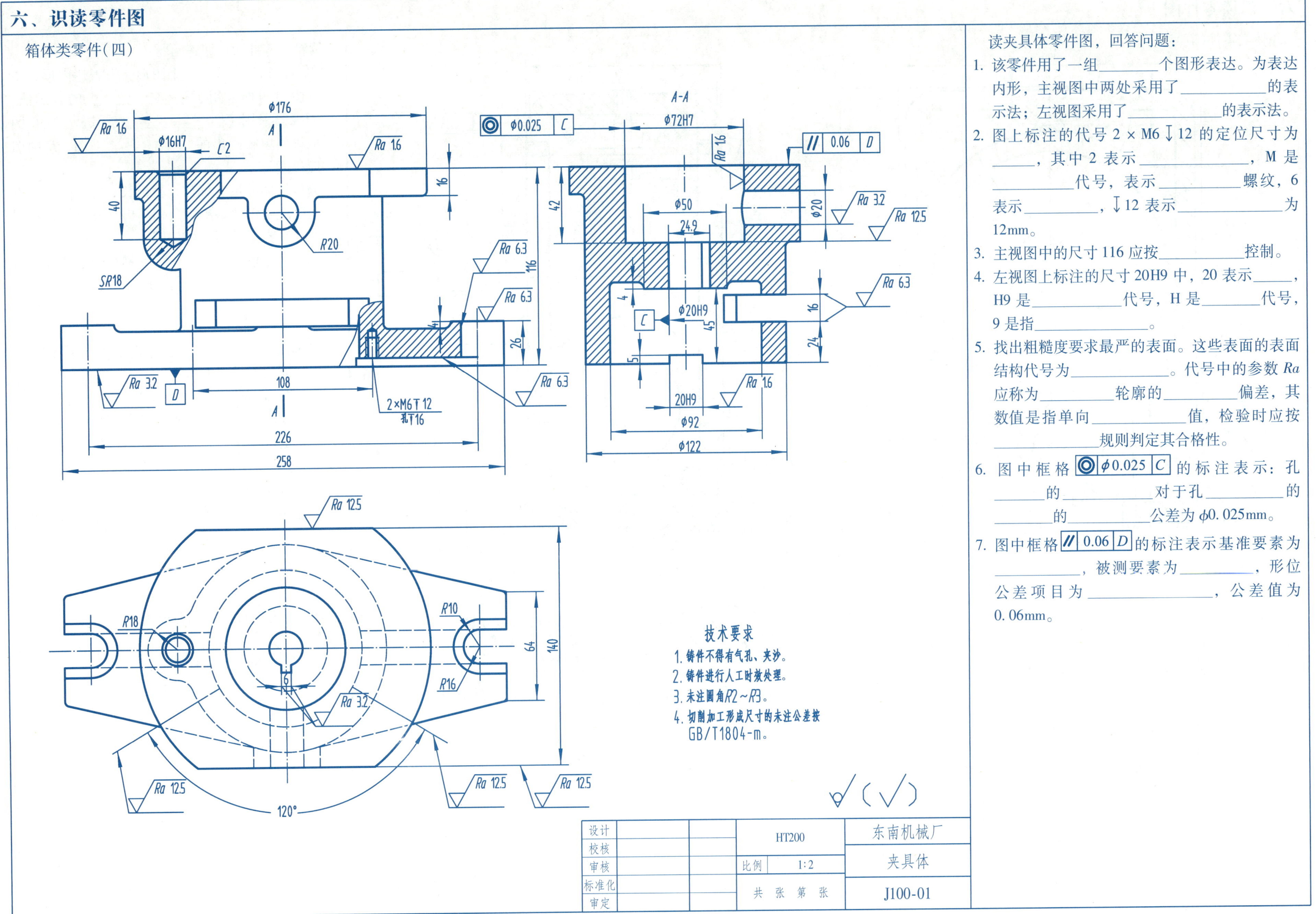


读夹具体零件图，回答问题：

1. 该零件用了一组________个图形表达。为表达内形，主视图中两处采用了____________的表示法；左视图采用了____________的表示法。
2. 图上标注的代号 2 × M6↧12 的定位尺寸为______，其中 2 表示____________，M 是__________代号，表示__________螺纹，6 表示__________，↧12 表示______________为 12mm。
3. 主视图中的尺寸 116 应按____________控制。
4. 左视图上标注的尺寸 20H9 中，20 表示_____，H9 是____________代号，H 是________代号，9 是指______________。
5. 找出粗糙度要求最严的表面。这些表面的表面结构代号为_____________。代号中的参数 *Ra* 应称为__________轮廓的__________偏差，其数值是指单向____________值，检验时应按______________规则判定其合格性。
6. 图中框格 ◎ ϕ0.025 C 的标注表示：孔________的____________对于孔__________的________的__________公差为 $\phi$0.025mm。
7. 图中框格 // 0.06 D 的标注表示基准要素为____________，被测要素为__________，形位公差项目为______________，公差值为 0.06mm。

## 六、识读零件图

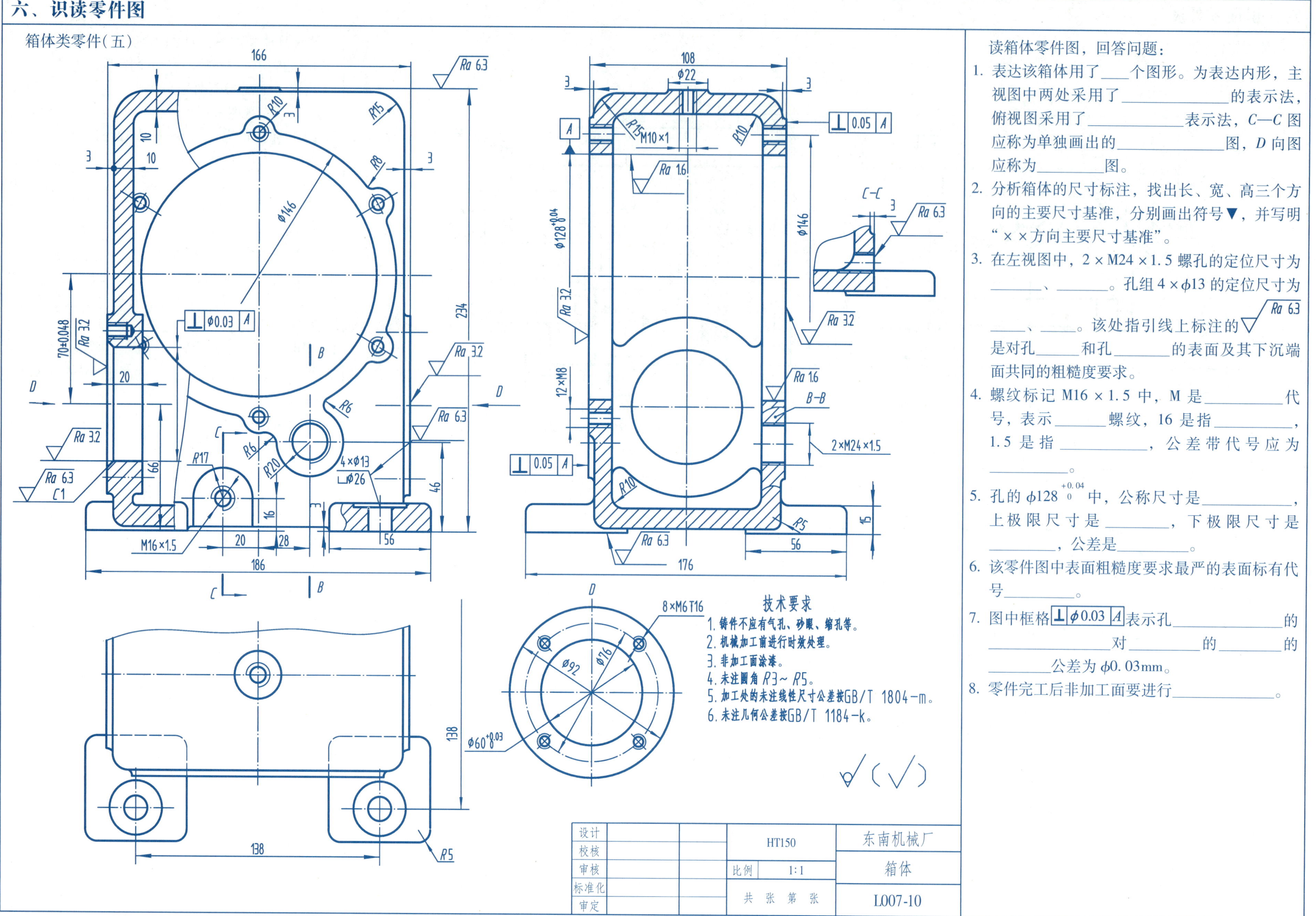


读箱体零件图，回答问题：

1. 表达该箱体用了____个图形。为表达内形，主视图中两处采用了______________的表示法，俯视图采用了______________表示法，C—C 图应称为单独画出的______________图，D 向图应称为__________图。
2. 分析箱体的尺寸标注，找出长、宽、高三个方向的主要尺寸基准，分别画出符号▼，并写明“××方向主要尺寸基准”。
3. 在左视图中，2×M24×1.5 螺孔的定位尺寸为________、________。孔组 4×φ13 的定位尺寸为_____、_____。该处指引线上标注的 Ra 6.3 是对孔______和孔________的表面及其下沉端面共同的粗糙度要求。
4. 螺纹标记 M16×1.5 中，M 是__________代号，表示________螺纹，16 是指__________，1.5 是指____________，公差带代号应为__________。
5. 孔的 $\phi128^{+0.04}_{0}$ 中，公称尺寸是__________，上极限尺寸是________，下极限尺寸是________，公差是__________。
6. 该零件图中表面粗糙度要求最严的表面标有代号________。
7. 图中框格 ⊥ φ0.03 A 表示孔____________的______________对__________的________的________公差为 φ0.03mm。
8. 零件完工后非加工面要进行____________。

# 第九部分　装　配　图

## 一、填空题

1. 在装配图中，相互邻接的金属零件的剖面线，其倾斜方向应________，或方向一致而间隔________；同一装配图中的同一零件的剖面线应方向________、间隔________。

2. 在装配图中，对于紧固件以及轴、连杆、球、钩子、键、销等实心零件，若按纵向剖切，且剖切平面通过其对称平面或轴线时，则这些零件均按________绘制。如需要特别表明零件的构造，如凹槽、键槽、销孔等，则可用____________表示。

3. 在装配图中，当剖切平面通过的某些部件为标准产品或该部件已由其他图形表示清楚时，可按________绘制。

4. 一张完整的装配图应具备的内容：__________________；__________________；__________________；零件序号、标题栏、明细栏。

5. 在装配图中，零件的________角、________角、凹坑、凸台、沟槽、滚花、刻线及其他细节等可不画出。

6. 装配图一般应标注下面几类尺寸：____________尺寸、____________尺寸(配合尺寸及相对位置尺寸)、____________尺寸和____________尺寸及其他重要尺寸。

7. 在装配图中可假想沿某些零件的结合面剖切，也可假想将某些零件________后绘制，此时可在图形上方标注“拆去××等”。

8. 在装配图中，可用________线表示带传动中的带；用________线表示链传动中的链。

9. 在装配图中，可省略螺栓、螺母、销等紧固件的投影，而用________线和________线指明它们的位置。

10. 在装配图中，相邻辅助零部件和可动零件的极限位置的轮廓线应采用________线画出。

## 二、选择题(每题只选一个答案,将所选答案的编号填入括弧中)

1. 明细栏一般配置在装配图中标题栏上方，其序号栏目的填写顺序是：……………（　　）
   A. 由上向下，顺次填写
   B. 由下向上，顺次填写
   C. 不必符合图形上的编排次序

2. 在装配图中，相邻零件的相邻表面处的画法是：…………………………………………（　　）
   A. 接触面及配合面只画一条线，两零件相邻但不接触仍画两条线
   B. 应视具体情况区别对待，例如间隙配合的孔轴表面，为图示其间隙，也应画两条线
   C. 无论接触或不接触都应画两条线

3. 表达某产品的全套图样中，有1张装配图，9张零件图，则在该装配图的标题栏中，有关张数和张次应填为：………………………………………………………………………………（　　）
   A. 共10张第1张　　B. 共1张第1张　　C. 不必填张数和张次

4. 在装配图中，表示带传动中的带用的线型是：……………………………………………（　　）
   A. 粗实线　　B. 细实线　　C. 细点画线　　D. 细双点画线

5. 在装配图中，表示链传动中的链用的线型是：……………………………………………（　　）
   A. 粗点画线　　B. 细双点画线　　C. 细虚线　　D. 细点画线

6. 装配图中若干相同的零、部件组，可仅详细地画出一组，其余只需用下列线型中的哪一种表示其位置？………………………………………………………………………………（　　）
   A. 粗实线　　B. 细实线　　C. 细点画线　　D. 细双点画线

7. 对于在装配图中单独画出某一零件的视图的表示法，正确的说法是：……………（　　）
   A. 装配图中不可以出现单个零件的视图，否则易产生混淆
   B. 装配图中，可以出现单个零件的视图，此时应标注投射方向、字母和零件名称，当按投影关系配置时，可省略投射方向和字母
   C. 装配图中可以单独画出某一零件的视图，但必须标注该视图名称、投射方向和字母

8. 装配图中的零件除标准件外，其余零件均应称为：…………………………………（　　）
   A. 非标准件　　B. 专用件(或基本件)　C. 特殊零件

## 三、是非题(正确的画“○”,错误的打“×”)

1. 视图、剖视图等画法和标注方法的规定只适用于零件图，不适用于装配图。……（　　）

2. 在装配图中，可用粗实线表示带传动中的带；用细点画线表示链传动中的链。……（　　）

3. 在装配图中，当剖切平面通过的某些部件为标准产品或该部件已由其他图形表示清楚时，可按不剖绘制。…………………………………………………………………………（　　）

4. 因装配图是表达机器或部件的装配关系、工作原理和使用情况，故不能在装配图中单独用一个图形画出某一零件。……………………………………………………………（　　）

5. 零件图和装配图有不同的表达内容和作用，但应采用完全相同的标题栏格式。……（　　）

6. 装配图明细栏中除标准件外，其余序号称为“专用件”，不得称为“非标准件”。…（　　）

7. 一套完整的产品图样中，除了画出装配图外，还必须画出该产品每个零件的零件图。…………………………………………………………………………………（　　）

8. 在装配图中，两个相邻零件的接触面只画一条线；两个零件不接触，但只要是相邻表面仍画成一条线。……………………………………………………………………（　　）

9. 编排装配图中的零部件序号时，对于一组紧固件以及装配关系清楚的零件组，不允许只画一条公共指引线。………………………………………………………………（　　）

10. 每一种零、部件只编一个序号，一般只标注一次；多处出现的相同零、部件，必要时也可重复标注。………………………………………………………………………（　　）

## 四、识读装配图

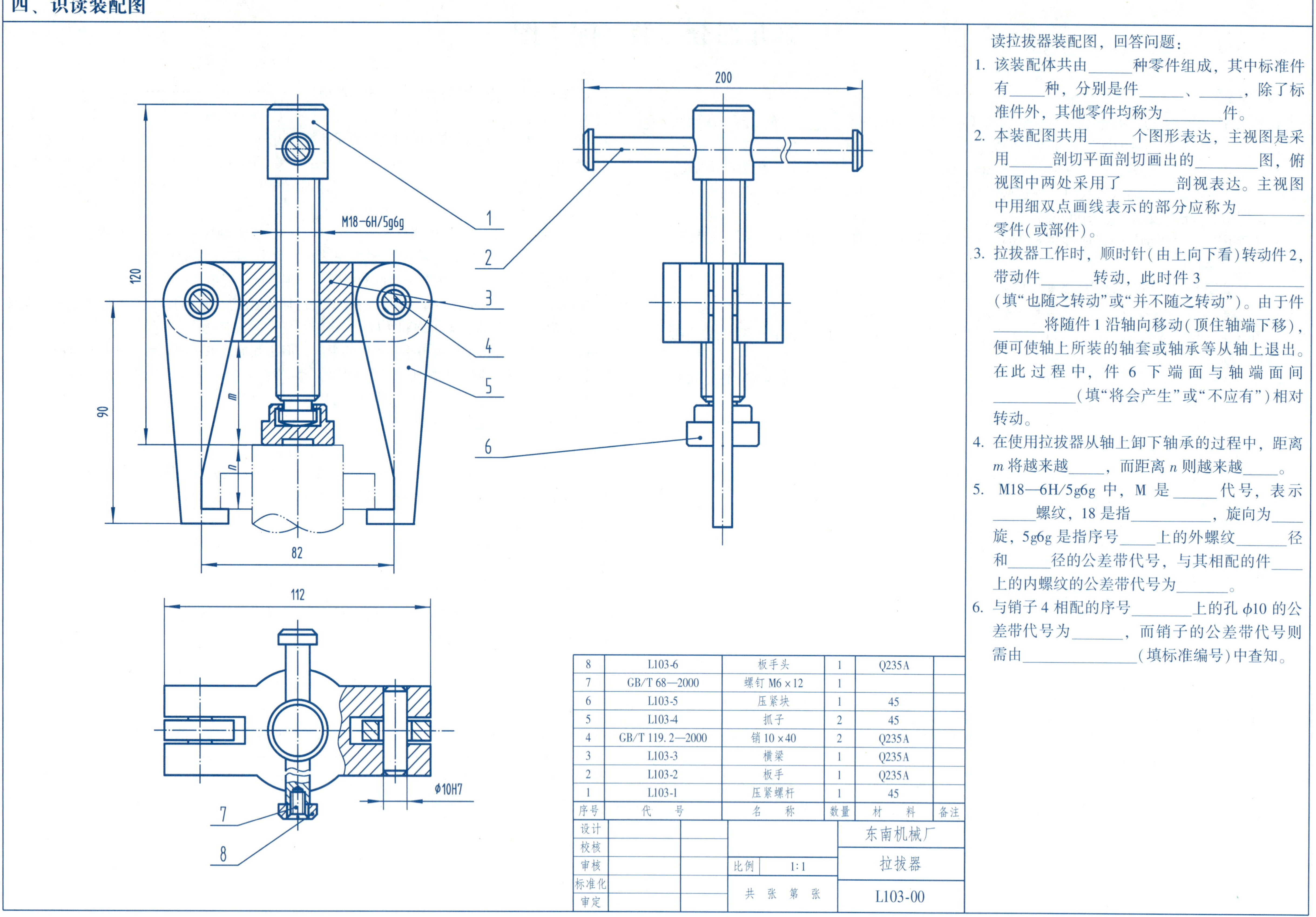


读拉拔器装配图，回答问题：

1. 该装配体共由______种零件组成，其中标准件有_____种，分别是件______、______，除了标准件外，其他零件均称为________件。
2. 本装配图共用______个图形表达，主视图是采用_____剖切平面剖切画出的________图，俯视图中两处采用了_______剖视表达。主视图中用细双点画线表示的部分应称为________零件(或部件)。
3. 拉拔器工作时，顺时针(由上向下看)转动件2，带动件______转动，此时件3 ____________(填“也随之转动”或“并不随之转动”)。由于件______将随件1沿轴向移动(顶住轴端下移)，便可使轴上所装的轴套或轴承等从轴上退出。在此过程中，件6下端面与轴端面间__________(填“将会产生”或“不应有”)相对转动。
4. 在使用拉拔器从轴上卸下轴承的过程中，距离 $m$ 将越来越_____，而距离 $n$ 则越来越_____。
5. M18—6H/5g6g 中，M 是______代号，表示______螺纹，18 是指___________，旋向为____旋，5g6g 是指序号_____上的外螺纹______径和______径的公差带代号，与其相配的件____上的内螺纹的公差带代号为_______。
6. 与销子4相配的序号________上的孔 φ10 的公差带代号为______，而销子的公差带代号则需由______________(填标准编号)中查知。

| 序号 | 代号 | 名称 | 数量 | 材料 | 备注 |
|---|---|---|---|---|---|
| 8 | L103-6 | 板手头 | 1 | Q235A | |
| 7 | GB/T 68—2000 | 螺钉 M6×12 | 1 | | |
| 6 | L103-5 | 压紧块 | 1 | 45 | |
| 5 | L103-4 | 抓子 | 2 | 45 | |
| 4 | GB/T 119.2—2000 | 销 10×40 | 2 | Q235A | |
| 3 | L103-3 | 横梁 | 1 | Q235A | |
| 2 | L103-2 | 板手 | 1 | Q235A | |
| 1 | L103-1 | 压紧螺杆 | 1 | 45 | |

| | | | | |
|---|---|---|---|---|
| 设计 | | | | 东南机械厂 |
| 校核 | | | | 拉拔器 |
| 审核 | | | 比例 1:1 | |
| 标准化 | | | 共 张 第 张 | L103-00 |
| 审定 | | | | |

## 四、识读装配图

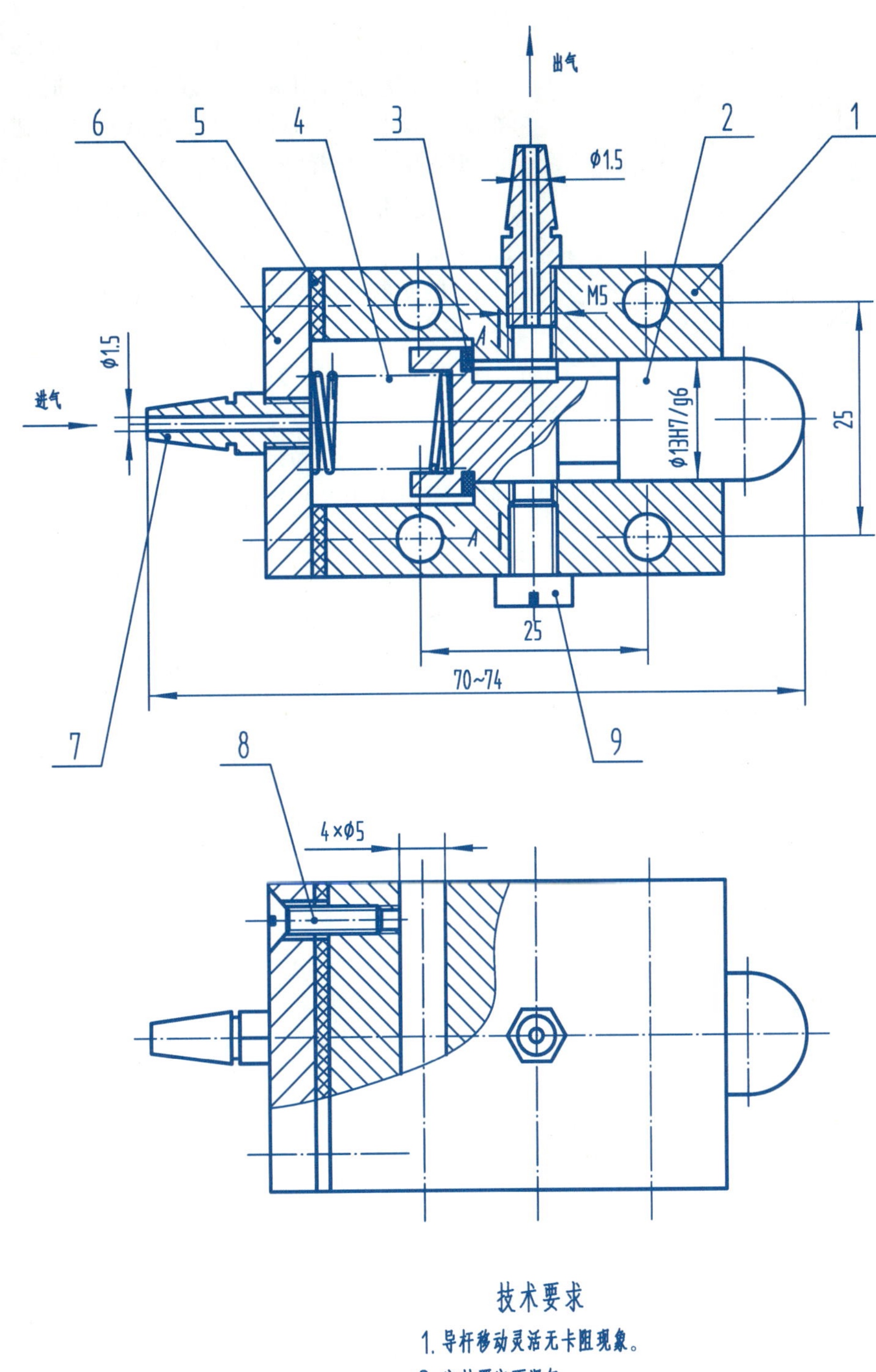


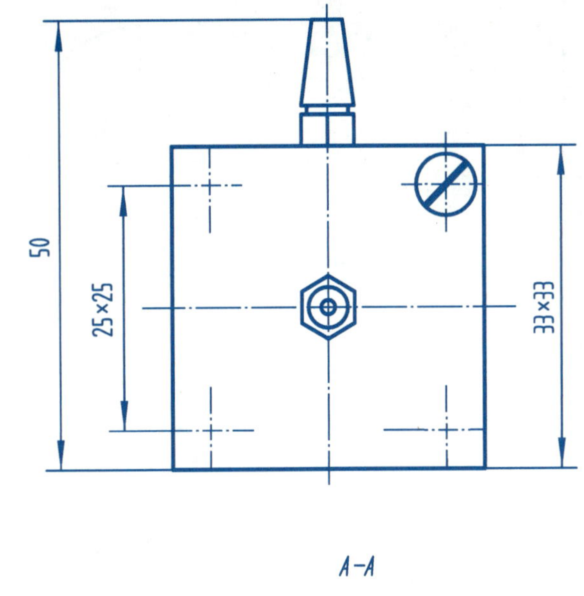


A-A

**技术要求**

1. 导杆移动灵活无卡阻现象。
2. 密封严实不漏气。

| 9 | GB/T 67—2008 | 螺钉 M5×8 | 1 | Q235A | |
|---|---|---|---|---|---|
| 8 | GB/T 68—2000 | 螺钉 M3×12 | 4 | Q235A | |
| 7 | DC-01-07 | 接嘴 | 2 | ZCuZn40Pb2 | |
| 6 | DC-01-06 | 盖板 | 1 | 10 | |
| 5 | DC-01-05 | 垫圈 | 1 | 橡胶 | |
| 4 | DC-01-04 | 弹簧 | 1 | 65Mn | $\phi$0.5 |
| 3 | DC-01-03 | 密封圈 | 1 | 橡胶 | |
| 2 | DC-01-02 | 导杆 | 1 | 45 | |
| 1 | DC-01-01 | 壳体 | 1 | 45 | |
| 序号 | 代号 | 名称 | 数量 | 材料 | 备注 |

| 设计 | | | | 东南机械厂 |
|---|---|---|---|---|
| 校核 | | | | 信号发生器 |
| 审核 | | | 比例 2:1 | |
| 标准化 | | | | DC-01 |
| 审定 | | | 共 张 第 张 | |

读信号发生器装配图，回答问题：

1. 信号发生器共由_____种零件组装而成，其中_____种为标准件，其余______种为______件。
2. 信号发生器共用了 4 个图形表达。主视图为______剖视，并将导杆 2 画成______剖视；俯视图采用了_______剖视；左视图为外形视图，其上的 4 个螺钉只画了 1 个，其余 3 处用十字线表示，这种画法属于________画法。
3. 在图示状态下，信号发生器处于______（“有”或“无”）信号发出的状态。
4. $\phi$13H7/g6 表示导杆 2 与壳体之间的配合，属于基______制________配合。导杆 2 的最大往复行程为__________ mm。
5. 主视图中的尺寸 25 属于_________尺寸，与它属于同一类的尺寸还有__________视图中的_____________。
6. 主视图中的螺纹标记 M5 是对下列第______种情况的要求：
   （1）件 7 上的外螺纹的要求；
   （2）件 1 和件 6 上的内螺纹的要求；
   （3）以上内外螺纹相配合的要求。

## 四、识读装配图

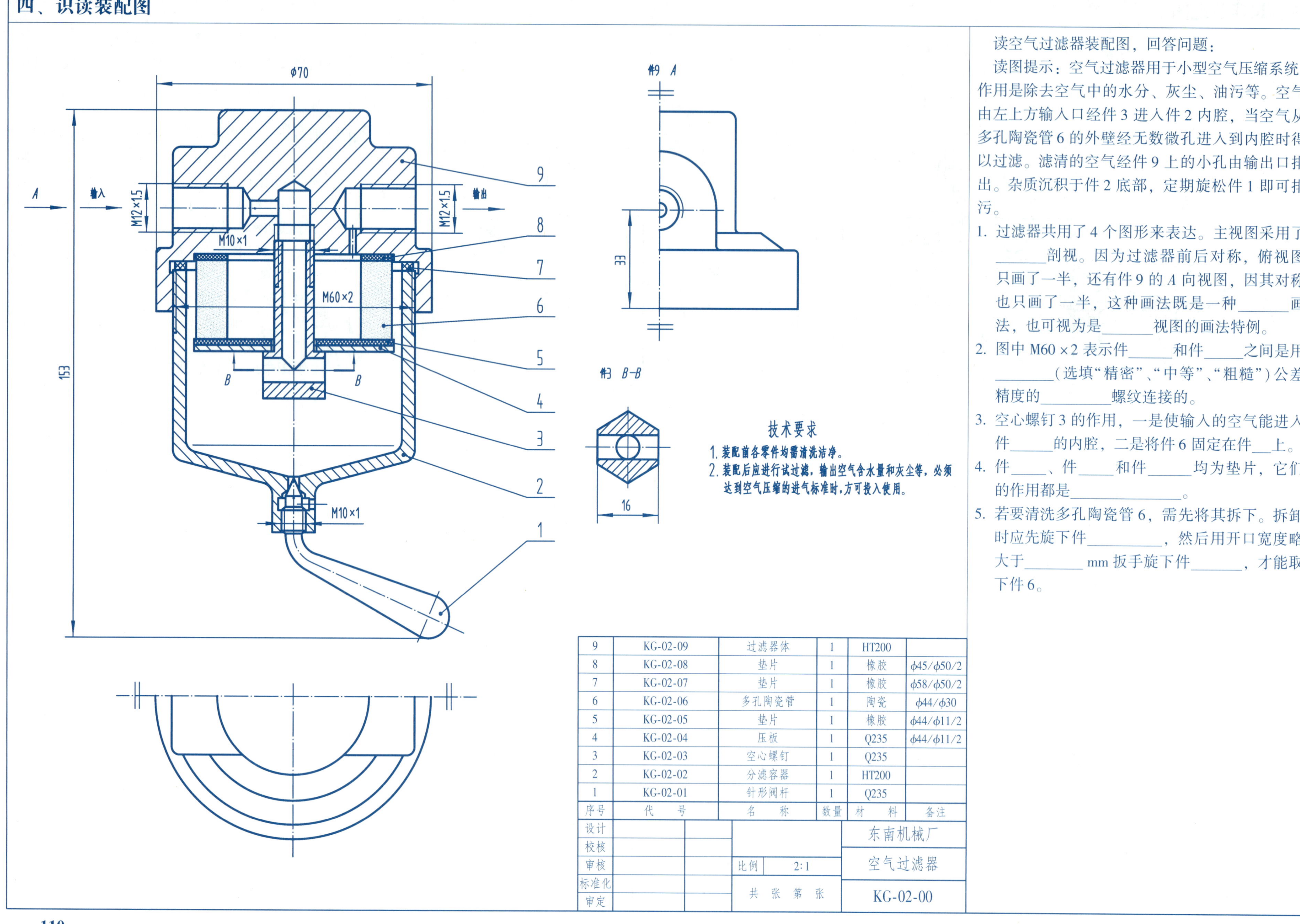


| 9 | KG-02-09 | 过滤器体 | 1 | HT200 | |
|---|---|---|---|---|---|
| 8 | KG-02-08 | 垫片 | 1 | 橡胶 | φ45/φ50/2 |
| 7 | KG-02-07 | 垫片 | 1 | 橡胶 | φ58/φ50/2 |
| 6 | KG-02-06 | 多孔陶瓷管 | 1 | 陶瓷 | φ44/φ30 |
| 5 | KG-02-05 | 垫片 | 1 | 橡胶 | φ44/φ11/2 |
| 4 | KG-02-04 | 压板 | 1 | Q235 | φ44/φ11/2 |
| 3 | KG-02-03 | 空心螺钉 | 1 | Q235 | |
| 2 | KG-02-02 | 分滤容器 | 1 | HT200 | |
| 1 | KG-02-01 | 针形阀杆 | 1 | Q235 | |
| 序号 | 代号 | 名称 | 数量 | 材料 | 备注 |

| 设计 | | | | 东南机械厂 |
|---|---|---|---|---|
| 校核 | | | | |
| 审核 | | | 比例 2:1 | 空气过滤器 |
| 标准化 | | | | |
| 审定 | | | 共 张 第 张 | KG-02-00 |

读空气过滤器装配图，回答问题：

读图提示：空气过滤器用于小型空气压缩系统，作用是除去空气中的水分、灰尘、油污等。空气由左上方输入口经件3进入件2内腔，当空气从多孔陶瓷管6的外壁经无数微孔进入到内腔时得以过滤。滤清的空气经件9上的小孔由输出口排出。杂质沉积于件2底部，定期旋松件1即可排污。

1. 过滤器共用了4个图形来表达。主视图采用了______剖视。因为过滤器前后对称，俯视图只画了一半，还有件9的A向视图，因其对称也只画了一半，这种画法既是一种______画法，也可视为是______视图的画法特例。
2. 图中M60×2表示件_____和件_____之间是用_______（选填“精密”、“中等”、“粗糙”）公差精度的________螺纹连接的。
3. 空心螺钉3的作用，一是使输入的空气能进入件_____的内腔，二是将件6固定在件___上。
4. 件____、件____和件_____均为垫片，它们的作用都是______________。
5. 若要清洗多孔陶瓷管6，需先将其拆下。拆卸时应先旋下件_________，然后用开口宽度略大于_______ mm扳手旋下件______，才能取下件6。

## 四、识读装配图

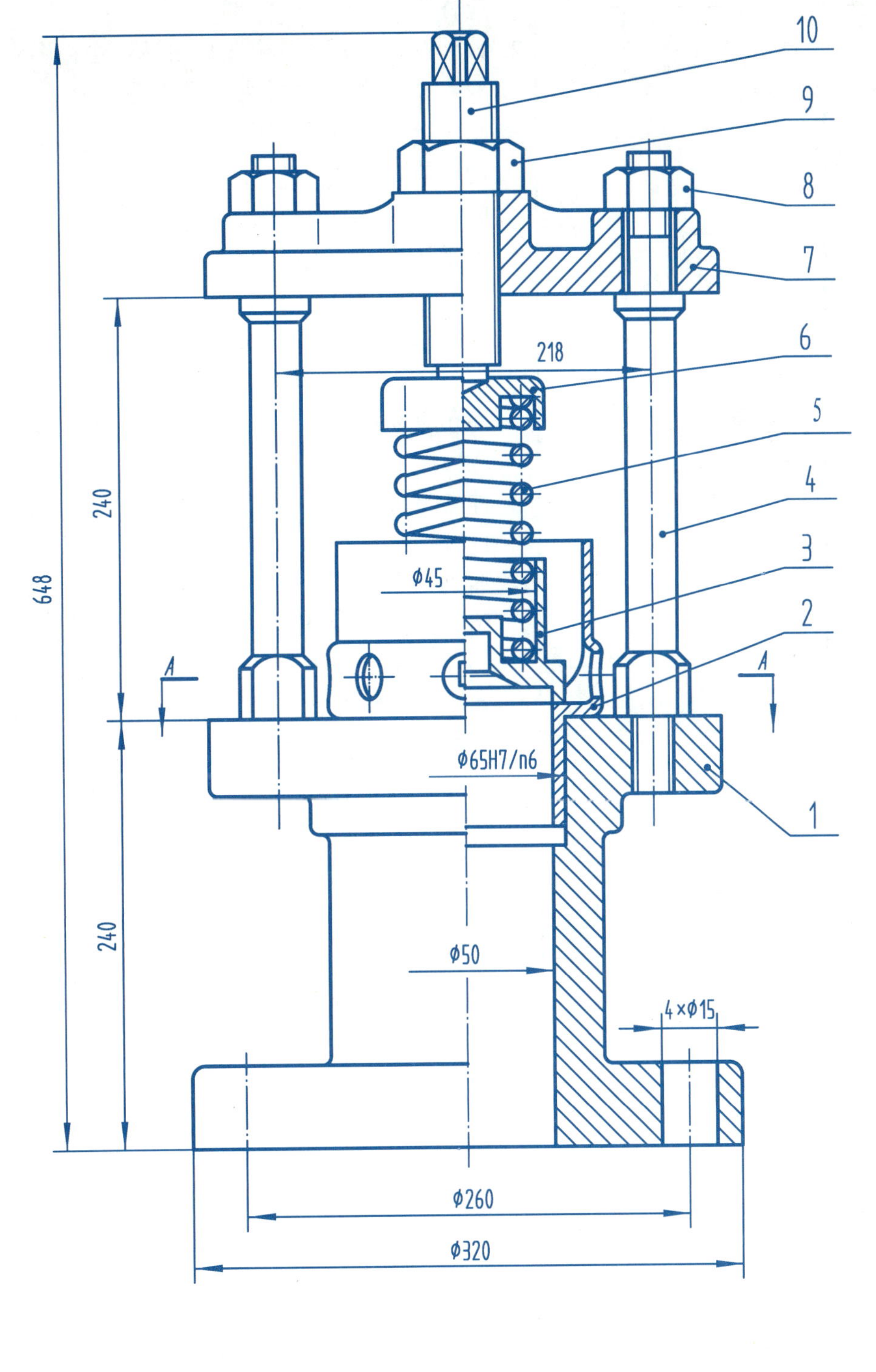


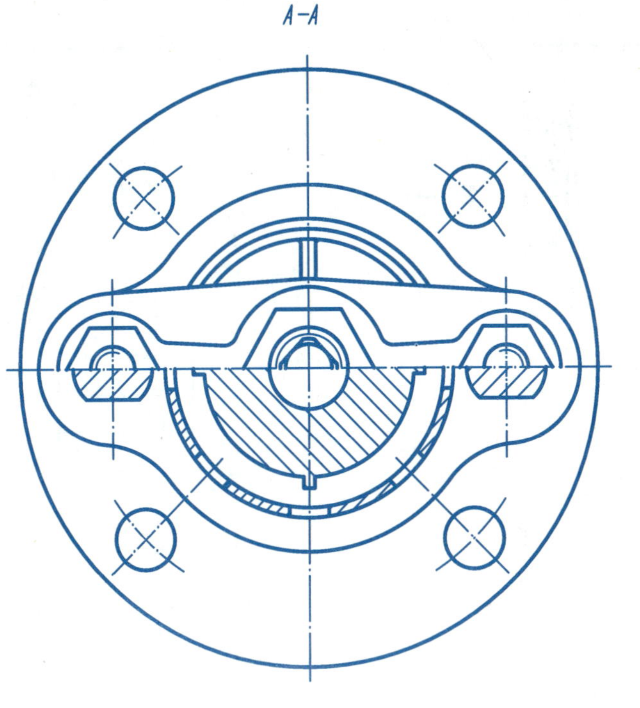


| 10 | M103-08 | 螺杆 | 1 | Q235A | |
|---|---|---|---|---|---|
| 9 | GB/T 6170—2000 | 螺母 M20 | 1 | | |
| 8 | GB/T 6170—2000 | 螺母 M12 | 2 | | |
| 7 | M103-07 | 横梁 | 1 | HT200 | |
| 6 | M103-06 | 弹簧压板 | 1 | ZCuSn5PbZn5 | |
| 5 | M103-05 | 弹簧 | 1 | 65Mn | |
| 4 | M103-04 | 支柱 | 1 | Q235A | |
| 3 | M103-03 | 活门 | 1 | ZCuSn5PbZn5 | |
| 2 | M103-02 | 活门座 | 1 | ZCuSn5PbZn5 | |
| 1 | M103-01 | 外壳 | 1 | HT200 | |
| 序号 | 代　号 | 名　称 | 数量 | 材　料 | 备注 |

| 设计 | | | | 东南机械厂 |
|---|---|---|---|---|
| 校核 | | | | 安全活门 |
| 审核 | | | 比例 1:2 | |
| 标准化 | | | 共　张　第　张 | M103-00 |
| 审定 | | | | |

读安全活门装配图，回答问题：

1. 本装配图用_____个图形表达。其中主视图采用_________剖得的__________视图。
2. 安全活门共有____种零件，其中标准件有___种，分别是序号____、___。除标准件外，其他零件均应称为___________件。
3. 主视图中序号 8、9、10、4 剖切后按不剖绘制是因为：序号 8、9 是__________，序号 10、4 是________________，且它们均是通过轴线纵向剖切的。
4. 图中标注的尺寸 648 属于____________尺寸，$\phi$260 和 4×$\phi$15 属于____________尺寸，218 属于____________尺寸，$\phi$50 属于_____________尺寸。
5. 代号 $\phi$65H7/n6 表示序号____和序号______之间的配合要求为_________制配合；当拆画零件图时，这对相配孔轴的基准孔的公称尺寸及其公差带代号应注写成_________。
6. 此安全活门一般装在管道或设备上，当管道或设备中气体压力超过规定的最高压力时，气体即克服件_________压力，推动件____上移，于是气体就从件____的孔或空隙中排出，此时气体压力就恢复正常。转动件____，可调整弹簧压力。

## 四、识读装配图

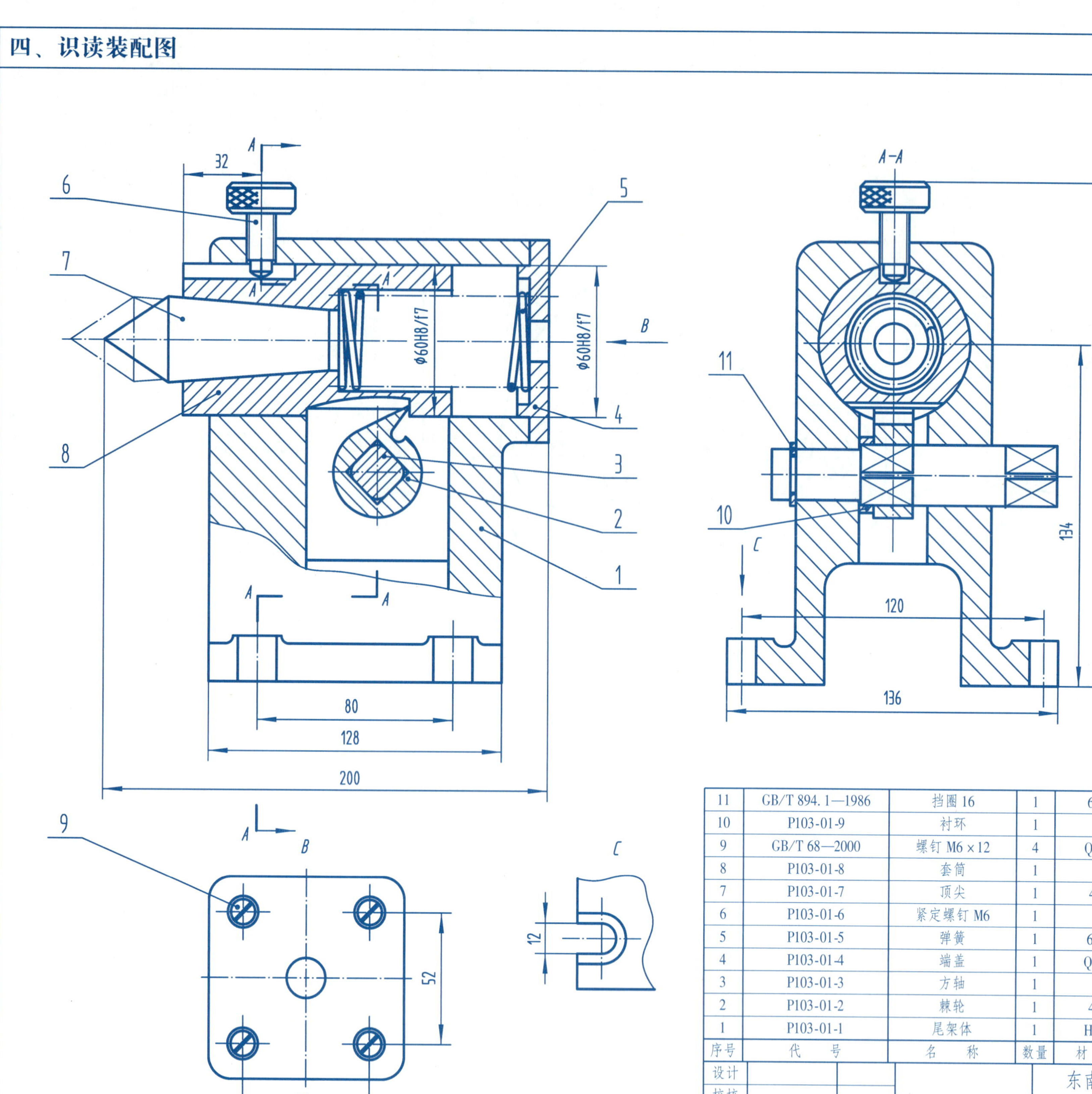


| 11 | GB/T 894.1—1986 | 挡圈 16 | 1 | 65Mn | |
|---|---|---|---|---|---|
| 10 | P103-01-9 | 衬环 | 1 | 45 | |
| 9 | GB/T 68—2000 | 螺钉 M6×12 | 4 | Q235A | |
| 8 | P103-01-8 | 套筒 | 1 | 45 | |
| 7 | P103-01-7 | 顶尖 | 1 | 40Cr | |
| 6 | P103-01-6 | 紧定螺钉 M6 | 1 | 45 | |
| 5 | P103-01-5 | 弹簧 | 1 | 65Mn | |
| 4 | P103-01-4 | 端盖 | 1 | Q235A | |
| 3 | P103-01-3 | 方轴 | 1 | 45 | |
| 2 | P103-01-2 | 棘轮 | 1 | 40Cr | |
| 1 | P103-01-1 | 尾架体 | 1 | HT200 | |
| 序号 | 代　号 | 名　称 | 数量 | 材　料 | 备注 |

| 设计 | | | | 东南机械厂 |
|---|---|---|---|---|
| 校核 | | | | 尾架 |
| 审核 | | | 比例 1:1 | |
| 标准化 | | | 共　张　第　张 | P103-01 |
| 审定 | | | | |

读尾架装配图，回答问题：

1. 该尾架共由________种零件组成，其中标准件有________种，除标准件外，其他零件均应称为__________件。
2. 该装配体共用___个图形表达。主视图中的细双点画线表示的画法通常可称为________画法，左视图是采用__________的剖切平面剖得的__________图，上方分别标有 $B$、$C$ 的两个图形均应称为_________图。
3. 该装配图中标注的尺寸 200 属于_______尺寸；80、120 和 12 属于_______尺寸。
4. 图中标有 $\phi$60H8/f7 处是属于__________制______配合。拆画零件图时，这一尺寸的基准孔应标注为___________，与之相配的轴应标注为__________。
5. 件 1 与件 4 是靠件____采用________连接进行装配的。
6. 加工完毕需卸下工件时，应先旋松件____，再用扳手按顺时针方向旋转件____，再带动件____也作顺时针方向转动，从而拨动件____右移，这样带着顶尖也后退，工件即可卸下。待新工件放到规定位置时，就可以松开扳手，靠件____的作用，顶紧工件。工件被顶紧后，应再旋紧件____。

## 四、识读装配图

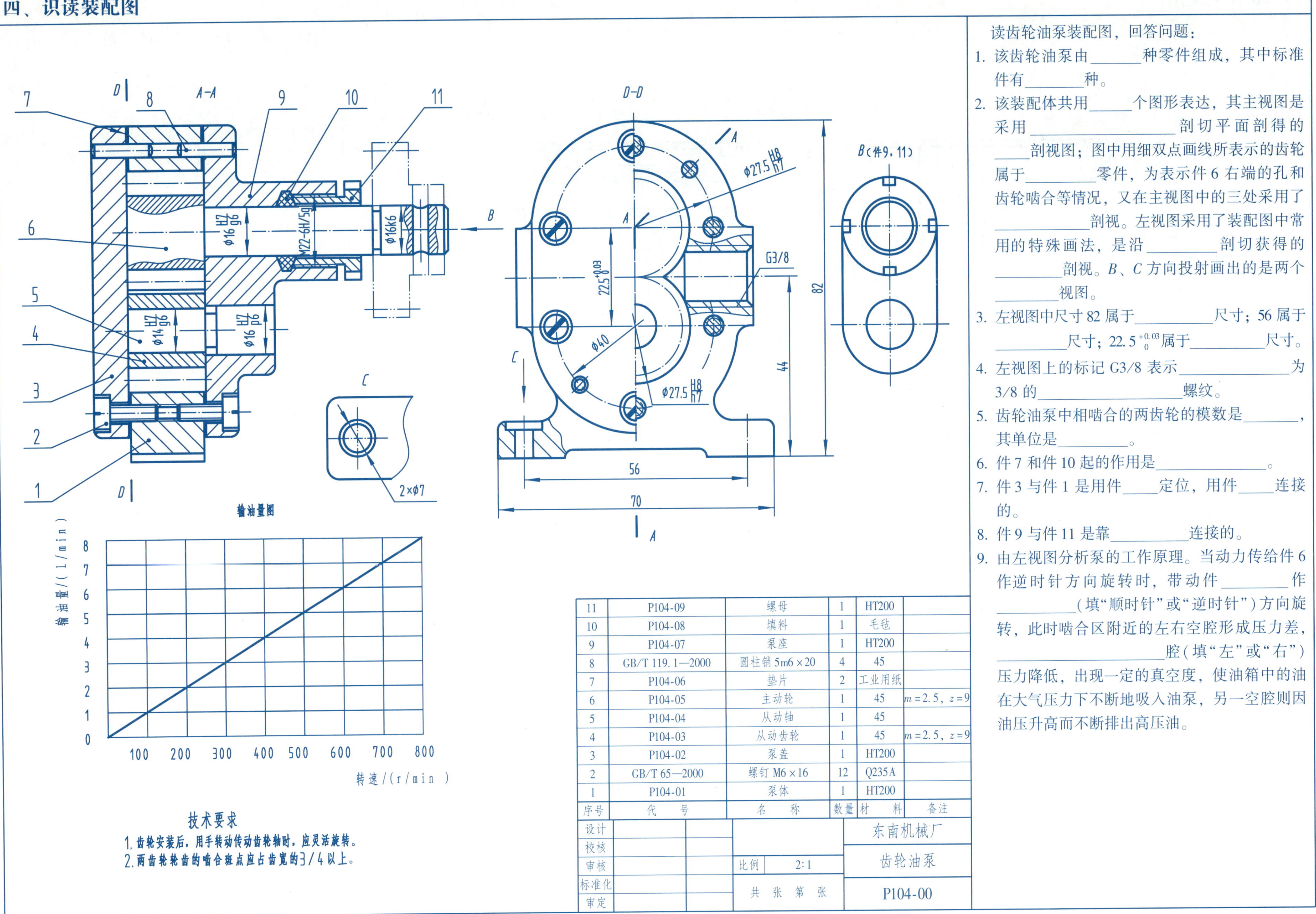


| 序号 | 代号 | 名称 | 数量 | 材料 | 备注 |
|---|---|---|---|---|---|
| 11 | P104-09 | 螺母 | 1 | HT200 | |
| 10 | P104-08 | 填料 | 1 | 毛毡 | |
| 9 | P104-07 | 泵座 | 1 | HT200 | |
| 8 | GB/T 119.1—2000 | 圆柱销 5m6×20 | 4 | 45 | |
| 7 | P104-06 | 垫片 | 2 | 工业用纸 | |
| 6 | P104-05 | 主动轮 | 1 | 45 | $m=2.5$，$z=9$ |
| 5 | P104-04 | 从动轴 | 1 | 45 | |
| 4 | P104-03 | 从动齿轮 | 1 | 45 | $m=2.5$，$z=9$ |
| 3 | P104-02 | 泵盖 | 1 | HT200 | |
| 2 | GB/T 65—2000 | 螺钉 M6×16 | 12 | Q235A | |
| 1 | P104-01 | 泵体 | 1 | HT200 | |

| 设计 | | | 东南机械厂 |
|---|---|---|---|
| 校核 | | | 齿轮油泵 |
| 审核 | | 比例 2:1 | |
| 标准化 | | 共 张 第 张 | P104-00 |
| 审定 | | | |

读齿轮油泵装配图，回答问题：

1. 该齿轮油泵由______种零件组成，其中标准件有________种。
2. 该装配体共用_____个图形表达，其主视图是采用________________剖切平面剖得的____剖视图；图中用细双点画线所表示的齿轮属于________零件，为表示件6右端的孔和齿轮啮合等情况，又在主视图中的三处采用了__________剖视。左视图采用了装配图中常用的特殊画法，是沿________剖切获得的________剖视。*B*、*C* 方向投射画出的是两个________视图。
3. 左视图中尺寸82属于__________尺寸；56属于__________尺寸；22.5$^{+0.03}_{0}$属于__________尺寸。
4. 左视图上的标记G3/8表示______________为3/8的________________螺纹。
5. 齿轮油泵中相啮合的两齿轮的模数是_______，其单位是_________。
6. 件7和件10起的作用是______________。
7. 件3与件1是用件____定位，用件____连接的。
8. 件9与件11是靠__________连接的。
9. 由左视图分析泵的工作原理。当动力传给件6作逆时针方向旋转时，带动件________作__________(填“顺时针”或“逆时针”)方向旋转，此时啮合区附近的左右空腔形成压力差，________________腔(填“左”或“右”)压力降低，出现一定的真空度，使油箱中的油在大气压力下不断地吸入油泵，另一空腔则因油压升高而不断排出高压油。

## 四、识读装配图

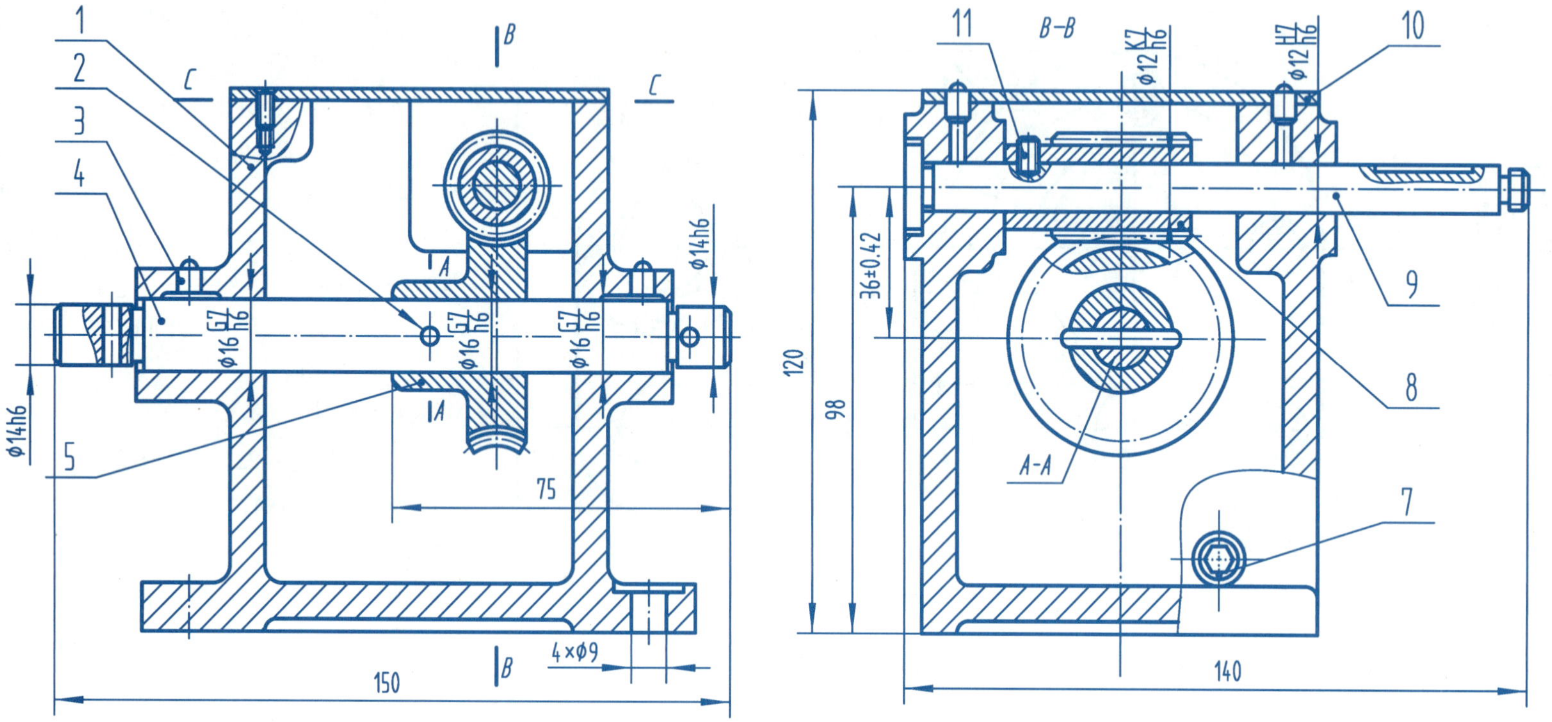

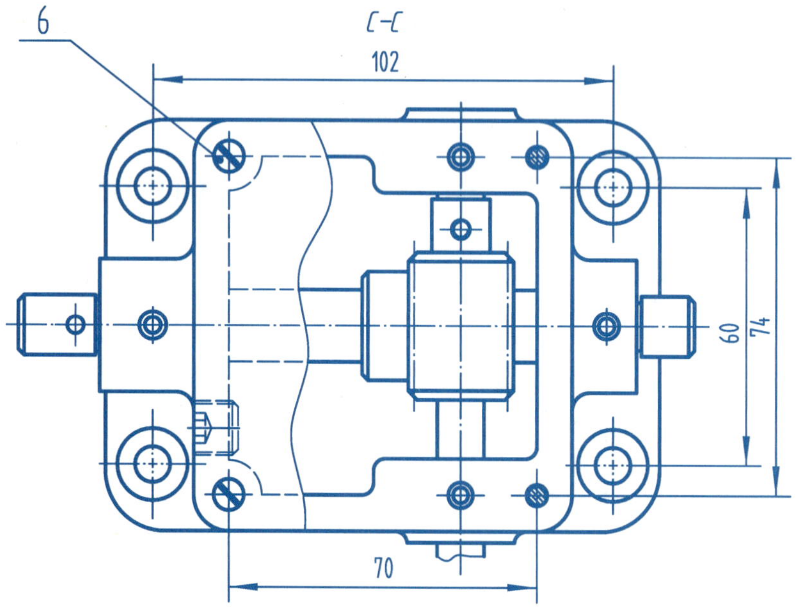

读蜗轮减速器装配图，回答问题：

1. $C$—$C$ 剖切平面是沿件_____与件_____的_______面剖切的，这在装配图画法中是较为特殊的一种画法。
2. 件 4 可按不剖绘制，是因为通过_________的_____线_____向剖切的。但可像图中用________剖视表示其上的局部结构以及与相邻零件的装配关系。
3. 图中标注的尺寸 120 属于_____________尺寸，36 ±0.42 属于________尺寸，102 和 60 属于_______尺寸。
4. 图中标注的代号 $\phi16\ \dfrac{G7}{h6}$ 表示____________制______配合，其中 $\phi16$ 是____________，基准轴的________代号是_______，另一个代号_____则是指与其相配的孔。
5. 件 4 与件 5 是靠件______定位固定的。件 1 与件 10 是靠件_____连接的。
6. 蜗杆与蜗轮的轴心线空间交叉的角度是_____。
7. 为了润滑滑动的结合面，设置了____个油杯，件为____。在主视图和 $B$—$B$ 剖视图中油杯按不剖绘制是因为它属于_______________。

| 序号 | 代号 | 名称 | 数量 | 材料 | 备注 |
|---|---|---|---|---|---|
| 11 | GB/T 71—1985 | 螺钉 M3×5 | 1 | Q235A | |
| 10 | T100-06 | 盖板 | 1 | Q235A | |
| 9 | T100-05 | 蜗杆轴 | 1 | 45 | |
| 8 | T100-04 | 蜗杆 $z=3$，$m=1.5$ | 1 | 40Cr | $\gamma=12°40'50''$ |
| 7 | GB/T 77—2007 | 螺钉 M10×12 | 1 | Q235A | |
| 6 | GB/T 68—2000 | 螺钉 M3×6 | 4 | Q235A | |
| 5 | T100-03 | 蜗轮 $z=34$，$m=1.5$ | 1 | ZQSn6-6-3 | $\beta=12°40'50''$ |
| 4 | T100-02 | 蜗轮轴 | 1 | 45 | |
| 3 | JB/T 7940.4—1995 | 油杯 6 | 4 | | |
| 2 | GB/T 117—2000 | 销 3×8 | 1 | Q235A | |
| 1 | T100-01 | 箱体 | 1 | HT200 | |

| 设计 | | | | 东南机械厂 |
|---|---|---|---|---|
| 校核 | | | | 蜗轮减速器 |
| 审核 | | | 比例 1:1 | |
| 标准化 | | | 共 张 第 张 | T100-00 |
| 审定 | | | | |

## 四、识读装配图

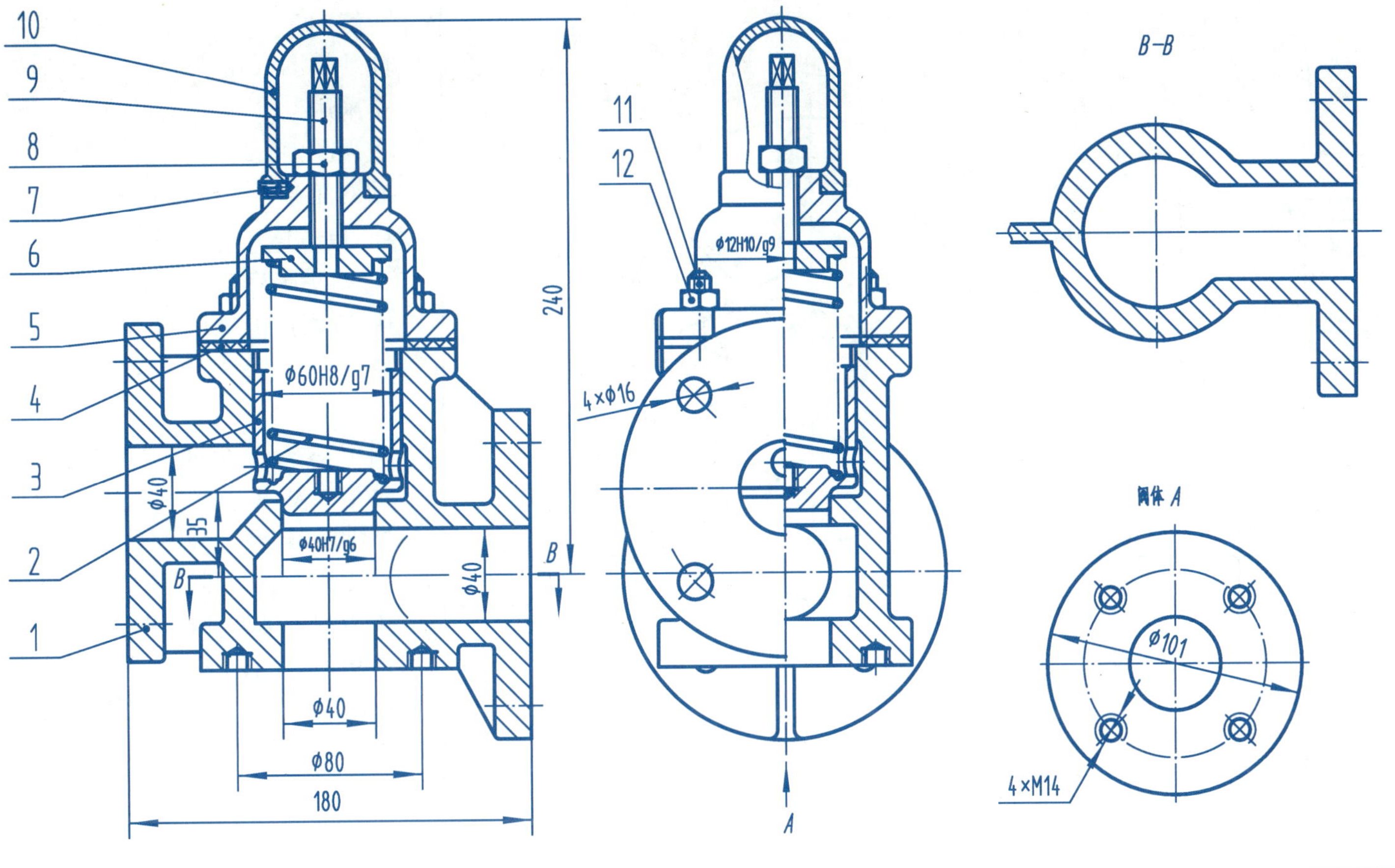


拆去件5和10

| 序号 | 代号 | 名称 | 数量 | 材料 | 备注 |
|---|---|---|---|---|---|
| 12 | GB/T 6170—2000 | 螺母 M12 | 4 | | |
| 11 | GB/T 898—1988 | 双头螺柱 M12×35 | 4 | | |
| 10 | T100-9 | 阀罩 | 1 | ZL101 | |
| 9 | T100-8 | 螺杆 | 1 | 35 | |
| 8 | GB/T 6173—2000 | 螺母 M16 | 1 | | |
| 7 | T100-7 | 固定螺钉 | 1 | Q235A | |
| 6 | T100-6 | 托盘 | 1 | H62 | |
| 5 | T100-5 | 阀盖 | 1 | HT150 | |
| 4 | T100-4 | 垫片 | 1 | | |
| 3 | T100-3 | 阀门 | 1 | Q235A | |
| 2 | T100-2 | 弹簧 | 1 | 60Mn | |
| 1 | T100-1 | 阀体 | 1 | HT200 | |

| | | | | |
|---|---|---|---|---|
| 设计 | | | | 东南机械厂 |
| 校核 | | | | 安全阀 |
| 审核 | | | 比例 1:1 | |
| 标准化 | | | | T100-00 |
| 审定 | | | 共 张 第 张 | |

读安全阀装配图，回答问题：

1. 该安全阀有_____种零件。其中件6的名称是_______，数量为____，材料牌号为_____。
2. 该装配体共用了____个图形表达。主视图采用了____剖视，主要表达装配体的_________。B—B 图应称为_________图，A 向图应称为___________图。
3. 俯视图采用了装配图的特殊表达方法中的_____________画法。
4. 图中配合代号 $\phi60H8/g7$ 表示件____与件____是_______制_______配合。
5. 件1与件5是通过_____个______连接的。
6. 件5与件10是靠件____固定的。
7. 件4的作用是________________。
8. 尺寸 $\phi100$ 和 $\phi80$ 属于____________尺寸。
9. 安全阀起安全保护作用。当管道中压力超过____力时，件_____被向上顶开而形成通道，系统压力下降，这样就起到安全保护作用。

## 四、识读装配图

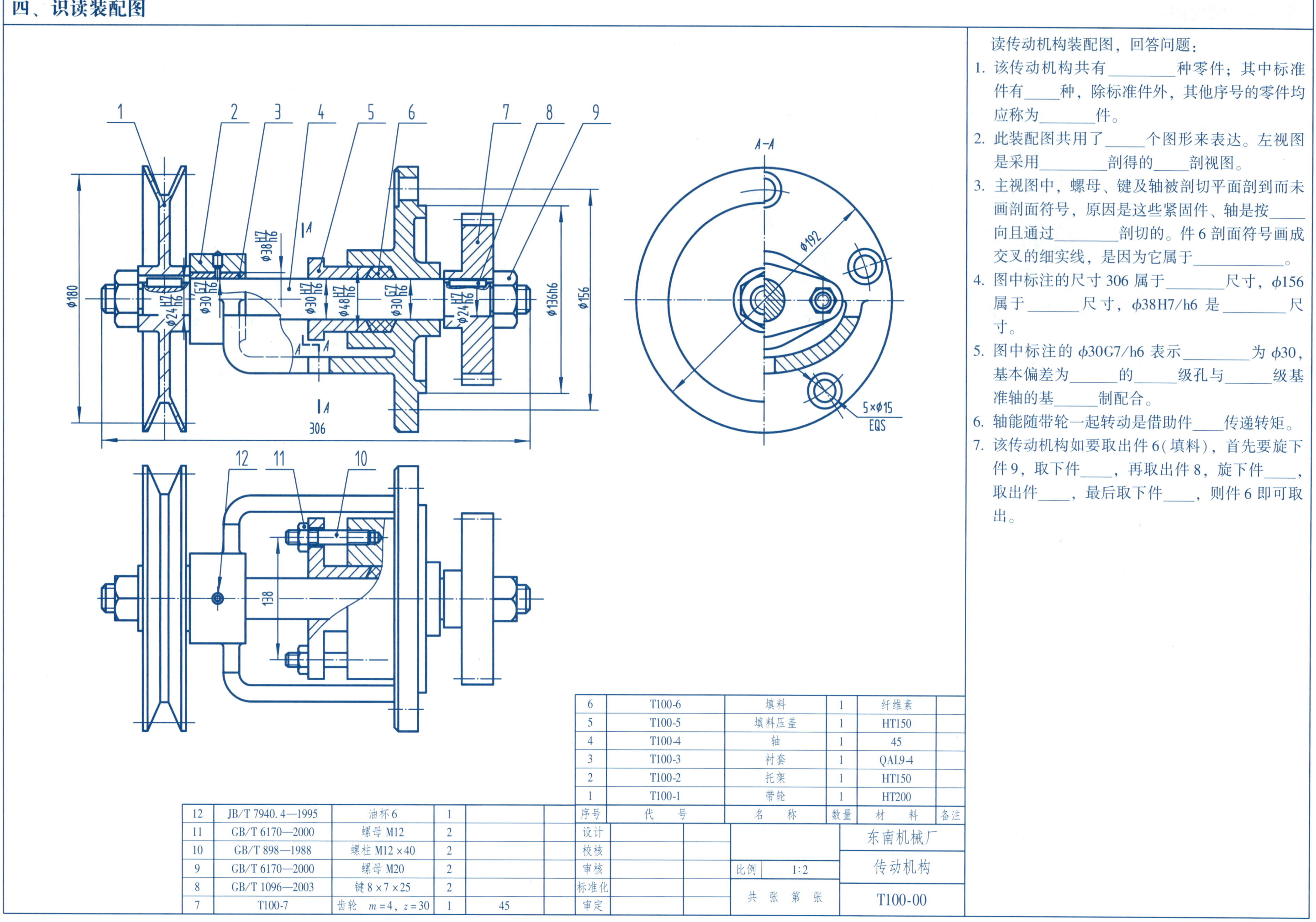


读传动机构装配图，回答问题：

1. 该传动机构共有________种零件；其中标准件有____种，除标准件外，其他序号的零件均应称为______件。
2. 此装配图共用了_____个图形来表达。左视图是采用________剖得的____剖视图。
3. 主视图中，螺母、键及轴被剖切平面剖到而未画剖面符号，原因是这些紧固件、轴是按____向且通过________剖切的。件6剖面符号画成交叉的细实线，是因为它属于___________。
4. 图中标注的尺寸306属于________尺寸，φ156属于_______尺寸，φ38H7/h6是________尺寸。
5. 图中标注的φ30G7/h6表示________为φ30，基本偏差为______的______级孔与______级基准轴的基______制配合。
6. 轴能随带轮一起转动是借助件____传递转矩。
7. 该传动机构如要取出件6(填料)，首先要旋下件9，取下件____，再取出件8，旋下件____，取出件____，最后取下件____，则件6即可取出。

| 序号 | 代号 | 名称 | 数量 | 材料 | 备注 |
|---|---|---|---|---|---|
| 12 | JB/T 7940.4—1995 | 油杯6 | 1 | | |
| 11 | GB/T 6170—2000 | 螺母 M12 | 2 | | |
| 10 | GB/T 898—1988 | 螺柱 M12×40 | 2 | | |
| 9 | GB/T 6170—2000 | 螺母 M20 | 2 | | |
| 8 | GB/T 1096—2003 | 键 8×7×25 | 2 | | |
| 7 | T100-7 | 齿轮 $m=4$，$z=30$ | 1 | 45 | |
| 6 | T100-6 | 填料 | 1 | 纤维素 | |
| 5 | T100-5 | 填料压盖 | 1 | HT150 | |
| 4 | T100-4 | 轴 | 1 | 45 | |
| 3 | T100-3 | 衬套 | 1 | QAL9-4 | |
| 2 | T100-2 | 托架 | 1 | HT150 | |
| 1 | T100-1 | 带轮 | 1 | HT200 | |

## 四、识读装配图

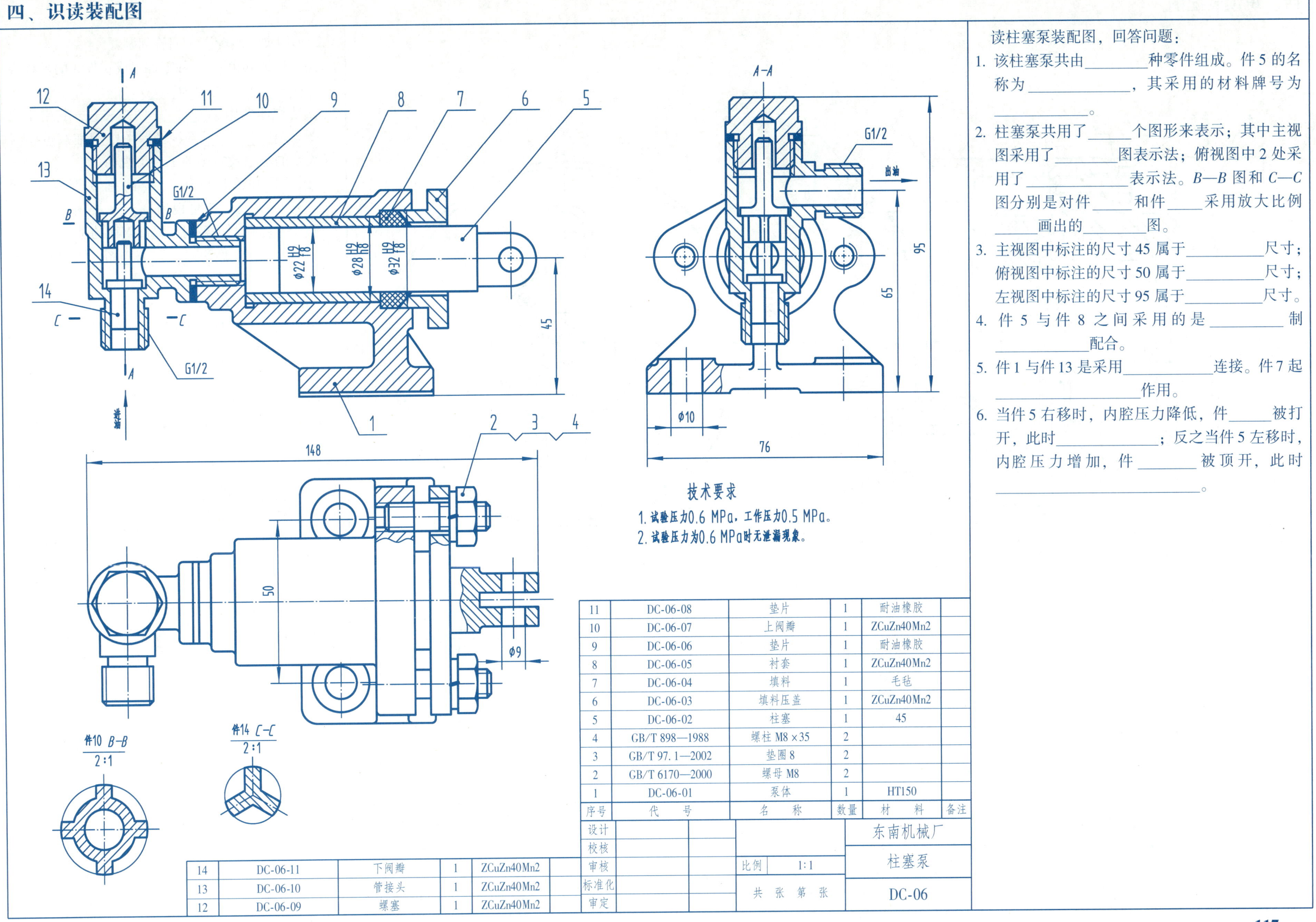


| 序号 | 代号 | 名称 | 数量 | 材料 | 备注 |
|---|---|---|---|---|---|
| 14 | DC-06-11 | 下阀瓣 | 1 | ZCuZn40Mn2 | |
| 13 | DC-06-10 | 管接头 | 1 | ZCuZn40Mn2 | |
| 12 | DC-06-09 | 螺塞 | 1 | ZCuZn40Mn2 | |
| 11 | DC-06-08 | 垫片 | 1 | 耐油橡胶 | |
| 10 | DC-06-07 | 上阀瓣 | 1 | ZCuZn40Mn2 | |
| 9 | DC-06-06 | 垫片 | 1 | 耐油橡胶 | |
| 8 | DC-06-05 | 衬套 | 1 | ZCuZn40Mn2 | |
| 7 | DC-06-04 | 填料 | 1 | 毛毡 | |
| 6 | DC-06-03 | 填料压盖 | 1 | ZCuZn40Mn2 | |
| 5 | DC-06-02 | 柱塞 | 1 | 45 | |
| 4 | GB/T 898—1988 | 螺柱 M8×35 | 2 | | |
| 3 | GB/T 97.1—2002 | 垫圈 8 | 2 | | |
| 2 | GB/T 6170—2000 | 螺母 M8 | 2 | | |
| 1 | DC-06-01 | 泵体 | 1 | HT150 | |

读柱塞泵装配图，回答问题：

1. 该柱塞泵共由________种零件组成。件5的名称为____________，其采用的材料牌号为__________。
2. 柱塞泵共用了______个图形来表示；其中主视图采用了________图表示法；俯视图中2处采用了____________表示法。*B—B* 图和 *C—C* 图分别是对件_____和件_____采用放大比例_____画出的________图。
3. 主视图中标注的尺寸45属于__________尺寸；俯视图中标注的尺寸50属于__________尺寸；左视图中标注的尺寸95属于__________尺寸。
4. 件5与件8之间采用的是_________制__________配合。
5. 件1与件13是采用___________连接。件7起_______________作用。
6. 当件5右移时，内腔压力降低，件_____被打开，此时____________；反之当件5左移时，内腔压力增加，件_______被顶开，此时_______________。

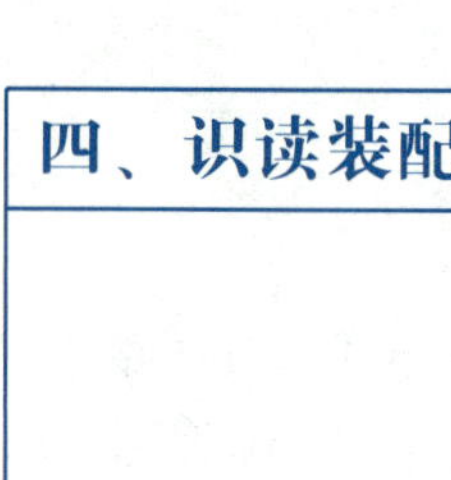

# 四、识读装配图

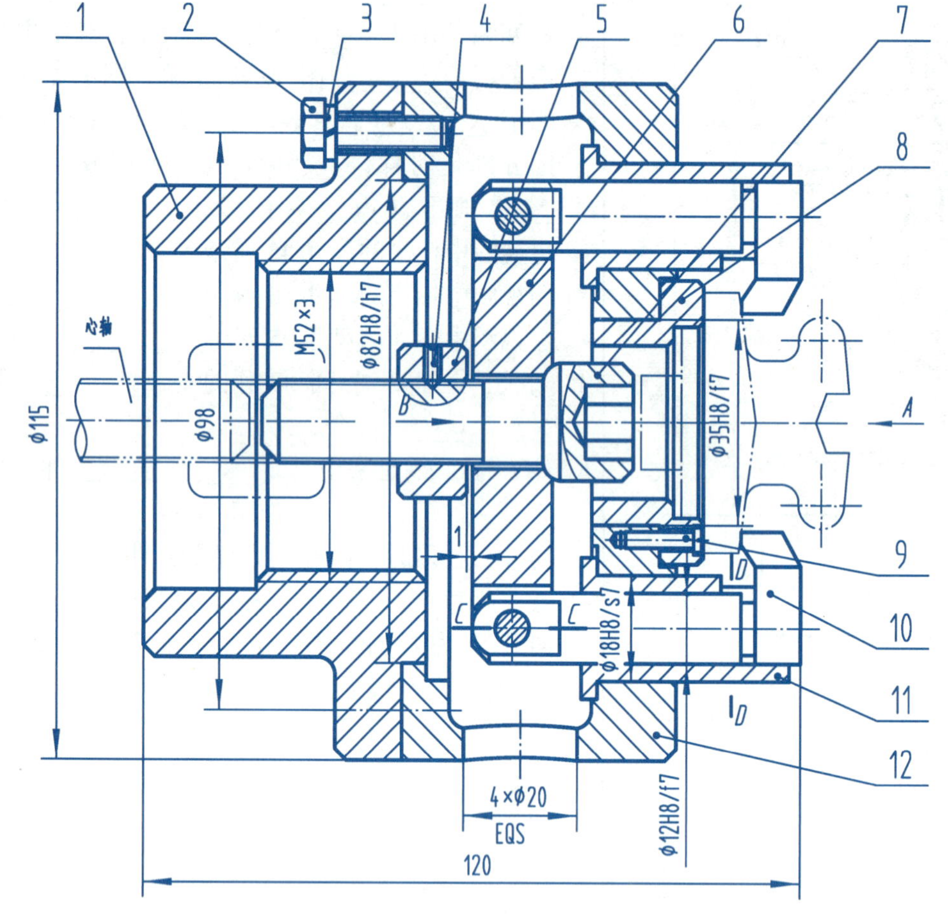


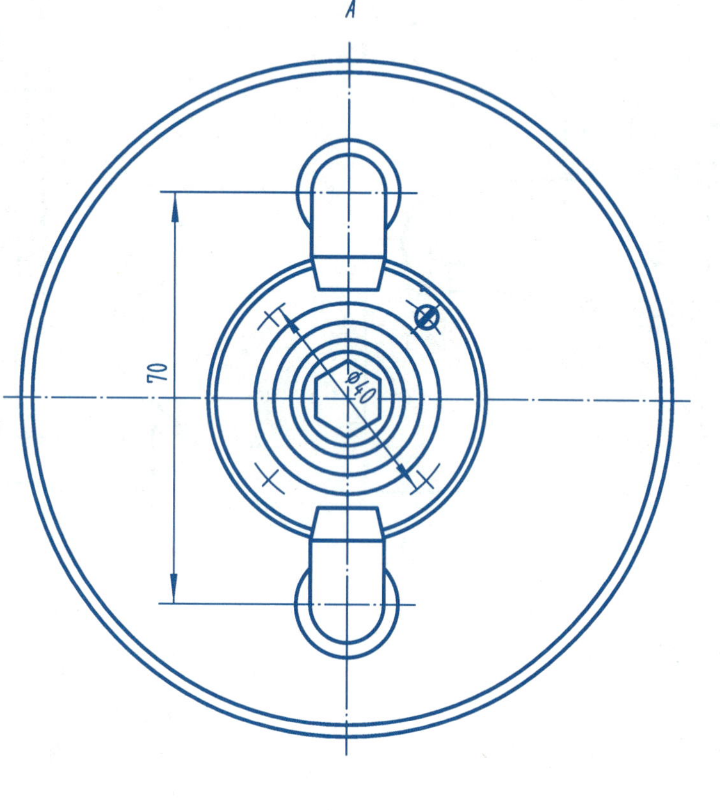


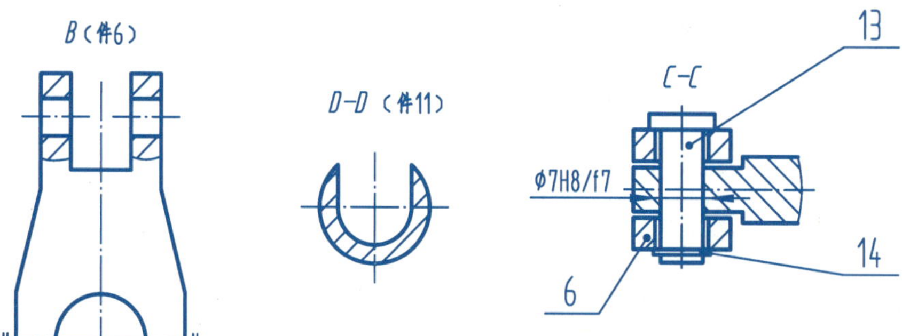


| 序号 | 代　号 | 名　称 | 数量 | 材　料 | 备注 |
|---|---|---|---|---|---|
| 9 | GB/T 65—2000 | 螺钉 M3×8 | 4 | Q235A | |
| 8 | B170-05-5 | 定位盘 | 1 | 45 | |
| 7 | B170-05-4 | 球面螺钉 | 1 | 45 | |
| 6 | B170-05-3 | 铰链压板 | 1 | 45 | |
| 5 | B170-05-2 | 背帽 | 1 | 45 | |
| 4 | GB/T 71—1985 | 紧定螺钉 M4×8 | 1 | Q235A | |
| 3 | GB/T 93—1987 | 垫圈 6 | 4 | 65Mn | |
| 2 | GB/T 5780—2000 | 螺栓 M6×18 | 4 | Q235A | |
| 1 | B170-05-1 | 盘根 | 1 | HT200 | |
| 14 | B170-05-10 | 挡圈 | 1 | 65Mn | |
| 13 | B170-05-9 | 销轴 | 1 | 40Cr | |
| 12 | B170-05-8 | 夹具体 | 1 | 45 | |
| 11 | B170-05-7 | 套筒 | 2 | 45 | |
| 10 | B170-05-6 | 钩形压板 | 2 | 40Cr | |

| 设计 | | | | 东南机械厂 |
|---|---|---|---|---|
| 校核 | | | | |
| 审核 | | | 比例 1:1 | 车用夹具 |
| 标准化 | | | | |
| 审定 | | | 共　张　第　张 | B170-05 |

读车用夹具装配图，回答问题：

1. 该装配体共由____种零件组成；件 8 的名称为__________，材料为_______。
2. 该装配体共用了_____个图来表达，其中主视图采用了_______剖视图。图中用细双点画线表示的心轴及右端的工件可视为_________零件。*B* 向图中只画一半的画法是采用的_______画法，也可视为______视图的画法特例。主视图上还采用了局部剖视的画法。
3. 图形 *C—C* 应称为__________图。图中标出的件 6 与主视图中重复，这是_________的（填“允许”或“不允许”）。
4. 明细栏中的螺栓 M6×18，其中 M 表示_____代号，6 是指__________，18 是指_______________。
5. 该装配体的总体尺寸是_________、________。图中共注出了_____个孔轴配合代号，它们表示了_____对孔轴的配合要求。
6. 配合代号 $\phi12H8/f7$ 表示__________为 $\phi12$________为 f 的____级轴与____级基准孔的配合，属_______制_______配合。
7. 取出工件时，需先松开车床主轴内的心轴左端（图中未示出），再撞击心轴使件 7 随之右移。由于件 7 与件 5 间由件________固定，当件 5 随件 7 右移时，将推动件 6 和件 10 一起右移，遂使工件松开。当件 7 右移至一定位置时，工件被顶出件_______之外，便可取出。件 6 和件 10 是借助件__________________连接的。

## 四、识读装配图

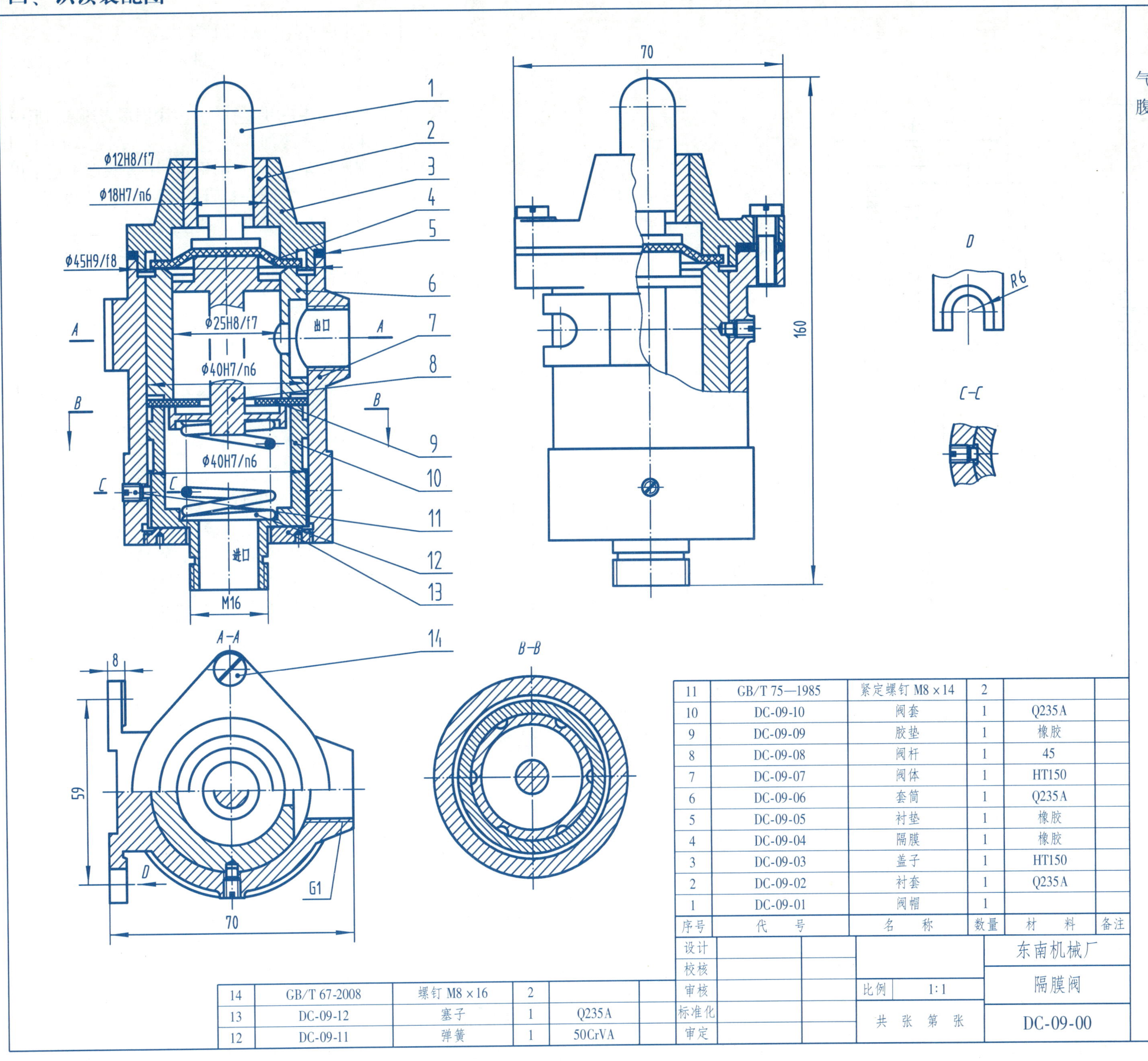


| 序号 | 代 号 | 名 称 | 数量 | 材 料 | 备注 |
|---|---|---|---|---|---|
| 14 | GB/T 67-2008 | 螺钉 M8×16 | 2 | | |
| 13 | DC-09-12 | 塞子 | 1 | Q235A | |
| 12 | DC-09-11 | 弹簧 | 1 | 50CrVA | |
| 11 | GB/T 75—1985 | 紧定螺钉 M8×14 | 2 | | |
| 10 | DC-09-10 | 阀套 | 1 | Q235A | |
| 9 | DC-09-09 | 胶垫 | 1 | 橡胶 | |
| 8 | DC-09-08 | 阀杆 | 1 | 45 | |
| 7 | DC-09-07 | 阀体 | 1 | HT150 | |
| 6 | DC-09-06 | 套筒 | 1 | Q235A | |
| 5 | DC-09-05 | 衬垫 | 1 | 橡胶 | |
| 4 | DC-09-04 | 隔膜 | 1 | 橡胶 | |
| 3 | DC-09-03 | 盖子 | 1 | HT150 | |
| 2 | DC-09-02 | 衬套 | 1 | Q235A | |
| 1 | DC-09-01 | 阀帽 | 1 | | |

读隔膜阀装配图，回答问题：

读图提示：当阀帽 1 受力下移时，推动阀杆 8，气体便由阀杆 8 下端的 6 个半圆槽进入阀杆 8 的腹腔，并由出口输出。反之气路切断。

1. 该阀共由_____种零件组成。其中 2 种为______件，其余均为_________件。
2. 该阀共用了 6 个图形来表达。主视图为____剖视图，其中件 8 的上、下部两处采用了______剖视。俯视图为_______剖视图。图形上方标有 *B—B* 者，则应称为_______图（填“剖视图”或“移出断面图”）。
3. 当阀帽 1 在外力作用下向下移动时，气路被________；当阀帽 1 上无向下的外力时，在弹簧 12 的作用下，气路被_________（两处选填“导通”或“切断”）。
4. 图中注出的尺寸中，属于安装尺寸的有____和_______。
5. φ12H8/f7 表示公称尺寸为_____，基本偏差为_______的____级轴与______级基准孔的______________________________配合。

## 四、识读装配图

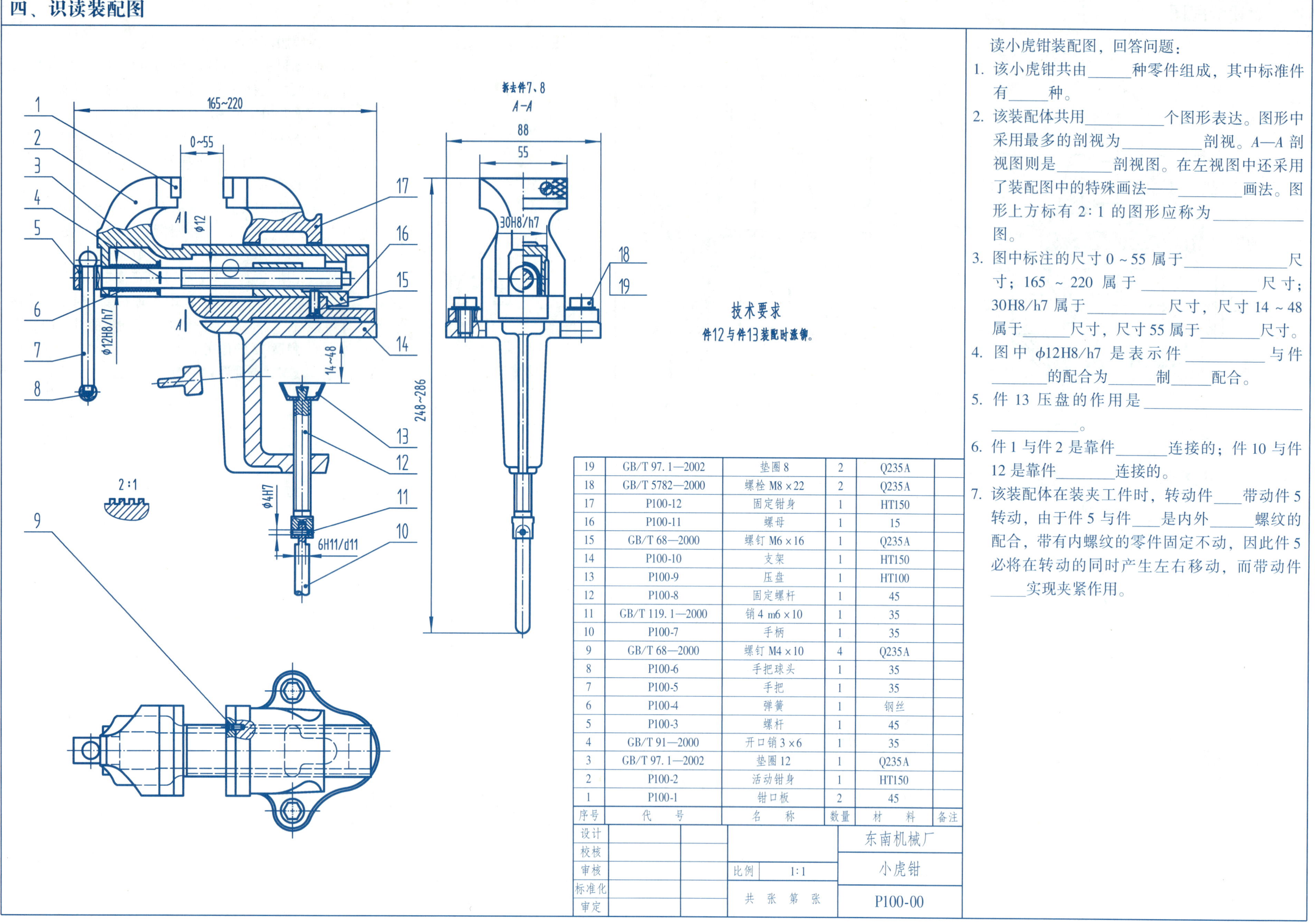


| 序号 | 代号 | 名称 | 数量 | 材料 | 备注 |
|---|---|---|---|---|---|
| 19 | GB/T 97.1—2002 | 垫圈 8 | 2 | Q235A | |
| 18 | GB/T 5782—2000 | 螺栓 M8×22 | 2 | Q235A | |
| 17 | P100-12 | 固定钳身 | 1 | HT150 | |
| 16 | P100-11 | 螺母 | 1 | 15 | |
| 15 | GB/T 68—2000 | 螺钉 M6×16 | 1 | Q235A | |
| 14 | P100-10 | 支架 | 1 | HT150 | |
| 13 | P100-9 | 压盘 | 1 | HT100 | |
| 12 | P100-8 | 固定螺杆 | 1 | 45 | |
| 11 | GB/T 119.1—2000 | 销 4 m6×10 | 1 | 35 | |
| 10 | P100-7 | 手柄 | 1 | 35 | |
| 9 | GB/T 68—2000 | 螺钉 M4×10 | 4 | Q235A | |
| 8 | P100-6 | 手把球头 | 1 | 35 | |
| 7 | P100-5 | 手把 | 1 | 35 | |
| 6 | P100-4 | 弹簧 | 1 | 钢丝 | |
| 5 | P100-3 | 螺杆 | 1 | 45 | |
| 4 | GB/T 91—2000 | 开口销 3×6 | 1 | 35 | |
| 3 | GB/T 97.1—2002 | 垫圈 12 | 1 | Q235A | |
| 2 | P100-2 | 活动钳身 | 1 | HT150 | |
| 1 | P100-1 | 钳口板 | 2 | 45 | |

| | | | | |
|---|---|---|---|---|
| 设计 | | | | 东南机械厂 |
| 校核 | | | | 小虎钳 |
| 审核 | | | 比例 1:1 | |
| 标准化 | | | 共 张 第 张 | P100-00 |
| 审定 | | | | |

读小虎钳装配图，回答问题：

1. 该小虎钳共由______种零件组成，其中标准件有_____种。
2. 该装配体共用__________个图形表达。图形中采用最多的剖视为__________剖视。A—A 剖视图则是_______剖视图。在左视图中还采用了装配图中的特殊画法——_________画法。图形上方标有 2:1 的图形应称为___________图。
3. 图中标注的尺寸 0~55 属于____________尺寸；165~220 属于______________尺寸；30H8/h7 属于__________尺寸，尺寸 14~48 属于______尺寸，尺寸 55 属于________尺寸。
4. 图中 φ12H8/h7 是表示件__________与件_______的配合为______制_____配合。
5. 件 13 压盘的作用是________________________。
6. 件 1 与件 2 是靠件_______连接的；件 10 与件 12 是靠件_______连接的。
7. 该装配体在装夹工件时，转动件___带动件 5 转动，由于件 5 与件___是内外_____螺纹的配合，带有内螺纹的零件固定不动，因此件 5 必将在转动的同时产生左右移动，而带动件_____实现夹紧作用。

# 第十部分　样　　卷

## 机械制图试卷

| 题号 | 一 | 二 | 三 | 四 | 五 | 六 | 七 | 八 | 九 | 十 | 十一 | 总分 |
|---|---|---|---|---|---|---|---|---|---|---|---|---|
| 得分 | | | | | | | | | | | | |

**(一) 填空题**(每空格 1 分,共 10 分)

1. 我国于 2008 年发布的现行有效的《技术制图 图纸幅面和格式》国家标准中规定，绘制图样时，应优先采用代号为________至________的基本幅面，共________种。最小一号图纸是________。

2. 轴测投影是将__________连同其______________，沿不平行于任一坐标平面的方向，用平行投影法将其投射在单一投影面上所得的图形，简称为________。

3. 以剖视图表示内外螺纹的连接时，其旋合部分应按________的画法绘制，其余部分仍按________的画法表示。

4. 评定工件的表面结构要求是否合格，有两种极限值判断规则，即____________规则和__________规则。

5. 标注尺寸时，____________不可被任何图线所通过，否则必须将图线断开。

**(二) 选择题**(每题只选一个答案,将所选答案的编号填入括弧中。每题 1 分,共 5 分)

1. 当零件回转体上均匀分布的肋、轮辐、孔等结构不处于剖切平面上时，则可将这些结构：……………………………………………………………………………………（　　）

　A. 按不剖绘制　　B. 按剖切位置剖到多少画多少
　C. 旋转到剖切平面上画出　　D. 均省略不画

2. 局部放大图上方标注的比例都是指相应的线性尺寸之比，具体是指：……………（　　）

　A. 放大图与原图形之比　　B. 原图形与放大图之比
　C. 放大图与实物之比　　D. 实物与放大图之比

3. 明细栏一般配置在装配图中标题栏上方，其序号等栏目的填写顺序是：…………（　　）

　A. 由上向下，顺次填写　　B. 由下向上，顺次填写　C. 不必符合图形上的编排次序

4. 在机械图样中，重合断面的轮廓线应采用：……………………………………………（　　）

　A. 粗实线　　B. 细实线　　C. 细虚线　　D. 细双点画线

5. 按现行螺纹标准，特征代号 G 表示的螺纹的名称是：　……………………………（　　）

　A. 圆柱管螺纹　　B. 55°非密封管螺纹　C. 非螺纹密封的管螺纹

**(三) 是非题**(正确的画“○”,错误的打“×”。每题 1 分,共 5 分)

1. 比例是指实物与其图形相应要素的线性尺寸之比。…………………………………（　　）

2. 一般的退刀槽可按“槽宽×直径”或“槽宽×槽深”的形式标注。…………（　　）

3. 剖视图所采用三种剖切面并不适用于断面图。…………………………………………（　　）

4. 相贯线是互相贯穿的两个基本体表面的共有线，它一般是封闭的空间曲线。……（　　）

5. 当零件全部表面具有相同的表面结构要求时，可在标题栏附近统一标注。………（　　）

**(四) 按 1:1 完成下面的图形**(保留求圆心、切点的作图线)(共 8 分)

**(五) 找出螺纹画法的错误，画出正确的视图**(共 4 分)

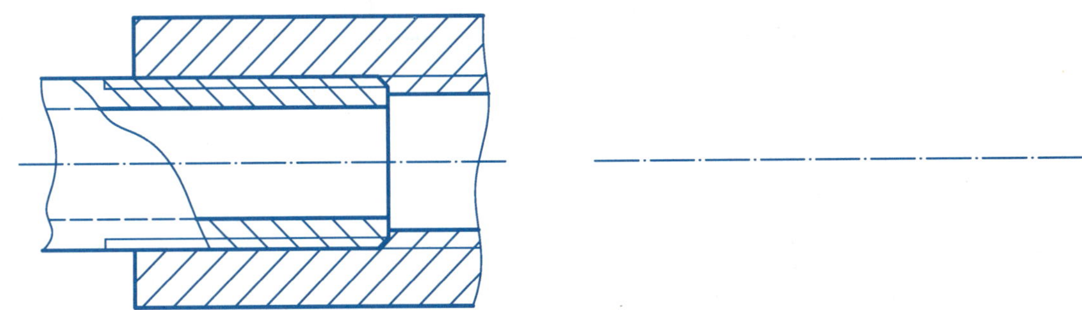

**（六）完成几何体的三视图，并求其表面上点的投影**(8分)

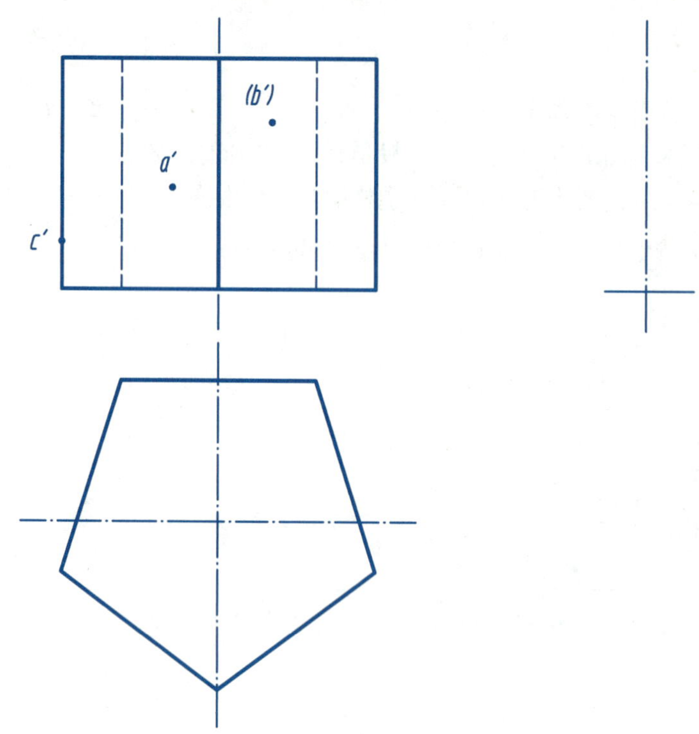


**（七）补画视图中所缺漏的线**(5分)

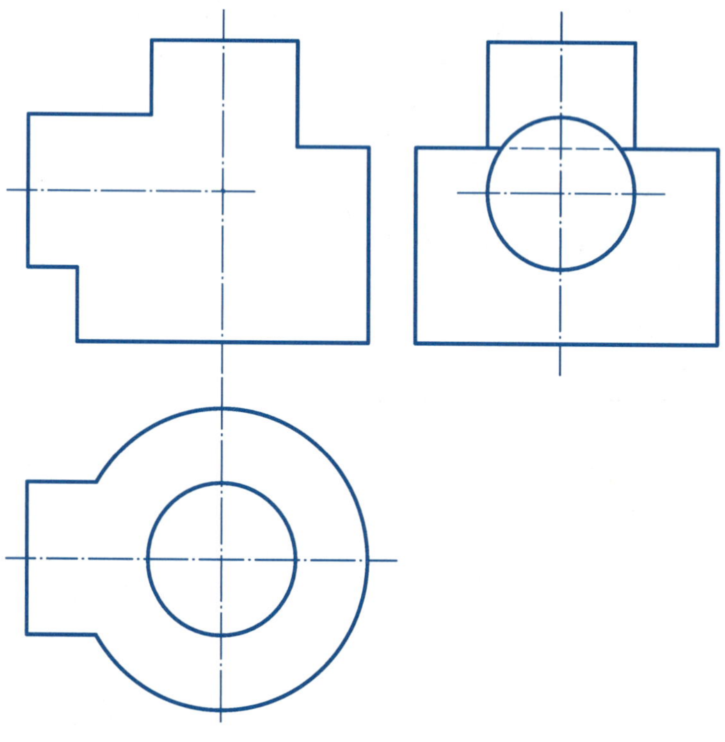

**（八）补画第三视图**(共10分)

1

2

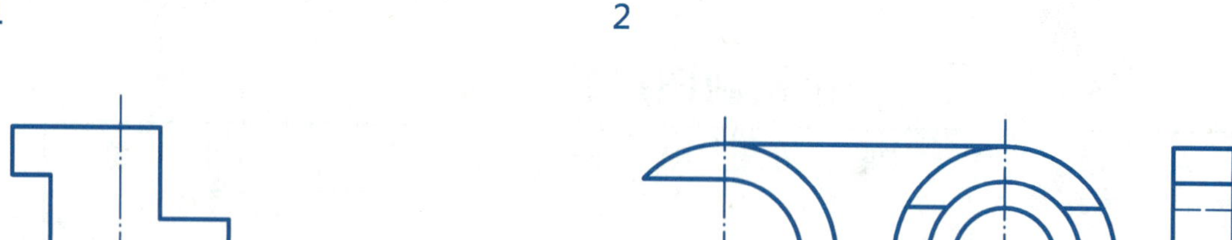

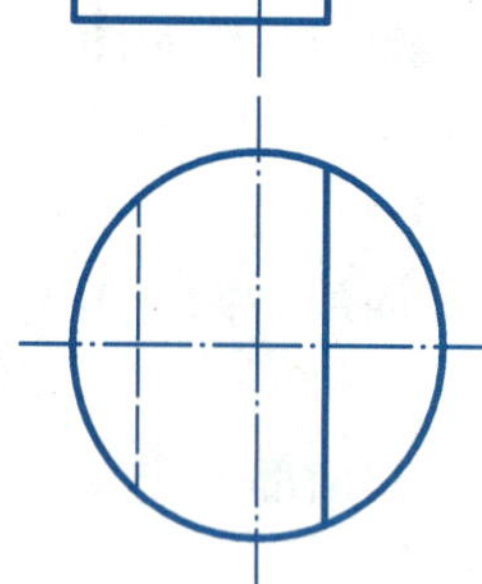

**（九）将主视图画成半剖视图，并画左视图**(全剖视图)(共12分)

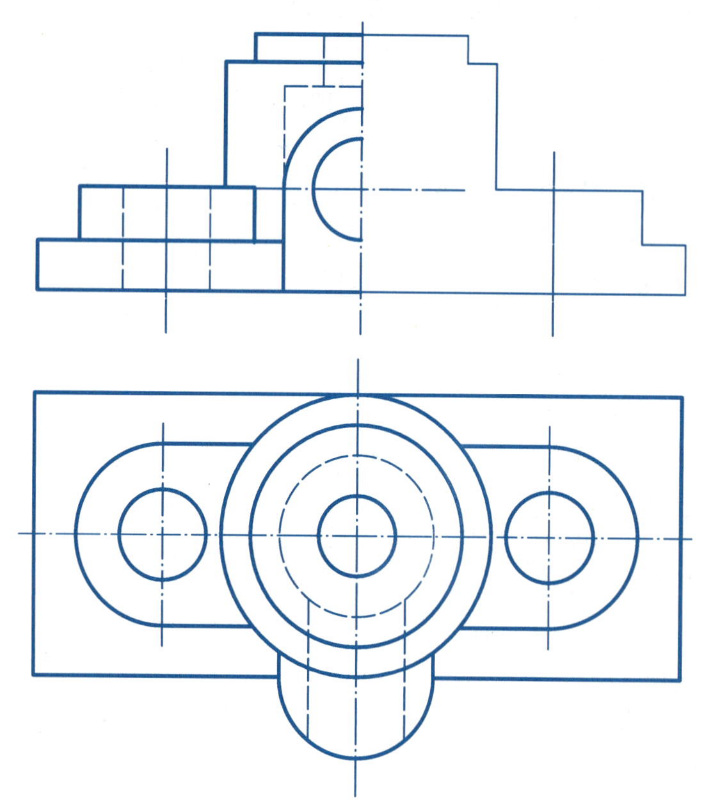

## （十）读手轮零件图，回答问题：

（共18分）

1. 该零件图的图号为______，名称______，材料牌号为_______，比例______。
2. 主视图中带有剖面线的图形是________图。左视图画成全剖视图而未予标注是因为它同时符合"不必标注"的三个条件，即_________、__________、__________。上方标有1∶1的图形应称为_________图。
3. 图中注有①处是__________结构。注有②处是_________结构，未画上剖面符号是因为该结构沿_____向剖切而采用的________画法。
4. 主视图上部有两个同心小圆，其直径分别为______，_________，定位尺寸为______。
5. 辐板的厚度是______。辐条的大小端宽度分别为______，______，其厚度是_____。
6. 图中注出的代号 $\phi 25H7(^{+0.021}_{0})$ 中，$\phi 25$ 表示_______________，H7 表示__________，上极限偏差为______，下极限偏差为__________，公差为___________。
7. 轴孔的表面结构代号为__________，代号中的参数值是指__________的_____值。
8. 除已注出表面结构要求的表面外，其余各表面均按 $\sqrt{}$ 。试将此要求完整地标注在符合现行标准规定的位置。
9. 在左视图中求 $B$ 点的投影(保留作图线)。

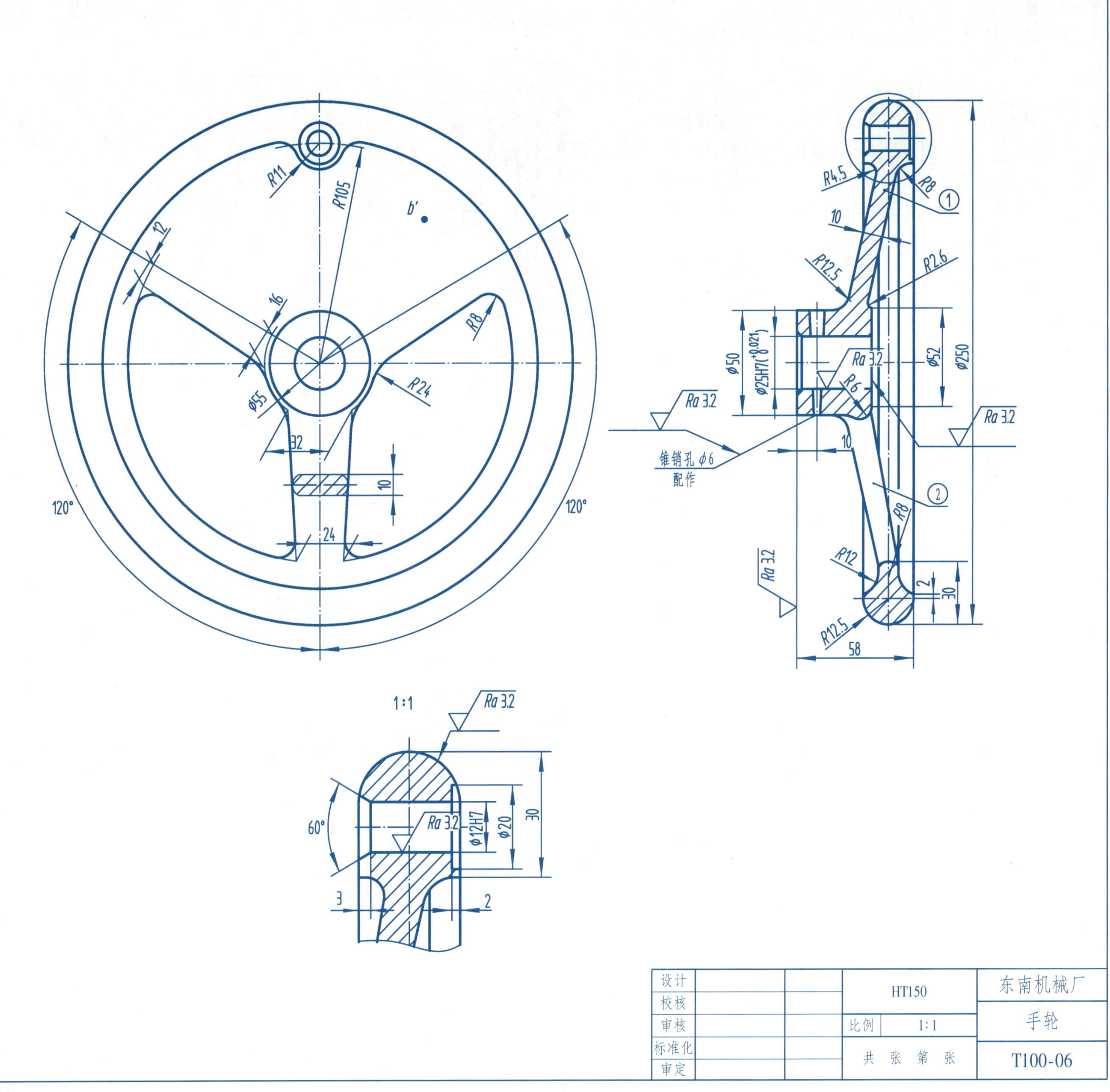

## （十一）读柱塞泵装配图，回答问题：

（共 15 分）

1. 该柱塞泵共由________种零件组成。件 5 的名称为 ____________，其采用的材料牌号为 ___________。
2. 柱塞泵共用了_____个图形来表示；其中主视图采用了_________图表示法；俯视图中两处采用了__________表示法。*B*—*B* 图和 *C*—*C* 图分别对件____和件____采用放大比例_____画出的________图。
3. 主视图中标注的尺寸 45 属于__________尺寸；俯视图中标注的尺寸 50 属于__________尺寸；左视图中标注的尺寸 95 属于__________尺寸。
4. 件 5 与件 8 之间采用的是_____________制___________配合。
5. 件 1 与件 13 是采用__________连接。件 7 起_________________作用。
6. 当件 5 右移时，内腔压力降低，件_____被打开，此时_________；反之当件 5 左移时，内腔压力增加，件_______被顶开，此时______________________。

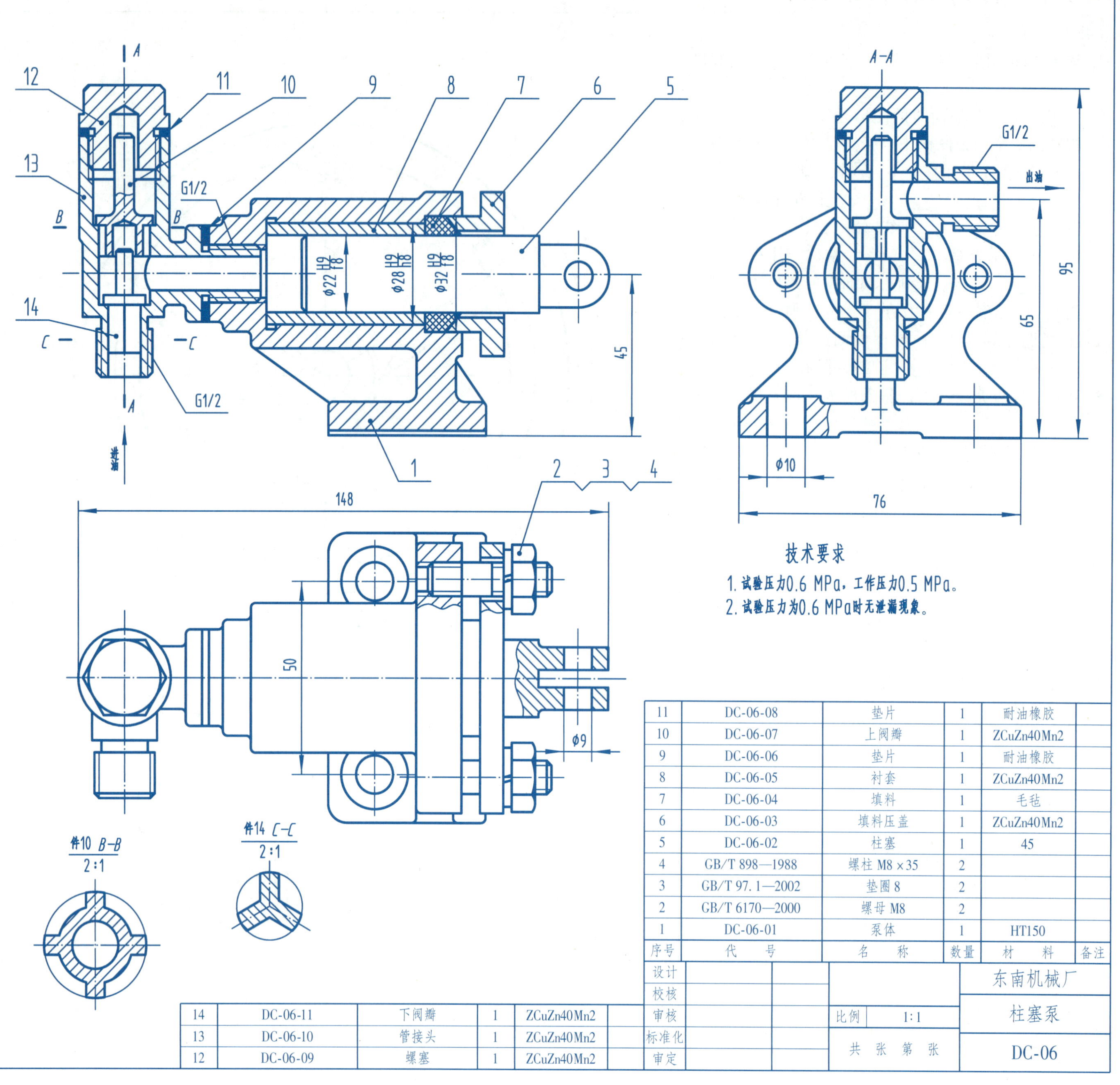